Vahlen Studienreihe Jura

Hesse, Rundfunkrecht

AF860312

Rundfunkrecht

Die Organisation des Rundfunks in der Bundesrepublik Deutschland

von

Albrecht Hesse

Verlag Franz Vahlen München

CIP-Titelaufnahme der Deutschen Bibliothek

Hesse, Albrecht:
Rundfunkrecht : die Organistation des Rundfunks in der Bundesrepublik Deutschland / von Albrecht Hesse. –
München : Vahlen, 1990
(Vahlen Studienreihe Jura)
ISBN 3-8006-1477-4

ISBN 3 8006 1477 4

© 1990 Verlag Franz Vahlen GmbH, München
Satz und Druck: C. H. Beck'sche Buchdruckerei, Nördlingen

Vorwort

Die Entwicklung des Rundfunks in der Bundesrepublik Deutschland hat nach Jahren tiefgreifender Umgestaltung eine neue Stufe erreicht. Neben den weiterhin bestehenden öffentlich-rechtlichen Rundfunk ist der private Rundfunk getreten, die zusammen das duale Rundfunksystem bilden. Gleichzeitig hat Rundfunkrecht zunehmende Bedeutung erlangt und sich zu einem eigenständigen, umfangreichen und komplexen Rechtsgebiet entwickelt. Dem trägt das vorhandene Schrifttum nur in unzureichender Weise Rechnung. Zwar sind zahlreiche Fragen des Rundfunkrechts in Einzelbeiträgen bearbeitet, es gibt jedoch keine zusammenhängende Darstellung der bestehenden Rundfunkorganisation. Dabei ist die Einsicht in die Grundlagen der Ordnung des Rundfunks nicht nur für das Verständnis der Funktionsweise dieses Mediums unerläßlich. Ihre Kenntnis ist ebenfalls Voraussetzung einer sachgemäßen Klärung konkreter Einzelfragen in der täglichen Praxis der für den Rundfunk Verantwortlichen und der Praxis der Gerichte. Schließlich sind die genannten Zusammenhänge auch für medienpolitische Erwägungen von Bedeutung. Hier angesichts der Fülle des Stoffes dem Interessierten aus Wissenschaft, Politik und Praxis eine Orientierung zu bieten, ist die Aufgabe des vorliegenden Buches. Es unternimmt eine Darstellung der Grundzüge des heutigen Rundfunkrechts, zu denen vor allem die verfassungsrechtlichen Grundlagen und die Grundlinien der Ausgestaltung in den Rundfunk- und Mediengesetzen gehören. Diese Grundzüge bleiben auch im Wandel erhalten, der durch die europäische Integration und die gesamtdeutsche Entwicklung ausgelöst wird.

Zu danken habe ich dem Verlag für die Aufnahme in die Reihe der Studienbücher.

München, im März 1990 *Albrecht Hesse*

Inhaltsverzeichnis

4. Kapitel: Privater Rundfunk

Abkürzungsverzeichnis

a.A.	anderer Ansicht
a.a.O.	am angegebenen Ort
ABl.	Amtsblatt
Abs.	Absatz
a.F.	alte Fassung
AfP	Archiv für Presserecht
AG	Aktiengesellschaft
AG	Amtsgericht
amtl. Begr.	amtliche Begründung
Anm.	Anmerkung
AöR	Archiv des öffentlichen Rechts
APF	Archiv für das Post- und Fernmeldewesen
ARD	Arbeitsgemeinschaft der öffentlich-rechtlichen Rundfunkanstalten Deutschlands
Art.	Artikel
Aufl.	Auflage
B.	Beschluß
BAG	Bundesarbeitsgericht
BAnz	Bundesanzeiger
BBauG	Bundesbaugesetz
BBG	Bundesbeamtengesetz
BGB	Bürgerliches Gesetzbuch
BGBl.	Bundesgesetzblatt
bay.	bayerisch
BayMEG	Bayerisches Medienerprobungs- und -entwicklungsgesetz
BayVBl.	Bayerische Verwaltungsblätter
BayVfGH n.F.	Entscheidungssammlung des Bayerischen Verfassungsgerichtshofs, neue Folge
BayVGH n.F.	Entscheidungssammlung des Bayerischen Verwaltungsgerichtshofs, neue Folge
BB	Der Betriebsberater
BDZV	Bund Deutscher Zeitungsverleger
BKartA	Bundeskartellamt
BPS	Bundesprüfstelle für jugendgefährdende Schriften
BR	Bayerischer Rundfunk
BR-Ds	Bundesratsdrucksache
BR-G	Bayerisches Rundfunkgesetz
BR-S	Bayerische Rundfunksatzung
BT-Ds	Bundestagsdrucksache
Btx	Bildschirmtext
BV	Bayerische Verfassung
BVerfG	Bundesverfassungsgericht
BVerfGE	Amtliche Entscheidungssammlung des Bundesverfassungsgerichts
BVerfGG	Bundesverfassungsgerichtsgesetz

BVerwG	Bundesverwaltungsgericht
BVerwGE	Amtliche Entscheidungssammlung des Bundesverwaltungsgerichts
B.-W.	Baden-Württemberg
BWVBl.	Verwaltungsblätter Baden-Württemberg
DB	Der Betrieb
DBP	Deutsche Bundespost
DLF	Deutschlandfunk
DLF-S	DLF-Satzung
DLM	Direktorenkonferenz der Landesmedienanstalten
DJT	Deutscher Juristentag
DÖV	Die öffentliche Verwaltung
DRiZ	Deutsche Richterzeitung
DVBl.	Deutsches Verwaltungsblatt
DW	Deutsche Welle
ebd.	ebenda
EBU	European Broadcasting Union
EEA	Einheitliche Europäische Akte
EG	Europäische Gemeinschaften
EMRK	Europäische Menschenrechtskonvention
epd	Evangelischer Pressedienst
EuGH	Gerichtshof der Europäischen Gemeinschaften
EuGRZ	Europäische Grundrechte Zeitschrift
EWG	Europäische Wirtschaftsgemeinschaft
FAG	Fernmeldeanlagengesetz
ff.	folgende
FN	Fußnote
FR	Frankfurter Rundschau
FSK	Freiwillige Selbstkontrolle der Filmwirtschaft
FuR	Film und Recht
G	Gesetz
GBl.	Gesetzblatt
GEZ	Gebühreneinzugszentrale
GG	Grundgesetz
GjS	Gesetz über jugendgefährdende Schriften
GRUR	Gewerblicher Rechtsschutz und Urheberrecht
GRUR int.	Gewerblicher Rechtsschutz und Urheberrecht international
GVBl.	Gesetz- und Verordnungsblatt
GVRS	Gesetz über die Veranstaltung von Rundfunksendungen im Saarland
GWB	Gesetz gegen Wettbewerbsbeschränkungen
HB	Hansestadt Bremen
HdBDStR	Handbuch des Deutschen Staatsrechts
HH	Hansestadt Hamburg
HPRG	Hessisches Privatrundfunkgesetz
HR	Hessischer Rundfunk
HR-G	Hessisches Rundfunkgesetz
HR-S	Hessische Rundfunksatzung
Hrsg.	Herausgeber

i.d.F.	in der Fassung
JA	Juristische Arbeitsblätter
JöR n.F.	Jahrbuch des öffentlichen Rechts, neue Folge
JöSchG	Gesetz über den Schutz der Jugend in der Öffentlichkeit
JURA	Juristische Ausbildung
JuS	Juristische Schulung
JZ	Juristenzeitung
KEF	Kommission zur Ermittlung des Finanzbedarfs
KG	Kammergericht
KPPG	Kabelpilotprojektgesetz Berlin
KtK	Kommission für den Ausbau des technischen Kommunikationssystems
LAG	Landesarbeitsgericht
LG	Landgericht
LHO	Landeshaushaltsordnung
LMedG	Landesmediengesetz
LMedG B.-W.	Landesmediengesetz Baden-Württemberg
LMedG HB	Landesmediengesetz Bremen
LMedG HH	Landesmediengesetz Hamburg
LPG	Landespressegesetz
LRG	Landesrundfunkgesetz
LRG Nds	Landesrundfunkgesetz Niedersachsen
LRG NRW	Landesrundfunkgesetz Nordrhein-Westfalen
LRG R.-P.	Landesrundfunkgesetz Rheinland-Pfalz
LRG S.-H.	Landesrundfunkgesetz Schleswig-Holstein
LT-Ds	Landtagsdrucksache
MBl.	Ministerialblatt
MDR	Monatsschrift des deutschen Rechts
m.w.N.	mit weiteren Nachweisen
Nds	Niedersachsen
NDR	Norddeutscher Rundfunk
NDR-S	Norddeutsche Rundfunksatzung
NDR-StV	Norddeutscher Rundfunk Staatsvertrag
NJW	Neue Juristische Wochenschrift
NRW	Nordrhein-Westfalen
NVwZ	Neue Zeitschrift für Verwaltungsrecht
NWDR	Nordwestdeutscher Rundfunk
NZZ	Neue Züricher Zeitung
OLG	Oberlandesgericht
OVG	Oberverwaltungsgericht
PartG	Parteiengesetz
RB	Radio Bremen
RB-G	Radio Bremen-Gesetz
RB-S	Radio Bremen-Satzung
Rdn	Randnummer

RegBl. .... Regierungsblatt
RfGebStV .... Rundfunkgebührenstaatsvertrag
RfStV .... Staatsvertrag zur Neuordnung des Rundfunkwesens
RGBl. .... Reichsgesetzblatt
RIAS .... Rundfunk im amerikanischen Sektor
RMBl. .... Reichsministerialblatt
R.-P. .... Rheinland-Pfalz
RPM .... Reichspostministerium
RRG .... Reichsrundfunkgesellschaft
Rspr. .... Rechtsprechung
RuF .... Rundfunk und Fernsehen

SDR .... Süddeutscher Rundfunk
SDR-G .... Süddeutsches Rundfunkgesetz
SDR-S .... Süddeutsche Rundfunksatzung
SFB .... Sender Freies Berlin
SFB-G .... Gesetz über den Sender Freies Berlin
SFB-S .... Satzung des Senders Freies Berlin
S.-H. .... Schleswig-Holstein
Slg. .... Sammlung der Rechtsprechung des Gerichtshofs der Europäischen Gemeinschaften
s.o. .... siehe oben
SR .... Saarländischer Rundfunk
SR-S .... Saarländische Rundfunksatzung
StGB .... Strafgesetzbuch
st. Rspr. .... ständige Rechtsprechung
StV .... Staatsvertrag
s.u. .... siehe unten
SWF .... Südwestfunk
SWF-S .... Südwestfunk-Satzung
SWF-StV .... Südwestfunkstaatsvertrag
SZ .... Süddeutsche Zeitung

TKO .... Telekommunikationsordnung

UER .... Union Européenne de Radiodiffusion
UFITA .... Archiv für Urheber-, Film-, Funk- und Theaterrecht
UrhG .... Urheberrechtsgesetz
UWG .... Gesetz gegen unlauteren Wettbewerb

Verf. .... Verfasser
Vfg. .... Verfügung
VG .... Verwaltungsgericht
VGH .... Verwaltungsgerichtshof
vgl. .... vergleiche
VO .... Verordnung
VVDStRL .... Veröffentlichungen der Vereinigung Deutscher Staatsrechtslehrer
VwGO .... Verwaltungsgerichtsordnung
VwVfG .... Verwaltungsverfahrensgesetz

WARC .... World Administrative Radio Conference
WDR .... Westdeutscher Rundfunk
WDR-G .... Westdeutsches Rundfunkgesetz

WDR-S .... Westdeutsche Rundfunksatzung
WRV .... Weimarer Reichsverfassung
WuP .... Wirtschaft und Praxis

ZDF .... Zweites Deutsches Fernsehen
ZDF-S .... Satzung des Zweiten Deutschen Fernsehens
ZDF-StV .... Staatsvertrag über das Zweite Deutsche Fernsehen
ZG .... Zeitschrift für Gesetzgebungswissenschaft
ZHR .... Zeitschrift für das gesamte Handels- und Wirtschaftsrecht
ZRP .... Zeitschrift für Rechtspolitik
ZUM .... Zeitschrift für Urheber- und Medienrecht
ZPO .... Zivilprozeßordnung

1. Kapitel. Geschichte des Rundfunks

Geschichtliche Darstellungen können zur Erklärung der Gegenwart beitragen. Dies gilt in besonderer Weise für den Rundfunk in Deutschland.[1] Viele Besonderheiten des Rundfunkwesens in der Bundesrepublik sind nur aus der historischen Entwicklung oder als bewußte Reaktion auf diese zu verstehen.

I. Von 1923 bis 1945

1. Weimarer Republik

a) Die Anfänge des Unterhaltungsrundfunks

Am 29. Oktober 1923 begann die „Deutsche Stunde, Gesellschaft für drahtlose Belehrung und Unterhaltung mbH“ in Berlin den ersten regelmäßigen Hörfunkprogrammdienst in Deutschland. Die Entdeckung der drahtlosen Verbreitung elektromagnetischer Schwingungen durch den deutschen Physiker Heinrich Hertz war bereits im Jahre 1887 erfolgt. Doch wurde das Funkmedium zunächst nur für den See- und Küstenfunk sowie für die Funktelegrafie benutzt. Während des ersten Weltkriegs wurde es ausschließlich für militärische Zwecke verwendet. In den ersten Jahren der Weimarer Republik wurde an eine Freigabe für einen allgemeinen Rundfunkdienst wegen der ständigen Umsturzgefahr ebenfalls nicht gedacht.

Die Initiative zur Einführung eines allgemeinen Unterhaltungsrundfunks ging von der Deutschen Reichspost aus.[2] Diese verfügte aufgrund des Telegrafengesetzes über die sog. Funkhoheit.[3] § 1 des Gesetzes behielt der Reichspost das alleinige Recht vor, Telegrafenanlagen zu errichten und zu betreiben. Zu diesen gehörten nach § 3 Abs. 2 auch die Funkanlagen.[4] Damit lag aufgrund der alleinigen technischen Verfügungsgewalt das Gesetz des Handelns bei der Reichspost. Den entscheidenden Anstoß zur Einführung

---

[1] Vgl. die ausführliche Darstellung bei H. Bausch (Hrsg.), Rundfunk in Deutschland, München, 1980; I. Fessmann, Rundfunk und Rundfunkrecht in der Weimarer Republik, Frankfurt/M., 1973; G. Herrmann, 60 Jahre Rundfunkrecht, UFITA 1984, S. 1ff.

[2] Der Begriff „Rundfunk“ bezeichnet heute Hörfunk und Fernsehen. In der Anfangszeit erfaßte er nur den Hörfunk und sollte den fremdsprachigen Terminus „Radio“ (von lat. Radius, womit gemeint war: rundum gestrahlt) ersetzen.

[3] Reichsgesetz v. 4. August 1892, RGBl. 1892, S. 467

[4] eingefügt durch die „Funkgesetznovelle“ v. 7. März 1908, RGBl., S. 79

des Rundfunks gaben mehrere Umstände. Zum einen wollte sich die Reichspost in wirtschaftlich äußerst schwierigen Zeiten neue Einnahmequellen eröffnen. Zum anderen war die Geräteindustrie an der Erschließung neuer Märkte interessiert, nachdem in Großbritannien und den Vereinigten Staaten der neu eingeführte Rundfunk auf sehr großes Publikumsinteresse gestoßen war.

Da die Reichspost nicht über ausreichende Finanzmittel verfügte, war sie gezwungen, private Gesellschaften zu beteiligen. Diese sollten aber von vornherein unter staatlichem Einfluß stehen, um eventuellen Umsturzgefahren vorzubeugen, ein Wellenchaos zu verhindern und das Fernmeldegeheimnis besser schützen zu können. Darüber hinaus hatte die Reichspost die Vorstellung, der Rundfunk müsse von der Politik ferngehalten werden, weil er sonst unweigerlich in den Parteienstreit gerate und dann als Einnahmequelle nicht mehr zu gebrauchen sei. Sie stellte deswegen die kulturelle Seite des Rundfunks in den Vordergrund. Dieser Umstand ist mitverantwortlich dafür, daß der Rundfunk in Deutschland von Beginn an als „öffentliche Aufgabe“ in dem Sinne verstanden wurde, daß er nicht privaten Interessen, sondern nur der Allgemeinheit verpflichtet sei.[5]

In den übrigen Gebieten Deutschlands außerhalb Berlin nahmen im Laufe des Jahres 1924 die Regionalgesellschaften in den insgesamt neun von der Reichspost eingeteilten Sendebezirken den Betrieb auf. Diese Aufteilung entsprach zwar nicht der Gliederung in Länder, berücksichtigte aber die landsmannschaftlichen Besonderheiten. Sie beruhte jedoch nicht auf föderaler Tugend, sondern entsprang ausschließlich technischen Gründen, weil für ein einheitliches Sendernetz und die dazugehörigen Leitungen das nötige Geld fehlte.

Die allgemeine Begeisterung für die neue technische Errungenschaft verhalf dem Rundfunkdienst von Anfang an zu einem erstaunlichen Erfolg. Waren am 1. Dezember 1923 noch 467 Hörer registriert, so waren es am 1. April 1926 bereits über 1,2 Mio. Wegen dieses großen Erfolgs erließ die Reichsregierung, gestützt auf Art. 48 WRV die „Verordnung zum Schutz der Funktelegraphie“,[6] die klarstellte, daß auch der Rundfunkempfang unter das Hoheitsrecht des Reiches fiel und für „Zaungäste“ genannte Schwarzhörer empfindliche Geldstrafen vorsah.

Mit den ständig steigenden Hörerzahlen erkannte man bald auch die publizistische Bedeutung des Rundfunks für die öffentliche Meinungsbildung. Dies löste den Wunsch staatlicher Stellen nach einer Kontrolle über den Rundfunk aus. Der Weg dorthin führte über das im Telegrafenregal enthaltene Funkhoheitsrecht der Reichspost.

Die Veranstaltung von Rundfunksendungen hatte zunächst gewissermaßen

---

[5] Zur Rechtslage unter dem Grundgesetz vgl. unten 2. Kapitel II 1. und 4. Kapitel I

[6] RGBl. 1924 I, S. 273ff. mit Ausführungsbestimmungen im Amtsblatt des RPM Nr. 46 v. 15. 5. 1925, S. 525

im rechtsfreien Raum begonnen mit der Freigabe des Empfangs durch die Verfügung Nr. 815 des Reichspostministers vom 24. Oktober 1923 „Einführung eines Unterhaltungsrundfunks".[7] Dabei handelte es sich jedoch nicht um die nach der geltenden Rechtslage erforderliche fernmelderechtliche Genehmigung, sondern lediglich um eine innerdienstliche Anweisung ohne Außenwirkung. Auch für die Sendeseite waren Genehmigungen nicht erteilt.Lediglich die Programmgesellschaft in Berlin hatte einen Vertrag mit der Reichspost abgeschlossen. In den anderen Sendebezirken wurde der Betrieb aufgrund eines Schreibens des Reichspostministers vom 17. März 1924 aufgenommen, in dem die Erteilung der Konzession in Aussicht gestellt wurde. Bis es dahin kam, gab es jedoch noch einige Auseinandersetzungen zwischen Post- und Innenministerium sowie den Ländern.

Das Reichsministerium des Innern hatte sehr bald die publizistische Bedeutung des Rundfunks erkannt und wollte ihn in den Dienst der republikanischen Idee stellen. Die Reichspost sah darin eine große Gefahr für den Rundfunk, weil sie seine Politisierung fürchtete,und lehnte dieses Ansinnen ab. Doch als das Innenministerium drohte, mit seinem Veto die Rundfunkpläne überhaupt zu blockieren, gab die Reichspost schließlich nach und willigte in die Beteiligung einer mehrheitlich dem Innenministerium gehörenden Nachrichtenagentur ein, die „Drahtlose Dienst AG" – abgekürzt „DRADAG" – hieß.

Diese Einigung rief die bis dahin unbeteiligten Länder, allen voran Preußen, Bayern und Württemberg auf den Plan, die ihrerseits unter Berufung auf die Kulturhoheit der Länder an der Programmkontrolle beteiligt werden wollten. Die Reichspost hielt dem ihre Funkhoheit entgegen, wobei jedoch nie geklärt wurde, ob sich diese auf mehr als die technische Seite des Rundfunks erstrecke. Beide Seiten scheuten wegen der dann zu gewärtigenden Befassung des Reichstags eine offene Auseinandersetzung und einigten sich deswegen auf die Einrichtung von Überwachungsausschüssen innerhalb der Programmgesellschaften, die mehrheitlich von den Ländern zu besetzen waren. Damit waren die Voraussetzungen dafür geschaffen, daß der Reichspostminister mit Wirkung vom 1. März 1926 den Regionalgesellschaften die Konzession erteilen konnte.

b) Die Rundfunkordnung von 1926

Das aus heutiger Sicht Bemerkenswerte an diesen Genehmigungen waren die in ihnen enthaltenen weitgehenden Auflagen.[8] Denn obwohl sie auf ein Gesetz gestützt waren, das lediglich die technische Seite des Rundfunks regelte, enthielten sie sehr weitreichende Bestimmungen über den Aufbau des Rundfunkwesens und den Inhalt der Sendungen. Danach stellte sich die Organisation des Rundfunks folgendermaßen dar:

---

[7] Nachrichtenblatt des RPM, Nr. 117 v. 24. 10. 1923, S. 885f.

[8] zu den Einzelheiten vgl. I. Fessmann, aaO. FN 1, S. 65ff.; zur Rechtslage unter dem Grundgesetz 2. Kapitel unter I 2. a)

- Technik: Die Reichspost stellte die technischen Sendeeinrichtungen zur Verfügung, für deren Benutzung die Programmgesellschaften zu bezahlen hatten. Diese waren ihrerseits für die Studiotechnik zuständig.
- Programmaufsicht: In der Konzession waren Richtlinien zur Programmgestaltung verbindlich gemacht, wonach der Rundfunk keiner Partei dienen durfte. Sein gesamter Nachrichten- und Vortragsdienst war daher streng überparteilich zu halten. Außerdem war geregelt, daß nur Nachrichtenmaterial der bereits erwähnten „DRADAG", einer zu 51% im Besitz des Innenministeriums befindlichen Gesellschaft verwendet werden dürfe. Darüberhinaus waren auf Wunsch der DRADAG oder einer Landesregierung sog. Auflagennachrichten zu senden.

Die Einhaltung dieser Bestimmungen wurde von zwei Überwachungsausschüssen sichergestellt. Der eine war für den Nachrichten- und Vortragsdienst der Gesellschaft in politischer Beziehung zuständig. Er bestand aus drei Mitgliedern, von denen eines das Reich und zwei die Länder entsandten. Das für die Programmgestaltung verantwortliche Vorstandsmitglied konnte nur mit seiner Zustimmung berufen werden. Daneben gab es einen Kulturbeirat, der an der Gestaltung des Programms auf dem Gebiet von Kunst, Wissenschaft und Volksbildung mitwirken sollte.

- Gesellschaftsrechtliche Organisation: Die einzelnen Rundfunkgesellschaften mußten 51% ihrer Geschäftsanteile an eine neu gegründete Dachgesellschaft, die Reichsrundfunkgesellschaft (RRG) abführen, an der die Reichspost ihrerseits über 51% der Stimmanteile verfügte. Diese Gesellschaft hatte in erster Linie zur Aufgabe die zentrale Leitung und Überwachung der Rundfunkgesellschaften auf wirtschaftliche Betriebsführung einschließlich der Genehmigung des Haushalts sowie die Verwaltung der an sie abzuführenden Überschüsse und die Durchführung eines Finanzausgleichs zwischen den einzelnen Gesellschaften. Diese waren damit des wirtschaftlichen Risikos enthoben, verloren aber auch ihre wirtschaftliche Selbständigkeit und damit den letzten Rest an Programmfreiheit. Für die Überwachung der Verpflichtungen von RRG und Regionalgesellschaften gegenüber der Reichspost wurde das Amt des Rundfunkkommissars geschaffen.
- Finanzierung: Die Finanzierung des Rundfunks erfolgte über die von den einzelnen Teilnehmern zu entrichtende Gebühr, die als Gegenleistung für die Erteilung einer Genehmigung zum Betrieb eines Empfangsgeräts nach § 2 Telegrafengesetz angesehen wurde. Sie betrug seit dem Ende der Inflation unverändert 2,– RM und wurde von der Reichspost eingezogen. Diese behielt zunächst 40%, später bis zu 60% des Gebührenaufkommens als Entgelt für die Genehmigungen und den Senderbetrieb ein und überwies den Rest an die einzelnen Gesellschaften entsprechend ihrer Hörerzahl. Daneben gab es in geringem Umfang auch Einnahmen aus Rundfunkwerbung.

Der Rundfunkempfang durch den einzelnen Teilnehmer, der ebenfalls von der Funkhoheit der Reichspost erfaßt wurde, war bereits durch die „Bekanntmachung über den Unterhaltungsrundfunk" vom 24. August 1925 auf eine endgültige Grundlage gestellt worden.[9] Sie regelte die Bedingungen, unter denen dem einzelnen Teilnehmer die Genehmigung zum Betrieb eines Empfangsgeräts erteilt werden konnte. Dazu gehörte u.a., daß nur die freigegebenen Sender abgehört werden durften und eine monatliche Gebühr von 2 Reichsmark zu entrichten war. Ein Rechtsanspruch auf Erteilung der Genehmigung bestand nicht.

Nachdem auf diese Weise von der Ministerialbürokratie unter Führung von Reichspost und Reichsinnenministerium die erste deutsche Rundfunkordnung installiert worden war, wurde nachträglich der Reichstag informiert, dem am 2. Dezember 1926 die „Richtlinien über die Regelung des Rundfunks" vorgelegt wurden.[10] Der Reichstag versuchte jedoch nicht, selbst auf die Gestaltung des Rundfunkwesens Einfluß zu nehmen, sondern begnügte sich damit, über den erreichten Stand zu beraten. Dabei rügten die Oppositionsparteien vor allem die Verletzung des Neutralitätsgebots, da die jeweilige Regierung mit Hilfe der gegebenen Einflußmöglichkeiten den Rundfunk für ihre Zwecke einsetzte.

c) Die Rundfunkordnung von 1932

Die in der Schlußphase der Weimarer Republik zu Tage tretenden autoritären Tendenzen machten auch vor dem Rundfunk nicht halt. Die Diskussion über eine Neuorganisation des Rundfunks setzte ein, als das Reichsinnenministerium unter den Stichwörtern „Rundfunkeinheit" und „nationale Konzentration" versuchte, den Rundfunk in verstärktem Maße zu einem Sprachrohr der Reichsregierung umzufunktionieren. Die publizistische Bedeutung des Mediums war inzwischen offenkundig, nachdem die Teilnehmerzahl 1930 die Viermillionen-Grenze überschritten hatte. Die Bemühungen der Reichspost, den Rundfunk aus der Parteipolitik herauszuhalten und ihm das Recht der Selbstverwaltung einzuräumen, scheiterten an der Entschlossenheit der Reichsregierung, den Rundfunk für ihre Öffentlichkeitsarbeit zu nutzen. Auch der Widerstand der Länder war nur schwach ausgeprägt. Sie beschränkten sich darauf, ihren bereits früher vorgetragenen Standpunkt zu wiederholen, die publizistische Seite des Rundfunks sei ein kulturelles Phänomen und damit Angelegenheit der Länder.

„Aufhänger" für die Neuregelung der Rundfunkverhältnisse war wiederum die Genehmigung nach dem inzwischen in Fernmeldeanlagengesetz umbenannten Telegrafengesetz,[11] die zum 30. September 1932 von der Reichspost gekündigt wurde. Bereits im Juni 1932 war eine „Stunde der Reichsre-

---

9 Vfg. Nr. 490, RMBl.I, S. 1001ff.

10 Deutscher Reichstag, III. Wahlperiode 1924/26, Drucksache Nr. 2776

11 Gesetz über Fernmeldeanlagen v. 14. 1. 1928, RGBl. 1928 I, S. 8. Die im vorliegenden Zusammenhang interessierenden Bestimmungen gelten unverändert fort, vgl.

gierung" eingeführt worden. Die eigentlichen Änderungen brachten aber erst die „Leitsätze für die Neuregelung des Rundfunks" vom 27. Juli 1932, die von den vereinigten Ausschüssen des Reichsrats im Verfahren nach Art. 67 WRV, also unter Ausschluß der Öffentlichkeit, beschlossen worden waren.[12] Diese hatten eine Zentralisierung und Verstärkung des staatlichen Einflusses zum Gegenstand, die durch folgende Maßnahmen erreicht wurde.

Es wurden zunächst die Kapitalverhältnisse der Programmgesellschaften neu gruppiert. Diese behielten zwar ihre private Rechtsform bei, doch mußten alle Privataktionäre ausscheiden. Das Reich übernahm jeweils 51% an der Reichsrundfunkgesellschaft und den Regionalgesellschaften, die Länder die jeweils verbleibenden 49%. Außerdem wurde vom Reichsinnenministerium ein zweiter Rundfunkkommissar eingesetzt, der ausschließlich für die Überwachung der Programmgestaltung zuständig war. Auch für die Regionalgesellschaften wurden staatliche Rundfunkkommissare eingesetzt. Diese waren von den Landesregierungen im Benehmen mit dem Reichsinnenministerium zu ernennen und unterlagen der Weisungsbefugnis des Reichsrundfunkkommissars. Auch der bei jeder Gesellschaft zu bildende Programmbeirat wurde von der staatlichen Exekutive ernannt.

Die Leitsätze wurden durch „Richtlinien" für die Programmgestaltung ergänzt, die von den zuständigen Reichsratausschüssen am 18. November 1932 verabschiedet wurden.[13] Eine Mischung aus christlich-konservativem Vokabular und der Formulierung deutschnationaler Ziele verpflichtete den Rundfunk zur „Aufbauarbeit an Volk und Staat". Damit war der Weg bereitet für die bald darauf folgende Machtergreifung durch die Nationalsozialisten.

2. Das „Dritte Reich"

Die Nationalsozialisten hatten frühzeitig die Bedeutung des Rundfunks zur Beeinflussung der Volksmassen erkannt und gingen nach dem 30. Januar 1933 unverzüglich daran, die bestehende Rundfunkorganisation für ihre Propagandazwecke einzusetzen. Grundlegender Änderungen bedurfte es dazu nicht mehr. Durch Verordnung vom 30. Juni 1933 erhielt das neugegründete Reichsministerium für Volksaufklärung und Propaganda aus dem Geschäftsbereich des Innenministeriums den Rundfunk und vom Postministerium alle bisher dort bearbeiteten Angelegenheiten des Rundfunks mit Ausnahme der technischen Verwaltung.[14]

Bekanntmachung der Neufassung des Gesetzes über Fernmeldeanlagen v. 3. Juli 1989, BGBl. 1989, I, S. 1455.

[12] Text bei Bausch, Der Rundfunk im politischen Kräftespiel der Weimarer Republik 1923–1933, Tübingen 1956, S. 210–212; vgl. ferner B. Lerg, Rundfunkpolitik in der Weimarer Republik, in H. Bausch (Hrsg.), aaO. FN 1, S. 465 und I. Fessmann, aaO. FN 1, S. 82ff.

[13] Text bei Bausch, aaO. FN 12, S. 212–214

[14] RGBl. 1933 I, S. 449

Die Zentralisierung des Rundfunks wurde im Zuge der Gleichschaltung der Länder vollendet. Die Reichsrundfunkgesellschaft erwarb die noch im Besitz der Länder stehenden Geschäftsanteile der Regionalgesellschaften, die zu Reichssendern genannten Zweigstellen umgeformt wurden.

Durch das Reichskulturkammergesetz vom 22. September 1933 wurde der Propagandaminister ermächtigt, die Angehörigen der einzelnen Berufssparten in Körperschaften des öffentlichen Rechts zusammenzufassen. Aufgrund der Ersten Durchführungsverordnung vom 1. November 1933 erhielt die bereits existierende „Nationalsozialistische Rundfunkkammer" den Namen „Reichsrundfunkkammer".[15] Nur wer ihr angehörte, durfte im Rundfunk noch tätig sein. Damit wurde die personelle Säuberung des Rundfunks abgeschlossen.

Der letzte Schritt zur vollständigen Beherrschung des Rundfunks war die Erfassung der Empfangsseite. Um den Propagandasendungen eine möglichst weitreichende Verbreitung zu sichern, wurde die Entwicklung eines kostengünstigen „Volksempfängers" vorangetrieben, der ab 1934 in Stückzahlen von mehr als einer halben Million jährlich verkauft wurde. Seine Besonderheit bestand darin, daß er über keinen Kurzwellenteil verfügte und so nur der Empfang der Reichssender, nicht aber weiter entfernt gelegener ausländischer Stationen möglich war. Während des Zweiten Weltkriegs wurde diese Maßnahme ergänzt durch die „Verordnung über außerordentliche Rundfunkmaßnahmen",[16] die das Abhören ausländischer Sender verbot und in schweren Fällen die Todesstrafe androhte.

3. Zusammenfassung

In der heutigen Rundfunkordnung findet sich vieles aus den oben geschilderten Anfangsjahren wieder. Daß das Grundgesetz der Bundesrepublik mit seinen Aussagen zur Rundfunkfreiheit ebenso wie in vielen anderen Bereichen eine bewußte Reaktion auf das Dritte Reich darstellt, ist hinlänglich bekannt. Bei näherem Zusehen lassen sich jedoch zahlreiche Entwicklungslinien bis in die Weimarer Republik zurückverfolgen.

- Der öffentliche Status des Rundfunks im Gegensatz zur überkommenen privatwirtschaftlichen Ausgestaltung des Pressewesens bestand von Anfang an. Maßgebliche Ursache war die auf dem heute noch bestehenden Fernmeldemonopol beruhende ausschließliche Verfügungsgewalt des Staates über die Technik.
- Die Unterscheidung von technischen und publizistischen Aspekten zeigte sich in den Streitigkeiten um die Ressortabgrenzung zwischen Reichspost und Innenministerium, wenngleich die endgültige Abgrenzung erst mit der Errichtung des Ministeriums für Volksaufklärung und Propaganda gefunden wurde.

---

[15] RGBl. 1933 I, S. 797
[16] RGBl. 1939 I, S. 1683

- Auch bundesstaatliche Fragen der Abgrenzung von Zuständigkeiten der Zentralgewalt und der Gliedstaaten spielten bereits zu Beginn eine wichtige Rolle. In diesem Zusammenhang wurde auch die kulturelle Dimension des Rundfunks deutlich, weil nur über die Kulturhoheit eine Kompetenz der Länder zu begründen war.
- Der von Anfang an bestehende starke Staatseinfluß im Rundfunk und der damit während des Dritten Reichs getriebene Mißbrauch hat zu dem Gebot der Staatsfreiheit des Rundfunks geführt, einem der wichtigsten Organisationsprinzipien des Rundfunks in der Bundesrepublik, das in anderen westlichen Demokratien, denen diese Erfahrungen erspart blieben, nicht immer eine Entsprechung findet.
- Die Garantie der Informationsfreiheit, für die es in früheren Verfassungen kein Vorbild gibt, ist eine bewußte Reaktion auf den Versuch nationalsozialistischer Informationspolitik, die Bevölkerung von ausländischen Informationsquellen abzuschneiden und dadurch die öffentliche Meinungsbildung zu manipulieren.

II. Der Wiederaufbau des Rundfunks

1. Unter der Aufsicht der Alliierten

Mit dem Zusammenbruch staatlicher Gewalt und der bedingungslosen Kapitulation des Deutschen Reiches endete auch der deutsche Rundfunk. Die Siegermächte übernahmen die Sendeanlagen, soweit diese nicht durch den Krieg völlig zerstört waren, und verwendeten sie zunächst als Soldatensender. Durch das Gesetz Nr. 191 wurde den Deutschen zunächst jeglicher Rundfunk verboten.[17] Das Gesetz Nr. 52 verfügte die Beschlagnahme des gesamten Reichsvermögens und damit auch der Rundfunksender der Deutschen Reichspost.[18] Schon bald strahlten die Alliierten über ihre Militärsender auch Programme für die deutsche Bevölkerung aus und halfen so, das Existenzminimum zu sichern, da Zeitungen unmittelbar nach dem Krieg nur zweimal wöchentlich und nur in begrenzter Auflage erschienen.

In dem Maße, in dem der staatliche Wiederaufbau in Deutschland Fortschritte machte, waren die Alliierten auch bestrebt, den Rundfunk wieder in deutsche Hände zurückzugeben. Die Entwicklung in den drei westlichen Zonen verlief zwar unterschiedlich, führte jedoch zu bemerkenswert übereinstimmenden Ergebnissen. Entscheidend war in jedem Fall die Erfahrung mit dem Mißbrauch des Rundfunks als staatliches Propagandainstrument während des Dritten Reiches. Darüberhinaus waren die Vorstellungen maßgeblich, die die Siegermächte aus ihren Heimatländern mitbrachten. Die Briten

---

[17] APF 1949, 2, S. 65
[18] APF 1949, 2, S. 65

orientierten sich an ihrer BBC und schufen, obwohl sie sonst auf Dezentralisierung setzten, für ihre gesamte Zone einen einheitlichen Sender. Die Amerikaner waren an eine Vielzahl nicht unter Regierungseinfluß stehender Rundfunkunternehmen gewöhnt. Sie legten daher besonderen Wert auf eine Dezentralisierung. Eine vollständige Privatisierung war angesichts der schlechten Wirtschaftslage im Nachkriegsdeutschland dagegen ausgeschlossen. Die Franzosen schließlich warteten die Entwicklung in den anderen Zonen ab, um sich an deren Vorbild zu orientieren und organisierten den Rundfunk für alle drei Länder ihrer Zone in Anlehnung an ihr eigenes Rundfunksystem zentralistisch.

Die deutschen Politiker wollten demgegenüber dort anknüpfen, wo die Entwicklung in der Weimarer Republik geendet hatte. Für sie war Grundlage des Rundfunks nach wie vor die Funkhoheit der Post und demgemäß wollten sie stärkere staatliche Einflußmöglichkeiten nach dem Vorbild des Weimarer Rundfunks. Ein Mißbrauch schien ihnen ausgeschlossen, da die staatliche Gewalt nunmehr demokratisch legitimiert war. Damit befanden sie sich in Übereinstimmung mit den Bemühungen der Post, wieder in ihre alten Rechte eingesetzt zu werden. Die Alliierten lehnten solche Vorstellungen unter dem Eindruck der Erfahrungen während des Dritten Reichs ab und setzten gegen deutschen Widerstand ihr eigenes Ordnungsmodell durch. Der amerikanische Militärgouverneur erließ am 21. November 1947 für seine Zone einen Befehl, in dem es hieß: „Es ist die grundlegende Politik der US-Militärregierung, daß die Kontrolle über die Mittel der öffentlichen Meinung, wie Presse und Rundfunk, verteilt und von der Beherrschung durch die Regierung freigehalten werden müssen. Demgemäß ist der Deutschen Post die Beteiligung am Rundfunk ... verboten.“[19] Ausgenommen waren lediglich der Gebühreneinzug, der Betrieb des Leitungsnetzes und der Entstörungsdienst. Mit Gesetz Nr. 19 vom 20. April 1949 wurden die Postsender der amerikanischen Zone entschädigungslos enteignet, die Briten folgten dem Beispiel durch die Verordnung Nr. 202 vom 6. September 1949. In der französischen Zone waren die Sendeanlagen bereits durch Verordnung der Militärregierung vom 30. Oktober 1948 auf die gleichzeitig gegründete Rundfunkanstalt übertragen worden.

Trotz unterschiedlicher Ausgangspositionen wurden die einzelnen Rundfunkanstalten doch nach einem einheitlichen Muster organisiert. Oberstes Ziel war die Sicherung der Staatsfreiheit. Deswegen wählte man die Rechtsform der Anstalt des öffentlichen Rechts, um auf diese Weise den Rundfunk aus der staatlichen Exekutive auszugliedern. Die so geschaffene Einrichtung erhielt das Recht der Selbstverwaltung, d.h. der Aufgabenwahrnehmung in eigener Verantwortung. Außerdem wurde eine staatliche Aufsicht entweder völlig ausgeschlossen oder nur in sehr beschränkter Form zugelassen.

Die Kontrolle über den Rundfunk wurde einem pluralistisch zusammenge-

---

[19] abgedruckt bei H. Bausch, aaO. FN 1, Rundfunkpolitik nach 1945, S. 34

setzten Gremium mit Vertreten aus gesellschaftlich relevanten Gruppen übertragen, dem Rundfunkrat, der nur eine begrenzte Anzahl von Mitgliedern aus dem staatlichen Bereich aufweisen durfte.

Für die Programmgestaltung wurden Leitgrundsätze verbindlich gemacht, deren wichtigster die Verpflichtung zu Ausgewogenheit, Unparteilichkeit und Objektivität war. Dadurch unterschied sich der Rundfunk von Anfang an von der Tendenzfreiheit der Presse. Vor allem die Amerikaner legten Wert auf solche Programmgrundsätze, für deren Formulierung weitgehend ein „Amerikanischer Entwurf zu einer Erklärung über Rundfunkfreiheit in Deutschland, Mai 1946“ als Vorbild diente.[20]

Um die Unabhängigkeit des Rundfunks auch in finanzieller Hinsicht zu gewährleisten, erhielten die Rundfunkanstalten den weit überwiegenden Anteil des Rundfunkgebührenaufkommens, das aber nach wie vor von der Post eingezogen wurde.

Der so organisierte Rundfunk war weder staatlich gelenkt noch privaten Interessen unterworfen. Er läßt sich am besten mit dem damals geprägten Wort beschreiben: „Der Rundfunk gehört niemand.“ Diese Organisationsform liegt auch heute noch unverändert dem öffentlich-rechtlichen Rundfunk zu Grunde.

Nach den vorstehend beschriebenen Grundsätzen wurden in den Jahren 1947 und 1948 die einzelnen Anstalten gegründet. Es waren dies

- in der amerikanischen Zone der Bayerische Rundfunk,[21] der Hessische Rundfunk,[22] Radio Bremen[23] und der Süddeutsche Rundfunk.[24]
- in der britischen Zone der Nordwestdeutsche Rundfunk,[25] der das Gebiet der Länder Nordrhein-Westfalen, Niedersachsen, Schleswig-Holstein und Hamburg umfaßte und damit über die Hälfte der westdeutschen Bevölkerung versorgte.
- in der französischen Zone der Südwestfunk[26] für die Länder Baden, Württemberg-Baden und Rheinland-Pfalz, während im Saarland infolge der französischen Besatzungspolitik der Rundfunk zunächst noch unter der Regie der dortigen Militärregierung stand.

Damit gab es für das gesamte spätere Bundesgebiet Rundfunkanstalten, die ihrer Struktur nach einheitlich ausgestaltet waren. Bedeutende Unterschiede bestanden jedoch von vornherein in der Größe und Leistungsfähigkeit der einzelnen Anstalten, was später ergänzende Regelungen notwendig machte.

---

[20] abgedruckt bei H. Bausch, aaO. FN 1, Rundfunkpolitik nach 1945 S. 72f.

[21] Gesetz v. 10. August 1948, Bay. GVBl. 1948, S. 135

[22] Gesetz v. 2. Oktober 1948, Hess. GVBl. 1948, S. 123

[23] Gesetz v. 22. November 1948, HB GVBl. 1948, S. 225

[24] Gesetz v. 6. April 1949, Württ.-Bad. RegBl. 1949, S. 71

[25] Verordnung Nr. 118 v. 1. Januar 1948 der britischen Militärregierung, abgedruckt bei H. Bausch, aaO. FN 1, S. 62

[26] Militärratsverordnung Nr. 187 v. 30. Oktober 1948, Journal Officiel 1948, 215, S. 1756ff.

2. Die Wiedererlangung der Souveränität

Ein wichtiges Datum für die weitere Entwicklung des Rundfunks war das Inkrafttreten des Grundgesetzes am 24. Mai 1949. Dieses enthielt in seinem Art. 5 Garantien für Meinungs-, Presse- und Rundfunkfreiheit, darüberhinaus erstmals in einer deutschen Verfassung das Grundrecht der Informationsfreiheit.

Ihre volle staatliche Souveränität erlangte die Bundesrepublik allerdings erst mit dem Deutschlandvertrag vom 5. Mai 1955. Bis zu diesem Zeitpunkt hatten die Siegermächte noch weitgehende Einflußmöglichkeiten auch auf dem Gebiet der Rundfunkorganisation. Damit konnten sie restaurativen Bestrebungen auf deutscher Seite entgegentreten, die noch immer an die staatliche Tradition der Weimarer Rundfunkpolitik anknüpfen wollte. Dies zeigte sich besonders deutlich in Berlin, wo die Rundfunkversorgung zunächst von einer Zweigstelle des Nordwestdeutschen Rundfunks geleistet worden war. Diese sollte ersetzt werden durch eine eigene Anstalt, den Sender Freies Berlin. Der vom Senat vorgelegte Entwurf räumte diesem das Recht ein, die für den Rundfunkrat von den entsendungsberechtigten Gruppen benannten Persönlichkeiten abzulehnen. Die Alliierte Kommandantur verweigerte ihre Zustimmung, so daß das Gesetz erst nach Änderung der entsprechenden Passagen 1953 in Kraft treten konnte.[27]

Im folgenden Jahr kam es zur Auflösung des Nordwestdeutschen Rundfunks. Von Anfang an hatten sich die Rheinländer nicht hinreichend repräsentiert gefühlt, was immer wieder zu Spannungen geführt hatte. Darüber hinaus ist auch die Vermutung nicht fernliegend, daß die nordrhein-westfälische Landesregierung bestrebt war, stärkeren Einfluß auf den Rundfunk zu gewinnen, was bei einer Landesanstalt leichter möglich war als bei einer Mehrländereinrichtung. Dafür spricht jedenfalls die Tatsache, daß nach dem 1954 in Kraft getretenen Gesetz über den Westdeutschen Rundfunk die Rundfunkräte nach den Grundsätzen der Verhältniswahl vom Landesparlament gewählt und nicht von gesellschaftlichen Gruppen unmittelbar entsandt wurden.[28] Außerdem wurden die anstaltsinternen Zuständigkeiten in wichtigen Programm-, Personal- und Budgetfragen vom Rundfunk- auf den Verwaltungsrat verlagert. Damit begann eine Entwicklung hin zu verstärktem staatlichem Einfluß auf den Rundfunk. Sie setzte sich fort bei der Gründung des Norddeutschen Rundfunks, der die aus dem Gebiet des Nordwestdeutschen Rundfunks verbleibenden Länder Hamburg, Niedersachsen und Schleswig-Holstein versorgte. Sie zeigte sich erneut bei den Bundesrundfunkanstalten und in abgeschwächter Form bei der Gründung des Zweiten Deutschen Fernsehens.

---

[27] GVBl. Berlin 1953, S. 1400
[28] GVBl. NRW, 1954, S. 151

Nach der Wiedereingliederung des Saarlandes wurde 1956 der Saarländische Rundfunk gegründet.[29]

III. Die bundesstaatliche Entwicklung

War die erste Phase des Wiederaufbaus im Rundfunk ganz von dem Bemühen um eine effektive Sicherung der Freiheit bestimmt, so begann sich bald eine zweite Entwicklungslinie abzuzeichnen, die für das Verständnis der heutigen Rundfunkordnung genauso wichtig ist. Es handelt sich dabei um die Herausbildung bundesstaatlicher Strukturen und zwar sowohl im Verhältnis zwischen Bund und Ländern als auch unter Aspekten der Länderkooperation.

1. Länderkooperation

a) Kooperation auf der Ebene der Rundfunkanstalten

Die sechs Landesrundfunkanstalten, die zum Zeitpunkt der Gründung der Bundesrepublik existierten, waren sich sowohl in ihrer inneren Struktur als auch in ihrer Aufgabenstellung weitgehend ähnlich. Aus diesem Grunde hatten sie auch viele übereinstimmende Interessen. Das galt vor allem für die Zusammenarbeit in Programmfragen, etwa durch Programmaustausch, mit der dem gegen die kleinräumige Gliederung des deutschen Rundfunks gerichteten Vorwurf des Provinzialismus begegnet werden sollte. Doch auch auf den Gebieten von Technik, Recht oder Finanzen gab es zahlreiche gemeinsame Probleme. Außerdem war es erforderlich, den Rundfunk auf nationaler Ebene zu repräsentieren, beispielsweise bei der Mitgliedschaft in internationalen Organisationen. Daneben spielten auch die Bestrebungen auf Bundesebene, Einfluß auf den Rundfunk zu gewinnen, eine Rolle. Deswegen gab es innerhalb der Landesrundfunkanstalten schon frühzeitig Überlegungen, zu einer engeren Zusammenarbeit zu kommen. Dabei mußte jedoch alles vermieden werden, was Erinnerungen an die Reichsrundfunkgesellschaft hätte wecken und die Unabhängigkeit der einzelnen Anstalten hätte beeinträchtigen können. So wurde von den Landesrundfunkanstalten als Grundlage der weiteren Zusammenarbeit am 9. Juni 1950 die Satzung der „Arbeitsgemeinschaft der öffentlich-rechtlichen Rundfunkanstalten Deutschlands" beschlossen, ein loser Zusammenschluß ohne eigene Rechtspersönlichkeit.

Diese Satzung blieb aber nicht das einzige Instrument der Zusammenarbeit. Sie wurde im Laufe der Zeit ergänzt durch zahlreiche weitere Vereinbarungen zur gemeinsamen Aufgabenwahrnehmung. Dazu gehört vor allem der

[29] ABl. Saarland 1956, S. 1549

am 12. Juni 1953 unterzeichnete Fernsehvertrag,[30] der zur Grundlage des ARD-Gemeinschaftsprogramms wurde. Erste Fernsehversuchssendungen hatten bereits 1950 stattgefunden. Dabei hatte sich gezeigt, daß die kostspieligen Investitionen und die hohen Programmkosten auch von den größeren Anstalten alleine nicht zu tragen waren. Deswegen steuerte jede Anstalt entsprechend ihrer Finanzkraft Sendungen zu dem Gesamtprogramm bei, das am 1. November 1954 den Betrieb aufnahm. Schon 1957 verzeichnete man eine Million Zuschauer und zehn Jahre nach Programmbeginn waren es bereits über zehn Millionen.

Seit 1954 wurde von den Rundfunkanstalten auch ein Finanzausgleich durchgeführt. Waren sie sich im Hinblick auf ihre innere Struktur auch sehr ähnlich, so bestanden doch gravierende Unterschiede in der wirtschaftlichen Leistungsfähigkeit. Die räumliche Aufteilung der Nachkriegsrundfunkordnung war durch die Zufälligkeiten der Besatzungszonenaufteilung bedingt. Bei den Ländern, für die gleiches galt, war in Art. 29 GG ausdrücklich die Möglichkeit einer Neugliederung vorgesehen, zu der es jedoch aus den verschiedensten Gründen nicht kam. Deswegen war auch bei den Rundfunkanstalten an eine geografische Neuaufteilung nicht zu denken, die die unterschiedliche Leistungsfähigkeit hätte beheben können. So blieb, als sich der große Finanzbedarf für das Fernsehen abzuzeichnen begann, nur der Weg des Finanzausgleichs. Er wurde auf zwei Arten durchgeführt. Es gab zum einen direkte Zahlungen der „gebenden" an die „nehmenden" Anstalten, zum anderen einen indirekten Ausgleich durch eine höhere Beteiligung an den Kosten der Gemeinschaftsaufgaben.

b) Kooperation auf staatlicher Ebene

Der staatliche Wiederaufbau hatte nach dem Zusammenbruch des Dritten Reiches zunächst in den Ländern begonnen und dementsprechend war auch der Rundfunk auf Länderebene reorganisiert worden. Sollte es hier zu einheitlichen Problemlösungen kommen, dann war Kooperation erforderlich, die zum Abschluß zahlreicher Staatsverträge führte.

Neben der Harmonisierung war von vornherein ein wesentlicher Aspekt beim Abschluß von Staatsverträgen die Zusammenfassung der vorhandenen Kräfte, da sich sehr bald herausstellte, daß die Produktion von Rundfunksendungen eine sehr kostspielige Angelegenheit war. In diese Kategorie gehören folgende Staatsverträge:

– Der Südwestfunk war zunächst durch eine Verordnung der französischen Militärregierung ins Leben gerufen worden. Zu Beginn der fünfziger Jahre sollte eine deutsche Rechtsgrundlage geschaffen werden. Die beteiligten Länder Rheinland-Pfalz, Württemberg-Baden und Baden wollten noch vor der territorialen Neugliederung den Staatsvertrag verabschieden. Eines

[30] Abgedruckt in der ersten Fassung bei Bausch, aaO. FN 1, Rundfunkpolitik nach 1945, S. 274

der Probleme war dabei der Länderproporz innerhalb einer Mehrländeranstalt, d.h. ob die Sitzverteilung in den Aufsichtsgremien paritätisch oder nach der Höhe des Gebührenaufkommens bemessen werden sollte. Wesentlich gravierender waren jedoch die sehr weitgehenden staatlichen Einflußmöglichkeiten, etwa bei der Aufsicht über die Finanzen, dem Entsendungsmodus der Rundfunkratsmitglieder oder der Entsendung staatlicher Vertreter in den Verwaltungsrat, der Befugnisse in der Programmgestaltung erhalten sollte. Da der französische hohe Kommissar jedoch nicht bereit war, derartigen Regelungen seine Zustimmung zu erteilen, mußte nach wenigen Monaten bereits ein neuer Staatsvertrag geschlossen werden, der dann zur Aufhebung der französischen Verordnung führte.[31] Hier konnten sich also noch einmal die Besatzungsvorbehalte gegenüber den deutschen Vorstellungen durchsetzen.

- Der zweite Staatsvertrag zur Gründung einer Rundfunkanstalt war derjenige über den Norddeutschen Rundfunk. Nachdem aus dem Bereich des Nordwestdeutschen Rundfunks 1953 der Sender Freies Berlin und 1954 der Westdeutsche Rundfunk ausgeschieden waren, mußte für die verbleibenden Länder Niedersachsen, Hamburg und Schleswig-Holstein eine Neuregelung gefunden werden. Zwar hätte Niedersachsen als einziges der drei Länder über ein ausreichendes Gebührenaufkommen verfügt, um eine eigene Rundfunkanstalt zu gründen, doch befanden sich sämtliche technischen Einrichtungen in Hamburg, so daß für alle Beteiligten eine gemeinsame Lösung unvermeidlich war. Ein Problem bestand auch hier wieder in der Herstellung des Länderproporzes bei der Verteilung der Sitze in den Aufsichtsgremien. Ebenso wie bei den anderen Neugründungen unter deutscher Regie zeigte sich der wachsende staatliche Einfluß: Die Mitglieder von Rundfunk- und Verwaltungsrat wurden durch die Landesparlamente gewählt, weil man so allein die erforderliche demokratische Legitimation für gewährleistet hielt. Die Briten setzten dem unmittelbar vor Beseitigung des Besatzungsstatuts keinen Widerstand mehr entgegen. Sie hoben die Verordnung Nr. 118 für die britische Zone auf,[32] so daß am 16. Mai 1955 der Staatsvertrag über den Norddeutschen Rundfunk in Kraft treten konnte.[33]

Seit 1950 gab es die ARD, seit 1953 den Fernsehvertrag und seit 1954 einen Finanzausgleich. Die Rundfunkanstalten waren hier jedesmal in eigener Verantwortung ohne Beteiligung der staatlichen Seite tätig geworden. Im Zuge der Auseinandersetzungen mit dem Bund schlossen die Länder 1959 das „Abkommen über die Koordinierung des Ersten Fernsehprogramms", in dem die Rundfunkanstalten „ermächtigt und verpflichtet" wurden, „gemeinsam ein Fernsehprogramm zu gestalten". Gleichzeitig wurden die Rundfunk-

---

31 Staatsvertrag v. 29. 2. 1952, R.-P. GVBl. 1952, S. 71

32 Verordnung Nr. 257 v. 31. Januar 1955

33 Nds. GVBl. 1955, S. 167; S.-H. GVBl. 1955, S. 92; HH. GVBl. 1955, S. 197

anstalten durch ein weiteres Abkommen „ermächtigt und verpflichtet", einen angemessenen Finanzausgleich durchzuführen.

Durch diese Staatsverträge sollte die Zuständigkeit der Länder auf dem Gebiet des Rundfunkwesens gegenüber dem Bund dokumentiert werden. Darüber hinaus verfolgten sie den Zweck, für die Verwendung von Rundfunkgebühren außerhalb des jeweils eigenen Anstaltsbereichs eine ausdrückliche gesetzliche Grundlage zu schaffen. Dahinter steht die Frage nach der „Souveränität" im Rundfunk, ob diese bei den Ländern oder den Rundfunkanstalten liegt. Die Frage stellte sich erneut, als die ARD-Anstalten 1986 ein gemeinsames Satellitenprogamm auf Grund einer Verwaltungsvereinbarung veranstalteten. Sie wurde allerdings nie entschieden, weil sich der mit den Ländern deswegen geführte Verwaltungsgerichtsprozeß durch den Abschluß des Staatsvertrages zur Neuordnung des Rundfunkwesens erledigte.

2. Das Verhältnis zwischen Bund und Ländern

Von besonderer Wichtigkeit war in den ersten Jahren des Rundfunks unter dem Grundgesetz die Abgrenzung zwischen den Zuständigkeiten von Bund und Ländern.

a) Die Entwicklung von 1949 bis 1961

Als 1949 durch das Grundgesetz der Bund als Zentralinstanz geschaffen wurde, existierten die Länder bereits und mit ihnen die erste Rundfunkordnung. Das Grundgesetz enthielt in Art. 73 Nr. 7 und Art. 87 Abs. 1 eine ausdrückliche Regelung, die die Kompetenz für das Post- und Fernmeldewesen dem Bund zuwies. Demgegenüber war der Rundfunk als solcher nicht ausdrücklich erwähnt. Dieser Sachverhalt traf zusammen mit Bemühungen einer Anknüpfung an die Rundfunkpolitik der Weimarer Zeit, als das Reich mit Hilfe seiner Funkhoheit das gesamte Rundfunkwesen an sich gezogen hatte. Der Konflikt zwischen Bund und Ländern war daher unausweichlich. Er wurde zunächst durch das Besatzungsstatut abgemildert, in dem sich die Alliierten die Funkhoheit vorbehalten hatten.[34]

Die Versuche des Bundes, stärkeren Einfluß auf den Rundfunk zu gewinnen, waren vor allem politisch motiviert, weil die damalige Bundesregierung in der vorhandenen Rundfunkorganisation ein Instrument der Opposition sah. Der erste Versuch wurde noch während der ersten Legislaturperiode des Bundestages unternommen. Es handelte sich dabei um ein „Gesetz über die Wahrnehmung gemeinsamer Aufgaben auf dem Gebiet des Rundfunks".[35] Darin war eine Anstalt „Der deutsche Rundfunk" vorgesehen, der Rundfunkaufgaben auf Bundesebene zugewiesen werden sollten. Der Entwurf

[34] Gesetz Nr. 5 v. 21. September 1949
[35] BT I/1949 Ds 4198

stieß jedoch auf den Widerstand der alliierten Hohen Kommission und wurde durch Ablauf der Legislaturperiode hinfällig.

Während der zweiten Legislaturperiode schlug die Bundesregierung den Weg der Verhandlungen mit den Ländern ein. Dies führte zum „Entwurf eines Staatsvertrages über die Ordnung des Rundfunkwesens vom 18. Januar 1955" zwischen Bund und Ländern.[36] Zum Abschluß kam es jedoch nicht, weil die Bundesregierung unbedingt das Sende- und Programmonopol der Landesrundfunkanstalten beenden wollte.

Die Lage begann sich zuzuspitzen, als Anfang 1959 die Bundespost den Aufbau eines zweiten Fernsehsendernetzes auf neu erschlossenen Frequenzbereichen in Angriff nahm. Am 30. September 1959 verabschiedete das Bundeskabinett den Entwurf eines Bundesrundfunkgesetzes.[37] Dieser sah insgesamt drei Anstalten vor: Deutsche Welle, Deutschlandfunk und Deutschland-Fernsehen, die unter dem Dach des Deutschen Rundfunkverbandes zusammengefaßt werden sollten. Das Gesetz fand im Bundestag nur eine Mehrheit für die Teile, die Deutschlandfunk und Deutsche Welle betrafen, nicht jedoch das Kernstück mit den Bestimmungen über das Deutschland-Fernsehen.[38]

Als die Bundesregierung erkennen mußte, daß die von ihr angestrebte Gründung eines bundeseigenen Fernsehens durch Gesetz politisch nicht durchsetzbar sein würde, gründete die Bundesregierung im Juli 1960 die „Deutschland Fernsehen GmbH" mit einem Stammkapital in Höhe von 23.000,– DM. Davon wurde für jedes Land zunächst ein Anteil von 1.000,– DM reserviert, so daß der Bund über die Anteilsmehrheit verfügte. Die Länder lehnten jedoch eine Beteiligung ab und riefen im Weg eines Bund-Länderstreits nach Art. 93 Abs. 1 Nr. 3 GG das Bundesverfassungsgericht an.

b) Das Fernsehurteil

Das „Fernsehurteil" des Bundesverfassungsgerichts vom Februar 1961 ging als „Magna Charta des Rundfunks" in die Geschichte ein und hat die weitere Entwicklung des Rundfunkwesens in der Bundesrepublik entscheidend mitgeprägt.[39] So wurde vor allem die seit der Weimarer Republik offen gebliebene Frage der Kompetenzverteilung zwischen Zentralgewalt und Gliedstaaten geklärt. Das Bundesverfassungsgericht ging von der grundsätzlichen Zuständigkeit der Länder nach Art. 30 GG aus, sofern das Grundgesetz nicht eine ausdrückliche Zuweisung an den Bund enthält. Zum Bereich des dem Bund zustehenden Fernmeldewesens rechnete es nur die Übertragungstechnik. Alle

---

[36] abgedruckt bei Ring, Medienrecht I, C-0.4, S. 57ff.

[37] BT-Ds III/1434

[38] BGBl. 1960 I, S. 862

[39] BVerfGE 12,205; Das Verfahren ist dokumeniert bei G. Zehner (Hrsg.), Der Fernsehstreit vor dem Bundesverfassungsgericht, Karlsruhe 1964

andern Bereiche des Rundfunks waren demgemäß Sache der Länder. Dazu gehörten insbesondere die publizistische Seite wie Programmfragen, die gesamte Organisation des Rundfunks einschließlich der Studiotechnik. Nach dieser Abgrenzung hätten die Landesrundfunkanstalten die von ihnen betriebenen Sender eigentlich an die Bundespost abtreten müssen. Es wurde ihnen jedoch unter Berufung auf den Grundsatz bundesfreundlichen Verhaltens insoweit ein Bestandsschutz eingeräumt. Deswegen unterliegen nur die seitdem neuerrichteten Sender in vollem Umfang der Fernmeldehoheit des Bundes und verfügen die Landesrundfunkanstalten trotz Fernmeldemonopol der Bundespost über eine gewisse Anzahl eigener Sender.[40]

Genauso wichtig wie die Kompetenzabgrenzung zwischen Bund und Ländern waren auch die Aussagen des Urteils zu den Anforderungen an die Rundfunkorganisation. War die „Deutschland Fernsehen GmbH" bereits wegen fehlender Zuständigkeit des Bundes verfassungswidrig, so war sie dies noch aus einem weiteren Grunde. Sie lieferte den Rundfunk vollständig dem Staat aus, was das Bundesverfassungsgericht als Verstoß gegen die Rundfunkfreiheit ansah.[41]

Schließlich verlangte das Urteil zur Sicherung der Rundfunkfreiheit, daß der Rundfunk als wichtiges Instrument der Meinungsbildung nicht einzelnen gesellschaftlichen Gruppen ausgeliefert werden dürfe. Wegen der Sondersituation des Rundfunks (Frequenzknappheit, hoher finanzieller Aufwand) seien gesetzliche Vorkehrungen erforderlich, die dieses gewährleisteten. Dabei wurde ausdrücklich auf die bestehende Rundfunkorganisation als eine verfassungsgemäße Möglichkeit der Vielfaltssicherung hingewiesen, ohne daß andere Gestaltungsformen ausgeschlossen wurden.[42]

c) Die Folgen des Fernsehurteils

Abgesehen von den heute noch bestehenden grundsätzlichen Auswirkungen des Fernsehurteils, führte dieses zu unmittelbaren Konsequenzen in Form der Gründung weiterer Rundfunkanstalten.

So wurden auf der Grundlage des in Teilen verabschiedeten Bundesrundfunkgesetzes zwei Rundfunkanstalten des Bundes gegründet: die Deutsche Welle zur Veranstaltung von Kurzwellensendungen für das Ausland und der Deutschlandfunk für Hörfunksendungen für die DDR und das europäische Ausland. Die Organisationsform glich derjenigen der bestehenden öffentlich-rechtlichen Anstalten, allerdings mit dem Unterschied eines deutlich verstärkten Staatseinflusses, weil praktisch alle Vertreter des Rundfunkrates vom Bundestag entsandt wurden. Die Kompetenz des Bundes zur Errichtung dieser Anstalten ist bis heute umstritten. Sie wird gestützt auf die Zuständig-

---

[40] Zur Kompetenzabgrenzung im Einzelnen vgl. 2. Kapitel I 2.

[41] Zur Staatsfreiheit vgl. 2. Kapitel II 2. a)

[42] Zu den organisatorischen Anforderungen nach der Rechtsprechung des Bundesverfassungsgerichts vgl. 2. Kapitel II 3. a)

keit des Bundes zur Pflege auswärtiger Beziehungen gemäß Art. 32 GG.[43] Deutsche Welle und Deutschlandfunk wurden in der Folge in die ARD – einen Zusammenschluß auf Landesebene – aufgenommen, der Deutschlandfunk wird außerdem über den Finanzausgleich zwischen den Rundfunkanstalten zu einem Teil aus Rundfunkgebühren finanziert, die Gebühren nach Landesrecht sind.[44]

Darüberhinaus führte die Bestätigung der Landeskompetenz durch das Bundesverfassungsgericht zu einem Abkommen aller Bundesländer über die Gründung einer weiteren Fernsehanstalt, der die neuen Frequenzen zur Nutzung zugewiesen werden konnten. Es handelte sich dabei um den „Staatsvertrag über die Errichtung der Anstalt des öffentlichen Rechts Zweites Deutsches Fernsehen“ vom 6. Juni 1961.[45] Aufgabe dieser Anstalt war die Veranstaltung eines Fernsehprogramms in der Weise, daß die Fernsehzuschauer in der Bundesrepublik zwischen zwei inhaltlich unterschiedlichen Programmen wählen konnten, was eine entsprechende Koordinierung mit dem Ersten Programm der ARD voraussetzte.

Die Verfassungsmäßigkeit eines derartigen Staatsvertrages zwischen allen Bundesländern wurde mit dem Argument bezweifelt, hier werde eine im Grundgesetz nicht vorgesehene „dritte Ebene“ zwischen Bund und Ländern eingeführt. Der vom Bayerischen Rundfunk angestrengte Prozeß gegen die im ZDF-StV vorgesehene Verpflichtung zur Abführung von Rundfunkgebühren an das ZDF bestätigte diese Ansicht jedoch nicht.[46]

d) Der Streit um die Rundfunkgebühr

Bis zum Urteil des Bundesverwaltungsgerichts vom 15. März 1968 war die Rundfunkgebühr als Gegenleistung an die Bundespost dafür zu entrichten, daß der Rundfunkteilnehmer die Erlaubnis nach dem Fernmeldeanlagengesetz erhielt, ein Rundfunkempfangsgerät zu betreiben.[47] Denn auch dieses fiel unter den Begriff der Fernmeldeanlage und damit unter das Fernmeldemonopol der Bundespost. Dementsprechend wurde die Gebühr zunächst von der Bundespost eingezogen und nach Begleichung der ihr entstandenen Kosten an die Landesrundfunkanstalten weitergeleitet. Das Bundesverwaltungsgericht entschied demgegenüber, eine fortlaufend zu entrichtende Gebühr setzte eine dauernde Gegenleistung voraus. Als solche könne aber nicht die einmalige Genehmigungserteilung der Bundespost angesehen werden, dafür komme nur die Programmausstrahlung der Rundfunkanstalten in Betracht, denen folglich die Rundfunkgebühr unmittelbar zustehe. Daraufhin schufen die Länder eine bundeseinheitliche Rechtsgrundlage für die Rundfunkgebühr

---

43 Vgl. 2. Kapitel I 3. a) (2)
44 Art. 2 des Staatsvertrages über die Höhe der Rundfunkgebühr
45 Text z.B. GVBl. NRW 1961, S. 269
46 BVerwGE 22, 299
47 BVerwGE 29, 214

in Gestalt des „Staatsvertrages über die Regelung des Rundfunkgebührenwesens“ und des „Staatsvertrages über die Höhe der Rundfunkgebühr“. Zur Verwaltung des Gebührenaufkommens gründeten die Landesrundfunkanstalten eine gemeinsame Gebühreneinzugszentrale, während die Bundespost dazu überging, die Genhmigung nicht mehr im Einzelfall zu erteilen, sondern durch Allgemeinverfügung auszusprechen.[48]

3. Zusammenfassung

Damit hatte die Rundfunkentwicklung nach dem Krieg einen ersten Abschluß erreicht. Diese erste Phase umfaßte im Wesentlichen die Entwicklung des öffentlich-rechtlichen Rundfunks zu einer Form, in der er auch heute noch besteht.

- Dazu gehören die Grundzüge der Organisation öffentlich-rechtlichen Rundfunks in der Form einer Anstalt mit dem Recht der Selbstverwaltung und eingeschränkter staatlicher Aufsicht, die Kontrolle in der Hand plural zusammengesetzter Aufsichtsgremien sowie Tendenzfreiheit ausschließende Programmgrundsätze.
- Diese Organisationsstruktur entstand zunächst unter dem Diktat der Alliierten, die bis zur Aufhebung des Besatzungsstatuts über ihre Beibehaltung wachten. In seinem Fernsehurteil übernahm dann das Bundesverfassungsgericht die so entstandene Vorstellung von gemeinwohlorientiertem Rundfunk und machte das Gebot der Staatsfreiheit des Rundfunks und die Verpflichtung zur Gewährleistung von Meinungsvielfalt für den Gesetzgeber verbindlich. Diese Prinzipien sind seitdem oberster Maßstab für die Rundfunkpolitik in der Bundesrepublik.
- Neu im Vergleich zur Rechtslage in der Weimarer Republik ist auch die Abgenzung der Kompetenzen. Danach ist der Bund nur noch für die Übertragungstechnik zuständig. Die Länder haben dagegen die Regelungsbefugnis für Programmfragen, Organisation und die Finanzierung.
- Der dadurch auf Länderseite bewirkten Zersplitterung von Zuständigkeiten, die in einem gewissen Gegensatz zur Weiträumigkeit des Rundfunks steht, wird eine Kooperation auf Landesebene entgegengesetzt, die entweder auf der Ebene der Anstalten stattfindet oder, soweit sie auf staatlicher Ebene erfolgt, sich als typischen Instruments des Staatsvertrages bedient.

---

[48] Allgemeine Ton- und Fernseh-Rundfunkgenehmigung vom 11. Dezember 1970, BAnz Nr. 234 v. 16. Dezember 1970

IV. Der Weg zur Einführung privaten Rundfunks

1. Der Streit um die Rundfunkwerbung

Die Auseinandersetzungen, die der Gründung des ZDF vorangingen, hatten ihren Schwerpunkt in der Abgrenzung der Zuständigkeit von Bund und Ländern. Gleichzeitig ging es jedoch auch um bestimmte Ordnungsvorstellungen, weil die Bundesregierung eine andere Rundfunkpolitik verfolgte als die Länder und insbesondere das sogenannte Monopol der öffentlich-rechtlichen Rundfunkanstalten beenden wollte. In zweiter Linie ging es also um die Einführung privaten Rundfunks. Die um diese Frage kreisende Diskussion war mit dem Fernsehurteil von 1961 nicht erledigt, ihre Anfänge reichten bis in das Jahr 1952 zurück.

Die Stockholmer Funkverwaltungskonferenz von 1952 hatte der Bundesrepublik 246 UKW-Frequenzen zugeteilt. Dies weckte erstes Interesse auf Verlegerseite, das jedoch mangels ausreichenden Beteiligungswillens der deutschen Wirtschaft ohne konkrete Folgen blieb. Die Verleger verfolgten ihre Pläne jedoch unter Führung des Bundesverbandes Deutscher Zeitungsverleger (BDZV) weiter. Sie fürchteten, ihren publizistischen Einfluß an das neue und schnellere Medium Rundfunk zu verlieren. Deswegen wollten sie mit eigenen Programmen beteiligt werden, die nur über Werbung zu finanzieren gewesen wären. Aus diesem Grunde waren ihre Bemühungen gleichzeitig darauf gerichtet, Werbung im öffentlich-rechtlichen Rundfunk zu verhindern. Hörfunkwerbung war im süddeutschen Raum und in Berlin im Laufe der Jahre 1949 bis 1955 eingeführt worden. Das Aufkommen daraus war jedoch sehr gering. Höhere Einnahmen erwartete man sich jedoch von der Fernsehwerbung, mit deren Ausstrahlung der Bayerische Rundfunk im November 1956 begann. Das Geld wurde für die kostspieligen Investitionen im Fernsehbereich benötigt. Eine Gebührenerhöhung kam nicht in Betracht, weil man befürchtete, dies könnte die Ausbreitung des Fernsehens bremsen. Der BDZV erhob daraufhin Klage gegen den Bayerischen Rundfunk, die auf § 1 UWG gestützt wurde: Die Ausstrahlung von Werbesendungen ohne gesetzliche Grundlage sei sittenwidrig. Das OLG München wies die Klage ab, da es sich um eine zulässige Randnutzung handele, die von den vorhandenen gesetzlichen Regelungen gedeckt sei.[49] Ab 1959 strahlten alle Rundfunkanstalten Fernsehwerbung aus, die aus steuerlichen Gründen über privatrechtliche Tochtergesellschaften abgewickelt wurde, wobei sich die Anstalten zum Schutz der Presse freiwillig auf 20 Minuten täglich beschränkten.

Ein weiterer Versuch, Fernsehwerbung im öffentlich-rechtlichen Rundfunk zu verhindern, ging vom Bundestag aus. Dieser forderte 1964 die Bun-

---

[49] OLG München NJW 1958, S. 1298. Inzwischen enthalten alle Rundfunkgesetze eine ausdrückliche Regelung der Werbung.

desregierung auf, eine Kommission zur Untersuchung der von den Verlegern behaupteten Wettbewerbsverzerrung zu bilden: Sei der Rundfunk durch die höhere Geschwindigkeit des Mediums ohnehin schon im Vorteil gegenüber den Printmedien, dann ergebe sich eine Verzerrung des Wettbewerbsverhältnisses daraus, daß er sich auf ein gesichertes Gebührenaufkommen stützen könne und außerdem noch über Werbeeinnahmen verfüge. Diese gingen der Presse verloren, die deshalb in ihrem Bestand bedroht sei. Die von der Bundesregierung eingesetzte, nach ihrem Vorsitzenden benannte „Michel-Kommission" legte 1967 ihren Bericht vor.[50] Sie kam darin zu dem Ergebnis, daß eine Substitution des Rundfunks zu Lasten der Presse nicht bestehe, vielmehr beide unabhängig voneinander am Wachstum im Medienbereich partizipiert hätten. Noch vor Abschluß der Kommissionsarbeit wurde im Bundestag ein Gesetzentwurf eingebracht, dessen Ziel es war, Werbung im öffentlich-rechtlichen Rundfunk zu verbieten.[51] Da jedoch ernsthafte Zweifel an einer Bundeszuständigkeit laut wurden, verfolgte man das Vorhaben nicht weiter, das mit Ablauf der Legislaturperiode hinfällig wurde.

Der in diesem Zusammenhang letzte Versuch der Verleger, im Rundfunk Fuß zu fassen, war das Angebot zur Übernahme des ZDF. Dieses verfügte nur über seinen Anteil an den Fernsehgebühren und konnte zur Finanzierung der Startphase anders als die ARD-Anstalten nicht auf Hörfunkgebühren zurückgreifen. So beliefen sich die Schulden nach zwei Jahren auf 100 Mio. DM. Die Krise wurde jeoch dadurch abgewendet, daß sich die Länder für einen Betrag von 130 Mio. DM verbürgten, während die ARD-Anstalten den Zinsendienst übernahmen.

2. Volksbegehren und Volksentscheid in Bayern

Zu einer besonderen Auswirkung führte die Diskussion um privaten Rundfunk in Bayern: Dort wurde ein eigener Artikel in die Landesverfassung eingefügt. Auslösendes Moment waren die Bemühungen der Landtagsmehrheit, stärkeren Einfluß auf den Bayerischen Rundfunk zu gewinnen. Sie brachte 1971 einen Gesetzentwurf ein, der eine Vergrößerung des Rundfunkrats vorsah, die Zahl der vom Parlament zu entsendenden Mitglieder erhöhte und die Befugnisse des Rundfunkrats bei Personalentscheidungen erweiterte.[52] Als der Landtag das Gesetz Anfang 1972 verabschiedete, rief dies den Widerstand der Öffentlichkeit hervor. Außerdem befürchtete man, die gleiche Mehrheit könne auch ein Gesetz zur Zulassung privaten Rundfunks verabschieden und sich darin genauso weitreichenden Einfluß verschaffen. Es kam zu einem Volksbegehren nach Art. 74 der Bayerischen Verfassung, dem ein Gesetzentwurf zu Grunde lag, wonach Hörfunk und Fernsehen „aus-

---

[50] BT-Ds V/2120
[51] BT-Ds IV/3156
[52] LT-Ds 7/1860

schließlich von öffentlich-rechtlichen Anstalten" betrieben werden sollten.[53] Der Landtag lehnte das Volksbegehren als verfassungswidrig ab, weil es kommerziellen Rundfunk verhindere und daher gegen die Rundfunkfreiheit verstoße.[54] Stattdessen wurde ein Gegenentwurf beschlossen, der bestimmte, Rundfunk dürfe nur in öffentlicher Verantwortung betrieben werden. Gleichzeitig sollte das Volksbegehren dem Verfassungsgerichtshof zur Prüfung vorgelegt werden.

Zu einer Entscheidung kam es jedoch nicht mehr, weil die Beteiligten sich über einen Kompromiß einigten, der zur Einfügung des Art. 111a in die Bayerische Verfassung führte, der bestimmte: „Rundfunk wird in öffentlicher Verantwortung und öffentlich-rechtlicher Trägerschaft betrieben." Außerdem wurde der von staatlicher Seite in die Kontrollgremien zu entsendende Anteil von Vertretern auf ein Drittel beschränkt. Damit war der mit der ursprünglichen Gesetzesinitiative verfolgte Zweck in sein Gegenteil verkehrt, allerdings war auf Grund der Kompromißformulierungen der genaue Regelungsgehalt nicht mehr ohne weiteres erkennbar, was bei der Verabschiedung des Medienerprobungs- und -entwicklungsgesetzes im Jahre 1984 zur Frage nach dessen Verfassungsmäßigkeit führte.[55] 1977 bestätigte der Bayerische Verfassungsgerichtshof auf eine Popularklage die Rechtsgültigkeit des Art. 111a.[56] Die Tatsache, daß das ursprüngliche Volksbegehren nicht mehr weiterverfolgt wurde, ist nie als Argument gegen das einwandfreie Zustandekommen des Art. 111a verwendet worden.

3. Das Gesetz über die Veranstaltung von Rundfunksendungen im Saarland und die „Freie Rundfunk AG"

Auch im Saarland führten die Auseinandersetzungen um die Zulassung privaten Rundfunks zu Ergebnissen, die die Entwicklung in der gesamten Bundesrepublik nachhaltig beeinflußten. Im Saarland war die Entwicklung des Rundfunks nach 1945 auf Grund der französischen Besetzung und der Angliederung an Frankreich anders verlaufen als im übrigen Bundesgebiet. Aus der Zeit vor 1956 bestand ein kommerzieller, nach Frankreich ausgerichteter Sender „Europe 1". Das saarländische Rundfunkgesetz von 1956 erklärte daher nur die Veranstaltung privaten Rundfunks in deutscher Sprache für unzulässig. Nach dem Fernsehurteil des Bundesverfassungsgerichts von 1961 hielt man im Hinblick auf „Europe 1" eine Novellierung für geboten, um dem Erfordernis einer gesetzlichen Grundlage Genüge zu tun. Dies führte 1964 zu einer Überarbeitung des Rundfunkgesetzes, in deren Zuge auch die Bestimmung über privaten Rundfunk in deutscher Sprache in der Weise ge-

---

53 LT-Ds 7/3069
54 LT-Ds 7/3069 Anl. 2
55 Vgl. 4. Kapitel V 1.
56 BayVfGH n.F. 30,78

ändert wurde, daß dafür eine besondere gesetzliche Grundlage erforderlich sei.

Diese gesetzliche Grundlage verabschiedete der saarländische Landtag in einem insgesamt nur neun Stunden dauernden Verfahren im Juni 1967,[57] während die Aufmerksamkeit der Öffentlichkeit durch den Sechs-Tage-Krieg im Nahen Osten vollständig in Anspruch genommen war. Der Zweck dieses Manövers stellte sich alsbald heraus: Die Parteien wollten ihre Finanzierung durch den Betrieb kommerziellen Rundfunks verbessern. Dafür war eine Gesellschaft geplant, deren Anteile zu knapp 60 Prozent den Parteien, der Rest Verlegern und Banken gehören sollte. Da sich gegen dieses Vorgehen ein Sturm der Entrüstung erhob, wagte es die Landesregierung nicht, die nach dem Gesetz vorgesehene Konzession zu erteilen. Immerhin konnte sie jedoch mit der Drohung, privaten Rundfunk zuzulassen, eine beträchtliche Verbesserung der Finanzausgleichszuweisungen an den Saarländischen Rundfunk erreichen.

Einer der insgesamt fünf Interessenten für eine Privatfunklizenz, die „Freie Rundfunk Aktiengesellschaft in Gründung" (abgekürzt FRAG), erhob 1971 Untätigkeitsklage vor dem Verwaltungsgericht. Das Oberverwaltungsgericht Saarlouis setzte das Verfahren aus, weil es das Gesetz für verfassungswidrig hielt und legte die Sache dem Bundesverfassungsgericht zur Entscheidung vor,[58] das den Normenkontrollantrag jedoch für unzulässig erklärte.[59] Daraufhin verurteilte das Oberverwaltungsgericht die saarländische Regierung, einen nachprüfbaren Bescheid zu erlassen. Die Folge war eine Ablehnung des Konzessionsantrags mit der Begründung, dies gefährde die Existenz des Saarländischen Rundfunks. Daraufhin erhob die FRAG erneut Klage vor dem Verwaltungsgericht, das das Verfahren aussetzte und wiederum dem Bundesverfassungsgericht vorlegte. Dies führte zum sog. FRAG-Urteil von 1981, das zur Richtschnur für die weiteren Bemühungen um die Einführung privaten Rundfunks wurde.[60] Das Bundesverfassungsgericht erklärte privaten Rundfunk zwar nicht für verfassungswidrig. Doch verlangte es wirksame gesetzliche Vorkehrungen, welche sicherstellen, daß alle gesellschaftlich relevanten Kräfte zu Wort kommen können. Wegen der Bedeutung des Rundfunks für die öffentliche Meinungsbildung dürfe er nicht den Kräften des Marktes überlassen werden. An derartigen Vorkehrungen fehlte es im Gesetz über die Veranstaltung von Rundfunk im Saarland, so daß es für verfassungswidrig erklärt wurde. Für die anderen Landesgesetzgeber war damit allerdings die Frage, wie privater Rundfunk in verfassungsrechtlich einwandfreier Weise zugelassen werden könne, noch nicht beantwortet.

---

[57] Saarl. LT-Ds 585
[58] OVG Saarlouis, DÖV 1974, 497
[59] BVerfGE 42, 42
[60] BVerfGE 57, 295

4. Der Weg zum dualen Rundfunksystem

In die entscheidende Phase trat die Auseinandersetzung um die Einführung privaten Rundfunks, als sich die Möglichkeit der Nutzung neuer technischer Übertragungsmöglichkeiten abzuzeichnen begann. Neue Techniken, insbesondere Breitbandkabel und Satellit wurden seit Ende der sechziger Jahre in den USA und Japan zur Vermehrung des Programmangebots verwendet. Damit wurde auch in der Bundesrepublik die Frage akut, wer die zusätzlichen Kapazitäten nach welchen Grundsätzen nutzen sollte. Die darum geführte politische Auseinandersetzung fand ihren Niederschlag auch in der inzwischen gefestigten föderalen Ordnung. Die verfassungsrechtlichen Anforderungen standen dabei im Gegensatz zu den Vorgängen zwischen 1945 und 1961 nicht am Ende, sondern am Anfang der Entwicklung.

a) Die Argumente für und gegen privaten Rundfunk

Die Befürworter begründeten ihre Position mit einem Bündel rechtlicher, wirtschaftlicher, technischer und politischer Argumente. Zur Begründung in rechtlicher Hinsicht wurde die in Art. 5 GG verankerte Rundfunkfreiheit herangezogen. Dabei sollte es sich um ein jedem einzelnen Bürger zustehendes Grundrecht handeln, das ihn zur Veranstaltung von Rundfunk berechtigte, vergleichbar der Rechtslage im Pressewesen. Gegen eine solche Auslegung sprach jedoch die Rechtsprechung des Bundesverfassungsgerichts, das im Fernsehurteil das öffentlich-rechtliche Monopol für verfassungsrechtlich zulässig gehalten hatte, was einen Anspruch Privater ausschloß. Dem wurde entgegengehalten, diese Rechtsprechung beruhe auf der vom Bundesverfassungsgericht angenommenen „Sondersituation" des Rundfunks. Mit dem Schwinden des Frequenzmangels auf Grund der neuen Techniken entfalle die Sondersituation, so daß gleichzeitig auch das Grundrecht der Rundfunkfreiheit die der liberalen Grundrechtstradition entsprechende Bedeutung eines Individualgrundrechts erhalten müsse.[61]

Der Hauptbeweggrund war indessen politischer Natur. Die Programme des öffentlich-rechtlichen Rundfunks wurden für ideologisch einseitig ausgerichtet gehalten. Private Konkurrenzprogramme sollten deswegen für eine Bereicherung des Meinungsspektrums sorgen, damit der Bürger aus einer größeren Vielfalt auswählen könne. Auch glaubte man, die als zu extensiv angesehene Ausgabenpolitik der öffentlich-rechtlichen Anstalten durch Konkurrenz eindämmen zu können. Dahinter stand der Glaube an den Wettbewerb als Allheilmittel, der von der Wirtschaft unbesehen auf den Rundfunk übertragen wurde.

Außerdem spielte der Gesichtspunkt der Einstrahlung aus dem Ausland

---

[61] Zu dieser Kontroverse vgl. 2. Kapitel II 3. b) und c)

eine Rolle. Luxemburg plante 1981 ein deutschsprachiges Satellitenprogramm unter Beteiligung deutscher Verleger. Einer derartigen Abwanderung wollte man durch die Schaffung entsprechender Betätigungsmöglichkeiten im Inland zuvor kommen.[62] Schließlich war ein wichtiger Faktor die Erhaltung der Wettbewerbsfähigkeit der deutschen Kommunikationsindustrie.

Die Gegner privaten Rundfunks befürchteten dagegen auf Grund ausländischer Erfahrungen eine Kommerzialisierung und damit einhergehend eine Verflachung des Programmniveaus. Gleichzeitig sah man den Verlust kultureller Identität voraus, weil der möglichen Vervielfachung der Anzahl von Programmen keine entsprechende Zunahme der Produktionskapazitäten gegenüberstand. Ein Ausweichen auf Importware, insbesondere aus dem amerikanischen Raum, schien die unausweichliche Folge.

Außerdem befürchtete man durch ein erweitertes Programmangebot eine generelle Zunahme des Fernsehkonsums und damit verbunden nachteilige Auswirkungen auf Familie und die Entwicklung Jugendlicher.

Die Gegner privaten Rundfunks versuchten stattdessen, das öffentlich-rechtliche System zu stabilisieren. Dazu diente u. a. der Begriff der publizistischen Gewaltenteilung. Danach sollte publizistische Macht auf mehrere Träger unterschiedlicher Organisationsstruktur verteilt bleiben: die privatrechtliche Presse und den öffentlich-rechtlichen Rundfunk. Eine Zulassung Privater auch im Rundfunk bedeutete danach eine unzulässige Machtzusammenballung. Dem wurde von der anderen Seite eine einengende Auslegung des Rundfunkbegriffs entgegengesetzt, die eine Beschränkung des Tätigkeitsfeldes der öffentlich-rechtlichen Rundfunkanstalten bewirken sollte, sich aber letzten Endes nicht durchsetzte.[63]

Ein weiterer wichtiger Aspekt war schließlich auch die Forderung nach einer Bestands- und Entwicklungsgarantie für den öffentlich-rechtlichen Rundfunk, durch die seine Teilhabe an neuen technischen und programmlichen Entwicklungen einschließlich der finanziellen Voraussetzungen sichergestellt werden sollte.[64] Denn es wurde auf längere Sicht ein Austrocknen des öffentlich-rechtlichen Systems befürchtet, wenn alle Innovationen dem privaten Rundfunk vorbehalten blieben.

b) Die Einführung der neuen Techniken

Vor dem Hintergrund der vorstehend beschriebenen Auseinandersetzungen wurden ab 1974 konkrete Schritte zur Einführung der neuen Übertra-

---

[62] Beschluß der Ministerpräsidenten der Länder betr. Beteiligung der deutschen Zeitungsverleger an europäischen Rundfunksatellitenprogrammen, abgedr. bei Ring, Medienrecht, F-II 1.1

[63] vgl. Art. 1 des Rundfunkgebührenstaatsvertrages von 1974 und das „Schliersee-Papier" von 1975, abgedr. bei Ring, Medienrecht F-I, 1.5; vgl. ferner 3. Kapitel II 2. b)

[64] Stuttgarter Erklärung der ARD zur Medienpolitik v. 30. November 1983, Media Perspektiven 1983, S. 801; Brief der ARD-Anstalten an die Ministerpräsidenten der Länder v. 30. April 1984, Media Perspektiven 1984, S. 295; vgl. auch 2. Kapitel II 3. d)

gungsmöglichkeiten, die die Grundlage für die weitere Entwicklung bildeten, in Angriff genommen.

1973 beschloß die Bundesregierung, die „Kommission für den Ausbau des technischen Kommunikationssystems" (KtK) einzusetzen. Sie sollte unter Beteiligung der Länder Bedarf und technische Möglichkeiten neuer Kommunikationsformen untersuchen. In den Auftrag war auch die Finanzierbarkeit und die Organisation neuer Dienste eingeschlossen. Die Kommission nahm 1974 die Arbeit auf und legte 1976 einen achtbändigen Abschlußbericht vor, der neben einer sehr umfangreichen Bestandsaufnahme auch Empfehlungen enthielt.[65] Die Kommission kam zu dem Ergebnis, angesichts des erheblichen finanziellen Aufwandes für die Einführung neuer Kommunikationsdienste sei der Bedarf ungewiß. Sie schlug daher vor, in „Pilotprojekten" die neuen Techniken erst einmal auf ihre Akzeptanz zu erproben.

Die Ministerpräsidenten der Länder beschlossen daraufhin 1978 die Durchführung dieser Pilotprojekte. Doch war zunächst die Finanzierung problematisch, denn um möglichst realistische Ergebnisse zu erzielen, konnte man die Teilnehmer nur mit praxisnahen Entgelten belasten. Erst 1983 einigte man sich, die auf diese Weise nicht zu deckenden Kosten aus der allgemeinen Rundfunkgebühr zu finanzieren,[66] ein Vorgehen, dessen Zulässigkeit umstritten war.[67] So konnten die Pilotprojekte erst 1984 beginnen zu einem Zeitpunkt, als sie durch die Entwicklung längst überholt waren.[68]

Erhebliche Fortschritte waren auf dem Gebiet der Satellitentechnik zu verzeichnen, die den Einsatz für Rundfunkzwecke ermöglichten. 1977 beschloß die Weltfunkverwaltungskonferenz (WARC) in Genf einen umfassenden Plan für Rundfunksatelliten, in dem die Orbitpositionen der Satelliten und die Frequenzbereiche festgelegt waren. Dabei wurden jedem Staat Frequenzen für fünf Fernsehkanäle zugeteilt. Der Plan trat 1979 in Kraft. Daraufhin schloß die Bundesrepublik ein Abkommen mit Frankreich über die technische und industrielle Zusammenarbeit auf dem Gebiet des Satellitenrundfunks,[69] dessen Ziel Entwicklung und Bau eines Rundfunksatelliten für beide Länder war, für die Bundesrepublik der TV-Sat.

Zeitgleich gab es Bestrebungen zur Errichtung von Breitbandkabelnetzen zur Verteilung von Rundfunkprogrammen. Als sich der Ausbau des Fernsprechnetzes der Vollversorgung zu nähern begann, suchte die Bundespost ihre Kapazitäten anderweitig einzusetzen. Sie plante deshalb, 11 deutsche

---

[65] Bundesministerium für das Post- und Fernmeldewesen (Hrsg.), Telekommunikationsbericht, Bonn, 1976

[66] Art. 3 Abs. 1 des Staatsvertrages über die Höhe der Rundfunkgebühr von 1982

[67] vgl. die Klagen gegen den sog. Kabelgroschen VG Stuttgart, ZUM 1987, S. 470; VG München, ZUM 1987, S. 472

[68] Insgesamt gab es vier Pilotprojekte in Ludwigshafen, München, Berlin und Dortmund, die ab 1984 ihren Betrieb aufnahmen, als manche der Landesmediengesetze bereits unmittelbar vor der Verabschiedung standen.

[69] BGBl. 1981 II S. 50

Großstädte vollständig zu verkabeln. Als diese Absicht bekannt wurde, faßte das Bundeskabinett 1979 einen medienpolitischen Beschluß,[70] mit dem diese Aktivitäten bis zur Klärung der damit verbundenen gesellschaftlichen Auswirkungen eingestellt werden sollten. Erst nach dem Regierungswechsel Ende 1982 nahm die Bundespost die Verkabelung wieder auf.

Dabei stellte sich sehr bald heraus, daß eine flächendeckende Verkabelung in absehbarer Zeit nicht zu erreichen sein und stattdessen zunächst der Aufbau von Kabelinseln im Vordergrund stehen würde. Da ein erdgebundenes Leitungsnetz zur Zuführung der Programme zu den einzelnen Kabelinseln nicht zur Verfügung stand, bot sich die Verwendung sog. Fernmeldesatelliten an. Diese unterscheiden sich von den Rundfunksatelliten durch eine geringere Sendeleistung, die beim Empfang durch wesentlich größere Antennen ausgeglichen werden muß. Zur Ausstrahlung von Rundfunkprogrammen sind sie daher nur in Verbindung mit einem Kabelnetz geeignet. 1983 beschloß die Bundesregierung den Aufbau eines Fernmeldesatellitensystems, der in der ersten Stufe die Anmietung ausländischer Kapazitäten und danach die Entwicklung eines eigenen Satelliten vorsah. 1984 standen zwei Kanäle auf dem ECS–I der europäischen Raumfahrtagentur zur Verfügung, so daß sich damit erstmals die technische Möglichkeit bot, privaten Rundfunk bundesweit auszustrahlen. Dies stellte die Länder vor die Notwendigkeit, konkrete Nutzungsentscheidungen zu treffen.

c) Die Landesmediengesetze

Dafür waren die Vorgaben verbindlich, die das Bundesverfassungsgericht in seinem „FRAG-Urteil" von 1981 aufgestellt hatte. Dort war für die Veranstaltung von Rundfunk, gleichgültig in welcher Rechtsform, eine gesetzliche Grundlage verlangt worden. Diese mußte Vorkehrungen enthalten, die auf effektive Weise sicherstellten, daß alle Meinungsrichtungen im Gesamtprogramm tatsächlich zu Wort kommen können. Das Gericht stellte dabei in idealtypischer Weise zwei Ordnungsmodelle einander gegenüber. Den vom öffentlich-rechtlichen Rundfunk her bekannten Binnenpluralismus, bei dem die gesellschaftlich relevanten Gruppen in plural zusammengesetzten Gremien an der Kontrolle des Rundfunks beteiligt werden. Dem wurde der Außenpluralismus entgegengesetzt, bei dem jeder Veranstalter vergleichbar dem Pressewesen seine eigene Tendenz verfolgt und die Summe der Einzelprogramme – das Gesamtprogramm – alle Meinungsrichtungen wiederspiegeln soll. Welche Regelungen dafür mindestens erforderlich seien, auch dazu enthielt das FRAG-Urteil wichtige Aussagen.

An diesen verbindlichen Vorgaben orientierten sich die Landesgesetzgeber sehr weitgehend, so daß trotz aller Unterschiedlichkeit der Gesetze im Detail

[70] sog. Verkabelungsstop, Bulletin v. 10. Oktober 1979, Nr. 121, S. 1125; vgl. auch BT-Ds 8/3699

bei den Grundzügen ein großes Maß an Übereinstimmung besteht.[71] Daneben versuchte man auch, Elemente des öffentlich-rechtlichen Rundfunks zu übernehmen, um so das Risiko der Verfassungswidrigkeit zu vermindern: Als Aufsichtsinstanz wird eine öffentlich-rechtliche Anstalt gegründet. Diese erteilt die Erlaubnis zur Veranstaltung privaten Rundfunks und überwacht die Programmgestaltung. Die Finanzierung privaten Rundfunks erfolgt aus Werbeeinnahmen.

Nach diesem Modell wurden vor allem ab 1984 Privatrundfunkgesetze erlassen und zwar in Niedersachsen,[72] Berlin,[73] Bayern,[74] Schleswig-Holstein[75] und dem Saarland.[76] Das Versuchsgesetz in Rheinland-Pfalz war bereits 1980 in Kraft getreten.[77] Durch diese Gesetzgebungswelle gerieten die anderen Bundesländer in einen gewissen Zugzwang. Zum einen drohte die Abwanderung an privatem Rundfunk interessierter Unternehmen in ein anderes Bundesland, wenn im eigenen Land der Zugang mangels gesetzlicher Grundlage verschlossen blieb. Zum anderen war es politisch nicht durchzuhalten, dem mündigen Bürger im eigenen Land zusätzliche Informationsangebote vorzuenthalten, die in anderen Bundesländern ohne weiteres zugänglich waren. So wurden 1985 und 1986 weitere Privatrundfunkgesetze verabschiedet in Hamburg,[78] Baden-Württemberg[79] und Nordrhein-Westfalen.[80] Daneben gab es auch sog. „Weiterverbreitungsgesetze", die die Einspeisung außerhalb des Bundeslandes veranstalteter Programme in Kabelanlagen ermöglichen und die Zeit bis zum Inkrafttreten der Mediengesetze überbrükken sollten.[81] Als letzte Bundesländer verabschiedeten Hessen[82] und Bremen[83] ihre Landesmediengesetze.

d) Die Auseinandersetzungen im Vorfeld des Staatsvertrages

Die relative Gleichförmigkeit im Ablauf der äußeren Entwicklung darf jedoch nicht über die tiefgreifenden Meinungsverschiedenheiten hinwegtäu-

---

[71] Vgl. im Einzelnen 4. Kapitel III

[72] Landesrundfunkgesetz v. 23. Mai 1984, GVBl. 1984, 147

[73] Kabelpilotprojektgesetz v. 17. Juli 1984, GVBl. 1984, 964

[74] Medienerprobungs- und -entwicklungsgesetz v. 22. November 1984, GVBl. 1984, 445

[75] Rundfunkgesetz v. 27. November 1984, GVBl. 1984, 214

[76] Rundfunkgesetz v. 28. November 1984, ABl.1984,1249

[77] Gesetz v. 4. Dezember 1980, GVBl. 1980, 229 und Änderungsgesetz v. 20. Dezember 1984, GVBl.1984, 241

[78] Mediengesetz v. 3. Dezember 1985, GVBl. 1985, 315

[79] Landesmediengesetz v. 16. Dezember 1985, GVBl. 1985, 533

[80] Landesrundfunkgesetz v. 19. Dezember 1986, GVBl. 1987, 22

[81] Entsprechende Regelungen gab es in Baden-Württemberg (GBl. 1985, 50), Bremen (GVBl. 1985, 143), Hamburg (GVBl. 1984, 207), Hessen (GVBl. 1987, 17) und Nordrhein-Westfalen (GVBl. 1985, 248)

[82] Gesetz über privaten Rundfunk in Hessen v. 30. 11. 1988, GVBl. 1988, 385

[83] Bremisches Landesmediengesetz v. 14. 2. 1989, GVBl. 1989, 77

schen, die zwischen den Ländern im Hinblick auf die Wünschbarkeit privaten Rundfunks sowie den Stellenwert des öffentlich-rechtlichen Rundfunks bestanden. Sie kamen in dem Augenblick zum Tragen, als sich die Notwendigkeit eines gemeinsamen Ordnungsrahmens zeigte. Das war bei der Vergabe von Satellitenkanälen der Fall, weil die darüber ausgestrahlten Programme in der gesamten Bundesrepublik zu empfangen und nicht auf das Gebiet eines Bundeslandes beschränkt sind. Außerdem stellte sich heraus, daß die Vielzahl der von einem Veranstalter zu beachtenden landesgesetzlichen Regelungen der Ausbreitung privaten Rundfunks nicht eben förderlich war, so daß man die Schaffung einheitlicher Startbedingungen für erforderlich hielt. Schließlich waren von privatem Rundfunk ausgehende Rückwirkungen auf das öffentlich-rechtliche System nicht auszuschließen, die wegen der vielfältigen Verzahnung zwischen den Ländern – insbesondere durch die ARD und den ZDF-Staatsvertrag – eine ländereinheitliche Regelung angezeigt erscheinen ließen.

Als die Ministerpräsidenten sich 1984 über die Vergabe der beiden ECS-Kanäle geeinigt hatten,[84] beauftragten sie ihre Rundfunkkommission, ein Nutzungskonzept für den direkt empfangbaren TV-Sat auszuarbeiten, dessen Start für April 1985 erwartet wurde. Darin sollten auch die Rahmenbedingungen für privaten und öffentlich-rechtlichen Rundfunk festgelegt werden. Die sich daran anschließenden Verhandlungen über den Staatsvertrag zur Neuordnung des Rundfunkwesens waren mehrmals vom endgültigen Scheitern bedroht. Schwierigkeiten bereitete vor allem die Aufteilung der TV-Sat-Kanäle zwischen öffentlich-rechtlichen und privaten Veranstaltern. Außerdem gab es auch Meinungsverschiedenheiten über den Stellenwert der Werbung im öffentlich-rechtlichen Rundfunk, weil die Einnahmen daraus möglichst weitgehend dem privaten Rundfunk vorbehalten werden sollten. Schließlich blockierten auch Zweifel über eine ausreichende Sicherung der Meinungsvielfalt bei privaten Veranstaltern immer wieder den Fortgang der Verhandlungen.

Das führte zu einer Verhärtung der medienpolitischen Fronten, in der sich beide Seiten gegenseitig unter Druck zu setzen versuchten. Ein wesentliches Mittel dazu waren gerichtliche Verfahren. So hoffte man auf der einen Seite, die Einführung privaten Rundfunks dadurch zu verhindern, daß die entsprechenden Gesetze für verfassungswidrig erklärt würden. Diese Hoffnung erfüllte sich jedoch nicht. Die Urteile zum niedersächsischen Landesrundfunkgesetz[85] und zum bayerischen Medienerprobungs- und -entwicklungsgesetz[86] beeinflußten zwar die weitere Entwicklung in hohem Maße, hielten diese jedoch nicht an. Auf der anderen Seite versuchte man, den öffentlich-rechtlichen Rundfunk unter Druck zu setzen, um so die Gegenseite zum Einlenken

[84] Beschluß v. 23. Februar 1984, abgedr. in Media Perspektiven 1984, S. 152
[85] BVerfG Urt. v.4. November 1986, BVerfGE 73, 118
[86] BayVfGH Urt. v. 21. November 1986, BayVfGHE n. F. 38, 96

zu bewegen. In diesen Zusammenhang gehört die Klage gegen das Land Hessen wegen der Werbung im dritten Fernsehprogramm des Hessischen Rundfunks, eine Normenkontrolle gegen das 1985 novellierte WDR-Gesetz[87] und im März 1986 ein rechtsaufsichtliches Vorgehen gegen das von der ARD geplante Satellitenfernsehprogramm „EINS PLUS"[88].

Während die Verhärtung der Fronten andauerte, kam es zum Abschluß von Staatsverträgen zwischen einzelnen Ländergruppen. Es waren dies im Norden Berlin, Niedersachsen, Schleswig-Holstein und Hamburg,[89] im Süden Baden-Württemberg, Bayern und Rheinland-Pfalz.[90] In diesen Verträgen wurden das Verfahren für die Vergabe jeweils eines Kanals auf dem TV-Sat festgelegt sowie die beteiligten Länder übergreifende gemeinsame Grundsätze für die anschließende Nutzung. Die Zulässigkeit derartiger Teilstaatsverträge war wegen ihrer Auswirkungen auf die nicht beteiligten Länder umstritten.

Unmittelbare Folge der blockierten Kooperation zwischen den Ländern war eine faktische Stärkung der Bundeskompetenz, was sich beispielsweise in einem Förderprogramm für privaten Rundfunk niederschlug.[91] Der medienpolitische Prozeß kam erst wieder mit der Entscheidung des Bundesverfassungsgerichts zum Niedersächsischen Landesrundfunkgesetz in Gang, weil hier beide Seiten erkennen mußten, daß der eigene Standpunkt nur mit Einschränkungen durchzusetzen war.

e) Das Niedersachsen-Urteil des Bundesverfassungsgerichts

In seinem FRAG-Urteil von 1981 hatte das Bundesverfassungsgericht wie schon im Fernsehurteil von 1961 die Zulässigkeit privaten Rundfunks festgestellt. Gleichzeitig hatte es die Anforderungen verdeutlicht, die von Verfassungs wegen an die Veranstaltung von privatem Rundfunk zu stellen sind. Die wichtigste war die Verpflichtung des Gesetzgebers zu Vorkehrungen, „die sicherstellen, daß der Rundfunk nicht einer oder einzelnen gesellschaftlichen Gruppen ausgeliefert wird und daß die in Betracht kommenden Kräfte im Gesamtprogrammangebot zu Wort kommen können". Die Frage war nun, ob die in den neuen Landesmediengesetzen vorgesehenen Regelungen ausreichten, um die gebotene Meinungsvielfalt tatsächlich zu bewirken.

---

[87] Gesetz über den „Westdeutschen Rundfunk Köln" v. 19. März 1985, GVBl. 1985, 237

[88] Der Sofortvollzug der Anordnungen wurde aufgehoben, VGH München, ZUM 1986, 208; VGH Baden-Württemberg, ZUM 1986, 295. Die Hauptsache ist durch den Abschluß des Staatsvertrages erledigt.

[89] Staatsvertrag über die Veranstaltung von Fernsehen über Rundfunksatellit, GVBl. Berlin 1986, 817

[90] Staatsvertrag über die gemeinsame Nutzung eines Fernseh- und eines Hörfunkkanals auf Rundfunksatelliten, BayGVBl. 1986,158

[91] Programm zur Verbesserung der Rahmenbedingungen des privaten Rundfunkmarktes, B. d. Bundeskabinetts v. 25. Juni 1986, Bulletin Nr. 77, S. 649

Zweifel bestanden insofern, als private Veranstalter gezwungen sind, auf kostendeckende Einnahmen zu achten, die nach Lage der Dinge nur aus der Werbung kommen können. Das Werbeaufkommen ist aber von den Einschaltquoten abhängig, so daß nur solche Sendungen Programminhalt werden, die eine genügende Zuschauerreichweite erwarten lassen. Werbefinanzierung wirkt also tendenziell einem vielfältigen Programm entgegen. Die Gegner privaten Rundfunks hielten die Stellung und die Befugnisse der Aufsichtsanstalten für zu schwach, um diesen wirtschaftlichen Zusammenhängen entgegenwirken zu können und damit die gesamte Konzeption für verfassungswidrig.

Die Entscheidung des Bundesverfassungsgerichts[92] war nun insofern höchst bemerkenswert, als zwar einerseits die dem privaten Rundfunk vorgeworfenen Defizite weitgehend bestätigt wurden, andererseits daraus aber nicht der Schluß auf die Verfassungswidrigkeit privaten Rundfunks in der vorliegenden gesetzlichen Ausgestaltung gezogen wurde. Dies wurde erreicht, indem das Gericht ein Junktim zwischen der Zulassung privaten Rundfunks und dem Funktionieren des öffentlich-rechtlichen Rundfunks herstellte. Eine Reduzierung der Vielfaltsanforderungen an private Veranstalter sei hinnehmbar, solange die „Grundversorgung" gewährleistet sei. Diese sei „Sache der öffentlich-rechtlichen Anstalten, zu der sie imstande sind, weil ihre terrestrischen Programme nahezu die gesamte Bevölkerung erreichen und weil sie nicht in gleicher Weise wie private Veranstalter auf hohe Einschaltquoten angewiesen, mithin zu einem inhaltlich umfassenden Programmangebot in der Lage sind. Die damit gestellte Aufgabe des Rundfunks umfaßt die essentiellen Funktionen des Rundfunks für die demokratische Ordnung ebenso wie für das kulturelle Leben in der Bundesrepublik." Gleichzeitig wurde der Gesetzgeber verpflichtet, die technischen, organisatorischen, personellen und finanziellen Vorbedingungen für die „Grundversorgung" sicherzustellen. Für den öffentlich-rechtlichen Rundfunk bedeutete dies einen Zuwachs an Legitimation im Vergleich zur früheren Rechtfertigung aus der in erster Linie technisch gesehenen Sondersituation. Privater Rundfunk war nunmehr in der konkreten gesetzlichen Augestaltung sanktioniert, weil auch die Regelungen der anderen Bundesländer dem im Niedersächsischen Landesrundfunkgesetz verwendeten Modell folgten.

4. Nov 86

f) Der Staatsvertrag zur Neuordnung des Rundfunkwesens

Die unmittelbare Folge des Urteils war der Beginn einer Entspannung in der medienpolitischen Konfrontation: Die Gegner privaten Rundfunks mußten erkennen, daß sie dessen Einführung auf Dauer nicht würden verhindern

[92] Urt. v. 4. November 1986 zum Niedersächsischen Landesrundfunkgesetz BVerfGE 73, 118; Das Verfahren ist dokumentiert bei W. Hoffmann-Riem/C. Starck (Hrsg.), Das Niedersächsische Rundfunkgesetz vor dem Bundesverfassungsgericht, Baden-Baden 1987

können. Auf der anderen Seite war ebenso klar, daß eine Förderung privaten Rundfunks durch Beschränkungen zu Lasten der öffentlich-rechtlichen Anstalten ausgeschlossen war.[93] Außerdem blieb ein obiter dictum in der Entscheidung nicht ohne Wirkung, in dem das Gericht Zweifel an der verfassungsrechtlichen Zulässigkeit von Staatsverträgen über Direktsatellitenkanäle ohne Beteiligung aller Länder anmeldete. Dies belastete die bereits abgeschlossenen Teilstaatsverträge mit einem nicht unerheblichen Risiko. Im Ergebnis war damit für alle Beteiligten klar, daß eine Medienpolitik überhaupt nur im Zusammenwirken aller Länder möglich war und keine Seite ihre Vorstellungen ohne Mitwirkung der anderen durchsetzen konnte.

Allerdings kam es nicht sofort zum Abschluß eines Gesamtstaatsvertrages, sondern erst nachdem die Länder Baden-Württemberg, Bayern, Niedersachsen und Rheinland-Pfalz den Rundfunkgebührenstaatsvertrag zum 31. Dezember 1987 gekündigt hatten und gleichzeitig die Kündigung des ARD-Finanzausgleichs androhten. Dies gab den letzten Anstoß zur Einigung. Der Staatsvertrag zur Neuordnung des Rundfunkwesens wurde am 3. April 1987 unterzeichnet und trat am 1. Dezember 1987 in Kraft.[94] Er schaffte einen neuen Ordnungsrahmen für öffentlich-rechtlichen und privaten Rundfunk; er enthielt im wesentlichen Regelungen zu den folgenden Komplexen:

In technischer Hinsicht wurden die öffentlich-rechtlichen Anstalten durch die Zuweisung von zwei Kanälen auf dem Rundfunksatelliten an Innovationen beteiligt. In programmlicher Hinsicht wurde eine ausdrückliche Rechtsgrundlage für die bereits vorhandenen Satellitenprogramme geschaffen. Bei der Finanzierung wurde einerseits die Werbung auf dem erreichten Stand eingefroren, andererseits die Gebühr als vorrangige Finanzierungsquelle bestätigt und Grundsätze für das Verfahren ihrer Festsetzung geregelt.

Für den privaten Rundfunk wurde ein Rahmen geschaffen, der einheitliche Mindestanforderungen bei der Vielfaltssicherung, den Programmgrundsätzen, dem Jugendschutz und der Werbung enthielt. Dies galt jedoch nur für Programme, die bundesweit verbreitet wurden, in erster Linie also nationale Fernsehprogramme. Bei lediglich landesweit veranstaltetem oder lokalem Rundfunk behielt dagegen jedes Land seine Regelungsautonomie.

Ein weiterer bei Abschluß des Staatsvertrages sehr wichtiger Punkt war die Finanzierung der Aufsichtsinstanzen für privaten Rundfunk aus der allgemeinen Rundfunkgebühr. Man glaubte es den privaten Veranstaltern nicht zu-

[93] Eine wichtige Rolle in diesem Zusammenhang spielt außerdem der Baden-Württemberg-Beschluß des Bundesverfassungsgerichts vom 24. März 1987, BVerfGE 74, 297. Das Verfahren ist dokumentiert bei M. Wittig-Terhardt/J. Rüggeberg, Das Landesmediengesetz Baden-Württemberg vor dem Bundesverfassungsgericht, Baden-Baden 1989. Zur Problematik 2. Kapitel II 3. d)

[94] vgl. die Zustimmungsgesetze in den einzelnen Bundesländern: B.-W. GBl.1987, 511; Bay. GVBl. 1987, 249; Berlin GVBl. 1987, 2613; HB GVBl. 1987, 195; HH GVBl.1987, 195; Hessen GVBl. 1987, 165; Nds. GVBl. 197, 183; NRW GVBl. 1987, 420; R.-P. GVBl. 1987, 353; Saarland ABl. 1987, 1153; S.-H. GVBl. 1987, 223

muten zu können, ihre eigene Aufsicht zu bezahlen und für Zuschüsse aus öffentlichen Haushalten fehlten die Mittel. Auf der anderen Seite befürchtete man ein Präjudiz für die Beteiligung privaten Rundfunks an der Rundfunkgebühr, was durch eine eigene Bestimmung im Staatsvertrag ausgeschlossen wurde.

Der Staatsvertrag war auf unbestimmte Zeit geschlossen und erstmals nach zehn Jahren kündbar. Er wurde deswegen zusammen mit dem Niedersachsen-Urteil des Bundesverfassungsgerichts von 1986 zur Grundlage eines dualen Systems aus öffentlich-rechtlichem und privatem Rundfunk.

2. Kapitel. Verfassungsrechtliche Fragen der Rundfunkorganisation

In den über 40 Jahren des Bestehens der Bundesrepublik Deutschland hat das Grundgesetz sowohl für die Schaffung neuen Rechts als auch für Anwendung und Auslegung vorhandener Normen eine herausragende Rolle gespielt. Dies beruht zu einem erheblichen Teil auf dem Umstand, daß das Grundgesetz in allen seinen Bestimmungen unmittelbar geltendes Recht ist und alle staatliche Gewalt bindet, wie dies in Art. 1 Abs. 3 GG für die Grundrechte ausdrücklich festgelegt ist und sich ansonsten aus Art. 20 Abs. 3 GG ergibt.[1] Diese rechtliche Bindung erhält praktische Wirksamkeit in einem vorher nicht gekannten Ausmaß durch die gerichtsförmige Kontrolle des Bundesverfassungsgericht. Sie ist Ausdruck der historischen Situation, in der das Grundgesetz entstanden ist und in der Freiheit in Ermangelung demokratischer Tradition nach westlichem Vorbild nur durch Institutionalisierung und rechtliche Sicherungen zu gewährleisten zu sein schien. Eine wesentliche Folge der Verfassungsbindung des Gesetzgebers ist die Eigenschaft von „Verwaltungsrecht als konkretisiertem Verfassungsrecht" (Fritz Werner).

Dieser Befund trifft auch im Rundfunkrecht zu, wenngleich hier in der historischen Abfolge die Etablierung erster Rundfunkstrukturen dem Inkrafttreten des Grundgesetzes voranging. Dennoch ist Verfassungsrecht aus der heutigen Rundfunkorganisation nicht mehr wegzudenken. Sie wird entscheidend geprägt durch zwei Prinzipien: Zum einen durch die umfassende Gewährleistung freier individueller und öffentlicher Meinungsbildung in Art. 5 Abs. 1 GG, der eine besondere Bedeutung für ein freiheitliches Gemeinwesen beigemessen wird (dazu unten II). Zum anderen durch die grundsätzliche Zuweisung der Regelungskompetenz in diesem Bereich an die Bundesländer (dazu unten I).[2]

---

[1] Vorrang der Verfassung, dazu R. Wahl, Der Vorrang der Verfassung und die Selbständigkeit des Gesetzesrechts, NVwZ 1984, S. 401 ff.

[2] Knüpfen die Gewährleistungen des Art. 5 Abs. 1 GG an westliche Vorbilder wie die Französische Erklärung der Menschenrechte von 1789 an, so ist die bundesstaatliche Zuständigkeitsverteilung insofern ohne Vorbild, als in der Schweiz, Österreich und den USA die Kompetenz für das gesamte Rundfunkwesen jeweils beim Bund liegt.

I. Die Kompetenzen im Rundfunkbereich nach dem Grundgesetz

1. Grundlinien der bundesstaatlichen Kompetenzverteilung und ihre Bedeutung

Gemäß Art. 30 GG ist die Ausübung staatlicher Befugnisse und die Erfüllung der staatlichen Aufgaben Sache der Länder, soweit das Grundgesetz keine andere Regelung trifft oder zuläßt. Diese verfassungsrechtliche Grundregel über die Verteilung der Zuständigkeiten zwischen dem Bund und den Ländern legt fest, daß eine staatliche Aufgabe und die Ausübung öffentlicher Gewalt dem Bund nur zusteht, wenn sich dem Grundgesetz eine entsprechende Kompetenz des Bundes entnehmen läßt. Ist das nicht der Fall, fällt der Gegenstand in die Zuständigkeit der Länder. Die Grundregel des Art. 30 GG wird für die Gesetzgebung im siebten Abschnitt des Grundgesetzes (Art. 70ff.), für die Ausführung der Bundesgesetze im achten Abschnitt (Art. 83ff.) spezifiziert. Danach ergibt sich im Wesentlichen folgendes Bild: Aufgrund der umfangreichen Kataloge in Art. 73 bis 75 GG liegt der Schwerpunkt der Zuständigkeit für die Gesetzgebung beim Bund. Im Bereich der Verwaltung liegt das Hauptgewicht der Zuständigkeiten dagegen bei den Ländern. Die Länder sind gemäß Art. 50 GG über den Bundesrat sowohl an der Gesetzgebung als auch an der Verwaltung des Bundes im Rahmen der Befugnisse des Bundesrats mitwirkungsberechtigt.[3]

Von dieser Zuständigkeitsverteilung weicht die Regelung auf dem Gebiet des Rundfunks in mehrfacher Hinsicht ab. So liegt die ausschließliche Gesetzgebungskompetenz für die Regelung der Veranstaltung bei den Ländern. Dagegen besitzt der Bund im Bereich der Verwaltung weitergehende Kompetenzen insofern, als er über die Zuständigkeit für das Fernmeldewesen verfügt und damit die technischen Voraussetzungen für die Ausstrahlung von Rundfunksendungen schafft. Eine Mitwirkung der Länder in bestimmten Angelegenheiten erfolgt über den Poststrukturrat.[4] Eine weitere Besonderheit besteht darin, daß es sich bei der Veranstaltung von Rundfunk nicht um staatliche Verwaltung handelt, auch nicht um solche mittelbarer Art.[5] Die Regelungen des Grundgesetzes über die Verwaltungskompetenzen können daher nur dort zur Anwendung kommen, wo für eine staatliche Tätigkeit im Rundfunk Raum bleibt, wie etwa bei der Rechtsaufsicht.

---

[3] Die Zustimmungsbedürftigkeit muß ausdrücklich im Grundgesetz angeordnet sein. Wichtigster Fall dieser Mitwirkung ist die Zustimmungsbedürftigkeit von Gesetzen wegen der Regelung des Verwaltungsverfahrens und der Behördeneinrichtung nach Art. 84 Abs. 1 GG.

[4] §§ 32ff. PoststrukturG. Danach hat der Infrastrukturrat in erster Linie die Aufgabe, auf eine gleichmäßige Versorgung des Bundesgebiets hinzuwirken.

[5] s. u. 3. Kapitel unter III 3.

Die Zuständigkeitsverteilung, die der Rundfunk im Grundgesetz erfahren hat, beruht zunächst auf der geschichtlichen Erfahrung: Ein zentralistischer Rundfunk nach dem Vorbild der Reichsrundfunkgesellschaft sollte sich nicht wiederholen. Doch ist auch unter heutigen Bedingungen die grundsätzliche Länderzuständigkeit mehr als ein historisches Relikt. Sie hat vielmehr zahlreiche praktische Auswirkungen auf die Organisation des Rundfunks. Die Veranstaltung von Rundfunksendungen bedarf – im Unterschied zur Presse – nach der Rechtsprechng des Bundesverfassungsgericht einer gesetzlichen Grundlage. Die Entscheidung darüber, wer für die damit verfassungsrechtlich geforderte Leitentscheidung zuständig sein soll, ist nicht nur formaler Natur. Die Bundesländer sind Zentren politischer Willensbildung; in den einzelnen Ländern können sich daher jeweils unterschiedliche politische Mehrheiten an der Regierung befinden. Dies führt – verglichen mit einer zentralen Bundeszuständigkeit – zu einem gewaltenteilenden Effekt.[6] Sollte der Fall eintreten, daß das Gebot der Staatsfreiheit des Rundfunks nicht hinreichend beachtet wird, so bleiben die Folgen des Verstoßes auf das Gebiet des betroffenen Landes beschränkt. Auch können sich die Einflüsse in verschiedenen Ländern bis zu einem gewissen Grade gegenseitig kompensieren und so zu einer Balance beitragen. In gleicher Richtung wirkt sich ein weiterer Gesichtspunkt aus: Kann eine Regelung nur ländereinheitlich getroffen werden, erfolgt eine Einigung zwischen den Ländern auf der Basis des kleinsten gemeinsamen Nenners. Dies bewahrt den Rundfunk in seiner Gesamtheit vor abrupten Kursänderungen der Medienpolitik, wie sie im Gefolge eines Regierungswechsels auf Bundesebene eintreten könnten. Die bundesstaatliche Ordnung des Grundgesetzes im Rundfunk führt so zu einer Verstärkung der Rundfunkfreiheit. Sie bewirkt darüberhinaus auch eine Förderung der Vielfalt, jedenfalls im Bereich des öffentlich-rechtlichen Rundfunks, solange jedes Bundesland über eine eigene Rundfunkanstalt verfügt, die die regionalen Besonderheiten in das nationale Programm einzubringen in der Lage ist. Die Entscheidung des Grundgesetzes für eine grundsätzliche Zuständigkeit der Länder ist daher auch unter modernen Verhältnissen sinnvoll. Die sich zwangsläufig ergebende Folge ist allerdings ein schwerfälligerer Entscheidungsprozeß, der erforderliche rasche Reaktionen erschweren kann. Dies allein rechtfertigt jedoch nicht die Forderung nach einer umfassenden Bundeskompetenz. Dabei darf auch nicht übersehen werden, daß der Bund durch die Rechtsprechung des Bundesverfassungsgerichts erheblichen Einfluß auf die für Organisation und Programmgestaltung des Rundfunks zuständige Landesgesetzgebung nimmt. Diese ist an das Grundrecht der Rundfunkfreiheit gebunden, das letztverbindlich vom Bundesverfassungsgericht ausgelegt wird und damit den Ländern die Grundzüge der Rundfunkorganisation vorgibt.

---

[6] BVerfGE 12, 205, 229

2. Rundfunk und Fernmeldewesen

Die wichtigste Grenzlinie zwischen Bundes- und Länderzuständigkeiten ergibt sich aus dem Verhältnis des Fernmeldewesens zum Rundfunk. Für jenes besitzt der Bund nach Art. 73 Nr. 7 GG die ausschließliche Gesetzgebungskompetenz, nach Art. 87 Abs. 1 GG die Zuständigkeit, die Bundespost in bundeseigener Verwaltung zu führen. Hier war lange Zeit umstritten, welchen Bereich der Begriff des Fernmeldewesens erfaßt und wie weit demzufolge die Bundeskompetenz zu ziehen ist.

a) Die Abgrenzung seit dem Fernsehurteil

Der Rundfunk hatte sich in der Weimarer Republik auf Initiative der Reichspost entwickelt, die sich dabei auf die ihr nach Art. 6 Nr. 7 WRV zustehende Fernmeldehoheit stützte. Sie beschäftigte sich zwar vorrangig mit technischen Fragen, doch wurde auch die publizistische Seite als Reichsangelegenheit betrachtet, mit deren Wahrnehmung das Innenministerium betraut war. Die Länder wurden mit Rücksicht auf ihre Kulturhoheit lediglich an der Besetzung der Ausschüsse und der Aufbringung des Kapitals beteiligt. Nach 1945 hatte der staatliche Wiederaufbau in den Ländern begonnen und die neugegründeten Rundfunkanstalten übernahmen die Sendeanlagen der ehemaligen Reichspost.[7] Mit dem Inkrafttreten des Grundgesetzes im Jahre 1949 stellte sich die Frage, ob nicht in Anknüpfung an die Rechtslage unter der Weimarer Reichsverfassung der Bund als Zentralgewalt gestützt auf die Fernmeldekompetenz die Zuständigkeit für den gesamten Rundfunk beanspruchen könne.[8] Nachdem mehrere Versuche des Bundes, im Bereich des Rundfunks Fuß zu fassen, bereits auf politischer Ebene gescheitert waren, hatte im Jahre 1961 das Bundesverfassungsgericht über die Zuständigkeitsverteilung nach dem Grundgesetz zu entscheiden. In einer Auslegung der Art. 73 Nr. 7, 87 Abs. 1 GG nach Wortlaut, historischen und systematischen Gesichtspunkten kam es zu folgendem Ergebnis: „Das Post- und Fernmeldewesen umfaßt nur den sendetechnischen Bereich des Rundfunks unter Ausschluß der Studiotechnik, nicht aber den Rundfunk als Ganzes."[9] Der Bund ist daher auf die Regelung und die Verwaltung der Übertragungstechnik beschränkt.[10]

---

[7] Vgl. etwa Art. 20 BR-G: „Der Bayerische Rundfunk übernimmt die im Lande Bayern vorhandenen, dem Sendebetrieb dienenden Grundstücke, Gebäude, Einrichtungen und Vermögensteile der vormaligen Deutschen Reichspost."

[8] Zum damaligen Diskussionsstand in der Literatur vgl. H. Peters, Die Zuständigkeit des Bundes im Rundfunkwesen, 1954; H. Schneider, Rundfunk und „Kulturhoheit", DÖV 1960, S. 845 einerseits und O. H. Leiling, Die Gesetzgebungsbefugnis zur Neuordnung des Rundfunkwesens, 1955, andererseits.

[9] BVerfGE 12, 205, 225

[10] Die Begriffe Post- und Fernmeldewesen in Art. 73 Nr. 7 GG und Postwesen in Art. 87 Abs. 1 GG bezeichnen nach BVerfGE 12, 205, 248 dieselben Sachbereiche und erfassen nach BVerfGE 46, 120 nicht nur die bei Inkrafttreten des Grundgesetzes

Auch der Gesichtspunkt der Überregionalität von Rundfunksendungen vermag nicht eine Bundeskompetenz kraft Sachzusammenhangs zu begründen.[11] Alle sonstigen Rundfunkangelegenheiten, insbesondere „die von Art. 5 GG geforderte gesetzliche Normierung der in ihm zur Sicherung der Rundfunkfreiheit enthaltenen Leitgrundsätze, und zwar sowohl in materiellrechtlicher als auch in organisatorischer Hinsicht," fallen – nach der Grundregel des Art. 30 GG – „in die Gesetzgebungszuständigkeit der Länder", weil es sich bei der Veranstaltung von Rundfunk um ein kulturelles Phänomen handelt.[12] Auf eine Kurzformel gebracht bedeutet dies: Der Bund ist für die Übertragungstechnik, die Länder sind für die Organisation der Veranstaltung und für den Inhalt der Sendungen zuständig. Diese Abgrenzung ist seit dem Urteil des Bundesverfassungsgericht nicht mehr ernsthaft umstritten gewesen.[13] Bei konsequenter Anwendung hätte sie allerdings dazu geführt, daß die bereits in Betrieb befindlichen Sender der Rundfunkanstalten der Bundespost zu übereignen gewesen wären. Dies wurde jedoch durch den Bestandsschutz verhindert, den das Bundesverfassungsgericht den vorhandenen Sendern unter dem Gesichtspunkt des bundesfreundlichen Verhaltens zubilligte,[14] so daß heute die Sender für das erste deutsche Fernsehen und die Hörfunkprogramme der Rundfunkanstalten von diesen selbst betrieben werden, während die Sender für die Ausstrahlung des ZDF, der dritten Fernsehprogramme und die Programme privater Veranstalter im Eigentum der Bundespost stehen und von dieser betrieben werden.

In seinem Urteil legte das Bundesverfassungsgericht auch das Verhältnis zwischen Bundes- und Landeskompetenzen im Rundfunkbereich fest. Nach seiner Auffassung kommt den fernmeldetechnischen Einrichtungen innerhalb der gesamten Materie Rundfunk nur untergeordnete Bedeutung zu. Dies hat in der Formel von der „dienenden Funktion" des Fernmeldewesens seinen Niederschlag gefunden.[15] Anders ausgedrückt darf der Bund mit seiner Fernmeldekompetenz keine Medienpolitik treiben.

---

bekannten Übertragungstechniken. Zum Gegenstandsbereich im Einzelnen J. Scherer, Telekommunikationsrecht und Telekommunikationspolitik, 1985, S. 611ff. Gesetzliche Grundlage für Errichtung und Betrieb von Rundfunksendern und Kabelanlagen ist das Fernmeldeanlagengesetz aus dem Jahre 1928, zuletzt geändert durch das Poststrukturgesetz. Danach steht das ausschließliche Recht, Fernmeldeanlagen zu errichten und zu betreiben der Bundespost zu; diese kann jedoch auch Dritten eine Genehmigung erteilen.

[11] BVerfGE 12, 205, 237/250f.

[12] BVerfGE 12, 205, 225/229

[13] Zur Kritik an dem Urteil F. Klein, Die Gesetzgebungszuständigkeit des Bundes im Rundfunksendewesen nach dem Fernseh-Urteil des Bundesverfassungsgerichts, UFITA 1962 I (36), S. 428ff.; vgl. ferner H. Peters, Die Rechtslage von Rundfunk und Fernsehen nach dem Urteil des Bundesverfassungsgerichts v. 28. Februar 1961, Gütersloh 1961

[14] BVerfGE 12, 205, 239/249

[15] BVerfGE 12, 205, 227; dazu näher J. Scherer, Telekommunikationsrecht und Telekommunikationspolitik, 1985, S. 485ff., 553ff.; zurückhaltend Schmitt Glaeser/

b) Folgeprobleme

Die Formel „Technik – Inhalt“ ermöglicht eine theoretisch klare Scheidung von Bundes- und Länderzuständigkeiten. Im Einzelfall kann sich jedoch sehr schnell die Frage ergeben, welchem Bereich eine bestimmte Materie zuzuordnen ist.

(1) Kapazitätsbereitstellung

Dies ist besonders deutlich, wenn es um die Schaffung von Übertragungsmöglichkeiten geht. Die Planung, internationale Koordinierung und die Erichtung von Rundfunksendern sind zunächst Sache der Deutschen Bundespost.[16] Die Auswahl des Rundfunkveranstalters, der die so geschaffene Frequenz nutzen soll, ist eine Frage der Organisation und fällt demzufolge in die Länderzuständigkeit. Der von den zuständigen Landesstellen der Bundespost benannte Veranstalter muß dann mit der Fernmeldeverwaltung ein Nutzungsverhältnis eingehen, bevor er seinen Sendebetrieb aufnehmen kann. Dieses Verfahren wird in der Regel im gegenseitigen Einverständnis durchgeführt. Schwierigkeiten ergeben sich jedoch dann, wenn sich der Bund weigert, Übertragungskapazitäten zur Verfügung zu stellen. Dies ist im Ansatz zwar eine fernmelderechtliche Entscheidung. Sie hat jedoch erhebliche medienpolitische Auswirkungen, wenn sie es den Ländern unmöglich macht, das von ihnen geplante Konzept der Rundfunkordnung zu verwirklichen, etwa durch Zulassung weiterer Veranstalter.[17] Umgekehrt ist der Fall denkbar, daß der Bund Übertragungsmöglichkeiten schafft, beispielsweise durch die Anmietung von Satellitentranspondern in der Absicht, durch vermehrte Einspeisung attraktiver Programme die Rentabilität der Kabelnetze zu verbessern. Die Länder würden dadurch in Zugzwang geraten, die Nutzung der vorhandenen Kapazität auch tatsächlich zuzulassen. Derartige Überschneidungen der Zuständigkeitsbereiche sind bis zu einem gewissen Grad bereits im Grundgesetz selbst angelegt, das den einheitlichen Sachbereich „Rundfunk“ in die Materien Fernmeldewesen und Rundfunkorganisation aufteilt. Deshalb kommt es darauf an, beide Zuständigkeiten aufeinander abzustimmen, wofür der Grundsatz des bundesfreundlichen Verhaltens verwendet wird.[18] Die dienende Funktion des Fernmeldewesens hilft dagegen für sich genommen nicht weiter, wenn wegen einer langen Vorlaufzeit für die techni-

---

Degenhart, Koordinationspflicht der Länder im Rundfunkwesen, AfP 1986, S. 173, 179f.

[16] Zur Frage der Standortwahl bei terrestrischen Sendern VG Wiesbaden, ZUM 1986, S. 489 („Hohe Wurzel“) sowie J. Scherer, Frequenzverwaltung zwischen Bund und Ländern, 1987

[17] Dies war die Problematik des „Verkabelungsstop“ genannten Beschlusses der Bundesregierung v. 26. 9. 1979, Bulletin Nr. 121, S. 1125. Vgl. dazu M. Bullinger, Neue Medien: Neue Aufgaben des Rechts?, AfP 1982, S. 69, 73; K. Stern, Neue Medien – neue Aufgaben des Rechts?, DVBl. 1982, S. 1109, 1111

[18] Dazu unten 4. b)

sche Planung und Beschaffung der Bund nicht abwarten kann, bis die Länder sich auf eine Nutzungsentscheidung geeinigt haben.

(2) Satellitenrundfunk

Vor Abschluß des Staatsvertrages zur Neuordnung des Rundfunkwesens wurde in der Literatur die Frage erörtert, ob bei einem Rundfunksatelliten, dessen Signale in der gesamten Bundesrepublik zu empfangen sind, dem Bund nicht aus der Natur der Sache eine Kompetenz zukommen müsse, Kanäle an die Veranstalter zu vergeben.[19] Vor Abschluß des Rundfunkstaatsvertrages gab es im Hinblick auf die langwierigen Verhandlungen zwischen den Ländern auch Überlegungen zu einer Notkompetenz des Bundes, um zu verhindern, daß ein einsatzbereiter Satellit ungenutzt bleibe.[20] Die Frage ist inzwischen durch das Niedersachsen-Urteil geklärt. Dort geht das Bundesverfassungsgericht davon aus, die Entscheidung über die Nutzung von Direktsatelliten stehe den Ländern – wegen der Eigenart der Aufgabe gemeinsam – zu.[21] Für die Kabeleinspeisung von mittels Fernmeldesatelliten herangeführten Rundfunkprogrammen hatte sich bereits vorher die Qualifizierung als „rundfunkrechtlich relevanter Vorgang" durchgesetzt.[22]

(3) Benutzungsverordnungen

Nach Art. 80 Abs. 2 GG können die Bundesregierung oder ein Bundesminister Rechtsverordnungen über Grundsätze und Gebühren für die Benutzung der Einrichtungen des Fernmeldewesens unter Zustimmung des Bundesrates erlassen.[23] Daraus folgt, daß die Kompetenz zur Normsetzung auf diesem Gebiet beim Bund liegt. Die früher für die einzelnen Dienste getrennten Benutzungsverordnungen sind inzwischen in der einheitlichen Telekommunikationsordnung zusammengefaßt.[24] Hier kann bei der Einführung neuer Dienste die Frage auftauchen, ob sie wegen ihrer Technik nicht stärkere individuelle Züge tragen. Die Folge wäre, daß bei reiner Individualkommunikation eine Gesetzgebungskompetenz der Länder ausschiede, weil inhaltlich im Sinne von „Programmgrundsätzen" ohnehin nichts zu regeln wäre. Der Bund könnte dann im Rahmen der Benutzungsverordnungen allein über die Einführung neuer Dienste entscheiden. Bei der Einführung von Bildschirm-

---

[19] So A. Bueckling, Bundeskompetenz für direktstrahlende TV-Satelliten?, ZUM 1985, S. 144, mit dem Argument der effektiven Kompetenzwahrnehmung, die bei den Ländern nicht gegeben sei. Ablehnend S. Jutzi, Nochmal: Bundeskompetenz für direktstrahlende TV-Satelliten?, ZUM 1986, S. 21

[20] Zu den insoweit zu stellenden Anforderungen wie etwa einer gesetzliche Grundlage für die Kanalvergabe M. Bullinger, Satellitenrundfunk im Bundesstaat, AfP 1985, S. 1, 12

[21] BVerfGE 73, 118, 197

[22] S. u. 4. Kapitel VI 2.

[23] Vgl. dazu BVerfGE 28, 66

[24] BGBl. I, 1987, S. 1761

text haben sich die Länder gegenüber anfänglichen Versuchen des Bundes durchsetzen können und einen entsprechenden Staatsvertrag abgeschlossen, der die inhaltlichen Fragen regelt. Daß es im Rundfunk zu einer Individualisierung des Kommunikationsprozesses kommt, die die massenmediale Ausstrahlung an die Allgemeinheit ersetzt, ist für die überschaubare Zukunft nicht zu erwarten. In einem derartigen Fall wäre immer noch zu überlegen, ob allein die technische Form der Verbreitung ausschlaggebend sein kann, wenn im übrigen die Funktion des Mediums Rundfunk unverändert bleibt. Dieses ist jedoch weniger eine Frage der Kompetenz als der materiell-rechtlichen Anforderungen aus Art. 5 Abs. 1 Satz 2 GG.[25] Solange danach Organisationsgesetze für den Rundfunk erforderlich sind, liegt die Zuständigkeit für ihren Erlaß bei den Ländern.

3. Weitere Bundeskompetenzen

Handelt es sich bei den Kompetenzen aus Art. 73 Nr. 7, 87 Abs. 1 GG um die bedeutendsten Zuständigkeiten des Bundes im Bereich des Rundfunks, weil ohne Sender und Übertragungswege Rundfunk nicht denkbar ist, so verfügt der Bund noch über weitere Kompetenzen, die zwar nicht in unmittelbarer Beziehung zum Rundfunk stehen, aber seine Tätigkeit doch in erheblichem Umfang berühren.

a) Gegenwärtiger Stand

(1) Die Zuständigkeit für die allgemeine Rechtsordnung

Der Schwerpunkt der Gesetzgebungskompetenzen liegt nach Art. 73, 74 GG beim Bund, so daß die allgemeine Rechtsordnung zum überwiegenden Teil aus Bundesgesetzen besteht. Diese Rechtsordnung ist für alle Rechtssubjekte verbindlich, gleichgültig ob sie der Sphäre des Bundes oder der Länder zugehören. Da die Tätigkeit des Rundfunks ohne Berührung mit der allgemeinen Rechtsordnung nicht vorstellbar ist, wirken sich zahlreiche Bundesgesetze auf den Rundfunk aus. Es handelt sich hierbei in erster Linie um die Materien des bürgerlichen Rechts, Art. 74 Nr. 1 GG, des Rechts der Wirtschaft, Art. 74 Nr. 11 GG, das Arbeitsrecht, Art. 74 Nr. 12 GG, die Verhütung des Mißbrauchs wirtschaftlicher Machtstellung, Art. 74 Nr. 16 GG, das Urheberrecht, Art. 73 Nr. 9 GG, sowie das Strafrecht, Art. 74 Nr. 1 GG.[26] Die nach diesen Kompetenztiteln erlassenen Gesetze sind maßgeblich für die

---

[25] Zur Frage der Zuordnung elektronischer Textdienste zu den Fernmeldediensten M. Bullinger, Rechtsfragen der elektronischen Textkommunikation, 1984, S. 19ff.

[26] Zu den Kompetenzen des wirtschaftsrechtlichen Bereichs L. Fröhler, Die Gesetzgebungszuständigkeit des Bundes für ein Verbot des Werbefernsehens durch die öffentlich-rechtlichen Rundfunkanstalten, 1965; speziell zu Art. 74 Nr. 16 GG BVerfG, B. gem. § 93a BVerfGG v. 29. 8. 1983, NJW 1986, S. 1743 (Pressefusionskontrolle)

Programmbeschaffung etwa beim Kauf von Fremdproduktionen. Sie enthalten aber auch Grenzen für die Programmgestaltung, etwa beim zivilrechtlichen und strafrechtlichen Persönlichkeitsschutz.[27] Die Reichweite dieser Kompetenzen ist jedoch prinzipiell begrenzt insofern, als zwar die allgemeinrechtlichen Vorschriften des Bundes zu beachten sind,[28] der Bund seine Zuständigkeiten jedoch nicht zu einer primären Einwirkung auf die Programmgestaltung verwenden darf.[29]

(2) Auslandsrundfunk

Ein weiterer wichtiger Bereich, in dem der Bund sich betätigt, ist der Auslandsrundfunk. Er verfügt hier über zwei Rundfunkanstalten, Deutschlandfunk und Deutsche Welle. Das Bundesverfassungsgericht hatte im Fernsehurteil offengelassen, ob hierfür nach dem Grundgesetz eine Kompetenz besteht.[30] Der Bund stützte sich dabei auf die Zuständigkeit für die Pflege der Beziehungen zu auswärtigen Staaten gemäß Art. 32, 73 Nr. 1, 87 GG sowie die Zuständigkeit für gesamtdeutsche Angelegenheiten. Nachdem die Verfassungsmäßigkeit der Bundesrundfunkanstalten zunächst umstritten war,[31] erledigte sich die Frage politisch durch die Beteiligung des DLF am Finanzausgleich der Landesrundfunkanstalten. Inzwischen hat das Bundesverwaltungsgericht die Bundeszuständigkeit unter den genannten Gesichtspunkten bejaht,[32] im Anschluß an Lerche [33] allerdings verlangt, daß sich die Sendungen des DLF inhaltlich in erster Linie an die Deutschen in der DDR richten, also nicht in Wirklichkeit Inlandsrundfunk veranstaltet wird. Gleiches wird für die Ausrichtung der verwendeten technischen Übertragungsmittel zu gelten haben. Daß ein Empfang der Bundesrundfunkanstalten auch in der Bundesrepublik möglich ist, ist unschädlich, doch darf das hier erreichbare Publikum nicht den eigentlichen Adressatenkreis zahlenmäßig überwiegen.

---

sowie BKartA, B. v. 27. 8. 1987, Media Perspektiven Dokumentation 1987, S. 189 (DSB-Globalvertrag) und KG Berlin, AfP 1989, S. 466

27 Die h. M. geht deswegen davon aus, gegen Sendungen auch des öffentlich-rechtlichen Rundfunks sei der Zivilrechtsweg gegeben. Vgl. BGHZ 66, 182; P. Lerche, Die Rechtsnatur von Streitsachen aus Rundfunksendungen, in: Presserecht und Pressefreiheit, 1980, Festschrift für M. Löffler, S. 217; F. Kopp, Fragen des Rechtswegs für Streitigkeiten gegen öffentlich-rechtliche Rundfunkanstalten, BayVBl. 1988, S. 193 ff.

28 P. Lerche, Rechtsprobleme des Werbefernsehens, 1965, S. 38

29 P. Lerche, Fernsehabgabe und Bundeskompetenz, 1974, S. 35

30 BVerfGE 12, 205, 241/250

31 Vgl. W. Mallmann, Einige Bemerkungen zum heutigen Stand des Rundfunkrechts, JZ 1963, S. 350 ff., auch zur Frage der Verwaltungskompetenz, da auswärtige Angelegenheiten in bundeseigener Verwaltung geführt werden müßten und nicht in Form einer Anstalt.

32 BVerwGE 75, 79, 81 f.; vgl. ferner D. Stammler, Europäischer Rundfunkmarkt und innerstaatliche Rundfunkkompetenz, ZUM 1988, S. 274 ff. m. w. N. in FN 15; P. Badura, Staatsrecht 1986, Rdn D 76 geht von einer Kompetenz kraft Natur der Sache aus.

33 P. Lerche, Zum Kompetenzbereich des Deutschlandfunks, 1963, S. 18 ff., 22

b) Die weitere Entwicklung

Die Zuständigkeiten, die Bund und Länder für die jeweiligen Materien innehaben, bleiben auch bei einem Wandel der tatsächlichen Umstände unverändert, wie das Beispiel des Satellitenrundfunks zeigt. Dennoch kann es im Verhältnis der beiden Kompetenzebenen zu Gewichtsverlagerungen kommen, wenn im Zuge der Entwicklung solche Materien an praktischer Bedeutung gewinnen, die in der Zuständigkeit des Bundes liegen. Dies gilt zunächst im Zusammenhang mit der Einführung des dualen Rundfunksystems. Die damit verbundene Absicht besteht darin, wirtschaftlichen Wettbewerb auch für den Rundfunk nutzbar zu machen.[34] Dann ist es die zwangsläufige Folge, daß die von den Ländern nicht beeinflußbare allgemeine Wirtschaftsordnung des Bundes zu beachten ist und damit stärkeren Einfluß im Rundfunk gewinnt, als dies bisher der Fall war.[35]

Erhebliche Auswirkungen hat auch die Entwicklung auf der Ebene der europäischen Gemeinschaft.[36] Eine hier erlassene Richtlinie zur Schaffung eines einheitlichen europäischen Rundfunkmarkts ist in der Bundesrepublik verbindliches Recht, auch wenn sie noch der Umsetzung bedarf. An ihrem Zustandekommen sind die Länder aber nicht unmittelbar beteiligt,[37] so daß die Gefahr einer Aushöhlung der Landesrundfunkkompetenz droht.[38] Umgekehrt fehlt dem Bund jedoch die innerstaatliche Kompetenz, die zur Umsetzung erforderlichen Rechtsnormen zu erlassen. Deswegen bleibt hier nur eine Kooperation zwischen Bund und Ländern.[39] Erste Ansätze finden sich im Gesetz zur Einheitlichen Europäischen Akte,[40] wonach die Bundesregie-

---

[34] Zu den Einzelheiten unten 4. Kapitel I

[35] Dazu M. Bullinger, Vom Rundfunk zum elektronischen Versandhandel, Rechtliche Aspekte, in: Bullinger/Eigler/Külp/Lehmann/Schlier, Die elektronische Herausforderung, 1985, S. 63, 84; ders., Rundfunkordnung im Bundesstaat und in der europäischen Gemeinschaft, AfP 1985, S. 257, 261 ff.

[36] Dazu unten 6. Kapitel

[37] Zur Kompetenzlage H. P. Ipsen, Rundfunk im Europäischen Gemeinschaftsrecht, 1984, S. 127ff. und D. Stammler, Europäischer Rundfunkmarkt und innerstaatliche Rundfunkkompetenz, ZUM 1988, S. 274ff.

[38] Zu einem Kompetenzverlust der Länder im kulturellen Sektor C. Eiselstein, Verlust der Bundesstaatlichkeit?, NVwZ 1989, S. 323

[39] Dazu J. Kreile, Kompetenz und kooperativer Föderalismus im Bereich des Kabel- und Satellitenrundfunks, 1986, S. 215ff.

[40] BGBl. II, 1986, S. 1102; Zur Regelung der Einzelheiten des Verfahrens haben Bund und Länder am 17. 12. 1987 eine Vereinbarung getroffen, bekanntgemacht im Ministerialblatt Nordrhein-Westfalen, 1988, S. 224. Ein Antrag des Freistaats Bayern, der Bundesregierung im Wege einer einstweiligen Anordnung die Zustimmung zu einer EG-Rundfunkrichtlinie zu untersagen, wurde vom Bundesverfassungsgericht mit B. v. 11. 4. 1989 , BVerfGE 80, 74, zurückgewiesen, weil dadurch die außenpolitische Handlungsfreiheit der Bundesregierung unzulässig eingeschränkt worden wäre. Darüberhinaus haben die Länder im Bundesrat eine eigene EG-Kammer eingerichtet, dazu G. Oschatz/H. Risse, Bundesrat und Europäische Gemeinschaften, DÖV 1989, S. 509ff.

rung den Bundesrat über alle Vorhaben im Rahmen der Europäischen Gemeinschaft unterrichtet, die für die Länder von Interesse sein könnten. Die Länder können hierzu Stellung nehmen. Betrifft eine Stellungnahme eine ausschließliche Gesetzgebungsmaterie der Länder, wie z.B. das Rundfunkrecht, darf die Bundesregierung hiervon nur aus unabweisbaren außen- und integrationspolitischen Gründen abweichen.

4. Abstimmung zwischen den einzelnen Kompetenzträgern

Die Zuständigkeiten im Bereich des Rundfunkwesens sind nach dem Vorstehenden in vielfältiger Weise miteinander verschränkt und aufeinander bezogen. Dies macht in vielen Fällen eine Abstimmung zwischen den einzelnen Ebenen erforderlich. Das hierfür zur Verfügung stehende rechtliche Instrumentarium ist allerdings nur schwach ausgebildet.

a) Abgrenzung der Kompetenztitel

Der erste Schritt besteht darin, die Zugehörigkeit einer Materie zu einer bestimmten Zuständigkeit zu ermitteln. Dies geschieht durch Auslegung, die sich vorrangig auf zwei Gesichtspunkte stützt. Das Bundesverfassungsgericht legt Kompetenztitel in ständiger Rechtsprechung historisch aus, wobei die Rechtslage und Verwaltungspraxis unter früheren Verfassungen zum Vergleich herangezogen wird. Dies war ein wesentliches Argument für die Beschränkung des Fernmeldewesens auf die Übertragungstechnik,[41] für die Zuordnung der Verjährungsregelung von Presseinhaltsdelikten zum Landespresserecht [42] und der Normierung des publizistischen Zeugnisverweigerungsrechts in der Strafprozeßordnung des Bundes.[43]

Die historische Auslegung versagt jedoch, wenn es sich um neue, bisher unbekannte Sachverhalte handelt. In diesen Fällen erlangt die Feststellung eines Sachzusammenhangs oder überwiegenden Sachzusammenhangs Bedeutung.[44] Ein gewisses Indiz kann dabei Art. 5 Abs. 1 Satz 2 GG bilden. Zwar gehört nicht jede Maßnahme, die den Gewährleistungsbereich der Rundfunkfreiheit in irgendeiner Weise tangiert, damit automatisch in die Landeskompetenz. Handelt es sich jedoch um die Ausgestaltung der Rundfunkfreiheit zum Schutz vor mit dem Medium verbundenen Gefahren, kann die entsprechende Maßnahme nur vom Landesgesetzgeber getroffen werden. So ist die Werbung im Rundfunk wegen der Auswirkungen auf die Programmgestaltung landesgesetzlich geregelt, obwohl es sich bei Wirtschaftswerbung im

---

[41] BVerfGE 12, 205, 230ff.

[42] BVerfGE 7, 29, 38

[43] BVerfGE 36, 193, 205; In beiden Fällen wurde die historische Zugehörigkeit als Beleg eines Sachzusammenhangs gewertet.

[44] Dazu grundlegend M. Bullinger, Ungeschriebene Kompetenzen im Bundesstaat, AöR 96, S. 237, 248

übrigen um eine Materie der Bundesgesetzgebung handelt.[45] Für die interne Organisation privater Veranstalter kann sich aus Gründen der Sicherung von Meinungsvielfalt die Verpflichtung zur Einrichtung eines Programmbeirats ergeben, während für reine Wirtschaftsunternehmen die interne Struktur durch die gesellschaftsrechtlichen Vorschriften des Bundes im AktG oder GmbHG abschließend geregelt ist. Auch der Jugendschutz ist eine Materie die dem Bundesrecht zugerechnet wird.[46] Geht es jedoch um Jugendschutz im Rundfunk, dann ist wegen der Anpassung der Rechtsfolgen an die rundfunkspezifischen Gegebenheiten und die damit verbundenen Auswirkungen auf die Programmgestaltung die Landeskompetenz gegeben.[47] Als Beispiel aus neuerer Zeit kann die Regelung über die Kurzberichterstattung in den Landesmediengesetzen gelten, mit der verhindert werden soll, daß die Übertragung von Ereignissen und Veranstaltungen mit öffentlichem Interesse nur noch dem Meistbietenden möglich ist.[48] Da es sich um eine Korrektur der Folgen des dualen Rundfunksystems handelt, mit der eine ausschließliche Unterordnung des Rundfunks unter wirtschaftliche Belange verhindert werden soll, ist hierfür der Landesgesetzgeber zuständig.

b) Bundesfreundliches Verhalten

Nicht in allen Fällen gelingt es, Überschneidungen zwischen den einzelnen Zuständigkeiten durch Auslegung zu vermeiden. So vor allem, wenn die Entscheidung eines Kompetenzträgers Auswirkungen auf die Sphäre des anderen Kompetenzträgers hat. Dann bleibt nur der Rückgriff auf den Grundsatz bundesfreundlichen Verhaltens.

(1) Bund-Länder-Verhältnis

Er besagt, daß Gesamtstaat und Gliedstaat ständig um die Herstellung eines guten, bundesfreundlichen Verhältnisses bemüht sein müssen und nicht gegeneinander arbeiten dürfen. Er ist entstanden als Ergänzung der unvoll-

---

[45] Zu diesem Problemkreis A. Arndt, Das Werbefernsehen als Kompetenzfrage, JZ 1965, S. 337ff.

[46] BVerwGE 19, 94; BVerfGE 11, 234, 236: Strafrecht, Art. 74 Nr. 1 GG, und Recht der öffentlichen Fürsorge, Art. 74 Nr. 11 GG

[47] BVerfGE 57, 295, 326 verlangt vom Landesgesetzgeber Vorkehrungen zum Schutz der Jugend. Ausführlich zur Kompetenzfrage VG Köln, NJW 1987, S. 274ff. und W. Meyer-Hesemann, Jugendschutz im Rundfunk, DVBl. 1986, S. 1181ff. Inzwischen ist der Jugendschutz ländereinheitlich durch Art. 10 RfStV geregelt.

[48] § 4 LMedG HB; § 7 Abs. 4 LMedG HH; § 3a LRG NRW; § 4 Abs. 4 LRG Saarland; § 5 LRG S.-H.; Art. 10 a–f RfStV; vgl. ferner Schreiben von ARD und ZDF an die Ministerpräsidenten der Länder v. 15. 6. 1988, Media Perspektiven 1988, S. 594ff.; Hartstein/Kuch, Gesetzliche Regelung eines Rechts auf freie Kurzberichterstattung?, ZUM 1988, S. 503ff.; Doepner/Spieth, Verfassungsrechtliche Aspekte der sogenannten freien Kurzberichterstattung über öffentliche Veranstaltungen und Ereignisse, AfP 1989, S. 420, 431ff. sehen den Schwerpunkt einer derartigen Regelung im Zivilrecht und lehnen daher entsprechende Gesetzesinitiativen ab. Vgl. auch Entwurf zur Änderung v. § 50 UrhG, abgedr. in epd Nr. 23 v. 24. 3. 1990.

kommenen bundesstaatlichen Normierungen der Reichsverfassung von 1871. Unter der Geltung des Grundgesetzes kann er als Rechtssatz nur mit Zurückhaltung angewendet werden. Denn das Grundgesetz verfügt im Gegensatz zur damaligen Reichsverfassung über eine Verfassungsgerichtsbarkeit, die Verfassungsrecht justitiabel macht und ihm damit zu größerer Wirksamkeit verhilft. Zudem sind föderale Streitigkeiten in Wahrheit meist Auseinandersetzungen zwischen unterschiedlichen politischen Richtungen. Auch aus diesem Grunde ist bei der Annahme von gerichtlich durchsetzbaren Rechtspflichten des einen Teils gegenüber dem anderen Vorsicht geboten. Gleichwohl bildet der Grundsatz einen festen Bestandteil der Rechtsprechung des Bundesverfassungsgericht. Er hat danach im Einzelnen folgenden Inhalt.

Der Grundsatz bundesfreundlichen Verhaltens begründet keine selbständigen Rechte und Pflichten, sondern wirkt nur innerhalb eines bestehenden Rechtsverhältnisses.[49] So begründet er vor allem ein Gebot der Rücksichtnahme in dem Sinne, daß ein Kompetenzträger von seiner Zuständigkeit nicht in einer Weise Gebrauch machen darf, die eine von einem anderen Kompetenzträger getroffene Entscheidung vollständig ihrer Wirksamkeit beraubt. Das Gebot der Rücksichtnahme wird ergänzt durch das Willkürverbot,[50] das eine Maßnahme unzulässig macht, wenn es keinen sachlichen Grund zu ihrer Rechtfertigung gibt. Speziell für die Zuordnung von Bundesfernmeldekomptenz und Landesrundfunkkompetenz hat sich die Formel von der dienenden Funktion des Fernmeldewesens eingebürgert.

Wichtiger dürften demgegenüber die Anforderungen sein, die sich für das Verfahren ergeben, insbesondere für „Stil und procedere".[51] Das bedeutet, daß in Bund und Länder gemeinsam betreffenden Fragen zunächst überhaupt Verhandlungen und Gespräche stattfinden müssen ebenso wie gegenseitige Information. Der Bund darf daher die Länder nicht vor vollendete Tatsachen stellen. Eine einseitige hoheitliche Regelung gegenüber den Ländern ist ihm ebenfalls versagt.[52] Auch darf er nicht darauf ausgehen, die Länder zu spalten und nur mit einigen eine Vereinbarung zu suchen.[53]

(2) Länderkooperation

Eine weitere Problemschicht bundesstaatlicher Abstimmung liegt im Verhältnis zwischen den Ländern. Diese befinden sich zwar auf der selben Kom-

---

49 BVerfGE 13, 54

50 Das Willkürverbot gilt als allgemeines Verfassungsprinzip auch im Bund-Länder-Verhältnis, BVerfGE 21, 362, 372.

51 BVerfGE 12, 205, 255; vgl. ferner J. Scherer, Frequenzverwaltung zwischen Bund und Ländern, 1987, S. 57ff.

52 Dazu K. Hesse, Die Regelung von Rundfunkleistungen der Bundespost durch Rechtsverordnung, 1966

53 Nicht unproblematisch daher das Programm der Bundesregierung zur Verbesserung der Rahmenbedingungen des privaten Rundfunks, Bulletin Nr. 77, 1986, S. 649, in dem es heißt: „Die Bundesregierung unterstützt die Bemühungen der Mehrheit der Länder zur Einführung privaten Rundfunks."

petenzebene, doch kann auch im Bereich der Rundfunkorganisation ein Kompetenzträger Entscheidungen treffen, die sich in der Sphäre eines anderen Kompetenzträgers auswirken. Damit stellt sich die Frage, mit welchem rechtlichen Instrumentarium derartigen Überschneidungen zu begegnen ist. Das typische Mittel der Abstimmung zwischen den Bundesländern sind die Staatsverträge, durch die zahlreiche Gebiete des Rundfunkrechts geregelt sind.[54] Ihr Inhalt wird durch Verhandlungen zwischen den Landesregierungen festgelegt und anschließend durch ein Zustimmungsgesetz oder einen entsprechenden Beschluß der Landtage in innerstaatliches Landesrecht transformiert.[55] Dabei besteht grundsätzlich keine Pflicht zum Abschluß eines Staatsvertrages. Die inhaltliche Verschiedenartigkeit der Regelung eines Sachverhalts durch Landesrecht ist unvermeidliche Folge des Bundesstaatsprinzips und der Eigenstaatlichkeit der Länder. Gewisse Grenzen ergeben sich aus der Bindung an Art. 5 Abs. 1 Satz 2 GG: Danach ist der Gesetzgeber gehindert, eine Ausgestaltung der Rundfunkorganisation vorzunehmen, die im Widerspruch zu Anforderungen der Rundfunkfreiheit steht. Die Gewährleistung des Art. 5 Abs. 1 Satz 2 GG hat daher im Umfang ihrer Reichweite eine vereinheitlichende Wirkung.[56] Gleichzeitig beläßt sie dem Gesetzgeber jedoch einen erheblichen Gestaltungsspielraum, den dieser nach seinen eigenen politischen Vorstellungen ausfüllen kann. In diesem Bereich können also Abstimmungsprobleme auch zwischen den Ländern auftreten.

Waren bisher die wechselseitigen Überwirkungen der Landesrundfunkpolitik beschränkt, so ist hier auf Grund verschiedener Umstände eine Änderung zu verzeichnen. Am wichtigsten ist die Einführung der Satellitentechnik. Bei Verwendung terrestrischer Sendernetze ist die Reichweite – abgesehen

---

[54] Die wichtigsten Staatsverträge im Bereich des Rundfunks sind der Staatsvertrag über die Regelung des Rundfunkgebührenwesens, der Staatsvertrag über die Höhe der Rundfunkgebühr, das Länderabkommen über die Koordinierung des Ersten Fernsehprogramms, die Staatsverträge über die Errichtung von NDR, SWF und ZDF, der Staatsvertrag über den Finanzausgleich der Rundfunkanstalten und der Staatsvertrag zur Neuordnung des Rundfunkwesens.

[55] In dem Zeitpunkt, zu dem die Parlamente eingeschaltet werden, ist nur noch Zustimmung oder Ablehnung des gesamten Verhandlungsergebnisses möglich, in der Regel aber keine Änderung von Einzelheiten, weil dies den mühsam gefundenen Kompromiß gefährden würde. Die Praxis der Staatsverträge ist deshalb wegen der Stärkung der Exekutive oft kritisiert worden, weil gerade im Bereich des Rundfunks das Wesentliche durch Gesetz geregelt und nicht der Exekutive überlassen werden soll, BVerfGE 57, 295, 320.

[56] BVerfGE 33, 303, 357 spricht im Numerus-clausus-Urteil von kooperativer Verwirklichung des Grundrechtsschutzes. Auch bei einer Anreicherung des Verhältnisses zwischen den Ländern durch materielle Gesichtspunkte aus Art. 5 Abs. 1 Satz 2 GG tritt im Ergebnis keine Änderung ein, weil die verfassungsunmittelbaren Gebote des Art. 5 GG bereits jedes Land als solches verpflichten, es insoweit einer Umsetzung im Wege der Kooperation also nicht mehr bedarf. Wo hingegen die Rundfunkfreiheit keine bindenden Direktiven enthält, scheidet sie auch als Maßstab einer Länderkooperation aus.

von einem geringfügigen unvermeidbaren Overspill – auf das Gebiet des jeweiligen Landes beschränkt, so daß dessen Regelungshoheit und Verantwortlichkeit uneingeschränkt erhalten bleiben. Satelliten bestrahlen dagegen zumindest das gesamte Bundesgebiet und sind in ihren Auswirkungen technisch nicht auf das Gebiet eines Landes zu beschränken. Weitere gegenseitige Abhängigkeiten der Länder untereinander zeigen sich bei der Einführung privaten Rundfunks. Kann ein werbefinanzierter privater Veranstalter ein Fernsehprogramm nur dann wirtschaftlich betreiben, wenn er dieses bundesweit ausstrahlt, ist er darauf angewiesen, eine Einspeisung in die Kabelnetze aller Bundesländer zu erreichen. Wird ihm dieses verwehrt, indem die erforderliche gesetzliche Grundlage nicht geschaffen wird oder die inhaltlichen Anforderungen sehr hoch angesetzt werden, kann damit im Ergebnis die Entscheidung des Landes, das privaten Rundfunk einführen wollte, konterkariert werden. Umgekehrt kann aber auch nicht ein Land allein über die Einführung privaten Rundfunks in allen anderen Bundesländern entscheiden. Weitere Interdependenzen zeigen sich bei der Finanzierbarkeit von Programmen und den Programmbeschaffungsmärkten. Die verstärkte Konkurrenz durch Zulassung weiterer Veranstalter hat Auswirkungen auf das Werbeaufkommen und den Preis von Übertragungsrechten auch in den Bundesländern, die keine zusätzlichen Veranstalter zugelassen haben.[57] Rückwirkungen bestehen schließlich auch im Rahmen der Festsetzung der Gebührenhöhe für die öffentlich-rechtlichen Rundfunkanstalten durch den Verbund innerhalb der ARD sowie beim ZDF.

In dieser Situation verstärkter gegenseitiger Abhängigkeit vermag der Grundsatz bundesfreundlichen Verhaltens in seiner herkömmlichen Ausprägung nur in beschränktem Umfang zu Konfliktlösungen beizutragen. Die Pflicht zur Rücksichtnahme verhindert nur die Durchsetzung rechtlich eingeräumter Positionen, die elementare Interessen eines anderen Landes schwerwiegend beeinträchtigt.[58] Er ist jedoch nicht im Stande, die erforderliche positive Ordnung der Rundfunkorganisation zu bewirken.

Erste weitergehende Ansätze finden sich in der Literatur und im Niedersachsen-Urteil des Bundesverfassungsgericht. Danach führt die gesteigerte bundesstaatliche Komplexität und kompetenzmäßige Verflechtung zu einer Gesamtverantwortung der Länder, der sie nur durch Kooperation gerecht

---

[57] Diese Interdependenz führte zu einer Klage des Landes Rheinland-Pfalz gegen das Land Hessen vor dem Bundesverwaltungsgericht, weil man von einer Einführung von Fernsehwerbung im Dritten Programm des Hessischen Rundfunks negative Auswirkungen auf die Finanzierbarkeit privater Programme erwartete, vgl. den Briefwechsel zwischen den Staatskanzleien der Länder Rheinland-Pfalz und Hessen, Media Perspektiven 1984, S. 715. Zu den damit zusammenhängenden bundesstaatsrechtlichen Fragen H. Gallwas, Zur Zulässigkeit von Werbesendungen in „Hessen Drei“, ZUM 1986, S. 1, 8 ff.; Das Verfahren hat sich durch Art. 3 Abs. 5 RfStV erledigt.

[58] BVerfGE 34, 216, 232

werden können.[59] Besonders deutlich zeigt sich dies im Bereich des Satellitenrundfunks. Hier wird es für das einzelne Land zunehmend schwieriger, seiner aus Art. 5 Abs. 1 Satz 2 GG folgenden Gewährleistungspflicht für ein vielfältiges Gesamtprogramm nachzukommen, wenn zusätzliche Programme in sein Gebiet eingestrahlt werden, die nicht seiner Regelungsbefugnis unterliegen. Hier verlagert sich die Gewährleistungspflicht auf die Gesamtheit der Länder, um ein den Anforderungen der Rundfunkfreiheit entsprechendes inländisches Gesamtprogramm sicherzustellen.[60] Soweit die Ausstrahlung der Programme über direkt empfangbare Satelliten erfolgt, handelt es sich um eine notwendige Gemeinschaftsaufgabe aller Bundesländer, die diese nur gemeinsam wahrnehmen können, weil jedes Land durch die Einstrahlung zusätzlicher Programme unmittelbar in seiner Rundfunkhoheit tangiert wird.[61] Die Regelung von Direktsatellitenrundfunk setzt daher einen Staatsvertrag aller Bundesländer voraus.[62] Ein Verzicht auf das Erfordernis der Einstimmigkeit kommt nur ausnahmsweise in Betracht, wenn die Zustimmung aus unsachlichen Gründen verweigert wird oder der befürchtete Nachteil des einzelnen Landes im Vergleich zum Nachteil für alle anderen Länder unverhältnismäßig gering erscheint.[63]

Anders verhält es sich dagegen bei der Ausstrahlung von Programmen über Fernmeldesatelliten und die Weiterverbreitug über Kabelnetze. Hier kann zwar jedes Land im Prinzip autonom über die Voraussetzungen einer Einspeisung entscheiden. Doch können sich Veranstalter überregionaler Programme nur schwer nach einem ganzen Bündel unterschiedlicher Normierungen richten, insbesondere bei der Werbung. Ein funktionierendes System hängt von einer Abstimmung der Weiterverbreitungsregelungen ab, bedarf also der Kooperation der Länder. Diese ist nach Auffassung des Bundesver-

---

[59] P. Lerche, Kommende föderalistische Probleme, in: Festschrift für Franz Josef Strauß (1985), S. 338, 347

[60] M. Bullinger, Satellitenrundfunk im Bundesstaat, AfP 1985, S. 1, 8

[61] BVerfGE 73, 118, 197 im Anschluß an M. Bullinger, aaO. FN 60; a. A. Rudolf/Jutzi, Verfassungspflicht zur Harmonisierung der Landesmediengesetze ?, ZRP 1987, S. 1, 3 mit dem Argument, auch ausländische Programme seien von der Informationsfreiheit geschützt, inländische Programme dürften aber nicht schlechter gestellt werden als diese.

[62] Drei Kanäle auf dem ersten direkt empfangbaren Rundfunksatelliten TV-Sat 2 sind nach Art. 1 RfStV anteilig auf die Bundesländer entsprechend ihrer Größe verteilt. Um einen vollständigen Kanal vergeben zu können, haben sich jeweils Ländergruppen auf ein gemeinsames Vorgehen geeinigt und dafür Teilstaatsverträge abgeschlossen („Nord-, West-, Südschienenstaatsvertrag"). In diesen Staatsverträgen ist auch die Abstimmung innerhalb der einzelnen Ländergruppen geregelt. Dieses Verfahren gilt allerdings nur für Direktsatellitenkanäle. Für Fernmeldesatellitenkanäle haben die Länder gemäß Art. 1 Abs. 7 RfStV Verfahrensgrundsätze für die Vergabe beschlossen. Danach teilt ein Land, das einem Veranstalter einen derartigen Kanal zuweisen will, den anderen Ländern diese Absicht im Umlaufverfahren mit. Erfolgt innerhalb einer bestimmten Frist kein Widerspruch, gilt dies als Zustimmung.

[63] M. Bullinger, aaO. FN 60, S. 10.

fassungsgericht unter dem Gesichtspunkt bundesfreundlichen Verhaltens verfassungsrechtlich geboten.[64] Auch hier kommt es im Einzelfall darauf an, durch eine am Gesichtspunkt der Zumutbarkeit orientierte Interessenabwägung zu einem Ausgleich zu finden.[65]

II. Die Freiheit der Berichterstattung durch Rundfunk

Nach einer geläufigen Feststellung ist der Rundfunk gefährlicher und gefährdeter als jedes andere Medium (A. Arndt). Diese Beobachtung beruht zu einem nicht unwesentlichen Teil auf den spezifischen deutschen Erfahrungen während des „Dritten Reiches". Der Wiederaufbau des deutschen Rundfunks vollzog sich unter dem Eindruck dieser historischen Situation. So war man einerseits um die Freiheit von staatlichem Einfluß bemüht, andererseits sollte der Rundfunk aber in öffentlicher Verantwortung stehen, deren Garant letzten Endes nur der Staat als Sachwalter des Gemeinwohls sein kann.[66] Insofern besteht eine formale Anknüpfung an die Rechtslage in der Weimarer Republik, in der sich die Rundfunkordnung aus dem staatlichen Fernmeldewesen entwickelt hatte. Ein Unterschied besteht jedoch insofern, als die öffentliche Verantwortung nunmehr von den Landesparlamenten nach anderen inhaltlichen Kriterien wahrgenommen wird. Für die rechtliche Normierung dieser Ordnung spielte Verfassungsrecht zunächst keine Rolle.[67] Doch bald waren die noch unter alliierter Obhut geschaffenen Rundfunkgesetze Änderungsversuchen ausgesetzt, die zu Verfahren vor dem Bundesverfassungsgericht geführt haben. Das Gericht hat seit 1961 in kontinuierlicher Rechtsprechung die Grundlinien einer verfassungsgemäßen Rundfunkordnung entwickelt.[68] Diese Entscheidungen binden sowohl die vollziehende Gewalt als auch den

[64] BVerfGE 73, 118, 197; Zu Überlegungen einer gemeinsamen Länderanstalt zur Vergabe von Satellitenkanälen J. Kreile, Kompetenz und kooperativer Föderalismus im Bereich des Kabel- und Satellitenrundfunks, 1986, S. 289ff. m.w.N.

[65] BVerwGE 50, 137, 149 für den Bereich der Hochschulzulassung; Schmitt Glaeser/Degenhart, Koordinationspflicht der Länder im Rundfunkwesen, AfP 1986, S. 173, 183 treten für den nach beiden Seiten schonendsten Ausgleich nach dem Prinzip praktischer Konkordanz ein.

[66] Vgl. P. Lerche, Verhandlungen des 56. DJT, Berlin 1986, Band II, O 38, 42: „Es ist die entscheidende, gewordene und bleibende Besonderheit der Rundfunkmaterie, daß staatliche Verantwortung das Rundfunksystem als staatsfreie gesellschaftliche Gesamtleistung umspannt."

[67] Zur Entstehungsgeschichte von Art. 5 Abs. 1 Satz 2 GG J. Wieland, Die Freiheit des Rundfunks, 1984, S. 97ff.; C. Degenhart, Bonner Kommentar Zweitbearbeitung Art. 5, 1988, unter I.

[68] Es handelt sich dabei um folgende Entscheidungen: BVerfGE 12, 205 (Deutschland-Fernsehen); 31, 314 (Mehrwertsteuer); 57, 295 (Freie Rundfunk-AG); 73, 118 (Niedersachsen); 74, 297 (Baden-Württemberg). Eine zusammenfassende Darstellung der fünf Entscheidungen gibt S. Broß, Medienrecht im Umbruch, Verwaltungsarchiv 1987, S. 475ff.

Gesetzgeber (vgl. BVerfGG § 31). Es ist daher gesagt worden, das Grundgesetz gelte nunmehr praktisch so, wie das Bundesverfassungsgericht es auslege.[69] Die folgende Darstellung geht deswegen zunächst von der Argumentation des Bundesverfassungsgericht aus und befaßt sich anschließend mit der Kritik, die an einzelnen Aspekten dieser Rechtsprechung durch die Literatur geübt worden ist.

1. Funktion des Rundfunks

Der Normtext des Art. 5 Abs. 1 Satz 2 GG ist angesichts des vielschichtigen Sachverhalts denkbar knapp. Dort heißt es: „Die Pressefreiheit und die Freiheit der Berichterstattung durch Rundfunk und Film werden gewährleistet." In Bezug auf den Rundfunk hat sich hierfür die verkürzende Bezeichnung als Rundfunkfreiheit eingebürgert. Eine Auslegung anhand des Wortlauts ist wenig ergiebig.[70] Ebensowenig kann an entsprechende Gewährleistungen früherer deutscher Verfassungen und deren Handhabung angeknüpft werden, da im Gegensatz zur Presse bei Inkrafttreten der Weimarer Reichsverfassung der Rundfunk als Medium noch nicht bekannt war. Das Bundesverfassungsgericht bedient sich deshalb zur Ermittlung des Norminhalts einer systematisch-teleologischen Auslegung.

Ausgangspunkt ist die Funktion individueller und öffentlicher Kommunikation, die durch die einzelnen Gewährleistungen des Art. 5 Abs. 1 GG umfassend geschützt wird.[71] Der Rundfunk nimmt in diesem Prozeß eine wichtige Stellung ein, so daß seine Funktion nicht losgelöst von dem Gesamtprozeß der Kommunikation gesehen werden kann. In diesem Zusammenhang normiert das Grundgesetz in Art. 5 Abs. 1 Satz 1 GG zunächst die Individualrechte der Meinungsfreiheit und der Informationsfreiheit.[72] Sie dienen der freien Entfaltung der geistigen Persönlichkeit, weil es zu den menschlichen Grundbedürfnissen gehört, sich über die eigene Umwelt zu informieren, mit ihr in Kontakt zu treten und zu sagen, was man denkt. Dem entspricht es, wenn die Grundrechte des Art. 5 Abs. 1 GG als Menschenrechte normiert sind, die nicht nur Deutschen zustehen.[73]

---

[69] R. Smend, Das Bundesverfassungsgericht, S. 581, 582 in: Staatsrechtliche Abhandlungen, 2. Aufl., Berlin 1968

[70] Zum Wortlaut des Art. 5 Abs. 1 Satz 2 GG J. Wieland, Die Freiheit des Rundfunks, 1984, S. 80ff.

[71] Zum sachlichen Zusammenhang der einzelnen Grundrechtstatbestände C. Degenhart, aaO. FN 67, Rdn 32ff.

[72] Zur Informationsfreiheit BVerfGE 27, 71; 27, 88; 27, 104; W. Schmitt Glaeser, Das Grundrecht auf Informationsfreiheit, JURA 1987, S. 567ff.; P. Lerche, Evangelisches Staatslexikon, 2. Aufl., Art. Informationsfreiheit

[73] Vgl. BVerfGE 7, 198, 208 und Art. 11 frz. Erklärung der Menschen- und Bürgerrechte von 1789: „La libre communication des pensées et des opinions est un des droits les plus précieux de l'homme."; vgl. ferner C. Starck in: v. Mangoldt/Klein, Das Bonner Grundgesetz, 3. Aufl., Art. 5 Rdn 1ff.

Neben der individualrechtlichen Wurzel weist Art. 5 Abs. 1 GG aber auch eine demokratische Komponente auf, indem er die öffentliche Meinungsbildung schützt. Diese wird aus verschiedenen Gründen als für ein freiheitliches Gemeinwesen schlechthin konstituierend angesehen.[74] So bewahrt die ständige geistige Auseinandersetzung, der Kampf der Meinungen das Gemeinwesen vor Erstarrung.[75] Es können einzelne Gruppen ihre Belange zu Gehör bringen, was Voraussetzung für eine Befriedung gegenläufiger Interessen ist und die Chance einer gerechten Sozialordnung bietet.[76] Schließlich liegt in der Bildung einer öffentlichen Meinung eine Mitwirkung an der politischen Willensbildung, weil die öffentliche Meinung großen Einfluß auf die Entscheidungen der Regierung und die Beschlüsse des Parlaments hat. Sie bewirkt zugleich eine „Vorformung des politischen Willens",[77] weil sich in der öffentlichen Diskussion herausstellt, welche Fragen und Probleme als relevant angesehen werden. Insoweit wirkt die öffentliche Meinungsbildung als Korrektiv zu Art. 20 Abs. 2 GG, wonach die Staatsgewalt zwar vom Volke ausgeht, aber unmittelbar nur in Wahlen und Abstimmungen, ansonsten jedoch durch besondere Organe ausgeübt wird.[78] Besonders deutlich wird der Bezug zum demokratischen Prinzip, wenn es um die für eine Demokratie wesentliche Chance der Minderheit geht, zur Mehrheit zu werden, weil eines der wichtigsten Mittel, das zum Kampf um die Mehrheit zur Verfügung steht, die Möglichkeit der Einflußnahme auf die öffentliche Meinung ist. Die Bedeutung, die damit der freien Meinungsbildung beigemessen wird, geht letztlich zurück auf das liberale Konzept, das sich aus dem Austausch von Informationen und Meinungen die Fähigkeit zur Meinungsbildung und zur Erkenntnis des Richtigen verspricht.[79] Die vorstehend beschriebene Funktion öffentlicher Meinungsbildung ist als Beschreibung des faktisch bestehenden Zustandes unstreitig, allerdings gehen die Meinungen darüber auseinander, ob und in welchem Umfang aus diesem Befund normative Folgerungen gezogen werden können.[80]

---

[74] st. Rspr. seit BVerfGE 7, 198, 208; vgl. ferner H. Ridder, Meinungsfreiheit, in: Neumann-Nipperdey-Scheuner, Die Grundrechte, Band 2, S. 243

[75] BVerfGE 5, 85, 205

[76] J. P. Müller in: Kommentar zur Bundesverfassung der Schweizerischen Eidgenossenschaft, Meinungsfreiheit Rdn 4

[77] BVerfGE 20, 56, 98

[78] Zu diesem Gesichtspunkt K. Hesse, Grundzüge des Verfassungsrechts, 16. Aufl., 1988, Rdn 148–152

[79] BVerfGE 12, 113, 125: „Nur die freie öffentliche Diskussion über Gegenstände von allgemeiner Bedeutung sichert die freie Bildung der öffentlichen Meinung, die sich im freiheitlichen Staat notwendig „pluralistisch" im Widerstreit verschiedener und aus verschiedenen Motiven vertretener, aber jedenfalls in Freiheit vorgetragener Auffassungen, vor allem in Rede und Gegenrede vollzieht." Vgl. ferner W. Hoffmann-Riem, Massenmedien, in: Benda/Maihofer/Vogel (Hrsg.), Handbuch des Verfassungsrechts, 1984, S. 389, 390f. m. w. N.

[80] Vgl. C. Starck, aaO. FN 73 Rdn 6f.; R. Herzog, in: Maunz – Dürig, Kommentar zum Grundgesetz, Art. 5 Rdn 11ff. einerseits und W. Hoffmann-Riem, aaO. FN 79,

Lebt Demokratie von der Publizität des politischen Prozesses, weil nur der informierte Bürger in der Lage ist, sich ein Urteil über die zu entscheidenden Fragen zu bilden, so wird die Bedeutung der Medien offensichtlich. Bei der Fülle von Informationen, deren der Einzelne zu seiner Meinungsbildung bedarf, wäre es ihm völlig unmöglich, sich diese selbst zu beschaffen. Hier ist er auf die Vermittlung vorhandener Informationen und Meinungen durch die Medien angewiesen. Der Rundfunk ist jedoch mehr als nur ein „Medium" der öffentlichen Meinungsbildung, er ist zugleich ein „eminenter Faktor",[81] indem er selbst die öffentliche Meinung beeinflußt, sei es durch politische Sendungen und Kommentare oder lediglich durch die Auswahl des gesendeten Materials. Eine wichtige Rolle spielen die Medien aber auch bei der Artikulation der öffentlichen Meinung,[82] für die sie gewissermaßen das Forum bilden und der sie durch ihre Vermittlung erst die Breitenwirkung verschaffen. Deswegen ist der Rundfunk – in gleicher Weise wie die Presse – ein unentbehrliches Massenkommunikationsmittel und wird die Rundfunkfreiheit als schlechthin konstituierend für die freiheitlich-demokratische Grundordnung angesehen.[83] In seinen jüngeren Entscheidungen hat das Bundesverfassungsgericht insoweit von den essentiellen Funktionen des Rundfunks für die demokratische Ordnung gesprochen.[84]

Der von der Rechtsprechung immer wieder betonte Bezug der Rundfunkfreiheit zur öffentlichen Meinungsbildung darf allerdings nicht darüber hinwegtäuschen, daß sie auch in Zusammenhang mit der individualrechtlichen Komponente des Art. 5 Abs. 1 GG steht. Der Zugang des Einzelnen zu den vorhandenen Rundfunkprogrammen ist durch die Informationsfreiheit geschützt.[85] Ihm werden auf diese Weise die Voraussetzungen für seine persönliche Meinungsbildung und Selbstbestimmung geboten.

Schließlich hat das Bundesverfassungsgericht neben dem individualrechtlichen und dem demokratischen Aspekt im Zusammenhang mit der Rundfunkfreiheit neuerdings noch einen weiteren Gesichtspunkt hervorgehoben, indem es auf die Verantwortung des Rundfunks für das kulturelle Leben in der Bundesrepublik hingewiesen hat.[86] Dies geschah vor dem Hintergrund der sich abzeichnenden Erweiterung des inländischen Programmangebots um

---

S. 394f. andererseits; kritisch gegenüber der Ableitung institutioneller Garantien aus der demokratischen Funktion insbesondere M. Bullinger, Die Freiheit von Presse, Rundfunk und Film, in: Isensee/Kirchhof (Hrsg.), Handbuch des Staatsrechts, § 142, Rdn 144ff.

[81] BVerfGE 12, 205, 260; 57, 295, 320; 73, 118, 152; zu Wirkung und Nutzen der Massenmedien H. D. Jarass, Die Freiheit der Massenmedien, 1978, S. 46ff.

[82] BVerfGE 20, 162, 175

[83] BVerfGE 35, 202, 221f.

[84] BVerfGE 73, 118, 157

[85] BayVfGH n.F. 38, 134 zur Unvereinbarkeit eines Verbots von Außenantennen mit dem Grundrecht der Rundfunkempfangsfreiheit in Art. 112 BV

[86] BVerfGE 73, 118, 158; 74, 297, 324; vgl. ferner W. Schmidt, „Kultureller Auftrag" und „kulturelle Verantwortung" des Rundfunks, ZUM 1989, S. 263

europäische Programme. Diese Funktion fügt sich nicht in das auf Kommunikation ausgerichtete Konzept freier individueller und öffentlicher Meinungsbildung. Sie wird jedoch an Bedeutung gewinnen, da die technischen Möglichkeiten zur Verbreitung ausländischer Programme in der Bundesrepublik vorhanden sind und audiovisuelle Produktionen sich im Unterschied zur Presse auch für eine internationale Vermarktung eignen können.[87]

2. Schutzbereich der Rundfunkfreiheit

Der Funktion des Rundfunks für die freie individuelle und öffentliche Meinungsbildung entspricht seine Rechtsstellung nach der Verfassung. Die Rundfunkfreiheit sichert diejenigen Bedingungen seiner Wirksamkeit, deren er zur Erfüllung seiner Funktion bedarf.

a) Staatsfreiheit und mittelbare Drittwirkung

Dies setzt zunächst Freiheit von staatlicher Beeinflussung voraus. Die maßgeblichen Wertauffassungen sollen sich frei von staatlicher Einflußnahme bilden können, denn andernfalls hätte es die an der Regierung befindliche politische Mehrheit in der Hand, durch Einflußnahme auf die öffentliche Meinung die Chance der Minderheit zu beeinträchtigen, ihrerseits an die Regierung zu gelangen. Rundfunkfreiheit hat insofern, wie die klassischen Freiheitsrechte, abwehrende Bedeutung.[88] Dieser Aspekt wird mit dem Begriff der Staatsfreiheit des Rundfunks gekennzeichnet. Er richtet sich gegen jede Art staatlicher Tätigkeit,[89] weil es keinen Unterschied machen kann, in welcher Form ein Eingriff erfolgt, wenn die politische Mehrheit in Parlament und Regierung identisch ist. Die Rundfunkfreiheit gewährleistet daher den im Rundfunkwesen tätigen Personen und Unternehmen die Freiheit von staatlichem Zwang.[90] Darüberhinaus wird der Rundfunk auch in seiner institutionellen Eigenständigkeit von der Beschaffung der Information bis zur

[87] Dazu am Beispiel von Musikprogrammen W. Hoffmann-Riem, Die Musik im Strukturwandel der Medien, in: W. Hoffmann-Riem/W. Teichert (Hrsg.), Musik in den Medien, 1986, S. 17ff.

[88] BVerfGE 57, 295, 320, 333f.: Rundfunkfreiheit ist in erster Linie Staatsfreiheit; vgl. ferner BVerfGE 31, 314, 329; 59, 231, 55; 73, 118,182ff.; BVerwGE 22, 299, 302; 39, 159, 164; BGHZ 66, 182, 186; BayVfGH n.F. 42, 11; R. Herzog, aaO. FN 80, Rdn 213; H. Lenz, Rundfunkorganisation und öffentliche Meinungsbildungsfreiheit, JZ 1963, S. 338ff.; für Verstaatlichung des Rundfunks soweit ersichtlich nur K. A. Bettermann, Rundfunkfreiheit und Rundfunkorganisation, DVBl. 1963, S. 41, 43

[89] Grundlegend zu den aus dem Gebot der Staatsfreiheit abzuleitenden Folgerungen H. D. Jarass, Die Freiheit des Rundfunks vom Staat, 1981. Nach BVerfGE 73, 118, 183, verbietet die Rundfunkfreiheit nicht nur die unmittelbare Einflußnahme, sondern auch mittelbare Beeinträchtigungen.

[90] BVerfGE 77, 65, 74

Verbreitung der Nachrichten und Meinungen geschützt.[91] Dies führt nach allgemeiner Auffassung zu einer Verstärkung der abwehrrechtlichen Seite der Rundfunkfreiheit.[92] Sie zeigt sich bei organistorischen Fragen wie der Einrichtung einer Rechtsaufsicht oder der Entsendung staatlicher Vertreter in die Aufsichtsorgane von Rundfunkanstalten und Landesmedienanstalten. Allerdings wird an diesem Bereich auch deutlich, daß das Gebot der Staatsfreiheit nicht als Synonym für einen völligen Ausschluß staatlichen Einflusses auf den Rundfunk gebraucht wird. So ist nach allgemeiner Auffassung eine staatliche Rechtsaufsicht zulässig, wenn auch aus Gründen der Staatsfreiheit nur in eingeschränktem Umfang.[93] Die Entsendung staatlicher Vertreter in die Aufsichtsorgane wird ebenfalls mit dem Gebot der Staatsfreiheit für vereinbar gehalten, solange die Gruppe dieser Vertreter keinen entscheidenden oder beherschenden Einfluß erhält.[94]

Darüberhinaus beeinflußt Art. 5 Abs. 1 Satz 2 GG auch Rechtsbeziehungen, an denen der Staat selbst nicht unmittelbar beteiligt ist. Denn Freiheit kann ebenfalls von dritter Seite gefährdet werden und ist daher wirksam nur als einheitliche zu gewährleisten. Dies zeigt sich vor allem, wenn Sendungen des Rundfunks mit entgegenstehenden Rechten Dritter in Konflikt geraten. Da nach weit verbreiteter Auffassung auch der öffentlich-rechtliche Rundfunk bei der Programmausstrahlung in privatrechtlicher Form tätig wird, kann seine Programmgestaltung von den hierdurch unmittelbar Betroffenen mit Hilfe der zivilrechtlichen Abwehransprüche bekämpft werden.[95] Doch muß die Auslegung und Anwendung der einschlägigen Rechtsnormen die wertsetzende Bedeutung der Rundfunkfreiheit beachten. Denn die Zuerken-

---

[91] BVerfGE 12, 205, 260; 77, 65, 74

[92] C. Starck, aaO. FN 73, Rdn 7; C. Degenhart, aaO. FN 67, Rdn 23 m.w.N.; str. ist, ob und in welchem Umfang daraus weitere Folgerungen ableitbar sind.

[93] S. u. 3. Kapitel VI 3.

[94] BVerfGE 12, 205, 263; OVG Lüneburg JZ 1979, S. 24ff.; BayVfGH n.F. 42, 11 hält § 17 ZDF-StV mit Art. 111a Abs. 2 Satz 3 BV für vereinbar, der den Anteil der von Staatsregierung, Senat und Landtag entsandten Vertreter auf ein Drittel beschränkt, mit der Begründung, die Vertreter repräsentierten verschiedene Hoheitsträger (Bund und Länder) und seien daher nicht als geschlossene Gruppe des Staates anzusehen, die einen beherrschenden Einfluß ausüben könne. Zu den Einzelheiten 3. Kapitel V 2. b)

[95] Vgl. BGHZ 66, 182; Zur Rechtswegproblematik P. Lerche, Die Rechtsnatur von Streitsachen aus Rundfunksendungen, in: Presserecht und Pressefreiheit, 1980, Festschrift für M. Löffler, S. 217; F. Kopp, Fragen des Rechtswegs für Streitigkeiten gegen öffentlich-rechtliche Rundfunkanstalten, BayVBl. 1988, S. 193ff.; zur Einwirkung der Rundfunkfreiheit auf den Persönlichkeitsschutz vgl. BVerfGE 54, 129 (Kunstkritik – keine überhöhten Anforderungen bei Verurteilung zu Schmerzensgeld) einerseits und OLG München, NJW 1986, S. 1260 (Opus Dei) andererseits, auf das Recht am eigenen Bild BGH NJW 1966, S. 2353 (Vor unserer eigenen Tür), auf den Unternehmensschutz BGH NJW 1966, S. 2010 (Teppichkehrmaschine – berechtigtes Interesse an der Mitteilung), NJW 1985, S. 1621 (Hörfunkbericht – Wahrnehmung berechtigter Interessen), BGH GRUR 1968, S. 314 („fix und clever" – keine Wettbewerbsabsicht bei Rundfunkkommentar), AG Köln, AfP 1988, S. 390 (Sendung über Fischwirtschaft)

nung von Schadensersatz oder Schmerzensgeld in einem Einzelfall hat präventive Auswirkungen für künftige Sendungen, so daß berechtigte Kritik oder unbequeme Ansichten aus Furcht vor den zivilrechtlichen Folgen unterbleiben könnten. Hierbei handelt es sich um einen Fall der mittelbaren Drittwirkung eines Grundrechts, der für die praktische Arbeit des Rundfunks mindestens ebenso wichtig ist wie die Staatsfreiheit.

Besteht über die beiden soeben beschriebenen Wirkungen der Rundfunkfreiheit weitestgehende Einigkeit, so gehen in einem weiteren Punkt die Meinungen auseinander. Es handelt sich dabei um die Frage, in welchem Umfang Art. 5 Abs. 1 Satz 2 GG im Bereich des Rundfunks subjektive Rechte normiert oder ob die objektivrechtlichen Elemente überwiegen. Die Antwort hängt davon ab, wo der normative Bezugspunkt der Rundfunkfreiheit in erster Linie anzusiedeln ist. Ist primäres Schutzgut die Freiheit der individuellen und öffentlichen Meinungsbildung, dann ist der Gesetzgeber gehalten, Vorkehrungen zu ihrer Sicherung zu treffen. Gegenüber derartigen Regelungen kann sich der einzelne Rundfunkveranstalter dann nicht mehr auf ein subjektives Recht berufen. Sichert die Rundfunkfreiheit dagegen vorrangig die Entfaltung des einzelnen Rundfunkunternehmens, würden sich gesetzgeberische Maßnahmen als Eingriff in den Schutzbereich des Grundrechts darstellen. Die Behandlung dieser Frage, die einen Kernpunkt der Rundfunkordnung berührt, bleibt einem gesonderten Abschnitt vorbehalten.[96]

b) Das geschützte Verhalten

Kern der Rundfunkfreiheit ist die Programmfreiheit im Sinne eines Verbots jeder fremden Einflußnahme auf Auswahl, Inhalt und Ausgestaltung der Programme.[97] Sie umfaßt grundsätzlich jede Sendung, unabhängig von ihrem Inhalt oder ihrer Qualität und ohne daß es des Nachweises eines berechtigten oder legitimen Interesses an der betreffenden Sendung bedürfte.[98] Geschützt ist jede Vermittlung von Information, gleichgültig ob es sich um Tatsachen oder Meinungen handelt; der Wortlaut des Art. 5 Abs. 1 Satz 2 GG „Berichterstattung durch Rundfunk" bringt dies nach einhelliger Auffassung nur unzureichend zum Ausdruck.[99]

Die grundrechtliche Garantie erfaßt darüberhinaus alle Voraussetzungen, die für die Funktion des Rundfunks erforderlich sind.[100] Dazu gehören die

---

[96] s.u. unter 3. b) und c)

[97] BVerfGE 59, 231, 258

[98] BVerfGE 35, 202, 235; BVerwGE 75, 67, 70 (Wahlwerbung). Dies entspricht dem formalen Pressebegriff, BVerfGE 34, 269, 283; 66, 116, 134; vgl. ferner Jarass/Pieroth, Grundgesetz für die Bundesrepublik Deutschland, 1989, Art. 5 Rdn 30 m. w. N.; v. Münch, Grundgesetzkommentar, 3. Aufl. 1985, Art. 5 Rdn 32

[99] C. Starck, aaO. FN 73, Rdn 65 m.w.N.; R. Herzog, aaO. FN 80, Rdn 199–202

[100] BVerfGE 59, 231, 259; 66, 116, 134 (für die Presse); 77, 346, 354 (Pressegrossist)

Beschaffung von Informationen,[101] der Informantenschutz [102] und das Redaktionsgeheimnis [103] ebenso wie die ungehinderte Auswahl der Personen, die das Programm gestalten.[104] Ebenso sind die finanziellen Voraussetzungen der Programmgestaltung gewährleistet, wobei sich der Schutz des Grundrechts nach der Rechtsprechung des Bundesverfassungsgericht nur auf eine insgesamt ausreichende Finanzierung, nicht aber auf die einzelne Finanzierungsart erstreckt.[105] Demgegenüber ist für die technischen Voraussetzungen der Ausstrahlung und Verbreitung von Programmen entschieden worden, Art. 5 GG fordere nicht, daß die Veranstalter von Rundfunksendungen auch über die sendetechnischen Anlagen verfügen und diese selbst betreiben müßten.[106] Von der zuletzt genannten Einschränkung abgesehen bewirkt Art. 5 Abs. 1 Satz 1 GG also einen umfassenden Schutz der gesamten Rundfunktätigkeit.

Noch nicht beantwortet ist bisher die Frage, ob die Verbreitung von Werbung im Rundfunk unmittelbar durch die Rundfunkfreiheit geschützt wird.[107] Dafür spricht, daß im Rahmen von Art. 5 Abs.1 Satz 1 GG Werbung trotz der mit ihr verfolgten wirtschaftlichen Ziele die Eigenschaft einer Meinungsäußerung zugebilligt wird.[108] Dann muß aber auch ihre Verbreitung durch den Rundfunk geschützt sein, denn die verfassungsrechtlichen Gewährleistungen im Bereich der Kommunikation können ihre Wirkung nur dann entfalten, wenn eine Differenzierung nach wertvollen und wertlosen Meinungen vermieden wird.[109] Das spricht für eine Einbeziehung der Werbung in den Schutzbereich der Rundfunkfreiheit. Die Konsequenz dieser Auffassung besteht darin, daß gesetzliche Regelungen, deren einziger Regelungsgegenstand die Beschränkung von Werbung ist, sich nicht auf den Regelungsvorbehalt des Art. 5 Abs. 2 GG berufen können, weil es ihnen an der Allgemeinheit fehlt. Zu ihrer Rechtfertigung bedürfen sie eines besonderen verfassungsrechtlichen Titels wie etwa den Schutz der Rundfunkfreiheit, wenn es darum geht, schädliche Wirkungen der Werbung vom Programm fernzuhalten.[110]

---

[101] Der Schutz erstreckt sich allerdings nur auf die rechtmäßige Beschaffung, BVerfGE 66, 116, 137

[102] BVerfGE 77, 65, 74

[103] BVerfGE 66, 116, 133 (für die Presse)

[104] BVerfGE 59, 231, 257ff.; 64, 256, 260

[105] BVerfGE 74, 297, 342

[106] BVerfGE 12, 205, 239; BVerwGE 28, 278; a.A. G. Herrmann, Fernsehen und Hörfunk in der Verfassung der Bundesrepublik Deutschland, 1975, S. 106f.

[107] von BVerfGE 74, 297, 341f. ausdrücklich offengelassen

[108] BVerfGE 30, 336, 352 (FKK-Werbung); 71, 162, 180 (Werbeverbot für Ärzte)

[109] BVerfGE 34, 269, 283; 66, 116, 134: formaler Pressebegriff; 35, 202, 222: Der Schutz der Rundfunkfreiheit ist nicht vom Nachweis eines legitimen Interesses an der Sendung abhängig.

[110] Zum gesamten Problemkreis A. Hesse, Werbung und Rundfunkfreiheit, ZUM 1987, S. 548ff.

c) Schranken der Rundfunkfreiheit

Der umfassende Schutz der Rundfunktätigkeit hat allerdings nicht zur Folge, daß mit Rücksicht auf den hohen verfassungsrechtlichen Stellenwert des Rundfunks dieser von jeglichen Bindungen freigestellt wäre. Seine Einbettung in die allgemeine Rechtsordnung kommt in Art. 5 Abs. 2 GG zum Ausdruck, der die Rundfunkfreiheit den Schranken des Jugend- und Ehrenschutzes sowie den Vorschriften der allgemeinen Gesetze unterwirft. Die konkrete Tragweite des Grundrechts ergibt sich daher erst, wenn die Möglichkeiten zulässiger Beschränkung festgestellt sind.

(1) Allgemeine Gesetze

Besondere Probleme wirft dabei der Begriff der allgemeinen Gesetze auf, für dessen Interpretation noch keine allseits akzeptierte Konzeption gefunden ist. Das Bundesverfassungsgericht verwendet in ständiger Rechtsprechung [111] und in Anlehnung an die h. L. unter der Weimarer Verfassung die Formulierung, ein Gesetz sei dann allgemein, wenn es sich nicht gegen die Äußerung einer Meinung als solche richte, sondern dem Schutz eines schlechthin ohne Rücksicht auf eine bestimmte Meinung zu schützenden Rechtsgutes diene.[112] Diese Definition ist zumindest mißverständlich. Ist Maßstab für die Allgemeinheit eines Gesetzes, daß es dem Schutz anderer Gemeinschaftsgüter dient, dann wäre das Erfordernis der Allgemeinheit überflüssig. Denn daß eine Grundrechtsbeschränkung nur zulässig ist, wenn sie einem legitimen öffentlichen Zweck dient, ergibt sich bereits aus dem für alle Grundrechtsbeschränkungen geltenden Grundsatz der Verhältnismäßigkeit. Es kann jedoch schwerlich der Sinn eines qualifizierten Gesetzesvorbehaltes sein, ohnehin geltende Anforderungen noch einmal zu wiederholen. Das Problem ist nicht nur von theoretischer Bedeutung, weil es gerade im Rundfunkbereich eine Vielzahl von Gesetzen gibt, die sich ausschließlich mit Organisation, Tätigkeit und Programmgestaltung von Rundfunkveranstaltern befassen. Sofern diese nicht als verfassungsrechtlich gebotene Ausgestaltung einzustufen sind,[113] müssen sie sich zu ihrer Rechtfertigung auf Art. 5 Abs. 2 GG stützen, wobei es dann entscheidend darauf ankommt, ob sie das Kriterium der Allgemeinheit erfüllen. Die Interpretationsschwierigkeiten der Klausel erklären sich zu einem großen Teil aus deren Herkunft. Sie hatte ursprünglich den Zweck, die Pressefreiheit dadurch zu schützen, daß Presseveröffentlichungen nicht schärferen Gesetzen unterworfen werden durften als andere Verlautbarungen und Meinungsäußerungen. Art. 5 GG hingegen

---

[111] Vgl. etwa BVerfGE 7, 198, 209; 50, 234, 240; 59, 231, 263; 62, 230, 243; 71, 206, 215

[112] Anschütz, Die Verfassung des Deutschen Reichs, 14. Aufl. 1933, Art. 118, Anm. 1–4; Häntzschel, Das Recht der freien Meinungsäußerung, HdBDStR II 1932, S. 657 ff.

[113] Dazu unten unter 3. b) und c)

bezieht den Vorbehalt der allgemeinen Gesetze nicht mehr nur auf die Pressefreiheit, sondern auf alle Kommunikationsfreiheiten. Damit stellt sich die Frage, was dann unter einem allgemeinen Gesetz zu verstehen ist, wenn als Kriterium nicht mehr die unterschiedliche Form der Behandlung eines Mediums im Vergleich zu anderen Formen der Meinungsäußerung herangezogen werden kann. Für ihre Beantwortung wird unterschieden nach personeller und sachlicher Allgemeinheit. Das erstgenannte Kriterium besagt, daß einer Regelung die erforderliche Allgemeinheit fehlt, wenn sie sich nur gegen einen bestimmten Meinungsträger richtet.[114] Diese Auslegung würde jedoch auf einen einfachen Gesetzesvorbehalt hinauslaufen, denn die Allgemeinheit wäre dadurch leicht herzustellen, daß dem Verbot nicht nur ein einziges Rundfunkunternehmen unterworfen, sondern sein Geltungsbereich auf jedermann erstreckt würde. Berücksichtigt man dagegen die ratio des Art. 5 Abs. 2 GG, Sonderrecht gegen den Prozeß freier Meinungsbildung auszuschließen, das die geistige Wirkung von Meinungsäußerungen zu unterbinden sucht,[115] dann bleibt sinnvollerweise nur die Auslegung im Sinne einer sachlichen Allgemeinheit. Für die Frage, ob ein Gesetz verbotenes Sonderrecht enthält, kommt es also darauf an, ob es sich gegen die geistige Wirkung der Rundfunktätigkeit richtet oder eine bestimmte Lebensbetätigung ohne Rücksicht darauf erfaßt, ob es sich um die Äußerung oder Verbreitung von Meinungen handelt.[116] Die Schranke der allgemeinen Gesetze bedeutet daher, daß die geistige Wirkung der Rundfunktätigkeit nicht zum Regelungsgegenstand gemacht werden, daß hier kein gezielter Eingriff stattfinden darf.[117] Aus diesem Grund wäre ein gesetzliches Verbot eines bestimmten Rundfunkprogramms nicht „allgemein" und damit unzulässig,[118] weil hier die geistige Wirkung unmittelbar unterbunden wird.[119]

---

114 BVerfGE 21, 271, 280

115 BVerfGE 7, 198, 210; 71, 206, 215; BVerfG NJW 1986, S. 1743; Ridder, aaO. FN 74, S. 282; K. Hesse, aaO. FN 78, Rdn 399

116 Rothenbücher, Das Recht der freien Meiungsäußerung, VVDStRL 4 (1928), S. 15ff.; Hierin liegt ein gewisser Widerspruch zu der weiter oben getroffenen Feststellung, Art. 5 Abs. 1 GG schütze die gesamte Rundfunktätigkeit umfassend einschließlich ihrer wirtschaftlichen und personellen Voraussetzungen, also auch in Bereichen, in denen eine geistige Wirkung nicht in Rede steht. Insoweit sind nach der hier vertretenen Auffassung also durchaus „Sondergesetze" möglich, die nur den Rundfunk betreffen. Würde man den Begriff der allgemeinen Gesetze auch auf diese Fälle erweitern, so wären belastende Regelungen, die sich nicht als Ausgestaltung der Rundfunkfreiheit darstellen, unzulässig, obwohl hierfür ein Bedürfnis bestehen kann, etwa um allgemeine Regelungen den medienspezifischen Besonderheiten anzupassen. Vgl. etwa zur Fusionskontrolle im Bereich des Pressewesens BVerfG NJW 1986, S. 1743.

117 Ch. Starck, aaO. FN 73, Rdn 123 mit Beispielen für den Rundfunkbereich in Rdn 144 ff; vgl. ferner C. Degenhart, aaO. FN 67, Rdn 111–134

118 Unter der weiteren Voraussetzung, daß dem Gesetzgeber keine andere verfassungsrechtliche Regelungsermächtigung zur Verfügung steht.

119 Vgl. BVerfGE 74, 297, 336 zu § 13 Abs. 2 LMedG B.-W., wo die Verfassungswidrigkeit der Vorschrift allerdings mit deren unverhältnismäßig belastender Wirkung

(2) Verhältnismäßigkeit

Ist ein Gesetz nach dem vorstehend Gesagten „allgemein“,[120] so schließt sich daran eine zweite Prüfungsstufe an. Es muß festgestellt werden, ob der Eingriff in den Schutzbereich der Rundfunkfreiheit dem Gebot der Verhältnismäßigkeit entspricht. Würde es ausreichen, daß das Gesetz seinem Wortlaut nach das Grundrecht einschränkt, so wäre die Gewährleistung gegenüber dem Gesetzgeber zur Wirkungslosigkeit verurteilt.[121] Deswegen verlangt das Bundesverfassungsgericht in ständiger Rechtsprechung, daß das beschränkende Gesetz seinerseits im Lichte der Rundfunkfreiheit gesehen werden muß und aus der Erkenntnis ihrer wertsetzenden Bedeutung im freiheitlichen demokratischen Staat auszulegen ist, wodurch die das Grundrecht beschränkende Wirkung selbst wieder eingeschränkt wird.[122] Maßgebend für die Zuordnung von Rundfunkfreiheit und zu schützendem Rechtsgut ist das Prinzip der Verhältnismäßigkeit: Die Einschränkung der Rundfunkfreiheit muß geeignet und erforderlich sein, das angestrebte Ziel zu erreichen. Darüberhinaus muß das, was mit ihr erreicht wird, in angemessenem Verhältnis zur Beschränkung der Rundfunkfreiheit stehen.[123] Diese Zuordnung von Grundrecht und Gemeinschaftswert ist ursprünglich für den Bereich von Art. 5 GG auch als „Wechselwirkung“ bezeichnet worden.[124]

3. Organisatorische Anforderungen

Die im Vorstehenden geschilderte Funktion des Rundfunks und die daraus für den Schutz seiner Tätigkeit abgeleiteten Schlußfolgerungen entsprechen der Rechtslage bei der Presse[125] und sind weitestgehend unstreitig. Eine Besonderheit der Rundfunkmaterie liegt jedoch in ihrer organisatorischen Durchformung auf gesetzlicher Grundlage. Deren verfassungsrechtliche Beurteilung hängt im Wesentlichen davon ab, ob und in welchem Umfang Art. 5 Abs. 1 Satz 2 GG neben den geschilderten subjektiven Rechten auch

begründet wird. Vgl. ferner für die Presse BVerfGE 21, 271, 280 (Südkurier – Verbot von Stellenanzeigen)

[120] In seltenen Fällen kann auch eine Beschränkung auf der Ebene der Verfassung in Betracht kommen, sei es daß ein formelles Gesetz nicht vorhanden ist, sei es daß diesem die Allgemeinheit fehlt. Eine Beschränkung könnte dann u. U. auf kollidierende Grundrechte Dritter gestützt werden. Vgl. hierzu für die Pressefreiheit BVerfGE 66, 116, 136 und für die Kunstfreiheit BVerfGE 30, 173, 192

[121] Dies war die Rechtslage unter der Weimarer Reichsverfassung.

[122] BVerfGE 59, 231, 261 (Arbeitsrecht); 77, 65, 75 (Strafprozeßordnung); 74, 297, 336

[123] BVerfGE 74, 297, 337

[124] BVerfGE 7, 198, 208

[125] Vgl dazu BVerfGE 20, 162, 174ff. und die Kommentierungen bei C. Degenhart, aaO. FN 67, Rdn 312ff; C. Starck, aaO. FN 73, Rdn 41ff.; Herzog, aaO. FN 80, Rdn 125ff.; Jarass/Pieroth, aaO. FN 98, Rdn 20ff.

objektivrechtliche Elemente aufweist. Die Auffassungen hierüber gehen in Rechtsprechung und Schrifttum auseinander:[126] Während insbesondere das Bundesverfassungsgericht der Gewährleistung der Rundfunkfreiheit auch die Normierung eines objektiven Prinzips mit der Folge entsprechender Befugnisse und Verpflichtungen des Gesetzgebers entnimmt (dazu unten a), betonen zahlreiche Autoren in der Literatur die subjektive Seite der Rundfunkfreiheit im Sinne eines Rechts auf freie Veranstaltung von Rundfunksendungen (dazu unten b). Dies führt zu einer Zurückweisung gesetzgeberischer Verantwortung und Gestaltungskompetenzen auf dem Gebiet des Rundfunks.

a) Die Rechtsprechung des Bundesverfassungsgerichts

Für die Frage, welche Anforderungen das Grundgesetz an die Organisation des Rundfunks stellt, ist die Rechtsprechung des Bundesverfassungsgerichts von herausragender Bedeutung. Sie hat sowohl die Rechtsprechung der anderen Gerichte als auch die wissenschaftliche Diskussion entscheidend geprägt. In nunmehr fünf grundlegenden Entscheidungen wurde der Ansatz des Fernsehurteils von 1961 fortgeführt; am deutlichsten wird er im FRAG-Urteil aus dem Jahr 1981. Die Grundlinien dieser Rechtsprechung lassen sich folgendermaßen zusammenfassen:

Die Bedeutung der Gewährleistung der Freiheit der Berichterstattung durch Rundfunk erschöpft sich nicht in der Abwehr staatlicher Eingriffe. Damit der Rundfunk seiner Aufgabe als Medium und Faktor der öffentlichen Meinungsbildung gerecht werden kann, bedarf es vielmehr einer positiven Ordnung, die sicherstellt, daß die Vielfalt der vorhandenen Meinungen im Rundfunk in möglichster Breite und Vollständigkeit Ausdruck findet.[127] Dies wurde im ersten Fernsehurteil aus der Sondersituation des Rundfunks im Vergleich zur Presse gefolgert.[128] Existiere bei dieser eine Vielzahl von in der Tendenz unterschiedlichen, miteinander konkurrierenden Unternehmen, so erfordere die Veranstaltung von Rundfunksendungen einen erheblich größeren finanziellen Aufwand. Außerdem bestehe in technischer Hinsicht nur die Möglichkeit, Programme über terrestrische Frequenzen auszustrahlen, die nur in begrenzter Anzahl zur Verfügung stünden. Auf Grund dieser technischen und finanziellen Sondersituation im Bereich des Rundfunkwesens müsse die Zahl der Träger solcher Veranstaltungen verhältnismäßig gering bleiben, eine dem Pressewesen entsprechende Vielfalt von miteinander konkur-

[126] Vgl. den Überblick über den Meinungsstand bei P. Lerche, Landesbericht, S. 32ff., 38ff., in: Bullinger/Kübler (Hrsg.), Rundfunkorganisation und Kommunikationsfreiheit, 1979; W. Schmitt Glaeser, Die Rundfunkfreiheit in der Rechtsprechung des Bundesverfassungsgerichts, AöR 112, S. 214, 236ff.; J. Wieland, Die Freiheit des Rundfunks, 1984, S. 18ff., 57ff.; ders., Markt oder Staat als Garanten der Freiheit, Der Staat 23, S. 245ff.; H. Bethge, Rundfunkfreiheit und privater Rundfunk, 1985, S. 21ff.

[127] BVerfGE 57, 295, 320

[128] BVerfGE 12, 205, 261

rierenden Darbietungen sei nicht möglich. Das erfordere besondere Vorkehrungen zur Verwirklichung und Aufrechterhaltung der Rundfunkfreiheit. Im Mehrwertsteuerurteil von 1971 wurde dieser Ansatz beibehalten, ergänzt um die Feststellung, der Rundfunk habe sich zu einem der mächtigsten Kommunikationsmittel entwickelt, das wegen seiner weitreichenden Wirkungen und der Gefahr des Mißbrauchs nicht dem freien Spiel der Kräfte überlassen werden dürfe.[129] Deshalb gewährleiste Art. 5 GG die institutionelle Freiheit des Rundfunks.[130]

Der Sache nach wird diese Rechtsprechung im FRAG-Urteil von 1981 fortgeführt, allerdings in Verbindung mit neueren Grundrechtslehren und auf der Basis eines veränderten Verständnisses des Vorbehalts des Gesetzes. Ausgangspunkt sind Aufgabe und Eigenart der Gewährleistung der Rundfunkfreiheit im Prozeß individueller und öffentlicher Meinungsbildung. Dazu heißt es:[131] „Freie Meinungsbildung vollzieht sich in einem Prozeß der Kommunikation. Sie setzt auf der einen Seite die Freiheit voraus, Meinungen zu äußern und zu verbreiten, auf der anderen Seite die Freiheit, geäußerte Meinungen zur Kenntnis zu nehmen, sich zu informieren. Indem Art. 5 Abs. 1 GG Meinungsäußerungs-, Meinungsverbreitungs- und Informationsfreiheit als Menschenrechte gewährleistet, sucht er zugleich diesen Prozeß verfassungsrechtlich zu schützen. Er begründet insoweit subjektive Rechte; im Zusammenhang damit normiert er die Meinungsfreiheit als objektives Prinzip der Gesamtrechtsordnung, wobei subjektiv- und objektivrechtliche Elemente einander bedingen und stützen. Der Rundfunk ist Medium und Faktor dieses verfassungsrechtlich geschützten Prozesses freier Meinungsbildung. Demgemäß ist Rundfunkfreiheit primär eine der Freiheit der Meinungsbildung in ihren subjektiv- und objektivrechtlichen Elementen **dienende** Freiheit: Sie bildet unter den Bedingungen der modernen Massenkommunikation eine notwendige Ergänzung und Verstärkung dieser Freiheit; sie dient der Aufgabe, freie und umfassende Meinungsbildung durch den Rundfunk zu gewährleisten."

Die danach erforderliche rechtliche Ausgestaltung unterliegt dem Vorbehalt des Gesetzes. Hierzu hat das Bundesverfassungsgericht vor allem im Bereich der friedlichen Nutzung der Kernenergie und des Schulrechts die „Wesentlichkeitstheorie" entwickelt.[132] Sie besagt, daß nicht nur Eingriffe des Staates in Freiheit und Eigentum seiner Bürger von einer gesetzlichen Ermächtigung abhängig sind (Eingriffsvorbehalt). Es müssen vielmehr alle Entscheidungen vom Gesetzgeber selbst getroffen werden, die als wesentlich anzusehen sind. Dazu gehören auch weiterhin Eingriffe in die Rechtssphäre des einzelnen Bürgers, darüberhinaus aber auch alle Entscheidungen, die im

---

[129] BVerfGE 31, 314, 325; zur Wirkung des Rundfunks BVerfGE 35, 202, 222 und VG Berlin NJW 1989, S. 1688

[130] BVerfGE 12, 205, 261; 31, 314, 326

[131] BVerfGE 57, 295, 319f.

[132] BVerfGE 47, 46, 78; 49, 89, 126

grundrechtsrelevanten Bereich ergehen und für die Verwirklichung der Grundrechte wesentlich sind. Diese Voraussetzungen sind auch im Hinblick auf die Ordnung des Rundfunks gegeben. Das folgt zum einen aus der schlechthin konstituierenden Bedeutung des Rundfunks für ein freiheitliches Gemeinwesen. Es ergibt sich aber auch aus der Wichtigkeit des Rundfunks für die grundrechtlich geschützte Meinungsbildung des einzelnen Bürgers. Insbesondere können Grundrechtskollisionen auftreten zwischen der Informationsfreiheit der Rundfunkteilnehmer und der Meinungsfreiheit derjenigen, die für die Sendungen verantwortlich sind. Hier kann nur der Gesetzgeber einen Ausgleich schaffen.[133]

Aus diesem Vorbehalt folgt nicht nur das Erfordernis einer formellgesetzlichen Regelung überhaupt. Der Gesetzgeber ist zugleich verpflichtet, die wesentlichen Regelungen selbst vorzunehmen; er darf sie nicht durch Generalklauseln der Sache nach auf die Exekutive abwälzen. Für wesentlich hält das Bundesverfassungsgericht Vorkehrungen in folgenden Bereichen:[134]

- Es muß sichergestellt sein, daß der Rundfunk nicht einer oder einzelnen gesellschaftlichen Gruppen ausgeliefert wird, sondern die Vielfalt der geistigen Richtungen tatsächlich zum Ausdruck gelangt. Dies kann durch ein binnenplurales ebenso wie durch ein außenplurales Ordnungsmodell geschehen.[135]
- Für den Inhalt des Gesamtprogramms sind Leitgrundsätze verbindlich zu machen, die ein Mindestmaß an inhaltlicher Ausgewogenheit, Sachlichkeit und gegenseitiger Achtung gewährleisten und für den Jugendschutz Sorge tragen.
- Der Zugang zur Veranstaltung von Rundfunksendungen ist ebenfalls im Gesetz selbst zu regeln. Er darf nur von Voraussetzungen abhängig gemacht werden, die der Gewährleistung der Rundfunkfreiheit dienen. Das insoweit erforderliche Erlaubnisverfahren muß zugleich Regeln darüber enthalten, wie Übertragungsmöglichkeiten aufzuteilen sind, wenn die Kapazität nicht für alle Bewerber ausreicht.
- Um die Einhaltung der gesetzlichen Bestimmungen sicherzustellen, ist eine begrenzte Staatsaufsicht vorzusehen.

Abgesehen von diesen Anforderungen an eine gesetzliche Regelung verfügt der Gesetzgeber über einen Gestaltungsspielraum; das Grundgesetz schreibt ihm insoweit keine bestimmte Organisationsform vor.[136] Jedoch ist er nicht zu beliebiger Regelung ermächtigt, Ziel jeder Ausgestaltung muß vielmehr die Gewährleistung freier, umfassender und wahrheitsgemäßer

---

133 BVerfGE 57, 295, 320f.; zu diesem Aspekt näher H. Bethge, Freiheit und Gebundenheit der Massenmedien, DVBl. 1983, S. 369, 374

134 BVerfGE 57, 295, 324ff.

135 Hierfür werden im Schrifttum auch die Bezeichnungen als Integrations- und Marktmodell verwendet, zur Terminologie, W. Hoffmann-Riem, Alternativkommentar, Art. 5 Rdn 158ff., 174ff.

136 BVerfGE 57, 295, 321

Meinungsbildung sein. Dies gilt auch nach Wegfall der durch Frequenzknappheit und finanziellen Aufwand bedingten Sondersituation.[137] Denn die Wesentlichkeit des Sachbereichs Rundfunk gründet sich auf seine Grundrechtsrelevanz und die sachliche Bedeutung für den Einzelnen und die Gesellschaft.

Ausdrücklich offengelassen hat das Bundesverfassungsgericht die Frage eines grundrechtlichen Anspruchs auf die Veranstaltung privater Rundfunksendungen.[138] Sie ist zum Teil inzident beantwortet, weil Rundfunk nur auf gesetzlicher Grundlage veranstaltet werden darf. Damit erscheint es ausgeschlossen, daß der Einzelne unter unmittelbarer Berufung auf Art. 5 GG Zugang zum Medium erhält. Es bleibt dann nur die weitergehende Frage, ob der Gesetzgeber zum Erlaß entsprechender Regelungen verfassungsrechtlich verpflichtet sein soll.[139]

b) Kritik der Rechtsprechung

Die vorstehend dargestellten Grundlinien der Rechtsprechung zum objektivrechtlichen Gehalt der Rundfunkfreiheit und die sich daraus ergebenden Anforderungen an die Rundfunkorganisation haben in der Rechtsprechung[140] und in Teilen des rundfunkrechtlichen Schrifttums Zustimmung gefunden.[141] Zahlreiche Autoren haben demgegenüber das Gericht, insbesondere nach dem FRAG-Urteil, mehr oder minder scharf kritisiert.[142] Ihre

---

137 BVerfGE 57, 295, 322

138 BVerfGE 57, 295, 318

139 Dazu D. Merten, Zur verfassungsrechtlichen Antragsberechtigung von Parlamentsminderheiten bei unterlassener Mediengesetzgebung, in: J. Becker (Hrsg.) Beiträge zum Medienprozeßrecht, 1988, S. 97ff.

140 BVerwGE 39, 159, 167; OVG Münster, DÖV 1978, S. 519; OVG Lüneburg, JZ 1979, S. 24, 25; OVG Saarlouis, DÖV 1974, S. 497; OVG Berlin, DVBl. 1969, S. 878; OVG Hamburg, DÖV 1968, S. 178; vgl. ferner BayVfGHE n.F. 30, 78, 95; 39, 96, 139

141 P. Badura, Verfassungsrechtliche Bindungen der Rundfunkgesetzgebung, 1980, S. 23ff.; H. Bethge, Freiheit und Gebundenheit der Massenmedien, DVBl. 1983, S. 369, 371; ders., Wem gehört die Rundfunkfreiheit?, in: Herschel/Hubmann/Rehbinder (Hrsg.), Festschrift für G. Roeber, 1981, S. 13, 20ff.; E.-W. Böckenförde/J. Wieland, Die „Rundfunkfreiheit“ – ein Grundrecht?, AfP 1982, S. 77, 81f.; W. Hoffmann-Riem, Massenmedien, in: Benda/Maihofer/Vogel, Handbuch des Verfassungsrechts, 1983, S. 389, 406; F. Kübler, Die neue Rundfunkordnung: Marktstruktur und Wettbewerbsbedingungen, NJW 1987, S. 2961; F. Ossenbühl, Rundfunkprogramm – Leistung in treuhänderischer Freiheit, DÖV 1977, S. 381, 383; W. Schmidt, Die Rundfunkgewährleistung, 1980, S. 82ff.; ders., Flankenschutz für die Rundfunkfreiheit, NJW 1982, S. 1442; M. Stock, Medienfreiheit als Funktionsgrundrecht, 1985

142 Vgl. die Nachweise in den beiden folgenden Fußnoten. Dem FRAG-Urteil zustimmend demgegenüber R. Groß, Das dritte Rundfunkurteil des Bundesverfassungsgerichts, DVBl. 1982, S. 563, 570; P. Lerche, Beteiligung Privater im Rundfunkbereich und Vielfaltsstandard, NJW 1982, S. 1676; R. Ricker, Freiheit und Ordnung des Rundfunks nach dem dritten Rundfunkurteil des Bundesverfassunsgerichts, NJW 1981, S. 1925; W. Schmidt, Urteilsanmerkung, DVBl. 1981, S. 920

Stellungnahmen beruhen zu einem großen Teil auf einer abweichenden Einschätzung der tatsächlichen Bedingungen der Wirksamkeit des Rundfunks, insbesondere auf der Annahme eines Wegfalls der „Sondersituation“.[143] Darüberhinaus wird dem Bundesverfassungsgericht vorgehalten, die von ihm geforderte positive Ordnung ersticke die Meinungsvielfalt, die sie gewährleisten wolle, weil die Kontrolle durch die gesellschaftlich relevanten Kräfte nur die Verbändeherrschaft institutionalisiere und ihnen damit einen Einfluß eröffne, der in den Händen von Staatsorganen Zensur bedeutete.[144]

Der Haupteinwand ist indessen grundrechtsdogmatischer Natur. Geht man von einem Grundrecht auf Veranstaltung von Rundfunk aus [145], dann ist gesetzliche Ausgestaltung der Rundfunkorganisation verbunden mit einem Gestaltungsermessen des Gesetzgebers ausgeschlossen. Dem FRAG-Urteil ist deshalb vorgeworfen worden, es führe zu einer bloßen Freiheit nach Maßgabe des Gesetzes [146]. Die Annahme, Art. 5 Abs. 1 Satz 2 GG garantiere ein subjektives Veranstaltergrundrecht, kann sich auf zwei Argumentationslinien

---

[143] E. Kull, Rundfunkgleichheit statt Rundfunkfreiheit, FuR 1981, S. 378, 379, 385, wirft dem Gericht ein Anschauungsdefizit vor, das zu einer Fehleinschätzung der Entwicklung privater Rundfunkinitiativen und zu einer bedenklichen Gewichtsverlagerung bei der Grundrechtsinterpretation geführt habe. C. Pestalozza, Der Schutz vor der Rundfunkfreiheit in der Bundesrepublik Deutschland, NJW 1981, S. 2158, kommt zu der Feststellung: „32 Jahre Grundgesetz, 32 Jahre technischer Fortschritt, aber immer noch kein Grundrecht auf Rundfunkfreiheit.“ R. Scholz, Das dritte Fernsehurteil des Bundesverfassungsgerichts, JZ 1981, S. 561, ist der Ansicht, das Bundesverfassungsgericht habe sich nicht im erforderlichen Umfang mit den medientechnischen Entwicklungen auseinandergesetzt. C. Degenhart, Urteilsanmerkung in DÖV 1981, S. 960, 963, hält die tatsächliche Absicherung der Argumentationsgrundlagen für unzureichend.

[144] So E.-J. Mestmäcker, In welcher Weise empfiehlt es sich, die Ordnung des Rundfunks und sein Verhältnis zu anderen Medien zu regeln ?, Verhandlungen des 56. Deutschen Juristentages, 1986, S. O 9, 18

[145] Für ein Veranstaltergrundrecht treten außer den in FN 143 genannten u.a. folgende Autoren ein: M. Bullinger, Kommunikationsfreiheit im Strukturwandel der Telekommunikation, 1980, S. 63ff.; C. Degenhart, aaO. FN 67, Rdn 659; R. Herzog, aaO. FN 80, Rdn 236; Jarass/Pieroth, aaO. FN 98, Rdn 33; H. H. Klein, Die Rundfunkfreiheit, 1978; v. Münch, aaO. FN 98, Rdn 36; W. Rudolf, Über die Zulässigkeit privaten Rundfunks, S. 22; M. Redeker, Die grundrechtliche Verankerung der Rundfunkunternehmerfreiheit, ZUM 1985, S. 544; U. Scheuner, Das Grundrecht der Rundfunkfreiheit, 1982, S. 15ff.; W. Schmitt Glaeser, Kabelkommunikation und Verfassung, 1979, S. 143ff.; C. Starck, Zur notwendigen Neuordnung des Rundfunks, NJW 1980, S. 1359; K. Stern, Neue Medien – neue Aufgaben des Rechts ?, DVBl. 1982, S. 1109, 1113; J. Wolff, Medienfreiheit und Medienunternehmen, 1985, S. 357ff.; weitere Nachweise bei J. Wieland, Die Freiheit des Rundfunks, 1984, S. 57 in FN 3; dort auf S. 71ff. eine eingehende Auseinandersetzung mit den Argumenten der individualrechtlichen Sicht.

[146] So C. Degenhart, Urteilsanmerkung DÖV 1981, S. 960. Im Hintergrund steht Herbert Krügers bekannte Formulierung, daß unter der Weimarer Reichsverfassung Grundrechte nach Maßgabe der Gesetze galten, während unter dem Grundgesetz Gesetze nach Maßgabe der Grundrechte gelten.

stützen. Die systematische Argumentation [147] beruft sich auf die Stellung der Rundfunkfreiheit im Grundrechtsteil der Verfassung und die Erwähnung in Art. 5 Abs. 1 Satz 2 GG zusammen mit der Pressefreiheit, bei der die subjektivrechtliche Seite im Vordergrund steht. Hinzu tritt der Zusammenhang zwischen Satz 1 und Satz 2 des Art. 5 Abs. 1 GG: Meinungsäußerung sei in allen Formen, auch der des Rundfunks, bereits durch die Meinungsfreiheit nach Art. 5 Abs. 1 Satz 1 GG geschützt; die zusätzliche Gewährleistung der Rundfunkfreiheit stelle sich deshalb als bloße Verstärkung der individuellen Freiheit der Meinungsäußerung durch Rundfunk dar. Unterstützt wird diese Argumentation durch eine teleologische Interpretation. Zweck des Grundrechtsschutzes sei von jeher, wie nicht zuletzt das Mitbestimmungsurteil gezeigt habe, der Schutz des Individuums vor Übergriffen des Staates. Dieser Schutz sei unvollständig, solange nur die Tätigkeit frei sei, der Zugang zur Tätigkeit aber unfrei bleibe. Denn Freiheit im Sinne grundrechtlicher Freiheitsgewähr meine nicht eine inhaltlich vorbestimmte Freiheit, sondern daß der Grundrechtsträger selbst über Inhalt und Zweck des Freiheitsgebrauchs entscheide. Die objektiven Elemente könnten daher allenfalls zu einer Verstärkung des Individualrechts führen. Unzulässig sei es hingegen, sie im Wege der Interpretation in Pflichten zu verwandeln und dazu nicht passende, weil riskante Rechte zurückzudrängen. Sei demnach das Individualrecht auch im Bereich des Rundfunks der grundrechtliche Normalfall, dann sei die Vergesellschaftung der Rundfunkfreiheit nur eine verfassungsrechtliche Hilfskonstruktion zur Bewältigung eines Mangels in Gestalt der „Sondersituation". Mit ihrem Wegfall lebe das ursprüngliche Individualrecht, das „verschüttet" oder „eingefroren" gewesen sei, wieder auf.[148] Es stehe nicht zur Disposition des Gesetzgebers und lasse dementsprechend einen geringeren Gestaltungsspielraum für gesetzliche Regelungen. Dahinter steht die Vorstellung, Freiheit sei in jedem Fall am wirkungsvollsten durch eine größtmögliche Enthaltsamkeit des Staates gewährleistet.[149]

---

[147] Dazu vor allem H.H. Klein, Die Rundfunkfreiheit, 1978, S. 32ff.; zu den Argumenten der Gegenansicht W. Hoffmann-Riem, Alternativkommentar, Art. 5 Rdn 118ff.

[148] C. Starck, aaO. FN 73, Rdn 73; M. Bullinger, aaO. FN 145; H. H. Klein, aaO. FN 147; a.A. K.-H. Ladeur, Die Rundfunkfreiheit und der Wegfall der „besonderen Umstände" ihrer Ausübung, NJW 1982, S. 359

[149] Vgl. dazu auch E. Kantzenbach, Zum Verhältnis von publizistischem und ökonomischem Wettbewerb aus ökonomischer Sicht, in: W. Hoffmann-Riem (Hrsg.), Rundfunk im Wettbewerbsrecht, 1988, S. 78, 82: „Wenn wir bereit sind, für Grundnahrungsmittel, Kinderkleidung und Tageszeitungen eine freie und kostenorientierte Preisbildung zuzulassen, ist m.E. nicht recht einzusehen, weshalb das nicht auch für Rundfunksendungen gelten soll." Vgl. ferner E.-J. Mestmäcker, aaO. FN 144, S. O 20; U. Immenga, Rundfunk und Markt, AfP 1989, S. 621ff.

c) Vorbehalt des Gesetzes und personaler Bezug

Die vorstehend geschilderten unterschiedlichen Auffassungen von Rechtsprechung und Teilen der Literatur liegen bei näherer Betrachtung nicht so weit auseinander, wie es zunächst den Anschein haben mag. Dabei sind zwei Aspekte zu unterscheiden: das Erfordernis einer gesetzlichen Grundlage für die Veranstaltung von Rundfunksendungen und die Ausgestaltung der darin enthaltenen Regelungen im Einzelnen.

Was die Geltung des Vorbehalts des Gesetzes für den Rundfunk anbelangt, so sind das sachliche Gewicht der Materie Rundfunk und die Notwendigkeit konkretisierender Ausgestaltung der verfassungsrechtlich gewährleisteten Rundfunkfreiheit evident; sie sind als wesentlich anzusehen. Deswegen halten zahlreiche Autoren – auch solche, die für ein Veranstaltergrundrecht eintreten – eine gesetzliche Grundlage für die Veranstaltung von Rundfunksendungen für erforderlich.[150] Die gesetzgeberische Leitentscheidung ist also verfassungsrechtlich unentbehrlich. Die weitere Frage, ob ein Anspruch auf den Erlaß derartiger Gesetze bestehe, kann auf sich beruhen, nachdem alle Bundesländer Mediengesetze erlassen haben, die den Zugang zum Rundfunk für Private eröffnen. Der gesetzliche Regelungsbedarf ist auch im Rahmen von Art. 5 Abs. 2 GG nicht zu decken,[151] weil zumindest ein Teil derartiger Normierungen, wie z.B. Programmgrundsätze, das Erfordernis der Allgemeinheit nicht erfüllen würde. Über eine Ausweitung des Begriffs der allgemeinen Gesetze ist das Problem nicht zu lösen, weil dies Auswirkungen auf die anderen Gewährleistungen des Art. 5 Abs. 1 GG hätte.[152] Deswegen muß es eine Art. 5 Abs. 2 GG vorgelagerte Schicht der Ausgestaltung geben.

Ist insoweit also eine gewisse Übereinstimmung zwischen der Rechtsprechung des Bundesverfassungsgerichts und den Vertretern einer individualrechtlichen Lesart der Rundfunkfreiheit festzustellen, wendet sich das Interesse dem zweiten Aspekt zu, über welchen Spielraum der Gesetzgeber bei der Ausgestaltung verfügt. Je stärker man das Individualrecht betont, desto weniger ist der Gesetzgeber befugt, durch Regelungen, die der Funktionssicherung des Mediums dienen sollen, den Zugang zu erschweren. Auch diese Frage ist auf dem Boden allgemeiner Grundrechtslehren zu lösen. Ein Ausle-

---

[150] M. Bullinger, Rundfunkwerbung im Umbruch der Medien, ZUM 1985, S. 121, 123; P. Badura, Gleichgewichtige Vielfalt im dualen System des Rundfunks, JA 1987, S. 180, 182; P. Lerche, Rundfunkmonopol, 1970, S. 38; ders. aaO. FN 66; C. Starck, aaO. FN 73, Rdn 73f. m.w.N. in FN 287; H. H. Klein, aaO. FN 147, S. 67; H. D. Jarass, T. Oppermann, K. Stern jeweils aaO. FN 145; R. Scholz, Private Rundfunkfreiheit und öffentlicher Rundfunkvorbehalt, JuS 1974, S. 299, 305; a.A. v. Münch, aaO. FN 98, Rdn 35a, der keinen Anlaß für Sonderregelungen sieht. Zur staatlichen Funktionsveranwortung im Bereich der Medien überhaupt P. Lerche, Rechtliche Aspekte staatlicher Medienhilfe, in: M. Löffler, Der Staat als Mäzen der Medien?, 1981, S. 1ff.

[151] So C. Starck, aaO. FN 73, Rdn 7

[152] P. Lerche, Hoheitliche Programmanforderungen für private Rundunkveranstaltungen, in: Schreiber/Langenbucher/Hömberg (Hrsg.), Kommunikation im Wandel der Gesellschaft, S. 291, 296

gungstopos, der in der neueren Rechtsprechung des Bundesverfassungsgerichts mit zunehmender Deutlichkeit hervorgetreten ist, ist der personale Bezug der Grundrechte.[153] Er spielt bei der Bestimmung des gesetzgeberischen Gestaltungsspielraums ebenso eine Rolle wie bei der Frage der Grundrechtsfähigkeit juristischer Personen. Dabei wird als Sinn der Grundrechte der Schutz des Einzelnen als natürlicher Person hervorgehoben. Dies ergibt sich aus dem Umstand, daß das Wesen der Grundrechte auf die personale Würde und Freiheit natürlicher Personen bezogen ist, wie dies in Art. 1 GG zum Ausdruck kommt: Grund allen Rechts ist der Mensch.[154] Daher entfalten die Grundrechte dort einen besonders ausgeprägten Schutz, wo es um die persönliche Freiheit des Einzelnen geht. In dem Maße, wie der personale Bezug schwindet, wächst die Regelungsbefugnis des Gesetzgebers. Für den Bereich von Art. 14 GG hat das Bundesverfassungsgericht dies mit folgenden Worten zum Ausdruck gebracht:[155] „Dagegen ist die Befugnis des Gesetzgebers zur Inhalts- und Schrankenbestimmung um so weiter, je mehr das Eigentumsobjekt in einem sozialen Bezug und einer sozialen Funktion steht. Maßgebend hierfür ist der in Art. 14 GG Ausdruck findende Gesichtspunkt, daß Nutzung und Verfügung in diesem Fall nicht lediglich innerhalb der Sphäre des Eigentümers bleiben, sondern Belange anderer Rechtsgenossen berühren, die auf die Nutzung des Eigentumsobjekts angewiesen sind. Unter dieser Voraussetzung umfaßt das grundgesetzliche Gebot der Rücksichtnahme auf den Nichteigentümer, der seinerseits der Nutzung des Eigentumsobjekts zu seiner Freiheitssicherung und verantwortlichen Lebensgestaltung bedarf." Hier bestehen deutliche Parallelen zum Bereich des Rundfunks. Der einzelne Rundfunkteilnehmer ist auf das Medium des Rundfunks für seine eigene Information und Meinungsbildung angewiesen, während der Rundfunkveranstalter notwendig aus seiner Privatsphäre heraustritt. Umgekehrt fehlt der Rundfunkveranstaltertätigkeit weitgehend das personale Element. Von wenigen Idealisten abgesehen teilen sich kapitalkräftige Großunternehmen einen Markt, auf dem es erhebliche Konzentrationstendenzen gibt.[156]

---

[153] BVerfGE 50, 290, 363 (Mitbestimmung); 61, 82, 100 (Sasbach); vgl. auch bereits 7, 377, 397; 21, 362, 369; 35, 348, 357

[154] Dazu G. Dürig, in: Maunz-Dürig, Grundgesetz, Kommentar, Art. 19 Rdn 6; A. Verdross, Die Würde des Menschen als Grundlage der Menschenrechte, EuGRZ 1977, S. 207; G. Oestreich, Die Entwicklung der Menschenrechte und Grundfreiheiten, in: Die Grundrechte I/1, S. 5ff.

[155] BVerfGE 50, 290, 340f.

[156] Dazu den Bericht von G. Mazzoleni, Das Rundfunksystem Italiens, in: Internationales Handbuch für Rundfunk und Fernsehen 1988/89, S. E 94ff., der die Konzentration im Fernsehbereich beschreibt, die nach dem Urteil des italienischen Verfassungsgerichtshofs einsetzte, der der Verfassung einen unmittelbaren Anspruch auf Zugang zum Rundfunk entnommen hatte. Vgl. ferner H. Bethge, Freiheit und Gebundenheit der Massenmedien, DVBl. 1983, S. 369, 374: „Rundfunkfreiheit ist nicht Privileg weniger, sondern Grundrecht vieler."; W. Hoffmann-Riem, aaO. FN 79, S. 394ff.; W. Schmidt, Die Rundfunkgewährleistung, 1980, S. 76f.

Auch von privaten Machtzusammenballungen können Gefahren für die Freiheit des Einzelnen ausgehen,[157] der u.U. zu ihrer Wahrung nicht imstande, sondern auf ein Eingreifen des Gesetzgebers angewiesen ist. Kommt es zu einem solchen Eingreifen, können die Grundrechte keine Handhabe bieten, Beschränkungen der Tätigkeit juristischer Personen abzuwehren, die dem Schutz der Freiheit natürlicher Personen dienen. Andernfalls würde der Sinn des Grundrechtsschutzes in sein Gegenteil verkehrt.[158] Dies begründet einen entsprechenden Ausgestaltungsspielraum des Gesetzgebers, der jedoch gewissen noch zu erörternden Schranken unterliegt.

Die Auffassung von der Rundfunkfreiheit als dienender Freiheit ist nicht auf das deutsche Verfassungsrecht beschränkt. Sie findet sich der Sache nach auch in ausländischen Rechtsordnungen, wenngleich der Begriff dort nicht verwendet wird. Ausdrückliche Normierungen enthalten insoweit die Verfassungen Österreichs und der Schweiz. Nach Art. 55 bis BV, der 1984 in die Schweizer Bundesverfassung eingefügt wurde, unterliegt der Rundfunk einem Leistungsauftrag, der ihn verpflichtet, zur kulturellen Entfaltung, zur freien Meinungsbildung und Unterhaltung der Rundfunkteilnehmer beizutragen, die Ereignisse sachgerecht darzustellen und die Vielfalt der Ansichten angemessen zum Ausdruck zu bringen. Dabei handelt es sich um Direktiven zur Erfüllung des Gesetzgebungsauftrags, den Art. 55 bis BV insgesamt enthält: Der Rundfunk ist so zu organisieren, daß die Meinungsfreiheit eine möglichst hohe Verwirklichungschance erhält.[159] In Österreich legt Art. 1 Abs. 2 des Bundesverfassungsgesetzes von 1974 über die Sicherung der Unabhängigkeit des Rundfunks einen Gesetzgebungsauftrag fest, wonach unter anderem Objektivität und Unparteilichkeit der Berichterstattung, Berücksichtigung der Meinungsvielfalt und Ausgewogenheit der Programme zu gewährleisten sind.[160] In Frankreich enthält die Verfassung keine ausdrückliche Regelung zur Rundfunkfreiheit. Diese wird als ein Unterfall der Meinungsfreiheit betrachtet. Gleichwohl hat die Rechtsprechung hier festgestellt, der Gesetzgeber dürfe den Rundfunk nicht dem Markt überlassen, sondern müs-

---

157 K. Hesse, Grundzüge des Verfassungsrechts, 16. Aufl. 1988, Rdn 357; E.W. Böckenförde, Freiheitssicherung gegenüber gesellschaftlicher Macht. Aufriß eines Problems, in Staat, Gesellschaft und Freiheit, 1976, S. 336, 344

158 W. Rupp-v. Brünneck, Zur Grundrechtsfähigkeit juristischer Personen, Verfassung und Verantwortung: Schriften und Sondervoten. Hrsg. v. H.P. Schneider, 1983, S. 110, 119; Für den Bereich des Rundfunks sieht M. Bullinger, aaO. FN 80, Rdn 151 in dem Postulat realer Chancengleichheit eine Gefahr für die freie Meinungsbildung. Deswegen dürfe jeder Bürger seine Tatkraft, Einkommen und Vermögen beliebig für eigene publizistische Tätigkeit einsetzen, Rdn 164. Doch müsse die Gesetzgebung die Zugangschancen und damit die Offenheit des Meinungsbildungsprozesses erhalten, wenn die Medien nur von wenigen Großanbietern beherrscht würden, Rdn 155.

159 Dazu und zu Art. 55 bis J. P. Müller, in: Aubert u.a. (Hrsg.), Kommentar zur Bundesverfassung der Schweizerischen Eidgenossenschaft, Art. 55 bis Rdn 40ff.

160 Abgedr. bei W. Berka, Das Recht der Massenmedien, Wien 1989, S. 333; dort auch auf S. 83ff. nähere Ausführungen zur Rundfunkfreiheit und ihren Bindungen.

se durch präzise Auflagen sicherstellen, daß für alle Meinungsrichtungen eine Verbreitungschance bestehe.[161] Auch in Japan ist der Gesetzgeber verpflichtet, auf das Ziel der Programmvielfalt hinzuwirken, um die vielfältigen Bedürfnisse der Bevölkerung zu befriedigen.[162] Schließlich wird auch von der Rechtsprechung des Supreme Court in den USA das Recht der Rezipienten gegenüber dem Recht der Rundfunkveranstalter als höherstehend angesehen.[163] Im Ergebnis besteht hier also kein Unterschied zur Umschreibung der Rundfunkfreiheit als dienende Freiheit: Die Gewährleistung der Rundfunkfreiheit ist kein Selbstzweck, sondern ein notwendiges Mittel zur Verwirklichung der individuellen Menschenrechte des Art. 5 Abs. 1 GG.

d) Grenzen der gesetzgeberischen Organisationsmacht

Im Vordergrund der Rechtsprechung des Bundesverfassungsgerichts stand zunächst die objektive Seite der Rundfunkfreiheit, vor allem im Zusammenhang mit der Zulassung privaten Rundfunks. Dabei ging es um die Frage, welche Regelungen der Gesetzgeber mindestens vorsehen muß, um seiner Gewährleistungspflicht für einen freien Rundfunk zu genügen. Die subjektive Seite der Rundfunkfreiheit trat eher beiläufig in Gestalt der Staatsfreiheit in Erscheinung, während das Veranstaltergrundrecht ausdrücklich offengelassen wurde. Die Frage nach einem Recht auf Zugang besitzt inzwischen kein praktisches Interesse mehr, da in allen Bundesländern Mediengesetze vorhanden sind, die den Zugang ermöglichen und einen dementsprechenden Anspruch gewähren.[164] Wichtiger ist demgegenüber die Frage, in welchem Umfang der Gesetzgeber bei einer späteren Änderung der bestehenden Gesetze sich auf seine Befugnis zur Ausgestaltung berufen kann oder ob er sich dabei subjektive Rechte der von einer derartigen Änderung betroffenen Veranstalter entgegenhalten lassen muß. Bereits im FRAG-Urteil hatte das Bundesverfassungsgericht gesagt, die Befugnis zur Ausgestaltung der Rundfunkfreiheit berechtige nicht zu einer Beschränkung des Grundrechts.[165] Anforderungen an die Zulässigkeit gesetzlicher Ausgestaltung ergeben sich aus den rechtsstaatlichen Grundsätzen der Rechtssicherheit und der Rechtsklar-

161 Conseil Constitutionnel, Décision no 86–217 du 18 septembre 1986, Journal Officiel v. 19. 9. 1986; dazu M. Bullinger, Freiheit und Gleichheit in den Medien, JZ 1987, S. 257ff.

162 Vgl. H. Shiono, Prinzipien der Neuordnug des Rundfunks in Japan, in: E.-J. Mestmäcker (Hrsg.), Offene Rundfunkordnung, 1988, S. 122ff.

163 Red Lion Broadcasting Co. v. FCC, 395 U.S. 367, 23 L. Ed. 2d 371, 89 S. Ct. 1794 (1969)

164 Bedeutung hat allenfalls die Frage, ob diese Gesetze zu hohe Zugangshürden aufrichten. Dies ist für die geltenden Regelungen nicht bezweifelt worden mit Ausnahme des Lokalfunkmodells in Nordrhein-Westfalen, dessen Überprüfung beim Bundesverfassungsgericht anhängig ist, und des Gebots öffentlich-rechtlicher Trägerschaft in Bayern.

165 BVerfGE 57, 295, 321

heit,[166] damit die Veranstalter von Rundfunksendungen erkennen können, welchen Verpflichtungen sie unterliegen und wann sie mit Sanktionen zu rechnen haben. Die wichtigste Beschränkung der Ausgestaltungsbefugnis ergibt sich jedoch aus ihrer Zweckbindung: Sie darf allein der Sicherung der Rundfunkfreiheit dienen. Ihre Erforderlichkeit muß sich aus konkreten Gründen ergeben, allgemeine Erwägungen sind nicht ausreichend.[167] Sofern diese Voraussetzungen nicht erfüllt sind, ist eine gesetzliche Regelung als Eingriff zu werten und nur im Rahmen des Art. 5 Abs. 2 GG zu rechtfertigen. Das gleiche gilt für die Aufhebung oder Änderung der vom Gesetzgeber selbst erlassenen Regelungen und zwar unabhängig von der Rechtsform des Veranstalters.[168] Die Berechtigung und Verpflichtung des Gesetzgebers zum Erlaß ausgestaltender Regelungen wird daher vor allem bei der Schaffung eines Rundfunksystems aktuell. Sieht man die Rechtfertigung für das Tätigwerden des Gesetzgebers in der Notwendigkeit, die Funktion des Rundfunks zu gewährleisten, dann entfällt die rechtfertigende Kraft, sobald ein funktionierender Rundfunk etabliert ist. Solange der Rundfunk die von Verfassungs wegen zu stellenden Anforderungen erfüllt, besteht kein Anlaß für eine gesetzgeberische Befassung mit der Materie. Andernfalls wäre es ein Leichtes, das Gebot der Staatsfreiheit zu umgehen, indem unter dem Vorwand ordnungspolitischer Umgestaltung mißliebigen Veranstaltern ihre Tätigkeit erschwert wird.[169]

Diese Grundsätze hat das Bundesverfassungsgericht im Baden-Württemberg-Beschluß entwickelt.[170] Prüfungsgegenstand war eine Bestimmung des Landesmediengesetzes, die den Landesrundfunkanstalten SDR und SWF die Veranstaltung von lokalen Rundfunkprogrammen untersagte, um auf diese Weise privaten Anbietern den Start zu erleichtern.[171] Das Bundesverfassungsgericht sah darin keine zulässige Ausgestaltung, weil durch das Verbot von

---

[166] BVerfGE 73, 118, 164

[167] BVerfGE 74, 297, 334; Die Stellungnahme der Landesregierung hatte sich demgegenüber auf einen gesetzgeberischen Spielraum auch bei organisatorischen Umschichtungen berufen, der seine Grenze nur in der gebotenen Rücksichtnahme auf die vorhandene Organisation finde, abgedr. in Wittig-Terhardt/Rüggeberg, Das Landesmediengesetz Baden-Württemberg vor dem Bundesverfassungsgericht, 1989, S. 162ff.

[168] A.A. C. Degenhart, aaO. FN 67, Rdn 671: Kein Bestandsschutz des öffentlich-rechtlichen Rundfunks gegenüber dem Gesetzgeber. Ebenso Stellungnahme Landesregierung Baden-Württemberg, aaO. FN 167, S. 162 in FN 10: Der Gesetzgeber konstituiere den Aufgabenbereich und löse damit erst den den entsprechenden Freiheitsbereich aus.

[169] Für den Hochschulbereich vgl. BVerfGE 35, 79, 123f.: Auch wenn die Wissenschaftsfreiheit unter heutigen Bedingungen auf die Bereitstellung von finanziellen und organisatorischen Mitteln angewiesen ist, ist die Gestaltungsfreiheit des Gesetzgebers im organisatorischen Bereich doch insoweit beschränkt, als sie nicht zur Funktionsunfähigkeit der Forschung oder einer Beschränkung des zur Aufgabenerfüllung notwendigen Freiheitsraumes führen darf.

[170] BVerfGE 74, 297; einstweilige Anordnung in derselben Sache BVerfGE 71, 350

[171] § 13 Abs. 2 LMedG B.-W.

Programmen die Rundfunkversorgung insgesamt nicht verbessert werde. Die Regelung wurde vielmehr als unverhältnismäßiger und damit verfassungswidriger Eingriff in die Programmfreiheit eingestuft. Die Entscheidung brachte damit erstmals in nennenswertem Umfang subjektive Elemente der Rundfunkfreiheit zum Tragen. Sie ist gleichwohl auf heftige Kritik zahlreicher Autoren gestoßen. So wurde ihr vorgeworfen, sie berücksichtige die wirtschaftlichen Bedingungen privaten Rundfunks nicht in ausreichender Weise,[172] während sie andererseits die öffentlich-rechtlichen Anstalten überschätze.[173] In rechtlicher Hinsicht wurde die dogmatische Inkonsequenz bemängelt, weil eine Rundfunkanstalt das Grundrecht nicht anders als ein privater Veranstalter nur nach Maßgabe des ausgestaltenden Gesetzes in Anspruch nehmen könne.[174] Nunmehr werde jedoch das gesetzgeberische Ermessen beschränkt [175] und es würden die spezifischen Funktionssicherungen des öffentlich-rechtlichen Rundfunks außer Kraft gesetzt.[176]

Diese Kritik ist unberechtigt und muß sich selbst den Vorwurf der Inkonsequenz gefallen lassen. Einer der Haupteinwände gegenüber dem FRAG-Urteil war gewesen, es berücksichtige die subjektive Seite der Rundfunkfreiheit nicht, sondern führe geradewegs zu einer Freiheit nach Maßgabe des Gesetzes. Wenn sich nun erweist, daß dem nicht so ist, müßte das eigentlich die Zustimmung der damaligen Kritiker finden, auch wenn das Ergebnis im konkreten Fall dem öffentlich-rechtlichen Rundfunk zugute kommt.[177] Dagegen wurde der entscheidende Gesichtspunkt übersehen: Es wäre ein Wertungswiderspruch, die Staatsfreiheit auf das Verbot von Eingriffen in einzelne Sendungen und die Gestaltung ihres Inhalts zu beschränken, andererseits aber das Verbot eines gesamten Programms zuzulassen. Denn der Veranstalter kritischer und unbequemer Sendungen wäre dann zwar vor Pressionen

---

[172] E. Kull, Realitätsferne und dogmatische Inkonsequenz, AfP 1987, S. 568ff.; S. Ory, Marktchancen und Meinungsfreiheit, ZUM 1987, S. 427; W. Schmitt Glaeser, Art. 5 Abs. 1 Satz 2 GG als „Ewigkeitsgarantie" des öffentlich-rechtlichen Rundfunks, DVBl. 1987, S. 837; K. Seemann, Zur Konkurrenzproblematik im dualen Rundfunksystem, ZUM 1988, S. 67ff.

[173] C. Degenhart, Öffentlich-rechtlicher und privater Rundfunk im dualen Rundfunksystem, ZUM 1988, S. 47, 52f. und dort FN 108, 112; S. Ory, aaO. FN 172, S. 431; W. Schmitt Glaeser, aaO. FN 172, S. 841; ders., aaO. FN 126, „rosarote Sicht der Anstalten"

[174] E. Kull, aaO. FN 172, S. 570

[175] K. Seemann, Das „fünfte Rundfunkurteil" des Bundesverfassungsgerichts, DVBl. 1987, S. 844, 850; S. Ory, aaO. FN 172, S. 432

[176] M. Bullinger, Anmerkung zum Baden-Württemberg-Beschluß, in JZ 1987, S. 928

[177] Vgl. E. Kull, aaO. FN 172, einerseits (Rundfunkanstalt kann Rundfunkfreiheit nur nach Maßgabe ausgestaltenden Gesetzes in Anspruch nehmen) und ders., Das FRAG-Urteil – Kritik und Prognose, FuR 1981, S. 644, 646 andererseits („Dies könnte so aufgefaßt werden, als wäre die Rundfunkfreiheit nur nach Maßgabe des Gesetzes gewährleistet. Ein solches Verständnis vermöchte aber nur für die Zeit des Mangels zu überzeugen.")

gegenüber der einzelnen Sendung sicher, müßte aber dennoch Konsequenzen fürchten, weil ihm dann das gesamte Programm entzogen werden könnte. Der Baden-Württemberg-Beschluß ist daher die notwendige Konsequenz des Gebots der Staatsfreiheit; der dadurch bewirkte Schutz kommt privaten Veranstaltern in gleicher Weise zugute. Die Sorge um den Verlust der Wirksamkeit von Funktionssicherungen des öffentlich-rechtlichen Rundfunks ist demgegenüber unberechtigt.[178] Denn das Bundesverfassungsgericht hat nur über die Veranstaltung lokalen Rundfunks durch die Landesrundfunkanstalten entschieden, so daß hieraus nicht kurzerhand Weiterungen abgeleitet werden können.

Speziell für den öffentlich-rechtlichen Rundfunk ist die Frage erörtert worden, ob der gesetzgeberische Handlungsspielraum durch eine Bestands- und Entwicklungsgarantie eingeschränkt werde. Der Begriff spielte im Vorfeld des Staatsvertrages zur Neuordnung des Rundfunkwesens eine Rolle[179] und hat Eingang in die Präambel des Staatsvertrages ebenso wie in einige Landesrundfunkgesetze gefunden.[180] Es handelt sich hierbei jedoch um eine politische Formel ohne verfassungsrechtlichen Aussagegehalt. Das Bundesverfassungsgericht ist im Baden-Württemberg-Beschluß mit keinem Wort darauf eingegangen, obwohl die Verfassungsbeschwerde des SDR zu diesem Problemkreis umfangreiche Ausführungen enthielt.[181] Die einschlägigen gesetzlichen Bestimmungen können daher vom Gesetzgeber auch wieder geändert werden.[182] Der Disposition entzogen ist dagegen der Bereich der Grundversorgung, weil es sich um einen Teil verfassungsrechtlich unverzichtbarer Rundfunkversorgung handelt. Hier ist der Gesetzgeber verpflichtet, die technischen, personellen und finanziellen Voraussetzungen ihrer Erfüllung si-

[178] Nach M. Bullinger, aaO. FN 176, S. 929 soll die Entscheidung des Bundesverfassungsgerichts dazu führen, daß das ZDF auch Hörfunk veranstalten könne. Zur Reichweite der Programmautonomie öffentlich-rechtlicher Rundfunkanstalten im Verhältnis zum Gesetzgeber s. u. 3. Kapitel II 4.

[179] Vgl. dazu Schreiben der ARD-Rundfunkanstalten an die Ministerpräsidenten zu einer Bestands- und Entwicklungsgarantie für den öffentlich-rechtlichen Rundfunk in der Bundesrepublik Deutschland, Media Perspektiven 1984, S. 295; Erklärung der ARD-Intendanten v. 28. 11. 1984, Media Perspektiven 1984, S. 888; Schreiben des ARD-Vorsitzenden an die Ministerpräsidenten v. 6. 11. 1984, Media Perspektiven 1984, S. 888ff.; Medienpolitische Entschließung des SPD-Parteivorstands v. 20. 11. 1984, Media Perspektiven 1984, S. 891

[180] § 76 LRG Saarland; § 3 WDR-G, dazu amtliche Begründung in LT-Ds NRW 9/3712 unter A II 1

[181] Wiedergegeben in Wittig-Terhardt/Rüggeberg (Hrsg.), aaO. FN 167, S. 84ff.

[182] Von manchen Autoren werden sie für verfassungswidrig gehalten, vgl. S. Ory, Bestands- und Entwicklungsgarantie für den öffentlich-rechtichen Rundfunk?, AfP 1987, S. 466; P. Selmer, Bestands- und Entwicklungsgarantien für den öffentlich-rechtlichen Rundfunk in einer dualen Rundfunkordnung, 1988; W. Schmitt Glaeser, Bestands- und Entwicklungsgarantie für den öffentlich-rechtlichen Rundfunk, BayVBl. 1985, S. 97ff.. Die genannten Autoren überschätzen die Wirkung derartiger Programmsätze wie in der Präambel des RfStV, weil sie keine einklagbaren Rechte enthalten und jederzeit geändert werden können.

cherzustellen.[183] Die Grundversorgung kann nach Lage der Dinge nur von den öffentlich-rechtlichen Rundfunkanstalten wahrgenommen werden, in erster Linie aufgrund der vielfältige Programmgestaltung ermöglichenden Gebührenfinanzierung und der flächendeckenden Ausstrahlung. Auch wenn sich daran auf absehbare Zeit nichts ändern dürfte, bedeutet dies doch nicht, daß Grundversorgung notwendigerweise nur durch öffentlich-rechtlichen Rundfunk möglich ist. Entscheidend ist allein die Erfüllung der von der Verfassung aufgegebenen Funktion, unabhängig von der Rechtsform.[184]

---

183 s. u. 3. Kapitel II 1. Nach Hartstein/Ring/Kreile Rdn 5 umfaßt die Bestands- und Entwicklungsgarantie des RfStV jedenfalls alles, was zur Grundversorgung gehört. Vgl. ferner H. Bethge, Zur Frage einer Bestands und Entwicklungsgarantie für den öfentlich-rechtlichen Rundfunk, JöR n. F. 35 (1986), S. 103ff.

184 Vgl. in diesem Zusammenhang BVerwGE 75, 318 und B. Kempen, Zur Konkursfähigkeit der öffentlich-rechtlichen Rundfunkanstalten, DÖV 1988, S. 547ff.

3. Kapitel. Der öffentlich-rechtliche Rundfunk

I. Die Stellung des öffentlich-rechtlichen Rundfunks im dualen System

Das Ziel der gesetzgeberischen Ausgestaltung der Rundfunkordnung ist unmittelbar durch die Verfassung bestimmt: Es ist zu gewährleisten, daß der Rundfunk seine Aufgabe als Medium und Faktor der öffentlichen Meinungsbildung in Freiheit erfüllen kann und von äußeren Einflüssen unabhängig gehalten wird. Eines der dem Gesetzgeber hierfür zur Verfügung stehenden Mittel ist der Erlaß organisatorischer Regelungen. Welcher Organisationsform er sich konkret bedient, liegt in seinem Ermessen, solange das Ziel erreicht wird. Die Form als solche hingegen ist kein Selbstzweck. Daher genügt es nicht, ein gedanklich funktionierendes Rundfunkmodell zu entwerfen, das in der Praxis die verfassungsrechtlichen Anforderungen nicht zu erfüllen vermag. Entscheidend kommt es darauf an, daß das gewählte Organisationsmodell die von der Verfassung aufgegebene Funktion auch tatsächlich erfüllt.[1] Eine theoretisch denkbare Option darf daher unter Umständen vom Gesetzgeber nicht ausgeübt oder nur unter Einschränkungen verwirklicht werden, wenn sie in der Praxis unzulässige Defizite aufweist. Dementsprechend kann sich die praktische Bedeutung anderer Organisationsmodelle erhöhen.

Nach dem Wiederaufbau des Rundfunks in der Bundesrepublik war dieser zunächst einheitlich öffentlich-rechtlich strukturiert. Wie das Bundesverfassungsgericht entschieden hat, war dies eine, wenn auch nicht notwendig die einzig mögliche Organisationsform zur Sicherung der Rundfunkfreiheit.[2] Mit dem Aufkommen privaten Rundfunks stellt sich nunmehr die Frage nach der Rolle des öffentlich-rechtlichen Rundfunks im dualen Rundfunksystem. Worin besteht in einem solchen System die Legitimation des öffentlich-rechtlichen Rundfunks?[3]

Der entscheidende Gesichtspunkt bei der Beantwortung dieser Frage ist die Leistungsfähigkeit des öffentlich-rechtlichen Rundfunks, insbesondere die

---

[1] BVerfGE 73, 118, 154

[2] BVerfGE 12, 205, 261

[3] Zur Diskussion in den siebziger Jahren vgl. U. Scheuner, Das Rundfunkmonopol und die neuere Entwicklung des Rundfunks, AfP 1977, S. 367ff.; W. Weber, Rundfunkfreiheit – Rundfunkmonopol, Festschrift für E. Forsthoff, 2. Auflage, München 1974, S. 467ff.

von ihm erreichte Programmqualität.[4] Diese wird auch von den Gegnern des öffentlich-rechtlichen Rundfunks grundsätzlich anerkannt.[5] Die Feststellung dieser Leistungsfähigkeit ist dabei nicht nur eine Beschreibung eines derzeit gegebenen tatsächlichen Zustandes, sie hat zugleich auch verfassungsrechtliche Konsequenzen. Zwar gelten die aus Art. 5 Abs. 1 GG abgeleiteten Anforderungen an die Funktion des Rundfunks grundsätzlich für alle Bestandteile des Rundfunksystems,[6] doch genügt es, wenn dieses in seiner Gesamtheit dem verfassungsrechtlich Gebotenen im Rahmen des Möglichen entspricht.[7] Es können also unterschiedlich hohe Anforderungen an die einzelnen Teile des Gesamtsystems bestehen, wenn die Wahrnehmung des unverzichtbaren Teils der Rundfunkaufgaben sichergestellt ist. Dieser Aufgabenbereich wird vom Bundesverfassungsgericht als „Grundversorgung" bezeichnet. Bei deren Erfüllung weist das Gericht den öffentlich-rechtlichen Anstalten eine besondere Verantwortung zu:

„In dieser Ordnung[8] ist die unerläßliche ‚Grundversorgung' Sache der öffentlich-rechtlichen Abstalten, zu der sie imstande sind, weil ihre terrestrischen Programme nahezu die gesamte Bevölkerung erreichen und weil sie nicht in gleicher Weise wie private Veranstalter auf hohe Einschaltquoten angewiesen, mithin zu einem inhaltlich umfassenden Programm in der Lage sind. Die damit gestellte Aufgabe umfaßt die essentiellen Funktionen des Rundfunks für die demokratische Ordnung ebenso wie für das kulturelle Leben in der Bundesrepublik:

Im Zeichen der Erweiterung des Rundfunkangebots um privat veranstaltete und europäische Programme kommt es darauf an zu gewährleisten, daß der klassische Auftrag des Rundfunks erfüllt wird, der neben seiner Rolle für die Meinungs- und politische Willensbildung, neben Unterhaltung und über laufende Berichterstattung hinausgehender Information seine kulturelle Verantwortung umfaßt. Das gilt namentlich unter Gesichtspunkten des sich entwik-

---

4 P. Lerche, In welcher Weise empfiehlt es sich, die Ordnung des Rundfunks und sein Verhältnis zu anderen Medien – auch unter dem Gesichtspunkt der Harmonisierung – zu regeln?, Verhandlungen des sechsundfünfzigsten Deutschen Juristentags, München 1986, S. O 38, O 49

5 Vgl. etwa W. Schmitt-Glaeser, Das duale Rundfunksystem, DVBl. 1987, S. 14, 19, der dem Bundesverfassungsgericht eine „erstaunlich unkritische Einschätzung" und eine „allzu rosarote Sicht" der Rundfunkanstalten vorhält, gleichzeitig aber die Leistungsfähigkei des öffentlich-rechtlichen Systems anerkennt, vgl. ders., Bestands- und Entwicklungsgarantie für den öffentlich-rechtlichen Rundfunk, BayVBl. 1985, S. 97ff.; Demgegenüber sind Äußerungen wie von E. Forsthoff, Der Staat der Industriegesellschaft, München 1971, S. 156, der den öffentlich-rechtlichen Rundfunk als „Nisthöhlen für Cliquen" bezeichnete, vereinzelt geblieben.

6 BVerfGE 57, 295, 321

7 BVerfGE 73, 118, 157; ausführlich dazu H. Goerlich/B. Radeck, Neugründung und Grundversorgung – die Rundfunkordnung in einer dritten Phase?, JZ 1989, S. 53, 55ff.

8 Gemeint ist die duale Rundfunkordnung, bestehend aus den öffentlich-rechtlichen Rundfunkanstalten und privaten Veranstaltern, Anm. d. Verf.

kelnden und an Bedeutung gewinnenden europäischen Rundfunkmarktes. Unter den Bedingungen eines solchen Marktes bleiben dem gebietsbezogenen nationalen, insbesondere dem terrestrischen Rundfunk gerade diese essentiellen Funktionen. Sie sind nach Lage der Dinge in erster Linie als solche der öffentlich-rechtlichen Anstalten anzusehen. Darin und in der Gewährleistung der Grundversorgung für alle finden der öffentlich-rechtliche Rundfunk und seine besondere Eigenart, namentlich die Finanzierung durch Gebühren, ihre Rechtfertigung; die Aufgaben, welche ihm insoweit gestellt sind, machen es notwendig, die technischen, organisatorischen, personellen und finanziellen Vorbedingungen ihrer Erfüllung sicherzustellen."[9]

Das Bundesverfassungsgericht sieht also in der Organisationsform des öffentlich-rechtlichen Rundfunks wenn auch keine absolute Garantie, so doch die Gewähr einer erheblich höheren Wahrscheinlichkeit, daß der verfassungsrechtlich gebotene Standard auch tatsächlich erreicht wird, insbesondere im Vergleich zum privaten Rundfunk, dessen Defizite nur solange hinnehmbar sind, als es einen funktionierenden öffentlich-rechtlichen Rundfunk gibt. Maßgebend für die Einschätzung, daß der öffentlich-rechtliche Rundfunk aus verfassungsrechtlicher Sicht eine besonders geeignete Organisationsform darstellt, ist dessen unmittelbare Gemeinwohlverpflichtung, die es verbietet, Programme lediglich nach den Gesetzen wirtschaftlichen Wettbewerbs zu gestalten, und die durch eine binnenplurale Aufsicht und die Gebührenfinanzierung abgesichert wird. Nach der Rechtsprechung des Bundesverfassungsgerichts wird die den öffentlich-rechtlichen Rundfunkanstalten zugewiesene Grundversorgung durch drei Elemente gekennzeichnet: „eine Übertragungstechnik, bei der ein Empfang für alle sichergestellt ist, bis auf weiteres mithin die herkömmliche terrestrische Technik; weiterhin der inhaltliche Standard der Programme im Sinne eines Angebots, das nach seinen Gegenständen und der Art ihrer Darbietungen oder Behandlung dem dargelegten Auftrag des Rundfunks nicht nur zu einem Teil, sondern voll entspricht; schließlich die wirksame Sicherung gleichgewichtiger Vielfalt in der Darstellung der bestehenden Meinungsrichtungen durch organisatorische und verfahrensrechtliche Vorkehrungen."[10] Verglichen mit der früheren Rechtfertigung durch die technische und ökonomische Sondersituation des Rundfunks bedeutet die Zuweisung der Aufgabe der Grundversorgung an die öffentlich-rechtlichen Rundfunkanstalten einen Legitimationszuwachs.[11] Gleichzeitig bedeutet sie aber auch die Verpflichtung, den hohen Erwartungen gerecht zu werden.

---

[9] BVerfGE 73, 118, 157f.

[10] BVerfGE 74, 297, 326

[11] Kritisch gegenüber der Grundversorgungsdoktrin, weil sie zur Zulassung privaten Rundfunks führt D. Grimm, Verfassungsrechtliche Perspektiven einer dualen Rundfunkordnung, RuF 1987, S. 25, 33; M. Stock, Ein fragwürdiges Konzept dualer Rundfunksysteme, RuF 1987, S. 5, 21 bemängelt das Fehlen einer übergeordneten Steuerungsinstanz für die beiden Systemteile und befürchtet daher, auf Grund der Eigengesetzlichkeit wirtschaftlichen Wettbewerbs in einem Teilbereich könne das gesamte

II. Der Funktionsbereich der öffentlich-rechtlichen Rundfunkanstalten

Das Tätigkeitsfeld der öffentlich-rechtlichen Rundfunkanstalten setzt sich aus drei Einzelbereichen zusammen, die auf Grund ihrer rechtlichen Eigenart gesondert betrachtet werden können, die in der täglichen Praxis der Programmveranstaltung aber in engem Zusammenhang stehen. Es handelt sich dabei um die erwähnte Grundversorgung, die gesetzlich zugewiesenen Aufgaben und den Autonomiebereich.

1. Grundversorgung – Bedeutung und Umfang

Der wichtigste Teil des Funktionsbereichs der öffentlich-rechtlichen Rundfunkanstalten ist die Grundversorgung. Hierbei handelt es sich um einen qualifizierten Kernbereich an Rundfunkaufgaben. Die Notwendigkeit ihrer Erfüllung ergibt sich unmittelbar aus Art. 5 Abs. 1 GG. Sie steht daher weder zur Disposition des Gesetzgebers noch unterliegt sie der Programmautonomie der einzelnen Rundfunkanstalt, sofern es um die Entscheidung geht, ob diese Aufgabe wahrgenommen werden soll.

Da Grundversorgung für die gesamte Bevölkerung ein umfassendes Programmangebot enthalten soll, setzt sie eine Mehrzahl von Programmen voraus:[12] nicht alle gebotenen Inhalte können in einem einzigen Programm untergebracht werden. Nach Auffassung des Bundesverfassungsgerichts gehören zur Grundversorgung auf jeden Fall die zum Zeitpunkt des Niedersachsen-Urteils terrestrisch verbreiteten Programme.[13] Dieser Bestand ist allerdings nicht statisch zu sehen, sondern unterliegt der Anpassung an veränderte Erfordernisse der Grundversorgung, etwa bei einer Änderung der Rezeptionsgewohnheiten der Rundfunkteilnehmer.[14] Im Hinblick auf den Inhalt der einzelnen Sendungen bedeutet Grundversorgung ein umfassendes Programmangebot. Dazu gehören Sendungen für Minderheiten[15] ebenso wie

System in Schieflage geraten; ders., Das vierte Rundfunkurteil des Bundesverfassungsgerichts: Kontinuität oder Wende?, NJW 1987, S. 217, 224. Die zeitliche Relativierung des Erfordernisses einer Grundversorgung durch die öffentlich-rechtlichen Rundfunkanstalten wird betont von E. Kull, Auf dem Wege zum dualen Rundfunksystem, AfP 1987, S. 365, 368 und C. Degenhart, Öffentlich-rechtlicher und privater Rundfunk im dualen Rundfunksystem, ZUM 1988, S. 47, 49. Dagegen K. Berg, Grundversorgung, Media Pespektiven, 1987, S. 265, 273

[12] BVerfGE 74, 297, 320

[13] BVerfGE 74, 297, 320; Das Niedersachsen-Urteil wurde am 4. November 1986 verkündet.

[14] Vgl. H. Goerlich/B. Radeck, aaO. FN 7, S. 58f.

[15] Vgl. dazu K. Berg, Der öffentlich-rechtliche Rundfunk unter den veränderten Bedingungen der Zukunft, Media Perspektiven 1985, S. 867ff.; V. Hassemer, Die Zu-

massenattraktive Programmbestandteile, beispielsweise Unterhaltungssendungen[16]. Auch für die Programmgestaltung können sich konkrete Verhaltenspflichten ergeben, etwa die Einhaltung eines genügend hohen Anteils an Eigenproduktionen, um dem Kulturauftrag gerecht zu werden oder die Ausstrahlung von Sendungen, die wesentlich für die Grundversorgung sind, zu Tageszeiten, zu denen sie auch tatsächlich von der gesamten Bevölkerung genutzt werden können.[17]

Wie das Bundesverfassungsgericht besonders hervorgehoben hat, bezeichnet die Grundversorgung keine Mindestversorgung, auf die der öffentlich-rechtliche Rundfunk beschränkt werden könnte, und auch keine Aufgabenteilung in dem Sinne, daß Grundversorgung dem öffentlich-rechtlichen Rundfunk, alles andere dagegen dem privaten Rundfunk vorbehalten ist.[18] Dies steht Bestrebungen entgegen, die auf einen Abbau der als Überversorgung bezeichneten Programmaktivitäten der Rundfunkanstalten zielen.[19]

Läßt sich der Umfang der Grundversorgung positiv nicht abschließend bestimmen, ist immerhin eine Aussage darüber möglich, was derzeit nach Auffassung des Bundesverfassungsgerichts nicht zur Grundversorgung gehört, was freilich nicht bedeutet, daß den Rundfunkanstalten damit der Zugang endgültig versagt wäre. Es handelt sich im einzelnen um folgende Bereiche:

- lokale Rundfunkprogramme, weil die Themenvielfalt für ein umfassendes Programmangebot in diesem Bereich zu begrenzt ist;[20]
- Spartenprogramme, weil sie thematisch begrenzt sind und sich daher nur

kunft des öffentlich-rechtlichen Rundfunks, sowie P. Glotz, Plädoyer gegen ein Ghetto für Kultur, Der Tagesspiegel Berlin, 10. 8. 1986

16 W. Enz, Programmauftrag und Einschaltquote, ZUM 1987 S. 63, 73; a. A. R. Ricker, Die Grundversorgung als Aufgabe des öffentlich-rechtlichen Rundfunks, ZUM 1989, S. 331, 335

17 M. Bullinger, Koordination im öffentlich-rechtlichen Rundfunk, 1987, S. 43 ff.; zu weiteren Folgerungen aus der Grundversorgung, etwa beim Zugang zur Information oder der Frequenzverteilung E. Fuhr, Der öffentlich-rechtliche Rundfunk im dualen Rundfunksystem, ZUM 1987, S. 145, 151 ff.; für die Gegenseite vgl. R. Ricker, Grundversorgung kontra Vertragsfreiheit – Anspruch öffentlich-rechtlicher Rundfunkanstalten auf unentgeltliche Kurzberichterstattung über Fußballveranstaltungen?, ZUM 1988, S. 311 ff.

18 BVerfGE 74, 297, 326

19 Vgl. die medienpolitische Analyse des Bundesinnenministeriums, epd Nr. 98 v. 13. 12. 1986; K. Seemann, Die medienpolitische Situation nach dem 4. Rundfunkurteil, ZRP 1987, S. 37, 39 mit konkreten Vorschlägen zum Entzug von Werbung, Frequenzen etc.; vgl. ferner E. Kull, Rundfunk-Grundversorgung, AfP 1987, S. 462, 463 f., der Grundversorgung mit Grundnahrungsmitteln, Grundbedürfnissen und dem Sprachgebrauch im Sozialhilferecht assoziiert. Dagegen K. Berg, Grundversorgung, Media Perspektiven 1987, S. 265, 266, der einen Bezug zu Begriffen wie Grundgesetz, Grundrechte, Grundwerte herstellt.

20 BVerfGE 74, 297, 327

an einen begrenzten Teilnehmerkreis und nicht an die gesamte Bevölkerung richten;[21]

- Satellitenprogramme, weil sie nicht von allen empfangen werden. Sie werden zwar flächendeckend ausgestrahlt, doch fehlt bei Verwendung von Fernmeldesatelliten eine flächendeckende Verkabelung, bei Direktsatelliten ist wegen der hohen Aufwendungen für die Empfangseinrichtungen in nächster Zukunft ebenfalls kein flächendeckender Empfang zu erwarten.[22]
- Videotext, weil die beschränkte Kapazität kein umfassendes Programmangebot zuläßt.[23]

2. Aufgaben nach einfachem Gesetzesrecht

Die Aufgabenzuweisungen in den Landesrundfunkgesetzen und Staatsverträgen beschreiben das Tätigkeitsfeld der Rundfunkanstalten im wesentlichen anhand von drei Aspekten: Programmauftrag (dazu unten a), Rundfunkbegriff (dazu unten b) und Sendegebiet (dazu unten c).

a) „Gesetzlicher Programmauftrag"

Die wichtigste Aufgabenzuweisung, die in den einzelnen Gesetzen oder Staatsverträgen enthalten ist, ist die Generalklausel zur Veranstaltung von Rundfunksendungen oder Hörfunk- und Fernsehprogrammen.[24] Durch diese Ermächtigung wird in programmlicher Hinsicht der gesamte Tätigkeitsbereich der jeweiligen Rundfunkanstalt abgedeckt, ohne daß das einzelne Programm ausdrücklich im Gesetz genannt wird. Anders liegen die Dinge beim ZDF, dessen gesetzliche Aufgabenstellung sich auf die „Verbreitung des Zweiten Fernsehprogramms" erstreckt.[25] Dabei ist umstritten, ob dies auch durch eine Mehzahl von Programmen geschehen kann.[26] Doch ist der gesetzliche Programmauftrag des ZDF insofern weniger umfassend als derjenige der Landesrundfunkanstalten, als er jedenfalls den Hörfunk nicht erfaßt.

Der gesetzliche Programmauftrag erstreckt sich nicht nur auf die Veranstaltung von Programmen, er legt zugleich Anforderungen an den Inhalt dieser Programme fest. Die gesetzlichen Regelungen erfassen dabei mit im einzelnen unterschiedlicher Akzentuierung die Bereiche Information, Bil-

---

[21] ebd., S. 345

[22] ebd., S. 326

[23] ebd., S. 352

[24] Art.2 BR-G; § 2 HR-G; § 1 Abs.1 NDR-StV; § 1 Abs.3 RB-G; § 2 SFB-S; § 2 SDR-G; § 3 Abs. 3 SWF-StV; § 3 Abs.1 WDR-G; §§ 1 Abs. 1, 5 Abs. 1 Bundesrundfunkgesetz; vgl. ferner W. Enz, Programmauftrag und Einschaltquoe, ZUM 1987, S. 58, 59ff.

[25] § 1 Abs.1 ZDF-StV

[26] Vgl. dazu H. Rupp, Rechtsgutachten über Zulässigkeit und Voraussetzungen der Ausstrahlung zusätzlicher Fernsehprogramme durch das Zweite Deutsche Fernsehen, 1981, S. 13ff.

dung und Unterhaltung.[27] Ziel der Vorschriften ist es, ein Programmangebot mit vielfältigen Inhalten sicherzustellen und insbesondere den Rundfunkteilnehmern einen umfassenden und objektiven Überblick über das Weltgeschehen zu vermitteln.[28] Die von den Rundfunkgesetzen insoweit aufgestellten Anforderungen entsprechen weitgehend denjenigen, die die Grundversorgung ausmachen.[29] Sie sind daher als einfachgesetzliche Ausgestaltung einer verfassungsrechtlich gebotenen Rundfunkaufgabe anzusehen.

Neben diese umfassende Aufgabenzuweisung sind im Laufe der Zeit spezielle Ermächtigungen getreten. So werden nach § 1 des Länderabkommens über die Koordinierung des Ersten Fernsehprogramms vom 17. 4. 1959 die Landesrundfunkanstalten „ermächtigt und verpflichtet, gemeinsam ein Fernsehprogramm zu gestalten."[30] Eine spezielle Ermächtigung für die Satellitenprogramme von ARD und ZDF enthält der Staatsvertrag zur Neuordnung des Rundfunkwesens[31] ebenso wie die Ermächtigung zur Beteiligung an europäischen Kulturprogrammen[32]. An sehr versteckter Stelle bestehen schließlich noch spezielle Grundlagen für zusätzliche Hörfunkprogramme[33] oder Satellitenhörfunkprogramme.[34]

Damit ergibt sich in der Praxis folgende Situation: Die Mehrzahl der Programme wird ohne eine spezielle Grundlage veranstaltet, nämlich sämtliche Hörfunkprogramme sowie die dritten Fernsehprogramme der Landesrundfunkanstalten. Daneben gibt es in einer Reihe von Fällen gemeinsame Pro-

---

[27] Art. 4 Abs. 1, 2 BR-G; § 2 HR-G; § 5 NDR-StV; § 2 Abs. 1 RB-G; § 11 Abs. 6 LRG-Saarland; § 3 Abs. 3 SWF-StV; § 4 Abs. 1, 2 WDR-G; § 2 Satz 1 ZDF-StV; §§ 1 Abs. 1, 5 Abs. 1 BundesrundfunkG

[28] Dazu P. Badura, Information als Programmaufgabe des öffentlich-rechtlichen Rundfunks, in: Rundfunk und Fernsehen – Informationsrecht, Informationspflicht und Informationsstil, 1987, S. 35ff.

[29] s.o. unter I

[30] Es handelt sich dabei um das seit dem 1. 1. 1954 ausgestrahlte Erste Fernsehprogramm der ARD.

[31] Art. 2 Abs. 1 und 2; vgl. zu dem vorangegangenen Rechtsstreit um die Berechtigung zu diesen Programmen auch ohne spezielle Grundlage VGH Bad.-Württ., ZUM 1986, S. 295; VG München, BayVBl. 1986, S. 346; VGH München, BayVBl. 1986, S. 339 mit ablehnender Anmerkung von Kuch.

[32] In diesem Bereich zeigt sich besonders deutlich, wie eine zu starke innerstaatliche Durchnormierung des Tätigkeitsfeldes der Rundfunkanstalten diesen die für ihre Aufgabenerfüllung benötigte Flexibilität nimmt. Ausländische Veranstalter sind oft gegensätzlichen Organisations- und Finanzierungsprinzipien unterworfen. Werden für die Beteiligung deutscher Rundfunkanstalten an ausländischen Programmen vom deutschen Gesetzgeber Bedingungen festgelegt, die die ausländischen Veranstalter nicht erfüllen können, so führt dies im Ergebnis dazu, daß übernationale Programme nur ohne die Beteiligung der deutschen Rundfunkanstalten stattfinden können.

[33] Art. 3 Abs. 1 Saarländisches Gesetz über die Zustimmung zum Rundfunkstaatsvertrag, ABl. 1987, 1153

[34] § 3 Berliner Gesetz zum Rundfunkstaatsvertrag, GVBl. 1987, 2613; Art. 3 Abs. 2 Saarländisches Gesetz über die Zustimmung zum Rundfunkstaatsvertrag, ABl. 1987, 1153; Art. 14 Abs. 2 Staatsvertrag über die gemeinsame Nutzung eines Fernseh- und eines Hörfunkkanals auf Rundfunksatelliten (Südstaatsvertrag)

gramme, ohne daß sich hierfür spezielle gesetzliche Grundlagen fänden.[35] Für das ARD-Fernsehprogramm und die Satellitenprogramme wurde eine solche nachträglich geschaffen und nur für das ZDF existierte sie von Anfang an. Dieser Umstand erschwert die Bestimmung des Verhältnisses zwischen gesetzlichem Programmauftrag einerseits und Programmautonomie andererseits. Jedenfalls führt die Erwähnung eines Programms in einer speziellen gesetzlichen Vorschrift dazu, daß der Gesetzgeber diese von ihm selbst zugewiesene Aufgabe bei der Bemessung der Finanzierung berücksichtigen muß.

Das gesetzliche Aufgabenfeld erschöpft sich aber nicht in der Übertragung eines Programmauftrags. Es umfaßt auch weitere Tätigkeitsbereiche, die damit in Zusammenhang stehen. So ist ausdrücklich genannt die Verbreitung der von den Rundfunkanstalten veranstalteten Programme. Die Rundfunkanstalten haben also dafür zu sorgen, daß ihre Programme auch tatsächlich bis zum Teilnehmer gelangen. Dazu gehört die Ausstrahlung über eigene Sender,[36] soweit diese im Eigentum der Rundfunkanstalten stehen,[37] oder der Abschluß entsprechender Vereinbarungen mit der Deutschen Bundespost.[38]

Weitere Vorschriften betreffen die Zusammenarbeit zwischen den Landesrundfunkanstalten,[39] die Kooperation mit privaten Rundfunkunternehmen,[40] die Ausstrahlung von Werbung [41] sowie bei den Mehrländeranstal-

---

[35] Hierher gehören das ARD-Nachtprogramm im Hörfunk, ARD/ZDF-Vormittagsprogramm und die Zusammenarbeit bei den dritten Fernsehprogrammen zwischen NDR, RB und SFB sowie SDR, SWF und SR

[36] Art. 2, 20 BR-G; § 2 Abs. 2 HR-G; § 2 SFB-S; § 2 SDR-G; § 3 Abs. 2 WDR-G; § 3 Abs. 2 SWF-StV und § 9 NDR-StV enthalten die Verpflichtung zu gleichwertiger Versorgung des Sendegebiets.

[37] Das ist der Fall bei den Sendern für die Ausstrahlung der Hörfunkprogramme und des ersten Fernsehprogramms. Vgl. dazu BVerfGE 12, 205, 239f. und 2. Kapitel unter I 2. a)

[38] In diesen Bereich gehören das Programm des ZDF und die dritten Fernsehprogramme. Für die Ausstrahlung dieser Programme gibt es einen öffentlich-rechtlichen Vertrag zwischen Bundespost und Rundfunkanstalten, die Vereinbarung über technische Leistungen (VTL). Für die Verbreitung der Satellitenprogramme gibt es gesonderte Verträge.

[39] Art. 3 BR-G, § 10 NDR-StV, § 2 Satz 2 SFB-S, § 7 WDR-G, § 11 Abs. 5 LRG Saarland, § 15 BundesrundfunkG. In den anderen Rundfunkgesetzen sind entsprechende Bestimmungen nicht vorhanden.

[40] § 10 NDR-StV, § 3 Abs.3 WDR-G, § 33 Rundfunkgesetz für das Saarland. Vgl. zu dieser Frage auch BVerfGE 74, 296, 348 zu § 13 Abs. 4 LMedG B.-W. und die Bestimmungen in den Landesmediengesetzen, die die Möglichkeit einer Beteiligung der Rundfunkanstalten an den „Neuen Medien" regeln (Art. 27 BayMEG, § 23 Abs. 3 KPPG Berlin, § 30 LRG-NRW).

[41] Art. 4 Abs. 3 BR-G, § 35 NDR-StV, § 35 Abs. 1 LRG Saarland. § 16 Abs. 2 RB-G und § 23 Abs. 2 ZDF-StV regeln die Werbung im Zusammenhang mit der Finanzierung, § 4 SFB-S und § 3 Nr. 10 HR-G im Zusammenhang mit den Aufgaben des Rundfunkrats. Das WDR-G enthält für die Werbung besondere Programmgrundsätze, § 6a WDR-G, die nach Art. 3 RfStV auch für die anderen Anstalten gelten. Im SDR-G ist die Werbung in §§ 3 Abs. 2 Satz 2, 5 Abs. 4 Satz 2 erwähnt, lediglich im SWF-StV fehlt eine ausdrückliche Regelung.

ten NDR und SWF den Unterhalt von Studios in jedem der Vertragsländer.[42]

Ein Novum in der gesetzlichen Aufgabenbeschreibung findet sich in einigen Ausführungsgesetzen zum Rundfunkstaatsvertrag. Dort wird die Verwendung bestimmter Anteile der Rundfunkgebühr für genau bezeichnete Zwecke vorgesehen, wie etwa die Finanzierung technischer Innovationen,[43] die Schließung von Versorgungslücken [44] oder die Förderung des kulturellen Programmauftrags.[45] Dies mag für sich genommen zunächst unbedenklich scheinen, zumal mit der Übertragung der Aufgabe zugleich die Mittel zu ihrer Finanzierung zur Verfügung gestellt werden. Es läßt sich daran aber auch eine Entwicklung ablesen, die immer weniger der freien Entscheidung der Rundfunkanstalten überläßt und diese immer stärker in den staatlichen Regelungszusammenhang einbezieht. Würde jede Gebührenerhöhung mit einer Zweckbindung versehen, wäre der Verlust der finanziellen Selbständigkeit der Rundfunkanstalten die unvermeidliche Folge.

b) Die Tragweite des Rundfunkbegriffs

(1) Bedeutung und gesetzliche Grundlagen

Ein wichtiger Aspekt für den Umfang des Tätigkeitsbereiches der Rundfunkanstalten ist der Rundfunkbegriff, wie er in den Rundfunkgesetzen verwendet wird. Die dort enthaltenen Aufgabenzuweisungen beziehen sich – ungeachtet unterschiedlicher Formulierungen im einzelnen[46] – auf die Veranstaltung von Rundfunk, so daß die Frage auftauchen kann, welche Tätigkeiten davon konkret erfaßt werden. Ein praktisches Interesse hieran ergibt sich vor allem, wenn es darum geht, den Funktionsbereich im Verhältnis zu konkurrierenden Medien, namentlich der Presse abzugrenzen:[47] Eine Betätigung, die den Rundfunkanstalten verwehrt ist, weil es sich nicht mehr um Rundfunk handelt, steht dann den anderen Medien offen, ohne daß diese der Konkurrenz der Rundfunkanstalten ausgesetzt wären.

Die Auslegung des Rundfunkbegriffs entscheidet weiterhin darüber, in welchem Maße die Rundfunkanstalten auf den Gesetzgeber angewiesen sind,

---

[42] § 2 Abs. 2 NDR-StV, § 3 Abs. 2 SWF-StV

[43] § 2 Abs. 2 Berliner Gesetz zum RfStV, GVBl. 1987, 2613; Art. 2 Abs. 2 niedersächsisches Gesetz zum RfStV, GVBl. 1987, 183; Art.2 Abs. 3 Landesgesetz Schleswig-Holstein zum RfStV, GVBl. 1987, 233

[44] § 2 Landesgesetz R.-P. zum RfStV, GVBl. 1987, 353

[45] Art. 2 Abs. 2 Satz 2 Gesetz B.-W. zum RfStV, GBl. 1987, 511. Nach § 48a WDR-G hat der WDR bestimmte Mittel für die Filmförderung in Nordrhein-Westfalen zu verwenden; § 47 Abs. 4 HPRG

[46] vgl. Nachweise unten FN 51–54

[47] vgl. dazu den Tagungsbericht über die 40. Tagung des Studienkreises für Presserecht und Pressefreiheit, DÖV 1977, S. 50ff.; Würzburger Papier der Länder v. 25. 5. 1979 unter B., abgedr. bei Ring, Medienrecht, F-I 1.6

um sich dem technischen Fortschritt anzupassen.[48] Wird eine zu enge Definition gewählt, besteht die Gefahr der Abhängigkeit von staatlicher Aufgabenzuweisung und damit verbunden die Gefahr eines Verlustes der Funktionsfähigkeit. Das kann im Ergebnis nicht richtig sein, weil die Aufgaben der Rundfunkanstalten insoweit nicht zur Disposition des Gesetzgebers stehen, als sie unmittelbar auf Verfassungsrecht beruhen oder durch Verfassungsrecht geschützt sind. Damit stünde es im Widerspruch, dem Gesetzgeber eine zu weitgehende Definitionsmacht über den Rundfunkbegriff einzuräumen.

Die Auseinandersetzung um den Rundfunkbegriff hat bereits in anderen Fällen Bedeutung erlangt, die im vorliegenden Zusammenhang aber nur von beschränkter Aussagekraft sind. So entscheidet die Zuordnung eines Dienstes zum Rundfunk u.U. darüber, ob er den vom Bundesverfassungsgericht aus Art. 5 Abs. 1 Satz 2 GG entwickelten Anforderungen an die Organisation von Rundfunksendungen zu unterwerfen ist.[49] Schließlich entscheidet die Einstufung als Rundfunk auch über die Kompetenzen im Verhältnis zwischen Bund und Ländern. Sind für den Rundfunk ausschließlich die Länder zuständig, besteht bei einem reinen Fernmeldedienst für den Bund die Möglichkeit inhaltlicher Regelung im Rahmen einer Benutzungsverordnung.[50]

Die in den ursprünglichen Fassungen der Rundfunkgesetze enthaltenen Formulierungen waren unterschiedlich. Die dadurch hervorgerufenen Unsicherheiten wurden durch eine authentische Interpretation des Gesetzgebers in Art. 1 des Rundfunkgebührenstaatsvertrages beseitigt. Die Vorschrift lautet: „Rundfunk ist die für die Allgemeinheit bestimmte Veranstaltung und Verbreitung von Darbietungen aller Art in Wort, in Ton und in Bild unter Benutzung elektrischer Schwingungen ohne Verbindungsleitung oder längs oder mittels eines Leiters."[51] Damit besteht für die vor dem Inkrafttreten des Rundfunkgebührenstaatsvertrages verabschiedeten Rundfunkgesetze eine

[48] H. D. Jarass, In welcher Weise empfiehlt es sich, die Ordnung des Rundfunks zu regeln?, Verhandlungen des 56. Deutschen Juristentages, Teil G, Rdn 84, hält die herkömmlichen wie die ihnen ähnlichen Dienste für durch die allgemeine Ermächtigung gedeckt und verlangt bei völlig neuartigen Diensten eine Klarstellung durch den Gesetzgeber im Hinblick auf die Wesentlichkeitstheorie, nach der das Wesentliche vom Gesetzgeber selbst zu regeln ist.

[49] M. Bullinger, Strukturwandel von Rundfunk und Presse, NJW 1984, S. 385, 388; ders., Rechtsfragen der elektronischen Textkommunikation, 1984, S. 11ff.; J. Scherer, Rechtsprobleme des Staatsvertrags über Bildschirmtext, NJW 1983, S. 1832ff.

[50] Die Benutzungsverordnungen der Individualkommunikation sind inzwischen zusammengefaßt in der Telekommunikationsordnung v. 16. 7. 1987, BGBl. I, 1761

[51] Der technische Teil der Definition orientiert sich an der Definition der „Funkanlage" in § 1 Abs. 1 Satz 2 des Fernmeldeanlagengesetzes: „Funkanlagen sind elektrische Sendeeinrichtungen sowie elektrische Empfangseinrichtungen, bei denen die Übermittlung oder der Empfang von Nachrichten, Zeichen, Bildern oder Tönen ohne Verbindungsleitungen oder unter Verwendung elektrischer, an einem Leiter entlanggeführter Schwingungen stattfinden kann." Diese Vorschrift wurde durch die Novellierung im Rahmen des PoststrukturG nicht verändert.

einheitliche Rechtslage,[52] in manchen neueren Gesetzen wird die Definition ausdrücklich übernommen,[53] in anderen Fassungen auf die ausdrückliche Erwähnung einer bestimmten Technik ganz verzichtet.[54]

Gesonderte Behandlung erfahren in manchen Rundfunkgesetzen die Textdienste, nachdem es auf diesem Gebiet zu Beginn der achtziger Jahre Auseinandersetzungen mit der Presse gegeben hatte. Im Hinblick auf Videotext, der als Bestandteil des Rundfunksignals zusammen mit dem normalen Programm ausgestrahlt wird, war dies nur erforderlich, soweit man Videotext nicht als Rundfunk ansieht, andernfalls haben die Regelungen lediglich klarstellenden Charakter.[55]

(2) Die Elemente des Rundfunkbegriffs

Wie sich bereits aus dem Wortlaut ergibt, sind zwei Komponenten für den „Rund-funk" bestimmend: Zum einen die Verwendung der Technik des „Funks", zum anderen die Erzielung einer publizistischen Wirkung durch eine „Rund-"strahlung. Der Schwerpunkt liegt dabei auf der publizistischen Seite, weil aus der Einwirkung auf die öffentliche Meinungsbildung sich die besondere Rolle des Rundfunks und die besonderen Anforderungen an seine Organisation rechtfertigen.[56] Von einer derartigen Wirkung auf die öffentliche Meinungsbildung geht die gesetzliche Definition im Gebührenstaatsvertrag aus, wenn die Ausstrahlung an die „Allgemeinheit" erfolgt. Das ist dann der Fall, wenn es sich um einen individuell nicht bestimmbaren Personenkreis handelt,[57] der nicht durch persönliche Beziehungen untereinander oder zum Veranstalter sich als Gruppe abgrenzen läßt. Demgegenüber kommt es auf den Programminhalt nicht an,[58] ebenso lassen die zahlenmäßige Größe des

---

52 Der Rundfunkgebührenstaatsvertrag wird durch die Zustimmungsgesetze in Landesrecht transformiert und geht den älteren Rundfunkgesetzen vor. Dies ist die Rechtslage für HR, SFB, SDR, SWF.

53 § 1 Abs. 2 RB-G; § 2 Abs. 1 WDR-G

54 Art. 2 BR-G; § 1 Abs. 1 NDR-StV; § 11 Abs. 2 LRG-Saarland

55 Es handelt sich um folgende Vorschriften, die teils Videotext teils Bildschirmtext betreffen: Art. 15 Abs. 2 BR-G; § 39 Abs. 2 LMedG B.-W.; § 38 Nr. 2a, b NDR-StV; § 3 Abs. 3 WDR-G; § 11 Abs. 3 LRG Saarland. Dazu Hartstein/Ring/Kreile, Rundfunkstaatsvertrag, 1989, S. 202, Rdn 85ff.

56 So OVG Münster, DÖV 1978, S. 519; zur publizistischen Funktion des Rundfunks und den daraus abgeleiteten verfassungsrechtlichen Anforderungen oben 2. Kapitel unter II 1.; vgl. ferner Hartstein/Ring/Kreile, aaO. FN 55, die nach den Merkmalen in Art. 1 des Rundfunkgebührenstaatsvertrages negativ ausgrenzen, was jedenfalls nicht mehr zum Rundfunk gehört. Dort auch Darstellung zahlreicher Grenzfälle.

57 Das ist auch das Merkmal, das BVerfGE 27, 71, 83 zur Bestimmung der Allgemeinzugänglichkeit einer Informationsquelle i.S.v. Art. 5 Abs. 1 Satz 1 GG verwendet. Der Rundfunk ist daher per definitionem eine allgemein zugängliche Informationsquelle.

58 P. Lerche, Rundfunkmonopol, 1970, S. 27; G. Paptistella, Zum Rundfunkbegriff des Grundgesetzes, DÖV 1978, S. 495, 500

Teilnehmerkreises als solche und das Ausstrahlungsgebiet die Rundfunkeigenschaft unberührt.[59]

Ist entscheidend die publizistische Wirkung des Rundfunks, dann ist es eine zweitrangige Frage, welcher Mittel er sich dazu bedient.[60] Wohl muß es sich um ein Übertragungsmittel handeln, das sich dem Bereich des Funks zurechnen läßt, also unter Verwendung elektromagnetischer Wellen betrieben wird. Doch darf der Rundfunkbegriff nicht starr mit einer bestimmten technischen Modalität verbunden werden, er ist wegen der ständig fortschreitenden technischen Entwicklung vielmehr zukunftsoffen zu sehen.[61] Dies ergibt sich im Hinblick auf die Rundfunkanstalten aus dem Umstand, daß sie Träger des Grundrechts der Rundfunkfreiheit sind, Art. 5 Abs. 1 Satz 2 GG aber an keine bestimmte Verbreitungstechnik anknüpft, sondern die Garantie der Rundfunkfreiheit für zukünftigen Wandel offengehalten werden sollte.[62] Auch das Bundesverfassungsgericht ging in seinem Fernsehurteil von 1961 nicht von einer bestimmten Übertragungstechnik aus.[63] Es ist daher die Auffassung verbreitet, der verfassungsrechtliche Rundfunkbegriff sei weit gefaßt,[64] er erstrecke sich auf jegliche fernmeldetechnische Übermittlung von Informationen an die Allgemeinheit.[65] Dies deckt sich mit dem in Art. 1 des Rundfunkgebührenstaatsvertrages verwendeten Rundfunkbegriff.

Gegenüber dieser tatbestandlichen Weite hat es in neuerer Zeit Versuche einer Neubestimmung gegeben, die im Ergebnis zu einer Verengung des Rundfunkbegriffs führen. Dabei wurde argumentiert, der entscheidende Gesichtspunkt für die publizistische Wirkung des Rundfunks sei der planmäßige Ablauf des Programms. Demgegenüber zeichne sich im Wege der künftigen technischen Entwicklung die Möglichkeit ab, alle für ein Rundfunkprogramm nur denkbaren Bestandteile in einem zentralen Speicher unterzubringen, aus dem sie von dem einzelnen Teilnehmer abgerufen werden könnten. Weil durch die Segmentierung und Individualisierung der Information die

---

59 P. Lerche, aaO. FN 58, S. 29, 30; Pay-TV und Rundfunkbegriff, Problempapier der Landesmedienanstalten, ZUM 1989, S. 514ff.; a. A. Ch. Schwarz-Schilling, Pay-TV und doch kein Rundfunk, ZUM 1989, S. 487ff.

60 OVG Münster, DÖV 1978, S. 519; A. Scharf, Aufgabe und Begriff des Rundfunks, BayVBl. 1968, S. 337, 341

61 Würzburger Papier der Länder A. 1., abgedruckt bei Ring, Medienrecht, F-I 1.6; Fuhr/Krone, Pay-TV und Rundfunkbegriff, FuR 1983, S. 513, 517; OVG Münster, DÖV 1978, 519, 520 m.w.N.;

62 vgl. die Stellungnahmen der Abgeordneten Dr. Heuß und Dr. Süsterhenn zur Rundfunkorganisation in JöR N. F. 1 (1950/51), S. 86

63 BVerfGE 12, 205, 223

64 W. Rudolf, Presse und Rundfunk, S. 900, in: I. v. Münch, Besonderes Verwaltungsrecht, 8. Aufl., 1988

65 J. Scherer, Telekommunikationsrecht und Telekommunikationspolitik, 1985, S. 600ff.; W. Hoffmann-Riem, Medienrecht, S. 476ff., in: Hoffmann-Riem/Koch (Hrsg.), Hamburgisches Staats- und Verwaltungsrecht, 1988; M. Stock, Medienrecht, S. 681, in: Grimm/Papier, Nordrhein-Westfälisches Staats- und Verwaltungsrecht, 1986, stellt darauf ab, ob es einer funktionstüchtigen Rundfunkstruktur bedarf.

Auswahlfunktion vom Veranstalter auf den Teilnehmer verlagert sei, bestünden die typischen Gefahren der Meinungsmanipulation nicht mehr und es handle sich deswegen nicht um Rundfunk.[66] Diese Überlegungen haben ihren Niederschlag auch in gesetzlichen Bestimmungen gefunden. So unterschied das Landesmediengesetz Baden-Württemberg zwischen Rundfunk und rundfunkähnlichen Diensten, denen auch der oben geschilderte Abrufdienst zugerechnet wurde. Die Zulassung der Landesrundfunkanstalten zu Abrufdiensten sollte nur mit besonderer gesetzlicher Grundlage möglich sein[67]. Die entsprechende Bestimmung wurde vom Bundesverfassungsgericht auf Verfassungsbeschwerden der betroffenen Landesrundfunkanstalten für verfassungswidrig erklärt. Die Einlassung der Landesregierung, eine Verletzung der Rundfunkfreiheit sei ausgeschlossen, weil es sich gar nicht um Rundfunk i.S.v. Art. 5 Abs. 1 Satz 2 GG handle,[68] wies das Bundesverfassungsgericht zurück. Der in Art. 5 Abs. 1 Satz 2 GG verwendete Begriff „Rundfunk" lasse sich nicht in einer ein für allemal gültigen Definition erfassen. Die Funktion der Rundfunkfreiheit, freie individuelle und öffentliche Meinungsbildung zu ermöglichen, müsse auch angesichts der neuen technischen Möglichkeiten erhalten bleiben und dürfe nicht durch die Beschränkung auf eine bestimmte Technik obsolet gemacht werden.[69] Aus diesem Grund stellte der Ausschluß der Rundfunkanstalten von Abrufdiensten einen Eingriff in ihre Rundfunkfreiheit dar. Auch hieran zeigt sich, daß es entscheidend auf die publizistische Seite der Veranstaltung ankommt.

c) Sendegebiet

Das dritte Element, das über die Reichweite der gesetzlich übertragenen Aufgaben entscheidet, ist das Sendegebiet. Dieses ist in einem Teil der Rundfunkgesetze ausdrücklich definiert.[70] Es umfaßt bei den Landesrundfunkanstalten das Gebiet des Landes, in dem die Rundfunkanstalt ihren Sitz hat, bei den Mehrländeranstalten das Gebiet der Vertragsländer. Auch bei den Gemeinschaftsprogrammen mehrerer Anstalten bleibt das Sendegebiet insoweit unverändert, als jede Anstalt für ihren Ausstrahlungsbereich die rundfunkrechtliche Verantwortung für das gesamte Programm behält.[71] Besonderes gilt für die Bundesrundfunkanstalten: Da der Bund für Inlandsrundfunk keine Kompetenz besitzt, kann sich das gesetzliche Sendegebiet nur auf das

---

66 M. Bullinger aaO. FN 49 m.w.N.; BayVfGH n.F. 39, 96, 164ff.

67 §§ 1 Abs. 3 Nr. 1 i.V.m. 45 Abs. 2 LMedG B.-W.

68 BVerfGE 74, 297, 312

69 BVerfGE 74, 297, 350f.; ebenso H. Bethge, Verfassungsrechtliche Grundlagen, S. 74, 95ff., in: Fuhr/Rudolf/Wasserburg, Das Recht der Neuen Medien, 1989

70 § 1 Abs. 1 NDR-StV; § 1 Abs. 3 RB-G; § 2 SDR-G; § 3 Abs. 1 SWF-StV; § 3 Abs. 2 WDR-G; § 11 Abs. 1 LRG Saarland; §§ 1 Abs. 1, 5 Abs. 1 Bundesrundfunkgesetz. Keine Bestimmungen zum Sendegebiet enthalten BR-G, HR-G, SFB-G.

71 Zum Sendegebiet der ARD BVerwGE 75, S. 67

Ausland erstrecken.[72] Eine Empfangbarkeit im Inland darf nur Folge eines technisch unvermeidbaren Overspills und nicht die eigentliche Intention der Veranstaltung sein.

Anhaltspunkte für das Sendegebiet können sich auch aus einer Ermächtigung zur Nutzung der Satellitentechnik ergeben,[73] weil sich der Ausstrahlungsbereich eines Satelliten weder auf das Gebiet eines Bundeslandes noch der Bundesrepublik begrenzen läßt. Aus diesem Grunde ist die bundesweite Verbreitung der dritten Fernsehprogramme von BR und WDR vom gesetzlich vorgesehenen Sendegebiet umfaßt, weil in beiden Fällen das Gesetz den Anstalten die Nutzung der Satellitentechnik erlaubt. Von dieser landesinternen Ermächtigung zu unterscheiden ist der bundesstaatliche Aspekt. Da jedes Bundesland für ein verfassungsgemäßes Funktionieren seines Rundfunksystems verantwortlich ist, muß es die entsprechenden Gestaltungsmöglichkeiten haben. Die Einstrahlung eines Programms aus einem anderen Bundesland setzt daher die Zustimmung des betroffenen Landes voraus. Wird ein Programm über Fernmeldesatellit verbreitet, dann liegt die Zustimmung in der Einspeisungsregelung für die Kabelnetze.[74] Bei direkt empfangbaren Satelliten ist dagegen eine einstimmige Kanalvergabe aller Bundesländer erforderlich.[75]

3. Der Funktionsbereich außerhalb der Sendung von Programmen

Die Hauptaufgabe der Rundfunkanstalten besteht in der Veranstaltung und Verbreitung von Rundfunkprogrammen. Es kann daher die Frage auftauchen, ob andere Tätigkeiten noch zum Funktionsbereich der Anstalten gehören und damit zulässigerweise wahrgenommen werden dürfen. Zu der Kategorie derjenigen Tätigkeiten, die nicht in der Sendung von Programmen bestehen, rechnet die Vorbereitung der Sendung, beispielsweise der Kauf von für die Sendung benötigtem Material oder technischen Geräten sowie die Einstellung von Personal. Weiterhin gehören hierher programmbegleitende Aktivitäten wie beispielsweise Information über den Programminhalt oder die Herausgabe von Begleitmaterial, um die optimale Nutzung der Sendung durch den Rundfunkteilnehmer zu ermöglichen. Schließlich ist an die Phase nach der Sendung zu denken, wenn etwa durch den Verkauf von Eigenpro-

---

[72] Nach § 1 Abs. 1 BundesrundfunkG ist Sendegebiet der DW das Ausland, des DLF nach § 5 Abs. 1 Deutschland und das europäische Ausland. Zur Bundeskompetenz s. o. 2. Kapitel unter I 3. a)

[73] Art. 15 Abs. 1 BR-G; § 3 Abs. 3 WDR-G; Art. 1 Abs. 3–5 RfStV

[74] Nach Art. 11 RfStV ist die Einspeisung bundesweiter Rundfunkprogramme zulässig, wenn sie am Ursprungsort in zulässiger Weise veranstaltet werden. Diese Voraussetzung ist bei den dritten Fernsehprogrammen der Rundfunkanstalten erfüllt.

[75] BVerfGE 73, 118, 196; Nach Art. 1 Abs. 7 RfStV sind für die Vergabe von Satellitenkanälen Verfahrensgrundsätze zwischen den Ländern vereinbart worden.

duktionen an ausländische Sender die Produktionskosten gesenkt werden sollen.[76]

Stellt dieser Bereich außerhalb der Programmveranstaltung auch keinen Schwerpunkt in der Tätigkeit der Rundfunkanstalten dar, bildet er doch den Gegenstand von Auseinandersetzungen im politischen Raum und im juristischen Schrifttum. Dabei wird meistens die Bezeichnung „wirtschaftliche Betätigung“ verwendet, die insofern nicht ganz zutreffend ist, weil sie in gewisser Weise das Ergebnis bereits vorwegnimmt: Unzulässigkeit der betreffenden Aktivität.[77] Dahinter steht die Absicht, den Rundfunkanstalten den Zugang zu solchen Tätigkeiten zu verwehren, die auch von der Privatwirtschaft gewinnbringend ausgeübt werden können und auf diese Weise anderen Interessenten vorzubehalten.[78] Ernster zu nehmen ist dagegen ein zweiter Gesichtspunkt: Es ist zu Recht darauf hingewiesen worden, die besondere verfassungsrechtliche Legitimation des öffentlich-rechtlichen Rundfunks schwinde in dem Maße, wie er sich wie ein Quasi-Wirtschaftsunternehmen

---

[76] Weitere Beispiele bei Hartstein/Ring/Kreile, Rundfunkstaatsvertrag, 1989, Art. 3 Rdn 27ff. und T. Maunz, Die Grenzen der Betätigung öffentlich-rechtlicher Rundfunkanstalten, DVBl. 1974, S. 1, 6f.

[77] Stellt man allein auf die wirtschaftliche Dimension ab, so könnte man mit gleichem Recht die eigentliche Programmveranstaltung der Kategorie „wirtschaftliche Betätigung“ zuschlagen, ohne daraus jedoch irgendeine konkrete rechtliche Folgerung ziehen zu können, da die Zulässigkeit der Programmveranstaltung nicht bestreitbar ist.

[78] Dies wird besonders deutlich bei der Diskussion um die Herausgabe einer rundfunkeigenen Programmzeitschrift. Derzeit werden die Programminformationen der Rundfunkanstalten durch die private Presse mit einer wöchentlichen Auflage von 15 Mio. und der dementsprechenden Gewinnspanne an die Öffentlichkeit verkauft. Für die Rundfunkanstalten kann sich die Notwendigkeit einer eigenen Unterrichtung der Öffentlichkeit ergeben, wenn die Herausgeber der Programmzeitschriften selbst Rundfunk veranstalten und nicht mehr objektiv über die Programme der Konkurrenz informieren. Zum Problem F. Kübler, Rundfunkauftrag und Programminformation, 1985; H. Bethge, Das Recht der öffentlich-rechtlichen Rundfunkanstalten zur Herausgabe von Programmzeitschriften, JZ 1986, S. 366ff.; zur Gegenposition R. Scholz, Rundfunkeigene Programmpresse?, 1982; aus kartell- und wettbewerbsrechtlicher Sicht P. Ulmer, Programminformationen der Rundfunkanstalten, 1983; V. Emmerich/U. Steiner, Möglichkeiten und Grenzen der wirtschaftlichen Betätigung der öffentlich-rechtlichen Rundfunkanstalten, 1986, S. 95ff. mit der Begründung, gedruckte Programminformationen seien „Presse“ und daher dem öffentlich-rechtlichen Rundfunk nicht erlaubt. – Demgegenüber ist die Zulässigkeit der Herausgabe von Telekollegmaterial – ebenfalls Presse, da gedruckt, der Filmförderung oder der Gründung von Rundfunkorchestern bisher nicht bestritten worden, obwohl kein anders gearteter Sachzusammenhang als bei der Programminformation vorliegt. Der entscheidende Unterschied liegt vielmehr darin, daß mit diesen Tätigkeiten kein Gewinn erzielt wird und sie damit für Private uninteressant sind. Von der praktischen Interessenlage daher zutreffend Hartstein/Ring/Kreile, Rundfunkstaatsvertrag, 1989, Art. 3 Rdn 26, die die Zulässigkeit der Nebentätigkeiten nach der Höhe der damit verbundenen Einnahmen für die Rundfunkanstalt beurteilen, dabei allerdings das Gebot rechtsstaatlicher Bestimmtheit nicht berücksichtigen.

geriere.[79] Diese Beobachtung steht jedoch nicht der Feststellung entgegen, daß die meisten Rundfunkgesetze nur das Ziel der Rundfunktätigkeit vorgeben, ohne sich zu den Mitteln zu äußern, die zu seiner Erreichung eingesetzt werden dürfen. Ausgangspunkt für die Bestimmung des Aktionsradius der öffentlich-rechtlichen Rundfunkanstalten muß daher die ihnen zugewiesene Funktion eines Mediums und Faktors der öffentlichen Meinungsbildung sein.[80] Was zur Erfüllung dieser Aufgabe erforderlich ist, ist dann bereits vom Aufgabenbereich der Anstalt unmittelbar legitimiert.[81] Es stellt sich daher im Einzelfall immer die Frage des Sachzusammenhangs.[82] Er ist für alle Tätigkeiten gegeben, die Voraussetzung für die Herstellung, Verbreitung und Wirksamkeit des Programms sind.[83]

Die Fälle programmbezogener Hilfstätigkeiten sind zu trennen von der sogenannten „Randnutzung“, die dann vorliegt, wenn bei Gelegenheit der Programmveranstaltung, nicht aber in Ausübung derselben andernfalls brach liegendes Potential genutzt wird, das im übrigen aber der primären Anstaltsaufgabe dient.[84] Grundlage hierfür ist das Gebot wirtschaftlicher und sparsamer Haushaltsführung, das in mittelbarem Zusammenhang steht mit der eigentlichen Aufgabenerfüllung, sowie das Selbstverwaltungsrecht der Anstalten.[85] Ein typischer Fall der Randnutzung wäre die Vermietung eines Studios, das notwendigerweise insgesamt vorgehalten werden muß, aber nicht die gesamte Zeit benötigt wird, ebenso wie die Verwertung von Eigenproduktionen, deren Rechte bei der Rundfunkanstalt liegen.[86]

Die hier zur Ermittlung des Funktionsbereichs der Rundfunkanstalten außerhalb der Sendung dargestellten Gesichtspunkte – Sachzusammenhang und

---

[79] P. Lerche, Verfassungsfragen zum Entwurf der Landesregierung Nordrhein-Westfalen eines Gesetzes über den Westdeutschen Rundfunk Köln, AfP 1984, S. 183, 191

[80] H. Bethge, Zur Frage einer staatlichen Bestands- und Entwicklungsgarantie für den öffentlich-rechtlichen Rundfunk, JöR n.F. 35 (1986), S. 103, 112

[81] E.-W. Fuhr, ZDF-Staatsvertrag, 2. Aufl. 1985, § 1 III 1b, ccc.

[82] F. Kübler, aaO. FN 78, S. 23ff., der aus § 1 Abs. 2 SDR-Satzung einen allgemeinen Rechtsgrundsatz entnimmt. Vgl. ferner T. Maunz, aaO. FN 76, S. 1, 3; H. P. Ipsen, Zum Funktionsbereich der öffentlich-rechtlichen Rundfunkanstalten außerhalb der unmittelbaren Programmveranstaltung, DÖV 1974, S. 721, 732

[83] Sachzusammenhang beispielsweise bejaht von OLG Stuttgart für die Zusammenarbeit mit einem Verlag, der ein Buch als Hilfsmittel zu einem Kriminalratespiel des ZDF herausgab, AfP 1988, S. 76ff.

[84] A. Scharf, Wirtschaftliche Betätigung der Rundfunkanstalten, FuR 1972, S. 279, 283; Heftig umstrittener Fall einer Randnutzung war vor seiner gesetzlichen Regelung der Werbefunk, vgl. dazu OLG München NJW 1958, S. 1298; H. Ipsen, Zur Legalität des Werbefernsehens, NJW 1963, S. 2049; P. Lerche, Rechtsprobleme des Werbefernsehens, 1965

[85] H. P. Ipsen, aaO. FN 82, S. 721, 729ff.; T. Maunz, aaO. FN 76, S. 1, 3; R. Scholz, aaO. FN 78, S. 26 sieht in der Randnutzung einen Fall der Annexzuständigkeit.

[86] Der zuletzt genannte Fall ist auch über das Kriterium des Sachzusammenhangs zu lösen, wenn nur durch den späteren Verkauf im Rahmen der Gesamtkalkulation die Produktion überhaupt ermöglicht wird.

Randnutzung – sind nicht unumstritten geblieben. So ist eingewendet worden, ein Sachzusammenhang sei jederzeit herstellbar. Es bedürfe daher insbesondere wegen der Auswirkungen der Finanzierung auf die Programmgestaltung einer gesetzlichen Grundlage.[87] Außerdem handele es sich bei den öffentlich-rechtlichen Rundfunkanstalten außerhalb der eigentlichen Programmveranstaltung um Anstalten wie jede andere. Seien sie bei der erwerbswirtschaftlichen Betätigung der mittelbaren Staatsverwaltung zuzurechnen sei auch aus diesem Grunde eine ausdrückliche gesetzliche Ermächtigung erforderlich.[88] Dem sind verschiedene Einwände entgegenzuhalten. So dürfen die öffentlich-rechtlichen Rundfunkanstalten nicht allein wegen ihrer Rechtsform der mittelbaren Staatsverwaltung gleichgesetzt werden.[89] Unter Aspckten des Vorbehalts des Gesetzes ist eine Regelung durch den Gesetzgeber für das Wesentliche geboten, nicht aber für jedes Detail. Durch die Zuweisung der Programmaufgabe ist das Wesentliche normiert. Für die damit zusammenhängenden Hilfstätigkeiten bedarf es dann keiner zusätzlichen Ermächtigung in einem formellen Gesetz. Eine enumerative Aufzählung aller „wirtschaftlichen Tätigkeiten" ist auch prakisch nicht durchführbar.[90] Ein derartiger Versuch würde nur die Anpassungsfähigkeit der Rundfunkanstalt an veränderte Umstände vermindern [91] und zu einer erhöhten Abhängigkeit vom Gesetzgeber führen.

4. Selbstverwaltung/Autonomiebereich

Der Begriff der Selbst„verwaltung" hat sich in Bezug auf die Rundfunkanstalten eingebürgert, obwohl es sich genaugenommen nicht um Verwaltung im Sinne der Erfüllung staatlicher Aufgaben handelt, auch nicht um mittelbare Staatsverwaltung.[92] Der Begriff bezeichnet vielmehr die Wahrnehmung der den Rundfunkanstalten zugewiesenen Aufgaben in eigener Verantwortung. Die Selbstverwaltung ist die Konsequenz aus dem Gebot der Staatsfreiheit des Rundfunks, die eine staatliche Beeinflussung der Tätigkeit der Rundfunkanstalten ausschließt. Anders als etwa im Rahmen der gemeindlichen Selbstverwaltung ist eine staatliche Rechtsaufsicht nur in eingeschränkter Form zulässig.[93] Die Bestimmungen in den Rundfunkgesetzen über die Selbstverwaltung haben daher lediglich deklaratorische Bedeutung.[94]

---

[87] V. Emmerich/U. Steiner, aaO. FN 78, S. 49, 54

[88] Emmerich/Steiner, aaO. FN 78, S. 36; P. Lerche, aaO. FN 79, S. 289; R. Scholz, aaO. FN 78, S. 24. Die Prüfung der Zulässigkeit des Umfangs der wirtschaftlichen Betätigung öffentlich-rechtlicher Rundfunkanstalten ist Gegenstand eines Normenkontrollverfahrens vor dem Bundesverfassungsgericht gegen das WDR-G, das Urteil wird noch für 1990 erwartet. Zu dieser Entscheidung nach ihrer Verkündung A. Hesse, Rechtsprechungsbericht in RuF

[89] Zu den Einzelheiten s. u. III

[90] A. Scharf, aaO. FN 84, S. 281

[91] F. Kübler, aaO. FN 78, S. 23f.

[92] Vgl. im Einzelnen unter III

[93] Zu den Einzelheiten der Rechtsaufsicht vgl. unter VI

[94] Art. 1 Abs. 1 Satz 2 BR-G; § 1 Abs. 1 Satz 2 HR-G; § 1 Abs. 2 NDR-StV; § 1 Abs. 1 Satz 2 RB-G; § 3 Abs. 2 SDR-G; § 1 Satz 2 SWF-StV; § 10 Abs. 1 Satz 2 LRG

Das Recht der Selbstverwaltung besteht zunächst innerhalb des Funktionsbereichs der Rundfunkanstalten, wenn es um die Frage geht, wie die zugewiesenen Aufgaben erfüllt werden sollen. Kernbereich der Anstaltstätigkeit ist die Programmgestaltung. Hier kann die einzelne Rundfunkanstalt eigenverantwortlich darüber entscheiden, was Inhalt des Programms wird und wie dieser Inhalt dargeboten wird. Man spricht insoweit von der Programmautonomie. Weitere Bereiche der Selbstverwaltung umfassen die Entscheidungen über Personalfragen und die Verwendung der Haushaltsmittel ebenso wie die Schaffung einer geeigneten Organisationsstruktur, die auch in der Gründung von Tochtergesellschaften oder Gemeinschaftseinrichtungen bestehen kann. Schließlich gehört zur Selbstverwaltung die Satzungsautonomie.[95] Die derzeit geltenden Satzungen der Rundfunkanstalten regeln vornehmlich Fragen der Organisation, insbesondere Verfahren und Zuständigkeiten der Anstaltsorgane, soweit diese nicht durch Gesetz festgelegt sind, und die Möglichkeit der Aufgabenübertragung auf besondere Gesellschaften.[96]

Besteht Einigkeit darüber, daß den Rundfunkanstalten jedenfalls innerhalb ihres Tätigkeitsbereichs das Recht der Selbstverwaltung zusteht, so gilt gleiches nicht für die Frage, ob die Rundfunkanstalten auch berechtigt sind, über den Umfang ihres Wirkungsbereichs selbst zu entscheiden. Dies ist mit der Begründung verneint worden, das Selbstverwaltungsrecht entfalte sich nur im Rahmen der Gesetze, könne also nur den zugeteilten Bereich vor staatlichem Einfluß abschirmen, ihn aber nicht erweitern.[97] Nach einer anderen Auffassung bestimmt die Rundfunkanstalt die Reichweite ihrer Tätigkeit solange selbst, bis sie auf eine entgegenstehende Rechtsnorm trifft, wobei aus Gründen rechtsstaatlicher Bestimmtheit die Verbotsnorm den Wirkungskreis eindeutig begrenzen muß,[98] so daß nur solche Tätigkeiten als außerhalb des Funktionsbereichs liegend anzusehen sind, die „bezogen auf die Anstaltsaufgabe objektiv erkennbar zweckfremd" sind.[99] Die Frage stellt sich vor allem dann, wenn es um die Einführung neuer Programme geht.[100] Kann die Rundfunkanstalt hierüber selbst entscheiden, braucht der Gesetzgeber nicht tätig

---

Saarland; § 1 Abs. 1 Satz 2 WDR-G; § 1 Abs. 2 ZDF-StV; §§ 1 Abs. 2, 5 Abs. 2 BundesrundfunkG

95 Dazu A. Leidinger – M. Libertus, Satzungen, Satzungsautonomie und Selbstverwaltungsrecht der öffentlich-rechtlichen Rundfunkanstalten, ZG 1988, S. 97ff.

96 Art. 3 Nr. 2 BR-S; Art. 27 NDR-S; § 3 Abs. 2 RB-S; § 4 SFB-S; § 3 Abs. 2 WDR-S für die Werbegesellschaften, abgedruckt bei G. v. Olenhusen, Handbuch des Medienrechts, Rundfunkrecht, 1988

97 R. Scholz, aaO. FN 78, S. 25; J. Seeger, Die Produktion von Bildton-Kassetten durch Rundfunkanstalten, DÖV 1972, S. 253, 259; M. Bullinger, Die Freiheit von Presse, Rundfunk und Film, in: Isensee/Kirchhof (Hrsg.), Handbuch des Staatsrechts, § 142, Rdn 100ff., unterscheidet dabei zwischen „innerer" und „äußerer Expansion".

98 T. Maunz, aaO. FN 76, S. 5; E. Forsthoff, Rechtsfragen der Werbesendungen im Fernsehen, DÖV 1957, S. 97, 99

99 H. P. Ipsen, aaO. FN 82, S. 733

100 Vgl. den Rechtsstreit bei Beginn des ARD-Satellitenprogramms EINS PLUS, VG München, BayVBl. 1986, S. 346; BayVGH, BayVBl. 1986, S. 339

zu werden. Ist die Einführung neuer Programme dagegen nicht mehr von der Programmautonomie umfaßt, können die Rundfunkanstalten nicht ohne ausdrückliche Aufgabenzuweisung tätig werden. Steht die rechtliche Zulässigkeit der Programmveranstaltung fest, dann gilt dies auch für die zur Programmherstellung erforderlichen Hilfstätigkeiten. Deswegen liegt die entscheidende Weichenstellung in der Bestimmung, wer zur Festlegung des „ob" der Programmveranstaltung berechtigt ist. Würde man für die Verbreitung von Rundfunkprogrammen eine spezielle, auf das jeweilige Programm bezogene gesetzliche Grundlage verlangen und nur die inhaltliche Gestaltung dieses Programms der Programmautonomie überlassen, so würde die Staatsfreiheit der Rundfunkanstalten leerlaufen.[101] Sie hätten bei nicht angepaßter Berichterstattung zwar nicht den Zugriff auf die einzelne Sendung zu befürchten, doch könnte ihnen jederzeit das gesamte Programm entzogen und dadurch ihr Verhalten beeinflußt werden. Die Auffassung, Programmfreiheit bestünde nur nach Maßgabe des Programmauftrags, führt also zu einem nicht hinnehmbaren Wertungswiderspruch. Die umgekehrte Lösung, wonach die Rundfunkanstalten selbst, allein gestützt auf ihre verfassungsrechtlich gewährleistete Programmfreiheit, den Umfang ihrer programmlichen Tätigkeit bestimmen, hätte ebenfalls unbefriedigende Konsequenzen. Der Gesetzgeber wäre darauf beschränkt, die sich aus der Entscheidung der Rundfunkanstalten ergebenden Folgen für den Finanzbedarf in Gebührenerhöhungen umzusetzen, eine Vorstellung, die mit der Rolle des Gesetzgebers in einem demokratischen Gemeinwesen kaum vereinbar erscheint. Auch kann es nicht richtig sein, daß die Bundesrundfunkanstalten unter Berufung auf die Programmfreiheit zur Veranstaltung von Inlandsrundfunk berechtigt sind, obwohl dem Bund hierfür keine Kompetenz zusteht, oder daß sich das ZDF zur Veranstaltung von Hörfunk entschließt, obwohl es als Fernsehanstalt gegründet wurde. Diese Überlegungen zeigen, daß Extrempositionen in beiden Richtungen ausgeschlossen sind. Deswegen ist versucht worden, das Problem über den Begriff des Kondominiums zwischen Rundfunkanstalten und Staat zu lösen, wonach bei „allgemeinpolitischer Bedeutung" der Zusatzprogramme nicht ohne die Mitwirkung der für die Richtlinien der Landespolitik verantwortlichen Staatsorgane entschieden werden könne.[102] Diese Auffassung sieht sich jedoch insofern Bedenken ausgesetzt, als sie zu einer Verwischung von Verantwortlichkeiten führt und die publizistische Glaubwürdigkeit der Rundfunkanstalten gefährdet, wenn in der öffentlichen Meinung der Eindruck entsteht, die Rundfunkanstalten machten mit staatlichen Stellen

---

[101] Daß dies so sein müßte, folgt auch nicht aus der Wesentlichkeitstheorie, weil mit Hilfe des Parlamentsvorbehalts nicht jede Aktivität der Rundfunkanstalten bis in alle Einzelheiten geregelt werden darf, H. Bethge, aaO. FN 80, S. 107, 114f.

[102] H. H. Rupp, Rechtsgutachten über Zulässigkeit und Voraussetzungen der Ausstrahlung zusätzlicher Fernsehprogramme durch das Zweite Deutsche Fernsehen, 1981, S. 12f., der davon ausgeht, die Landesregierungen und nicht der Gesetzgeber hätte das entscheidende Wort mitzureden.

gemeinsame Sache und richteten ihre Berichterstattung so aus, daß keine Widerstände gegen die Einführung eines neuen Programms zu erwarten seien.[103] Ansatzpunkte zu einer Lösung ergeben sich eher aus der Entscheidung des Bundesverfassungsgerichts zu § 13 des Landesmediengesetzes von Baden-Württemberg, wonach dem SDR die Veranstaltung lokalen Hörfunks untersagt war. Dieses Verbot wurde vom Bundesverfassungsgericht mit der Begründung aufgehoben, es verstoße gegen das in Art. 5 Abs. 1 GG gewährleistete Grundprinzip freier Meinungsbildung, der die Rundfunkfreiheit zu dienen habe. Diese verwehre es dem Gesetzgeber prinzipiell, die Veranstaltung bestimmter Programme zu untersagen oder andere Maßnahmen zu treffen, welche die Möglichkeit verkürzen, durch Rundfunk verbreitete Beiträge zur Meinungsbildung zu leisten.[104] Ein Eingriff in die Programmautonomie bedeutet hiernach eine Verkürzung der verfassungsrechtlich gewährleisteten Rundfunkfreiheit, die nur dann mit Art. 5 Abs. 1 Satz 2 GG vereinbar ist, wenn die Voraussetzungen einer zulässigen Grundrechtsbeschränkung vorliegen. Danach ist ein Eingriff in die Programmautonomie nicht schlechthin unzulässig, doch trifft denjenigen, der den Eingriff vornehmen will, die Rechtfertigungslast dafür, daß die Voraussetzungen einer Einschränkung erfüllt sind. Das bedeutet im vorliegenden Zusammenhang: Die Entscheidung der Rundfunkanstalt fällt in den Schutzbereich des Art. 5 Abs. 1 Satz 2 GG. Ein unmittelbares gesetzliches Programmverbot dürfte nicht das Erfordernis der Allgemeinheit erfüllen, da es sich gegen ganz bestimmte Meinungsäußerungen richtet. Doch auch mittelbar wirkende Maßnahmen wie die Verweigerung der für das Programmvorhaben erforderlichen Finanzierung oder die Weigerung, die für die Verbreitung des Programms benötigten Übertragungswege und Frequenzen zuzuteilen, stellen einen Eingriff in den Schutzbereich dar, für den der Gesetzgeber einer Rechtfertigung bedarf. Dabei kann es von Bedeutung sein, ob das Programm, um dessen Einführung es geht, den spezifischen Funktionen der öffentlich-rechtlichen Rundfunkanstalten entspricht und zur Wahrnehmung dieser Funktionen auch erforderlich ist.[105] Darüberhinaus darf der Gesetzgeber berücksichtigen, daß es genügt, wenn neben mehrere private Programme in einem regionalen oder lokalen Verbreitungsgebiet nur ein Programm der Landesrundfunkanstalten tritt.[106] Es läßt sich mithin durchaus verhindern, den Gegensatz zwischen der verfassungsrechtlich gebotenen Staatsfreiheit des Rundfunks und der Funktionsgewähr-

[103] Zu diesem Gesichtspunkt für die Presse OVG Berlin, AfP 1975, S. 851 m. Anm. P. Gädeke

[104] BVerfGE 74, 297, 331 f.; Dort heißt es weiter: „Auch jenseits der Grundversorgung durch den öffentlich-rechtlichen Rundfunk hat der Gesetzgeber vielmehr grundsätzlich die freie Veranstaltung von Rundfunkprogrammen zu gleichen Bedingungen zuzulassen." Daraus folgt, daß die Rundfunkanstalten auch außerhalb der Grundversorgung Programme veranstalten dürfen und dies ihrer eigenen Entscheidung unterliegt.

[105] vgl. BVerfGE 74, 297, 342 – dort für die Finanzierung

[106] BVerfGE 74, 297, 341

leistungspflicht des Gesetzgebers in einer Weise zuzuspitzen, daß entweder die Rundfunkfreiheit leerläuft oder der Gesetzgeber auf eine reine Vollstrekkungsfunktion beschränkt wird.

III. Die Rundfunkanstalten als Anstalten des öffentlichen Rechts

1. Die Anstaltsform in der verwaltungsrechtlichen Dogmatik

Bei den öffentlich-rechtlichen Rundfunkanstalten handelt es sich kraft ausdrücklicher Bestimmung in den einschlägigen Landesrundfunkgesetzen und Staatsverträgen um rechtsfähige Anstalten des öffentlichen Rechts, die teils ausdrücklich, teils konkludent mit dem Recht der Selbstverwaltung ausgestattet sind. Die verwaltungsrechtliche Dogmatik verband im Anschluß an die Definition von O. Mayer mit dem Begriff der Anstalt eine bestimmte Vorstellung. Danach handelte es sich um einen „Bestand von Mitteln, sächlichen und persönlichen, welche in der Hand eines Trägers öffentlicher Verwaltung einem besonderen öffentlichen Zweck zu dienen bestimmt sind.“[107] Aus dieser Definition folgte, daß die wahrgenommenen Aufgaben solche des Anstaltsträgers sind, der sie etwa aus Gründen organisatorischer Art in einer besonderen Einheit zusammenfaßte. Da Anstaltsträger der Staat ist, wurde insoweit von mittelbarer Staatsverwaltung gesprochen.

Diese strenge Begriffsbildung mit dem Schluß von der Anstaltsform auf die mittelbare Staatsverwaltung hat in neuerer Zeit eine gewisse Auflockerung erfahren. So ist inzwischen anerkannt, daß die Rechtsform der öffentlich-rechtlichen Körperschaft auch der Wahrnehmung vorstaatlicher Interessen dienen kann[108] und das Ziel der Gründung einer Anstalt nicht rein organisatorischer Natur sein muß, sondern gerade auch in der Freiheitssicherung bestehen kann.[109] In diesem Zusammenhang sind die öffentlich-rechtlichen Rundfunkanstalten als „typischer Fall einer untypischen Anstalt“ bezeichnet worden.[110] Denn einerseits muß die Veranstaltung von Rundfunksendungen von Verfassungs wegen staatsfrei erfolgen, andererseits könnte die Rechtsform auf die Erfüllung staatlicher Aufgaben schließen lassen. Die Inkongruenz von Organisationsform und Funktionsgehalt hat zu einer grundsätzlichen Kontroverse um die Rechtsstellung der Rundfunkanstalten geführt. Die Auseinandersetzung ist dabei nicht nur von akademischem Interesse, sie hat vor allem in der Praxis weitreichende Auswirkungen.

---

[107] O. Mayer, Deutsches Verwaltungsrecht, 3. Aufl. 1924, Bd. II, S. 331

[108] Wolff/Bachof/Stober, Verwaltungsrecht II, 5. Aufl. 1987, § 84, Rdn 7

[109] R. Breuer, Die öffentlich-rechtliche Anstalt, VVDStRL, 44, S. 211, 229, 235

[110] Berendes, Zulässigkeit und Grenzen einer staatlichen Rechtsaufsicht über die Rundfunkanstalten, DÖV 1975, S. 413, 415

2. Die Bedeutung der Einordnung

Die Frage, ob es sich bei den Rundfunkanstalten um mittelbare Staatsverwaltung oder um Anstalten sui generis handelt, entscheidet darüber, in welchem Umfang eine Einbeziehung des Rundfunks in den staatlichen Verwaltungsaufbau möglich ist. Das Problem stellt sich in erster Linie dann, wenn Gesetze die Termini „landesunmittelbare juristische Person des öffentlichen Rechts“, „Körperschaften des öffentlichen Rechts“ oder „Behörden“ verwenden. Von diesen Bezeichnungen können nach dem Wortlaut auch die Rundfunkanstalten erfaßt werden. Am deutlichsten hat sich die Problematik bisher bei der Rechtsaufsicht und der Rechnungshofkontrolle gezeigt. So entschied der Bayerische Verwaltungsgerichtshof, der Bayerische Rundfunk unterliege der staatlichen Rechtsaufsicht auch ohne ausdrückliche gesetzliche Anordnung, weil nach Art. 55 Abs. 5 Satz 2 der Bayerischen Verfassung den Staatsministerien die Aufsicht über die Körperschaften des öffentlichen Rechts obliege.[111] Bei der Rechnungsprüfung stellt sich ebenfalls die Frage, inwieweit die Rundfunkanstalten durch bloße Subsumtion dem Regime der Haushaltsordnungen unterworfen werden können.[112]

Aber auch in Bereichen von weniger grundsätzlicher Bedeutung taucht das Problem auf. So etwa bei der Anrechnung von Einkommen, die bei einer Rundfunkanstalt erzielt wurden, auf die Bezüge im öffentlichen Dienst gemäß § 53 Abs. 5 BeamtVG (früher § 158 Abs. 5 BBG),[113] der Begrenzung der Erstattungsansprüche nach § 9 Abs. 2 Satz 4 Katastrophenschutzgesetz auf private Dienstherrn[114] oder der Verpflichtung zur Benennung und Freistellung von Bediensteten für die Volkszählung[115]. Sofern der Gesetzgeber über das erforderliche Problembewußtsein verfügt, wird eine Ausnahme vom Anwendungsbereich bereits im Gesetz selbst vorgesehen.[116] Andernfalls haben die Gerichte eine einengende Auslegung vorzunehmen, um auf diese Weise die gebotene Staatsfreiheit zu wahren.[117]

[111] VGH München, BayVBl. 1964, S. 332. Inzwischen enthält das BR-G in Art. 13 Abs. 3 eine Erwähnung der Rechtsaufsicht.

[112] vgl. dazu F. Ossenbühl, Staatsaufsicht und Rechnungsprüfung der Rundfunkanstalten, RuF 1973, S. 31ff. Inzwischen enthalten auch einige Rundfunkgesetze ausdrückliche Bestimmungen über die Rechnungsprüfung durch staatliche Instanzen.

[113] dazu BVerwGE 9, 315: 30, 232; Buchholz 232 § 158 BBG Nr. 26 und 232 § 160 BBG Nr. 6 und 8

[114] BGBl. 1974 I, S. 1442; dazu VGH München Urt. v. 4. 12. 1978, AZ 100 III/77 (unveröff.)

[115] § 10 Abs. 3 VolkszählungsG 1987, BGBl.1985 I, S. 2078

[116] Vgl. Art. 1 Abs. 2 Nr.7 BayVwVfG. In der amtlichen Begründung heißt es dazu, die Ausnahme sei erforderlich, weil der Bayerische Rundfunk nicht im typischen Sinne Verwaltungstätigkeit ausübe.

[117] BVerwGE 70, 310: Kein Anspruch der Presse gegen Rundfunkanstalt auf Auskunft, weil Rundfunkanstalt keine Behörde i.S. v. § 4 LPG; bestätigt vom BVerfG durch B. gem. § 93 Abs. 1 BVerfGG v. 20. 7. 1988, AfP 1988, S. 235

Abgesehen von diesen konkreten Anwendungsfällen kann die rechtliche Einordnung der Rundfunkanstalten bei der Übertragung von Organisationsprinzipien aus dem staatlichen Bereich auf den Rundfunk eine Rolle spielen, etwa beim Demokratieprinzip und der daraus abgeleiteten Ministerverantwortlichkeit[118] oder der Frage nach der Zulässigkeit der sog. wirtschaftlichen Betätigung der öffentlichen Hand.[119]

3. Rundfunkanstalt als Sondertypus

a) Die Rechtsprechung des Bundesverfassungsgerichts

Die Kontroverse um die Rechtsstellung der Rundfunkanstalten entzündete sich vor allem an Formulierungen des Bundesverfassungsgerichts aus dem Fernseh- und dem Mehrwertsteuerurteil. Dort hatte das Gericht ausgeführt:[120] „Die Veranstaltung von Rundfunksendungen ist nach der deutschen Rechtsentwicklung eine öffentliche Aufgabe. Wenn sich der Staat mit dieser Aufgabe in irgendeiner Form befaßt, wird sie zu einer ‚staatlichen Aufgabe'." ... „Die Veranstaltung von Rundfunksendungen gehört in Deutschland seit 1926 herkömmlich zu den Aufgaben der öffentlichen Verwaltung." Später wurden diese Aussagen in ähnlicher Form wiederholt:[121] Die Rundfunkanstalten „erfüllen in Wirklichkeit öffentlich-rechtliche Aufgaben." ... „Damit haben sie (d.h. die Länder) den Rundfunkanstalten eine ‚Aufgabe der öffentlichen Verwaltung' übertragen, die sie selbst unmittelbar wegen des Gebots der Staatsfreiheit des Rundfunks nicht wahrnehmen können. Die Tätigkeit der Rundfunkanstalten vollzieht sich daher im öffentlich-rechtlichen Bereich. Die Rundfunkanstalten stehen in öffentlicher Verantwortung und erfüllen, indem sie Aufgaben öffentlicher Verwaltung wahrnehmen, zugleich integrierende Funktionen für das Staatsganze."

Die Verwendung des Begriffs „öffentliche Verwaltung" durch das Bundesverfassungsgericht hat vereinzelt zu der Annahme geführt, der Rundfunk sei dem Bereich mittelbarer Staatsverwaltung zuzurechnen.[122] Andererseits darf aber nicht übersehen werden, daß das Bundesverfassungsgericht nicht weniger als vier verschiedene Termini verwendet: öffentliche Aufgaben, staatliche Aufgaben, Aufgaben der öffentlichen Verwaltung, öffentlich-rechtliche Aufgaben. Bedenkt man überdies die gleichzeitige Feststellung des Bundesverfas-

---

118 Dazu G. Püttner, Mitbestimmung und demokratische Legitimation insbesondere im Kulturbereich, DÖV 1988, S. 357 in Erwiderung auf H. Bethge, Volkslegitimation für Rundfunkräte?, DVBl. 1987, S. 663

119 Beispielhaft für diese Argumentation etwa Emmerich/Steiner, aaO. FN 78, die die für den Staat insoweit geltenden Grundsätze auf die Rundfunkanstalten übertragen, weil es sich insoweit um mittelbare Staatsverwaltung im weiteren Sinne handele. Vgl. ferner oben II 3.

120 BVerfGE 12, 205, 243ff.

121 BVerfGE 31, 314, 329

122 Emmerich/Steiner, aaO. FN 78, 13, S. 56

sungsgerichts, diese Aufgabe sei staatsfrei zu erfüllen, weswegen der Begriff „staatliche Aufgaben" im Urteil mit Anführungszeichen versehen ist, so erscheint äußerst zweifelhaft, ob eine Zuordnung der Rundfunkanstalten zum staatlichen Bereich, auch wenn dieser in einem weiteren Sinne verstanden wird, allein auf diese Formulierungen gestützt werden kann.

b) Der Charakter der Aufgabe als entscheidendes Kriterium

Bei allen Schwierigkeiten, einen verbindlichen Katalog von Staatsaufgaben zu entwickeln, besteht doch Einverständnis darüber, daß das die Träger mittelbarer Staatsverwaltung verbindende Merkmal der staatliche Charakter ihres Funktionsbereiches ist. Es gilt daher festzustellen, ob die von den Rundfunkanstalten wahrgenommenen Aufgaben staatlicher Natur sind.

Dabei dürfen nicht öffentliche mit staatlichen Aufgaben gleichgesetzt werden, wie vom Bundesverfassungsgericht mit seiner Aussage, eine öffentliche Aufgabe werde zur staatlichen, wenn sich der Staat mit ihr in irgendeiner Form beschäftige.[123] Dem ist entgegengehalten worden, mit der gleichen Begründung nehme ein Kraftfahrzeughalter staatliche Aufgaben wahr, wenn er sein Fahrzeug in Übereinstimmung mit den Vorschriften der Straßenverkehrszulassungsordnung in verkehrssicherem Zustand erhalte oder die Tätigkeit einer Aktiengesellschaft sei staatlicher Natur, weil sie nach dem vom Staat gesetzten Recht organisiert sei. Es müsse vielmehr differenziert werden zwischen öffentlichen Aufgaben, an deren Erfüllung die Öffentlichkeit maßgeblich interessiert sei, die jedoch durch Private so gut erledigt würden, daß es kein Bedürfnis für ein Eingreifen des Staates gebe. Es könne aber auch ein gesteigertes öffentliches Interesse vorliegen, das zu einer staatlichen Überwachung oder Normierung der immer noch privaten Aufgaben führe. Erst wenn der Staat die Aufgaben durch eigene Behörden oder nachgeordnete Verwaltungsträger erfüllen lasse, handele es sich um staatliche Aufgaben.[124] Nicht alles, womit sich der Staat beschäftige, werde dadurch automatisch zur staatlichen Aufgabe.

Deswegen ist auch die Rechtsform der Anstalt des öffentlichen Rechts kein zwingendes Indiz.[125] Gerade für den Rundfunk hat das Bundesverfassungsgericht auf die Austauschbarkeit der Rechtsform hingewiesen und die Veranstaltung von Rundfunksendungen auch durch eine privatrechtliche Gesellschaft für zulässig erklärt, sofern nur durch eine entsprechende Organisationsform die Freiheit der Berichterstattung gewährleistet sei.[126] Auch in an-

---

123 BVerfGE 12, 205, 243ff.

124 H. Peters, Öffentliche und staatliche Aufgaben, Nipperdey-Festschrift, 1965, Bd. II, S. 877, 878ff.; T. Maunz, Rundfunk als öffentliche Verwaltung, BayVBl. 1972, S. 169ff.

125 A. Arndt, Das Werbefernsehen als Kompetenzfrage, JZ 1965, S. 337: „Zunächst ist es eine unhaltbare Annahme, daß nur das Staatliche öffentlich-rechtlich organisiert werden könne, weshalb in allem, was öffentlich-rechtlich organisiert ist, etwas Staatliches in die Erscheinung treten müsse."

126 BVerfGE 12, 205, 262

deren Bereichen läßt die öffentlich-rechtliche Organisationsform keinen Schluß auf einen staatlichen Aufgabencharakter zu, so etwa bei den Kirchen, den öffentlich-rechtlichen Berufsverbänden oder Kammern. Umgekehrt bleiben beliehene Unternehmer in den Organisationsformen des Privatrechts und nehmen dennoch staatliche Aufgaben wahr.

Der Charakter der Veranstaltung von Rundfunk kann daher nicht anhand von äußeren Kriterien, sondern nur aufgrund seines materiellen Gehalts beurteilt werden. Aufgabe des Rundfunks ist die Mitwirkung an der öffentlichen Meinungsbildung. In diesem Zusammenhang wird er als „Medium und Faktor" bezeichnet.[127] Die öffentliche Meinungsbildung als Teil der politischen Willensbildung des Volkes ist dabei von der staatlichen Willensbildung zu unterscheiden, wie sich aus einer Gegenüberstellung von Art. 21 Abs. 1 und Art. 20 Abs. 2 GG ergibt.[128] Der Prozeß der politischen Willensbildung muß grundsätzlich staatsfrei bleiben, weil aus ihm die Staatsorgane erst hervorgehen. Könnten diese den Prozeß der Meinungsbildung beeinflussen, wäre die Chance der politischen Minderheit, ihrerseits die Regierungsgewalt zu erlangen, beeinträchtigt. Das wäre demokratiewidrig.[129] Deswegen ist eine Einfügung der politischen Parteien in den Bereich organisierter Staatlichkeit, etwa durch eine staatliche Finanzierung, unzulässig.[130] Gleiches gilt für die Presse.[131] Eine andere Behandlung des Rundfunks wäre demgegenüber nicht zu begründen, wenn er in gleicher Weise wie die Presse zu den unentbehrlichen Massenkommunikationsmitteln gehört.[132] Den tieferen Grund dafür erkannte Forsthoff bereits vor dem Fernsehurteil:[133] „Die Besonderheit der Rundfunkorganisationen als Anstalten des öffentlichen Rechts besteht in der weitgehenden Freistellung von der Staatsaufsicht. Dadurch soll die politische Unabhängigkeit und Neutralität des Rundfunks gesichert werden. Diese Regelung trägt der Struktur des modernen Staates Rechnung. Ein Staat, dessen Verfassung keine neutrale Gewalt hervorbringt, kann nicht Träger eines neutralen Rundfunks sein." Handelt es sich bei der Veranstaltung von Rundfunksendungen aus den genannten Gründen nicht um eine staatliche Aufgabe

---

127 BVerfGE 12, 205, 260

128 Zu den Einzelheiten des Gebots der Staatsfreiheit des Rundfunks s.o. 2. Kapitel unter II 1. und 2. a); vgl. ferner BVerfGE 20, 56, 98 (Parteienfinanzierung) und 44, 125, 138ff. (zur Öffentlichkeitsarbeit der Bundesregierung)

129 BVerfGE 44, 125, 145

130 BVerfGE 20, 56, 102

131 BVerfGE 20, 162, 174: „Eine freie, nicht von der öffentlichen Gewalt gelenkte, keiner Zensur unterworfene Presse ist ein Wesenselement des freiheitlichen Staates; insbesondere ist eine freie, regelmäßig erscheinende politische Presse für die moderne Demokratie unentbehrlich." Zum Verbot der Einflußnahme mit Hilfe von Pressesubventionen BVerfGE 80, 124

132 BVerfGE 35, 202, 222

133 E. Forsthoff, Lehrbuch des Verwaltungsrechts, Allgemeiner Teil, 7. Aufl. 1958, S. 435, dort FN 2; ebenso noch in der 8.Aufl. 1961. In der 10. Aufl. 1973, S. 495f. findet sich dieser Satz nicht mehr.

und sind die Rundfunkanstalten folglich nicht der mittelbaren Staatsverwaltung zuzurechnen, dann ergibt sich Gegenteiliges auch nicht aus der Tatsache, daß die Rundfunkanstalten ihre Entstehung einem Gründungsakt der Länder verdanken. Das Erfordernis einer gesetzlichen Grundlage für die Veranstaltung von Rundfunksendungen ist eine verfassungsrechtliche Notwendigkeit.[134] Zwar soll einerseits der Rundfunk nicht vom Staat beherrscht werden, doch soll er andererseits nicht den Kräften aus dem gesellschaftlichen Raum ausgeliefert werden. Wenn auch insoweit die Neutralität des Rundfunks zu gewährleisten ist, dann kommt dafür nur der Staat, insbesondere in seiner Funktion als Gesetzgeber in Betracht. Die dem Rundfunk zugeschriebene öffentliche Aufgabe ist dann nur ein anderer Ausdruck für den gesteigerten Gemeinwohlbezug, der die reine Abwehrdimension des Grundrechts der Rundfunkfreiheit übersteigt und die staatliche Garantiepflicht zur Sicherung der Freiheit des Rundfunks rechtfertigt.[135] Der öffentlich-rechtliche Rundfunk steht daher bildlich gesprochen „zwischen" Staat und Gesellschaft,[136] sofern man die Gegenüberstellung von Staat und Gesellschaft nicht ohnehin für überholt hält, wofür die Einordnungsprobleme der Rundfunkanstalten als Beleg dienen könnten. Die Gründung einer öffentlich-rechtlichen Anstalt stellt sich somit als staatliche Hilfe bei der Erfüllung fremder Angelegenheiten dar.[137] Die Rundfunkanstalten können deswegen nicht als Teil der mittelbaren Staatsverwaltung betrachtet werden,[138] sie nehmen unter den öffentlich-rechtlichen Anstalten vielmehr eine Sonderstellung ein.[139]

c) Neuere Versuche der Differenzierung

Im Zusammenhang mit der Auseinandersetzung um die sog. wirtschaftliche Betätigung der Rundfunkanstalten hat es in jüngster Zeit Versuche gegeben, das Verhältnis von Regel und Ausnahme umzukehren, um auf diese Weise für schädlich gehaltene Auswirkungen von den Rundfunkanstalten fern zu halten. So wurde argumentiert, die Sonderstellung der Rundfunkanstalten beschränke sich auf die durch Art. 5 Abs. 1 Satz 2 GG geschützten

[134] Vgl. dazu oben 2. Kapitel unter II 3. c)

[135] P. Badura, Verfassungsrechtliche Bindungen der Rundfunkgesetzgebung, 1980, S. 39

[136] F. Ossenbühl, Rundfunk zwischen Staat und Gesellschaft, Schriftenreihe des Instituts für Rundfunkrecht an der Universität zu Köln, S. 36

[137] H. Peters, aaO. FN 124, S. 889; F. Ossenbühl, aaO. FN 136, S. 21; R. Scholz, Private Rundfunkfreiheit und öffentlicher Rundfunkvorbehalt, JuS 1974, S. 299, 301

[138] P. Lerche, Landesbericht Bundesrepublik Deutschland S. 26, in: Bullinger/Kübler (Hrsg.), Rundfunkorganisation und Kommunikationsfreiheit 1979; F. Ossenbühl, aaO. FN 136, S. 37; H. Peters, aaO. FN 124, S. 890; H. Bethge, aaO. FN 118, S. 664; A. Scharf, Zur Rechtsstellung der Rundfunkanstalten, in: Der Bundesfinanzhof und seine Rechtsprechung, Grundfragen – Grundlagen, 1985, S. 524; E. Fuhr, ZDF-Staatsvertrag, 2. Aufl. Mainz 1985, § 1 II 5a; BVerwGE 70, 310, 316; BVerfGE 31, 314, 341 (Minderheitsvotum)

[139] Wolff/Bachof/Stober aaO. FN 108, § 98 Rdn 11; E. Forsthoff, aaO. FN 133

Aspekte.[140] Im übrigen bestünden keine Besonderheiten, die Rundfunkanstalten seien insoweit organisationsrechtlich Teile der mittelbaren Staatsverwaltung . Daher seien die allgemeinen Grundsätze des anstaltlichen Organisations- und Kompetenzrechts bis zu der Grenze anwendbar, wo die Besonderheiten eines freiheitlichen Rundfunks gefährdet würden.[141]

Mag eine derartige Sicht der Dinge theoretisch begründbar sein, so würde sie in der Praxis zumindest zu einer erheblichen Verunsicherung im Hinblick auf die Staatsfreiheit des Rundfunks führen und einer Verstärkung staatlichen Einflusses den Weg bereiten. Demgegenüber ist zu bedenken, daß die gesamte Anstaltstätigkeit, und nicht nur die „eigentliche" Programmveranstaltung durch Art. 5 GG geschützt wird, weil sie in einem untrennbaren sachlichen Zusammenhang zur Programmausstrahlung steht. Dies ist für die Personalauswahl,[142] die Finanzierung[143] und die Informationsbeschaffung[144] bereits ausdrücklich entschieden worden. Würde man hier einen zu engen Maßstab anlegen, würde dadurch die Gefahr versteckter staatlicher Einflußnahme begründet. Art. 5 Abs. 1 Satz 2 GG schützt auch vor einer Einflußnahme, welche die Programmfreiheit mittelbar beeinträchtigen könnte.[145]

Darüberhinaus darf auch der Zusammenhang zwischen Organisation und Grundrechtsverwirklichung nicht übersehen werden, den Rechtsprechung[146] und Literatur[147] zunehmend herausgearbeitet haben. Für den Rundfunk ist die Bedeutung der Organisation schon im ersten Rundfunkurteil betont worden.[148] Damit stünde es im Widerspruch, würde man Teile der Rundfunkorganisation, die für weniger grundrechtsrelevant erachtet werden, kurzerhand dem staatlichen Bereich zuordnen. Eine derartige Betrachtungsweise würde nur unnötig Begehrlichkeiten wecken.[149]

---

140 Emmerich/Steiner, aaO. FN 78, S. 36

141 R. Scholz, aaO. FN 78, S. 24ff.

142 BVerfGE 59, 231, 257

143 BVerfGE 74, 296, 342

144 BVerfGE 77, 65; gegen eine „Aufspaltungstheorie" in anderem Zusammenhang A. Scharf, Aufgabe und Begriff des Rundfunks, BayVBl.1968, S. 337, 339; ders. aaO. FN 138, S. 521

145 BVerfGE 73, 118, 183

146 BVerfGE 53, 30, 72 (abweichende Meinung) m.w.N.

147 allgemein sowie speziell zum Rundfunk H. Goerlich, Grundrechte als Verfahrensgarantien, 1981, S. 111ff.

148 BVerfGE 12, 205, 263; vgl. dazu C. Starck, Staatliche Organisation und staatliche Finanzierung als Hilfen zu Grundrechtsverwirklichungen?, in: Bundesverfassungsgericht und Grundgesetz, 1976, S. 481, 488ff.

149 vgl. in diesem Zusammenhang die Aussagen in BVerfGE 73, 118, 182 zum Niedersächsischen Landesrundfunkausschuß und die Novellierung des Gesetzes in Nds GVBl. 1987, S. 5

IV. Grundrechtsfähigkeit der öffentlich-rechtlichen Rundfunkanstalten

1. Bedeutung der Grundrechtsfähigkeit

Von außerordentlicher Wichtigkeit für die Stellung der Rundfunkanstalten ist die Entscheidung über ihre Grundrechtsfähigkeit. Sie zeigt sich vor allem in zwei Situationen. Daß bestehendes Recht auf alle Rechtssubjekte gleichmäßig anzuwenden und von allen zu beachten ist, ergibt sich bereits aus dem rechtsstaatlichen Vorrang des Gesetzes. Welchen Freiraum der Gesetzgeber bei der inhaltlichen Ausgestaltung rechtlicher Normierungen hat, ergibt sich jedoch u.a. aus der Reichweite grundrechtlicher Bindungen. Deren Einhaltung kann gegenüber dem Gesetzgeber mit Hilfe des Verfassungsgerichts nur von Grundrechtsträgern durchgesetzt werden. Daß eine derartige Rechtsposition gerade für den Rundfunk besonders wichtig ist, liegt auf der Hand. Da er als Medium und Faktor der Meinungsbildung unvermeidlicherweise Einflußversuchen auch aus dem staatlichen Raum ausgesetzt ist, bedarf er zur Sicherung seiner Neutralität einer eigenen rechtlich geschützten Position. Die einzige Möglichkeit, diese Rechtsposition gesetzesfest zu machen, führt über die Grundrechte, so daß an dieser Stelle die Frage nach der Grundrechtsfähigkeit auftaucht.

Der zweite wesentliche Aspekt der Möglichkeit einer Berufung auf Grundrechte ist die Eröffnung der Verfassungsbeschwerdebefugnis.[150] Mit ihrer Hilfe kann das Grundrecht wie geschildert gegen den Gesetzgeber, ebenso aber gegen jeden anderen Akt der öffentlichen Gewalt durchgesetzt werden. In der Praxis wirkt sich dies in Gestalt einer Überprüfung höchstgerichtlicher Entscheidungen durch das Bundesverfassungsgericht aus, da vor Einlegung einer Verfassungsbeschwerde der Rechtsweg erschöpft sein muß.[151] Das kann insofern Auswirkungen haben, als ein Verfassungsgericht der Rundfunkfreiheit einen anderen Stellenwert einräumt als die Fachgerichte, die jeden Fall unter dem Blickwinkel des Sachgebiets sehen, für das sie zuständig sind.[152]

[150] vgl. §§ 90ff. BVerfGG, Art. 93 Abs. 1 Nr. 4a GG: Das BVerfG entscheidet über „Verfassungsbeschwerden, die von jedermann mit der Behauptung erhoben werden können, in einem seiner Grundrechte verletzt zu sein."

[151] § 90 Abs. 2 BVerfGG; bei einer Verfassungsbeschwerde gegen ein ohne weiteren Vollzugsakt sich auswirkendes Gesetz spielt dieses Erfordernis keine Rolle, weil es einen „Rechtsweg" gegen Gesetze nicht gibt.

[152] Vgl. z.B. BVerfGE 59, 231ff. (Freie Mitarbeiter) bewertete im Gegensatz zum BAG die Rundfunkfreiheit höher als den arbeitsrechtlichen Bestandsschutz.

2. Allgemeine Lehren zur Grundrechtsfähigkeit juristischer Personen des öffentlichen Rechts

Rundfunkanstalten gehören gemäß § 89 BGB zu den juristischen Personen des öffentlichen Rechts. Die Grundrechtsfähigkeit juristischer Personen richtet sich nach Art. 19 Abs. 3 GG. Danach gelten Grundrechte auch für inländische juristische Personen, soweit sie „ihrem Wesen nach" auf diese anwendbar sind. Für juristische Personen des öffentlichen Rechts geht die Rechtsprechung im Regelfall von einer Nichtanwendbarkeit aus.[153]

Zur Begründung werden mehrere Gesichtspunkte angeführt: Im Mittelpunkt des Grundrechtsschutzes stehe nach der geschichtlichen Entwicklung der einzelne Mensch als natürliche Person. Demgegenüber handle es sich bei juristischen Personen des öffentlichen Rechts bildlich gesprochen um den verlängerten Arm des Staates. Eine Zuerkennung von Grundrechtsfähigkeit würde den Sinn der Grundrechte in ihr Gegenteil verkehren, weil nicht mehr der einzelne Bürger vor dem Staat geschützt werde, sondern die Gefahr bestehe, daß der Grundrechtsschutz für den Staat zu Lasten der Bürger gehe. Eine Einbeziehung juristischer Personen in den Schutzbereich der Grundrechte sei nur dort gerechtfertigt, wo der Durchgriff auf die hinter den juristischen Personen stehenden Menschen dies als sinnvoll erscheinen lasse, weil die juristische Person den Bürgern zur Verwirklichung ihrer individuellen Freiheit diene. Diese Auffassung ist zu einem gewissen Grad auch von der Vorstellung mitbestimmt, die Zuerkennung subjektiver Rechtspositionen könne die für die staatliche Aufgabenerfüllung notwendige Flexibilität vermindern.[154] Deswegen seien die Grundrechte ihrem Wesen nach nicht auf juristische Personen des öffentlichen Rechts anzuwenden.

Anknüpfungspunkt ist indessen nicht die Rechtsform als solche. Entscheidend ist die Art der wahrgenommenen Aufgabe. Handelt es sich um „öffentliche Aufgaben", wofür die Rechtsform ein gewisses Indiz bilden kann, dann entfällt der Grundrechtsschutz. Werden dagegen private Interessen der in einer juristischen Person öffentlichen Rechts zusammengeschlossenen natürlichen Personen wahrgenommen, dann sind die Grundrechte ihrem Wesen nach anwendbar.[155] Eine Ausnahme vom Grundsatz der Nichtanwendbarkeit gilt auch dort, wo ein grundrechtlich geschützter Lebensbereich einer juristischen Person des öffentlichen Rechts zur Wahrnehmung zugewiesen ist[156] oder diese ihm kraft ihrer Eigenart von vornherein zugehört.[157] Eine weitere Ausnahme kennt die Rechtsprechung für die sog. Justizgrundrechte, insbe-

---

[153] st. Rspr. seit BVerfGE 21, 362; vgl. auch die umfangreichen Nachweise bei v. Mutius, Zweitbearbeitung Bonner Kommentar, Art. 19 Abs. 3 Rdn 78ff.

[154] BVerfGE 21, 362, 372

[155] BVerfGE 70, 1, 15ff. (Verband der Orthopädietechniker)

[156] BVerfGE 15, 256, 262 (Universitäten)

[157] BVerfGE 18, 385, 386f. (Kirchen und Religionsgemeinschaften)

sondere den Grundsatz rechtlichen Gehörs und das Gebot des gesetzlichen Richters ebenso wie im Hinblick auf das Willkürverbot. Dabei handele es sich um elementare rechtsstaatliche Grundsätze, die auch für die Rechtsbeziehungen innerhalb des Staatsaufbaus Geltung beanspruchten.[158]

3. Grundrechtsfähigkeit der öffentlich-rechtlichen Rundfunkanstalten

a) Art. 5 Abs.1 Satz 2 GG

Das Bundesverfassungsgericht geht in ständiger Rechtsprechung davon aus, die Rundfunkanstalten könnten sich auf die Rundfunkfreiheit berufen. Sie verteidigten Grundrechte in einem Bereich, in dem sie vom Staat unabhängig seien und dieser Bereich sei ihnen ausdrücklich zugewiesen.[159] Das ist die Konsequenz aus der in Abschnitt III beschriebenen Sonderstellung der Rundfunkanstalten: Trotz ihrer öffentlich-rechtlichen Form sind sie eben nicht Teil der mittelbaren Staatsverwaltung. Deswegen kann es bei Zuerkennung von Grundrechtsfähigkeit auch nicht zu einem Grundrechtsschutz innerhalb des Staates oder gegen die Bürger kommen. Die Grundrechtsfähigkeit ist auch deswegen gerechtfertigt, weil die Aufgabenerfüllung durch die Rundfunkanstalten der Verwirklichung von Grundrechten der Bürger dient und zwar der Informations- und der Meinungsbildungsfreiheit.[160]

Demgegenüber bedarf das vom Bundesverfassungsgericht verwendete Kriterium der Wahrnehmung „gesetzlich zugewiesener und geregelter öffentlicher Aufgaben" der Präzisierung.[161] Würde man diesen Begriff wörtlich nehmen, so könnte man an der Grundrechtsfähigkeit der Rundfunkanstalten zweifeln, weil diese eine öffentliche Aufgabe nach näherer Bestimmung durch die Rundfunkgesetze wahrnehmen. Dabei ist jedoch zu berücksichtigen, daß der Aufgabenbereich der Rundfunkanstalten nur zu einem Teil einer Regelung durch Gesetz zugänglich ist. Die Notwendigkeit bestimmter Aufgaben wie der Grundversorgung ergibt sich nämlich unmittelbar aus der Verfassung. Dieser Bereich ist einer Regelung durch den Gesetzgeber entzogen.[162] Auch die Erfüllung einer nicht näher eingegrenzten „öffentlichen Aufgabe"

---

158 BVerfGE 61, 82, 104 (rechtliches Gehör); 75, 192, 200f., wobei differenziert wird zwischen der Geltung des Willkürverbots und der Geltendmachung einer Verletzung mit Hilfe der Verfassungsbeschwerde.

159 BVerfGE 31, 314, 322; 59, 231, 254; 74, 297, 317f.; 77, 65; vgl. ferner H. Bethge, Die Grundrechtsberechtigung juristischer Personen nach Art. 19 Abs. 3 GG, 1985, S. 83ff.

160 BVerfGE 57, 295, 320: Rundfunkfreiheit ist dienende Freiheit. Vgl. auch C. Starck, aaO. FN 148, S. 489; ders., Teilhabeansprüche auf Rundfunkkontrolle und ihre gerichtliche Durchsetzung, in Festschrift für Martin Löffler, 1980, S. 375; F. Ossenbühl, Rundfunkprogramm – Leistung in treuhänderischer Freiheit, DÖV 1977, S. 381, 383ff.; vgl. ferner oben 2. Kapitel unter II 1. und 3. c)

161 BVerfGE 68, 193, 208; 70, 1, 15; 75, 192, 197

162 s. o. unter I und II 1., 4.

kann nicht zum Entfall des Grundrechtsschutzes führen, weil mit demselben Argument der Presse die Grundrechtsfähigkeit abgesprochen werden müßte. Deswegen kann es genaugenommen nur darauf ankommen, ob staatliche Aufgaben wahrgenommen werden, weil nur dann die Gefahr einer Sinnverkehrung der Grundrechte besteht. So hat das Bundesverfassungsgericht bei Ablehnung der Grundrechtsfähigkeit juristischer Personen des öffentlichen Rechts immer ausdrücklich festgestellt, es gehe um die Erfüllung staatlicher Aufgaben.[163] Deswegen ist festzuhalten, daß für die Rechtsstellung der Grundrechtsfähigkeit der öffentlich-rechtlichen Rundfunkanstalten ebenso wie bei der Qualifizierung ihrer Rechtsstellung öffentliche Aufgaben nicht undifferenziert mit staatlichen Aufgaben gleichgesetzt werden dürfen.

b) Grundrechtsfähigkeit außerhalb der Rundfunkfreiheit

Ist die Grundrechtsträgerschaft im Bereich von Art. 5 Abs. 1 Satz 2 GG allgemein anerkannt, so ist eine darüber hinausgehende Anwendung von Grundrechten noch nicht geklärt.[164] Ein praktisches Bedürfnis ist derzeit noch nicht erkennbar, weil die notwendigen Bedingungen des Funktionierens der Rundfunkanstalt und ihrer Aufgabenerfüllung durch die Rundfunkfreiheit gewährleistet werden.[165] Die Rechtsprechung war bei der Anerkennung eines über Art. 5 GG hinausgehenden Schutzes bisher sehr zurückhaltend.[166] Es ist jedoch nicht auszuschließen, daß sich in einer speziellen Fallkonstellation ein Schutzbedürfnis auch im Hinblick auf andere Grundrechte ergeben kann, um weiterhin die Aufgabenwahrnehmung zu ermöglichen. In einem solchen Fall wären auch andere Grundrechte „ihrem Wesen nach" auf die Rundfunkanstalten anwendbar, da es wie gezeigt auf die jeweilige Funktion und nicht auf die äußere Rechtsform ankommt. Das gilt beispielsweise für die in Art. 5 Abs. 3 GG gewährleistete Kunstfreiheit, die neben der Herstellung des Kunstwerks (Werkbereich) auch dessen Verbreitung (Wirkbereich) unmittelbar schützt und nicht durch einfaches Gesetz beschränkt werden kann wie die Grundrechte des Art. 5 Abs. 1 GG.[167] Es wäre wenig einleuchtend, nur den Rundfunkanstalten diesen stärkeren Schutz bei der Verbreitung von Kunstwerken wegen ihrer Rechtsform zu versagen, während er anderen Medien zweifelsfrei zusteht. Auf den Schutz der für alle juristischen Personen

---

[163] BVerfGE 21, 362, 374 (Rentenversicherungsträger); 39, 302, 313 (AOK); 45, 63, 78 (gemeindliche Wasserversorgung in Form einer AG); 62, 354, 369 (Kassenärztliche Vereinigung); 68, 193, 207 (Zahntechnikerinnungen); 75, 192 (Sparkassen); NJW 1987, S. 2501 (TÜV)

[164] vgl. dazu F. Ossenbühl, Verfassungsrechtliche Fragen der Beteiligung der Sendeunternehmen an den Vergütungen für private Ton- und Bildüberspielungen GRUR 1984, S. 841 ff.

[165] BVerfGE 73, 118, 158; vgl. auch 66, 116, 134

[166] BVerfGE 59, 231, 255; BVerfGE 78, 101; ebenso Dürig, in Maunz/Dürig, Kommentar zum Grundgesetz, Art. 19 Abs. 3 Rdn 42

[167] BVerfGE 30, 173, 188 ff. (Mephisto)

des öffentlichen Rechts geltenden Justizgrundrechte und das Willkürverbot können sich die Rundfunkanstalten ohnehin berufen.[168]

V. Interne Struktur der Rundfunkanstalten

Genauso wie die äußere Stellung der Rundfunkanstalten in engem Zusammenhang mit den verfassungsrechtlichen Erfordernissen der Rundfunkfreiheit steht, insbesondere mit dem Gebot der Staatsfreiheit, so ist auch ihre interne Struktur an der Gewährleistung der Rundfunkfreiheit ausgerichtet. Dabei stehen im Vordergrund allerdings eher Aspekte der Gewährleistung von Meinungsvielfalt. Nach der Rechtsprechung des Bundesverfassungsgerichts muß der Gesetzgeber das Wesentliche, d.h. das zur Verwirklichung der Rundfunkfreiheit erforderliche durch Gesetz regeln. Organisation und Verfahren sind hierfür in besonderem Maße geeignet, weil sie wegen ihrer Inhaltsneutralität einen möglichst großen Freiraum für die Meinungsbildung lassen.[169] Der Gesetzgeber hat hier, wie überhaupt in Fragen der Gewährleistung der Rundfunkfreiheit, einen Spielraum, den er nach seinem Ermessen, jedoch unter Beachtung der verfassungsrechtlichen Direktiven, ausfüllen kann. Folglich ist eine bestimmte Organisationsform der öffentlich-rechtlichen Rundfunkanstalten verfassungsrechtlich nicht geboten. Andererseits hat das Bundesverfassungsgericht in mehreren Entscheidungen bestätigt, die bestehenden Strukturen seien verfassungskonform,[170] und hervorgehoben, sie seien in besonderem Maße zur Verwirklichung der Rundfunkfreiheit geeignet.[171] Es ist daher eine durchaus offene Frage, unter welchen Voraussetzungen der Gesetzgeber eine funktionierende Organisationsform ändern dürfte.[172]

Die interne Struktur der Rundfunkanstalten wird zunächst durch ihre Organe bestimmt. Durch diese werden die Anstalten als juristische Personen in der Wirklichkeit erst handlungsfähig. Die Organe sind gesetzlich vorgegeben, wobei sich in allen Bundesländern ein einheitliches Modell herausgebildet hat: Alle Anstalten verfügen über einen Intendanten [173] sowie Rundfunkrat

---

[168] s.o. FN 158

[169] s. im Einzelnen unten bei Programmgrundsätzen unter 5. c)

[170] BVerfGE 12, 205, 261; 31, 314, 327f.; kritisch wegen „geringer Funktionsfähigkeit pluralistischer Organe“ R. Herzog, in: Maunz-Dürig, Kommentar zum Grundgesetz, Art. 5 Rdn 220

[171] BVerfGE 73, 118, 170 im Vergleich zu den externen Kontrollmöglichkeiten privaten Rundfunks

[172] BVerfGE 35, 79, 123f. für den Hochschulbereich; vgl. ferner 2. Kapitel unter II 3. d)

[173] Ausnahme RB, hier tritt an die Stelle des Intendanten ein mehrköpfiges Direktorium, das dieselben Befugnisse wie der Intendant wahrnimmt. Der Intendant von RB hat lediglich den Vorsitz des Direktoriums.

(beim ZDF: Fernsehrat) und Verwaltungsrat. Auch die Zuständigkeitsverteilung zwischen den Organen ist in ihren Grundzügen weitgehend identisch. Die bestimmenden Leitlinien sind dabei das Intendantenprinzip und der Binnenpluralismus. Zur internen Struktur gehören schließlich noch in einem weiteren Sinne die Programmgrundsätze, weil sie aufgrund ihrer weiten Fassung auf eine Konkretisierung angewiesen sind, dic notwendig ein Verfahren voraussetzt und mit diesem in untrennbarem Zusammenhang steht.

1. Der Intendant

a) Allgemeines

Zu Rechtsstellung und Befugnissen des Intendanten äußern sich die Rundfunkgesetze in recht lapidarer Weise. Auf den ersten Blick läßt sich ihnen immerhin folgendes entnehmen. Der Intendant wird vom Rundfunkrat für einen begrenzten Zeitraum gewählt. Er vertritt die Rundfunkanstalt im Rechtsverkehr,[174] weswegen beispielsweise Beschwerden oder Gegendarstellungsverlangen an ihn zu richten sind.[175] Der Intendant leitet die Rundfunkanstalt und trägt die Programmverantwortung.[176] Damit sind die beiden wesentlichen Funktionen des Intendanten umschrieben: Die Repräsentativfunktion, d.h. die Vertretung nach außen, und die Exekutivfunktion, d.h. die Geschäftsführung, die sich im Bereich der Programmgestaltung als Programmverantwortung äußert. Welche Befugnisse sich daraus für den Intendanten ergeben, wie sich diese zu den Kompetenzen der anderen Organe verhalten und wie der Intendant seiner Aufgabe nachkommt, ist ausdrücklich in den Rundfunkgsetzen nicht geregelt, obwohl es sich hierbei um einen zentralen Punkt der Organisation der Rundfunkanstalten handelt. Vieles ergibt sich jedoch aus der Systematik der gesetzlichen Vorschriften und ihrem Zusammenwirken.

b) Anstaltsleitung und Programmverantwortung

Der Kern des Zuständigkeitsbereichs des Intendanten liegt in der selbständigen Leitung der Rundfunkanstalt, für die er die Verantwortung trägt. Verantwortung im Sinne eines rechtlichen Einstehenmüssens für ein Handeln oder Unterlassen setzt nach allgemeinen rechtlichen Grundsätzen die Möglichkeit voraus, den rechtlich gebotenen oder verbotenen Erfolg herbeizufüh-

---

[174] Art. 12 Abs. 2 BR-G; § 16 Abs. 2 HR-G; § 27 Abs. 3 NDR-StV; § 27 Abs. 2 LRG Saarland; § 11 Abs. 2 SFB-S; § 8 Abs. 3 SDR-S; § 14 Abs. 2 SWF-StV; § 25 Abs. 2 WDR-G; § 20 Abs. 1 S. 1 ZDF-StV; § 13 Abs. 2 BundesrundfunkG

[175] Art. 17, 19a BR-G; § 4 HR-S; § 13 NDR-StV; Art. 44 SWF-S; § 10 Abs. 2 WDR-G

[176] Art. 12 Abs. 2 BR-G; § 16 Abs. 3 HR-G; § 27 Abs. 1, 5 NDR-StV; § 27 Abs. 1 LRG Saarland; § 11 Abs. 1 SFB-S; § 8 Abs. 4, 5 SDR-S; § 14 Abs. 1 SWF-StV; § 25 Abs. 1 WDR-G; §§ 20 Abs. 1 S. 2, 22 Abs. 1 ZDF-StV; § 13 Abs. 2 BundesrundfunkG

ren oder seinen Eintritt zu verhindern, weil es andernfalls an einem vorwerfbaren Verhalten fehlt. Erforderlich ist also konkret gesprochen die tatsächliche Möglichkeit, der rechtlichen Verantwortung gerecht zu werden. Deswegen muß der Intendant die faktische Möglichkeit haben, das Programm (allein) zu gestalten, wenn er der gesetzlich vorgesehenen (Allein-) Verantwortung ausgesetzt werden soll.

Betrachtet man den Umfang der vom Intendanten zu verantwortenden Anstaltstätigkeit, so liegt es auf der Hand, daß von einer einzigen Person schlechterdings nicht erwartet werden kann, hier für Einhaltung der gesetzlichen Bestimmungen zu sorgen. Ein so vielfältiges und komplexes Unternehmen wie eine Rundfunkanstalt kann nicht anders als arbeitsteilig betrieben werden. Allein der Programmbereich, der nach dem gesetzlichen Auftrag den Schwerpunkt der Anstaltstätigkeit bildet, umfaßt in der Regel mehrere Fernseh- und Hörfunkvollprogramme. Wahrnehmung der Verantwortung für jede einzelne Sendung hätte zur Mindestvoraussetzung Kenntnis von ihrem Inhalt. Das stößt in der Praxis auf faktisch unüberwindliche Schwierigkeiten. Um seine Verantwortung gleichwohl wahrnehmen zu können, muß sich der Intendant daher aus der Natur der Sache heraus verschiedener Hilfsmittel bedienen. Dabei handelt es sich im Einzelnen um die Organisation, die Personalauswahl und das Weisungsrecht.

Die Befugnis zur Organisation ist in den einzelnen Rundfunkgesetzen nicht ausdrücklich geregelt, sie wird von ihnen vielmehr vorausgesetzt. Dies ergibt sich zum einen, wie gesagt, aus der Natur der Sache. Ist der Intendant darauf angewiesen, Aufgaben zu delegieren, so ist eine derartige Delegation nur sinnvoll, wenn zuvor der Tätigkeitsbereich genau umschrieben wird. Dies ist Aufgabe einer sachgemäßen Organisation. Daß sich der Intendant zur Erfüllung seiner Aufgaben nachgeordneter Mitarbeiter bedienen darf, ergibt sich ferner aus den einschlägigen gesetzlichen Bestimmungen. So verfügen die Rundfunkanstalten auf der Ebene unterhalb des Intendanten über mehrere Direktoren, in der Regel einen Fernseh-, Hörfunk-, Verwaltungs- und technischen Direktor sowie über einen Justitiar.[177] Diese sind weisungsabhängige Organwalter, die die Zuständigkeiten des Intendanten für ihren Geschäftsbereich im Namen des Intendanten wahrnehmen.[178] Ist diese Organisationsebene dem Intendanten noch gesetzlich vorgegeben, so kann er über die Einrichtung der nächsten Stufen der Hierarchie (Hauptabteilung, Abteilung, Redaktion) selbst befinden.[179] Das ihm dabei zustehende Ermessen ist jedoch gebunden durch das Gebot einer sachgemäßen Arbeitsteilung und

177 Art. 12 Abs. 4 BR-G; § 11 Abs. 3 SFB-S; § 20 Abs. 2 ZDF-StV; Vgl. ferner Art. 29 ff. SWF-S; zur Organisationsgewalt des Intendanten Art. 23 SR-S und § 30 WDR-S

178 Stern/Bethge, Die Rechtsstellung des Intendanten der öffentlich-rechtlichen Rundfunkanstalten 1972, S. 29

179 Ausnahme Art. 12 Abs. 4 BR-G: Hier ist die Ebene der Hauptabteilungen als solche, nicht jedoch ihre Anzahl vorgegeben.

Verantwortungsdelegation. Der Maßstab hierfür ergibt sich aus der Sachnähe und Sachbezogenheit zusammenhängender Programmgattungen und Programmplätze. Darüber hinaus soll die organisatorische Gliederung auch klar und übersichtlich sein, um im Interesse der Effizienz Kompetenzkonflikte von vornherein so weit wie möglich auszuschließen. Als Grundraster wird man die Unterteilung in Information, Bildung und Kultur sowie Unterhaltung als sachgemäß ansehen können, nicht zuletzt auch deshalb, weil dies der gesetzlichen Programmzielbeschreibung entspricht.

Das zweite Mittel der Anstaltsleitung ist die Personalauswahl. Diese ist vor allem für die Programmgestaltung von herausragender Bedeutung. Denn die Qualität des Programms läßt sich nicht rechtlich verordnen, sie hängt in erster Linie von der Qualifikation der Personen ab, die das Programm unmittelbar gestalten.[180] Man spricht deshalb auch von Personalpolitik als vorweggenommener Programmpolitik.[181] Wegen dieser besonderen Bedeutung muß bei der Einstellung von programmgestaltenden Mitarbeitern auf die Vielfalt der Standpunkte geachtet werden.[182]

Schließlich äußert sich die Kompetenz zur Anstaltsleitung in der Befugnis zu Sachentscheidungen, im Programmbereich zur Durchsetzung der Programmgrundsätze. Der Intendant hat das Recht, eine Sache jederzeit wieder an sich zu ziehen, er kann eine Weisung im Einzelfall oder generell durch eine Dienstanweisung erteilen. Die dem Intendanten nachgeordneten Mitarbeiter müssen diese Weisungen befolgen, ohne sich hierbei auf eine eigene Rechtsposition, etwa aus der Meinungsfreiheit, berufen zu können.[183] Deswegen handelt es sich bei der Übertragung von Aufgaben durch den Intendanten auf weisungsabhängige Mitarbeiter auch nicht um eine Delegation im rechtstechnischen Sinne,[184] wenngleich sich dieser Ausdruck in der Praxis weitgehend eingebürgert hat. Die Weisungsabhängigkeit nachgeordneter Mitarbeiter, die dazu führt, daß sich bei Meinungsverschiedenheiten die Auffassung des Intendanten durchsetzt, erfüllt nach allgemeiner Auffassung nicht den Tatbestand der Zensur, weil dadurch nur staatliche Eingriffe erfaßt werden, eine Weisung jedoch einen innerbetrieblichen Vorgang darstellt.[185]

Zusammenfassend ergibt sich also: Der Intendant übt seine Leitungskompetenz durch Organisation, Auswahl und Überwachung sowie Anweisung der Mitarbeiter aus. Dementsprechend wird die Verantwortlichkeit und Haf-

---

180 BVerfGE 59, 231, 259 (Freie Mitarbeiter)

181 W. Hoffmann-Riem, Programmgrundsätze – Programmverantwortung – Programmkontrolle, RuF 1978, 111, 124

182 P. Lerche, aaO. FN 138, S. 53

183 OVG Münster, AfP 1981, S. 424 mit Anmerkung von H. Bethge S. 380; vgl. ferner 5. Kapitel unter I 3. a)

184 Stern/Bethge, aaO. FN 178, S. 56; Nach O. Grabert, Öffentlich-rechtliche Fragen der Programmverantwortlichkeit des Rundfunkintendanten, München 1979, handelt es sich um ein Mandat.

185 G. Herrmann, Rechtsfragen der Rundfunkorganisation, RuF 1971, S. 267, 280; F. Cromme, Die Programmüberwachung des Rundfunkrates, NJW 1985, S. 351, 352, 356

tung des Intendanten ähnlich wie die Organhaftung des Bürgerlichen Rechts nach §§ 31, 831 BGB vor allem an der sachgemäßen Organisationsstruktur und der entsprechenden Auswahl seiner Mitarbeiter gemessen. Die dem Intendanten nach dem Gesetz eingeräumte Alleinstellung wird auch als Intendantenverfassung bezeichnet. Sie soll „die entscheidende institutionelle Garantie für die Freiheit und Leistungsfähigkeit der Rundfunkanstalten" bilden, indem sie die Freiheit und Verantwortlichkeit der publizistischen Entfaltung sichert und gleichzeitig den Zugriff politischer und gesellschaftlicher Kräfte verhindert.[186] Allerdings ergeben sich vielfältige Beschränkungen und Bindungen durch die Kontrolle und das Zusammenwirken mit den Aufsichtsgremien,[187] d.h. dem Rundfunkrat, dessen Tätigkeitsschwerpunkt im Programmbereich liegt, und dem Verwaltungsrat, der für wirtschaftliche Fragen zuständig ist. So kann die Intendantenverfassung je nach gesetzlicher Ausgestaltung unterschiedlich stark ausgeprägt sein. Dies zeigt sich beispielsweise an der Amtszeit des Intendanten und am Umfang der Geschäfte, die der Zustimmung eines Aufsichtsgremiums bedürfen.[188]

c) *„Drittsendungen"*

Einen Sonderfall innerhalb der Programmverantwortung des Intendanten stellen die sogenannten Drittsendungen dar, bei denen in den Rundfunkgesetzen bestimmten Institutionen oder Gruppen ein Anspruch auf Sendezeit eingeräumt wird, der die Anspruchsinhaber berechtigt, den Inhalt der Sendung selbst zu gestalten. Es handelt sich hierbei im Einzelnen um das Verlautbarungsrecht der Regierungen, etwa für Durchsagen in Katastrophenfällen, die Wahlwerbesendungen der politischen Parteien, Sendezeiten für die Kirchen und anerkannten Religionsgemeinschaften sowie für Arbeitnehmer- und Arbeitgeberorganisationen.[189] Hier stellt sich die Frage nach dem Ver-

---

[186] So P. Badura, Information als Programmaufgabe des öffentlich-rechtlichen Rundfunks, aaO. FN 28, S. 43

[187] dazu im Einzelnen unter V 2. und 3.

[188] Nach Art. 12 Abs. 1 BR-G, § 8 Abs. 1 SDR-S, § 15 SWF-StV wird der Intendant auf vier Jahre, nach § 16 Abs. 1 HR-G auf fünf bis neun Jahre gewählt. Gemäß § 19 Abs. 1 ZDF-StV beträgt die Amtsdauer fünf Jahre, nach §§ 24 Abs. 1 WDR-G, 28 Abs. 1 NDR-StV sechs Jahre. Erhebliche Unterschiede ergeben sich auch hinsichtlich der Zustimmungsvorbehalte bei Personalentscheidungen. So ist nach § 16 Abs. 2 HR-G nur die Berufung des technischen und des Verwaltungsdirektors zustimmungspflichtig, nach Art. 12 Abs. 4 BR-G, Art. 20 Ziff. 1 SR-S, Art. 29 ff. SWF-S dagegen die Berufung aller Direktoren und Hauptabteilungsleiter, so daß bei über 40 Hauptabteilungen rein rechnerisch in jeder Rundfunkratssitzung die Zustimmung zu einer Personalentscheidung eingeholt werden muß.

[189] Der Kreis der Anspruchsberechtigten ist in den einzelnen Rundfunkgesetzen unterschiedlich weit gezogen, vgl. Art. 4 Abs. 2 Ziffer 2 bis 6 BR-G; § 3 Nr. 7 HR-G; §§ 11, 15 NDR-StV; § 9 LRG Saarland; § 2 Abs. 4 Ziffer 3, 4 SDR-S; § 6 SWF-StV; § 8 WDR-G; § 6 ZDF-StV; §§ 26, 27 BundesrundfunkG und insbesondere § 2 Abs. 4 RB-G, der den politischen Parteien keinen Anspruch auf Sedezeit für Wahlwerbung ein-

hältnis zur umfassenden Programmverantwortung des Intendanten, denn die Zuerkennung eines Anspruchs auf Sendezeit ist nur dann sinnvoll, wenn der Berechtigte die von ihm gewünschte Aussage unverändert in die Sendung einbringen kann.

Für die Beantwortung ist auszugehen vom Grundsatz der Intendantenverantwortung, wie sie in den Rundfunkgesetzen festgelegt ist. Soll es hiervon eine Ausnahme geben, bedarf es einer ausdrücklichen Regelung. Darüberhinaus wird die ausstrahlende Anstalt mit dem Inhalt ihres Programms in Verbindung gebracht, sie bleibt also zumindest publizistisch „verantwortlich".[190] In einigen Rundfunkgesetzen finden sich Regelungen, die die Verantwortung für den Inhalt der Sendung demjenigen auferlegen, dem die Sendezeit eingeräumt wurde.[191] Einschränkungen der Intendantenverantwortung können sich aber auch aus anderen Vorschriften ergeben, wie beispielsweise dem Parteienprivileg des Art. 21 GG.[192] Dies führt im Ergebnis zu einer doppelten Verantwortlichkeit.[193] Die Rundfunkanstalt ist zunächst berechtigt, die Voraussetzungen eines Anspruchs auf Sendezeit zu prüfen, also ob es sich um „Wahlwerbung" handelt, ob die Sendezeit „angemessen" ist etc. Hinsichtlich des Inhalts der Sendung hat der Intendant dagegen kein Weisungsrecht wie sonst bei von der Rundfunkanstalt selbst oder in ihrem Auftrag produzierten Sendungen. Hier kann nur die Beachtung der allgemeinen Rechtsordnung vom Intendanten überprüft werden, weil ein Anspruch auf Sendezeit nicht von der Bindung an die allgemeine Rechtsordnung dispensiert. Lediglich bei der Wahlwerbung der politischen Parteien sind die Grenzen noch weiter gezogen: Hier kann nur ein evidenter und schwerwiegender Verstoß gegen strafrechtliche Bestimmungen von der Rundfunkanstalt beanstandet werden.

In einem weiteren Sinne handelt es sich auch bei der Wirtschaftswerbung um eine von Dritten, nicht im Auftrag der Rundfunkanstalten gestaltete Sendung, die sich indessen insofern von den vorstehend behandelten Fällen unterscheidet, als die Gesetze dem Werbetreibenden keinen Anspruch auf Ausstrahlung verleihen. Deswegen bleibt es hier im vollen Umfang bei der Intendantenverantwortlichkeit, an der die rein organisatorische Ausgliede-

---

räumt, so daß es im durch den Gleichheitssatz gebundenen Ermessen der Rundfunkanstalt liegt, ob sie Sendezeit zur Verfügung stellt.

190 P. Tettinger, Wahlwerbung politischer Parteien und Programmverantwortung der Rundfunkanstalten, RuF 1977, S. 198, 205. Auch BVerwGE 75, 67, geht für die Behandlung von Drittsendungen zunächst von den allgemein geltenden Grundsätzen aus und unterstellt sie dem Schutz der Rundfunkfreiheit.

191 § 15 Abs. 4 NDR-StV; § 9 Abs. 4 LRG Saarland; § 8 Abs. 4 WDR-G; § 29 BundesrundfunkG

192 Zu den sich daraus ergebenden Beschränkungen BVerfGE 47, 198, 225ff.; VG Berlin, NJW 1990, 402

193 So P. Lerche, aaO. FN 138, S. 64, dort FN 161

rung der Werbetochtergesellschaften nichts ändert.[194] Allerdings gelten für Werbesendungen die allgemeinen Programmgrundsätze wie etwa die Verpflichtung zur Objektivität nur in einem übertragenen Sinne.[195]

2. Der Rundfunkrat

a) Aufgabe

Der Rundfunkrat vertritt die Interessen der Allgemeinheit auf dem Gebiet des Rundfunks. So formulieren es fast gleichlautend die einschlägigen gesetzlichen Bestimmungen.[196] Darin kommt die besondere öffentliche Verantwortung des Rundfunks zum Ausdruck. Durch die Existenz und die Zusammensetzung des Kontrollgremiums wird die tatsächliche Durchsetzbarkeit des Zu-Wort-Kommens der verschiedenen Auffassungen im Programm gestärkt.[197] Aufgabe des Rundfunkrates ist es nicht, den Prozeß der Meinungsbildung in eine bestimmte Richtung zu lenken, vielmehr geht es gerade darum, diesen Prozeß offenzuhalten und dadurch eine Sicherung der Meinungsvielfalt zu bewirken.[198]

b) Zusammensetzung

An der Aufgabe des Rundfunkrates ist seine Zusammensetzung orientiert. Die Zahl seiner Mitglieder liegt je nach Rundfunkanstalt zwischen 11 und 66.[199] Sie setzen sich zum weit überwiegenden Teil aus Vertretern der sog. gesellschaftlich relevanten Gruppen aus den verschiedensten Bereichen zusammen, beispielsweise aus der Wirtschaft, Kultur, Bildung und Wissenschaft, dem Sport und aus dem kirchlichen Bereich. Dem Rundfunkrat gehören darüberhinaus aber auch Mitglieder staatlicher Provenienz aus Regierung und Parlament an. Wegen dieser Zusammensetzung des Rundfunkrats wird die Organisation öffentlich-rechtlichen Rundfunks als „binnenplural" bezeichnet. Um einen staatlichen Einfluß so weit wie möglich zu vermeiden, liegt die Berechtigung zur Entsendung der Mitglieder unmittelbar bei den

---

194 Hartstein/Ring/Kreile, Rundfunkstaatsvertrag 1989, Art. 3 Rdn 56; E.-W. Fuhr, ZDF-Staatsvertrag, 2. Aufl., 1988, § 22 I 2; P. Lerche, aaO. FN 138, S. 99; vgl. ferner § 3 Abs. 2 c) BR-S; § 7 NDR-S; § 3 Abs. 2 c) WDR-S; § 6 der Richtlinien für die Werbesendungen des ZDF, abgedr. in Media Perspektiven Dokumentation 1989, S. 50; OLG Hamburg, AfP 1981, S. 411

195 H. P. Ipsen, Zur Legalität des Werbefernsehens, NJW 1963, S. 2049, 2054

196 Art. 6 Abs.1 BR-G; § 5 Abs.1 HR-G; § 18 Abs.1 NDR-StV; § 5 Abs.1 RB-G; § 15 Abs. 1 LRG Saarland; § 6 Abs. 1 SFB-S; § 4 Abs. 1 SDR-S; § 9 Abs. 1 SWF-StV; § 16 Abs. 1 WDR-G; § 9 Abs. 5 BundesrundfunkG

197 P. Lerche, aaO. FN 138, S. 68

198 BVerfGE 60, 53, 66f.; BVerfG RuF 1982, S. 535

199 BR: 48; HR: 16–19; NDR: mindestens 30; RB: 35; SR: 28–30; SFB: 24; SDR: 33; SWF: 49; WDR: 41; ZDF: 66; DW: 11; DLF: 22

repräsentierten Gruppen,[200] wobei die Rundfunkgesetze jedoch keine Regelungen über das Wahlverfahren enthalten.[201]

Bei der Auswahl der gesellschaftlichen Gruppen, die als relevant einzustufen sind und die daher Vertreter in den Rundfunkrat entsenden dürfen, hat der Gesetzgeber wie bei allen organisatorischen Fragen einen Gestaltungsspielraum, der lediglich begrenzt ist durch das Verbot von Willkür und Mißbrauch. Dies schließt ein subjektives Recht einzelner Gruppen auf Vertretung im Rundfunkrat aus, zumal dieser nicht die Aufgabe hat, den Meinungsbildungsprozeß in eine bestimmte Richtung zu lenken, sondern ihn für alle Auffassungen offenhalten soll. Dafür ist es aber nicht erforderlich, daß alle gesellschaftlichen und weltanschaulichen Gruppen im arithmetisch exakten Verhältnis vertreten sind.[202] Aus diesem Grund hat das Bundesverfassungsgericht eine Verfassungsbeschwerde des Landesmusikrats Hamburg gegen den NDR-StV 1980 abgewiesen, der bei der Sitzverteilung des Rundfunkrats die Verbände aus dem kulturellen Bereich völlig unberücksichtigt ließ.[203] Dementsprechend gestaltet sich die Zusammensetzung der Rundfunkräte in den einzelnen Bundesländern jeweils unterschiedlich.

Ein Sonderproblem stellen in diesem Zusammenhang die politischen Parteien dar. Zwar ist ihre Berücksichtigung durch den Gesetzgeber durchaus legitim, da sie zu den gesellschaftlich relevanten Gruppen zu zählen sind. Doch können sie aus ihrer verfassungsrechtlich garantierten Mitwirkung an der politischen Willensbildung des Volkes keinen Anspruch auf privilegierte Behandlung ableiten. Denn ihre Aufgabe besteht in der Verfolgung ihrer jeweiligen politischen Ziele, während der öffentlich-rechliche Rundfunk das gesamte Meinungsspektrum wiedergeben soll.[204]

Neben der Gewährleistung der Meinungsvielfalt wird die Zusammensetzung des Rundfunkrats auch von dem Gebot der Staatsfreiheit bestimmt. Dies bedeutet zunächst, daß die entsendungsberechtigten Gruppen selbst

---

[200] Art. 6 Abs. 2 Satz 3 BR-G; § 5 Abs. 3 HR-G; § 17 Abs. 2 NDR-StV; § 6 Abs. 1 RB-G; § 16 Abs. 2 LRG Saarland; § 6 Abs. 4 SFB-S; § 4 Abs. 3 SDR-S; § 11 SWF-StV; § 15 Abs. 3 WDR-G; nach § 14 Abs. 2 ZDF-StV schlagen die entsendungsberechtigten Organisationen mehrere Kandidaten vor, unter denen die Ministerpräsidenten der Länder die endgültige Auswahl treffen.

[201] Ch. Starck, Rundfunkräte und Rundfunkfreiheit, ZRP 1970, S. 217, 218 hat daher bemängelt, den Vertretern fehle die volle demokratische Legitimation. Für den BR ist das Verfahren durch die Verordnung über die Wahlen zum Rundfunkrat v. 8. Dezember 1976 (BayGVBl. S. 484) geregelt.

[202] BVerfG RuF 1982, S. 535; OVG Hamburg, NVwZ 1985, S. 124, bestätigt durch BVerwG JZ 1985, S. 957; a. A. OVG Lüneburg JZ 1979, S. 24 m. Anm. v. H. Rupp; Vgl. ferner C. Starck, aaO. FN 160, S. 375ff.; H. Bethge, Rechtsschutzprobleme eines rundfunkspezifischen Pluralismus, UFITA 81 (1978) S. 75ff.; H.-P. Schneider, Rundfunkvielfalt und Gruppenrelevanz im Kulturstaat, RuF 1982, S. 425ff.

[203] vgl. dazu die Nachweise in der vorangehenden Fußnote und 5. Kapitel unter I 2.

[204] BVerfGE 60, 53

entscheiden, wen sie als Vertreter für den Rundfunkrat benennen wollen.[205] Darüberhinaus ist aber auch der Anteil staatlicher Vertreter im Rundfunkrat begrenzt, damit nicht durch einen Einfluß auf die interne Kontrolle der Rundfunk in staatliche Abhängigkeit gerät. Das Bundesverfassungsgericht spricht in diesem Zusammenhang von einem „angemessenen" Anteil staatlicher Vertreter, der eine Beherrschung durch den Staat ausschließt.[206] Eine ausdrückliche Bestimmung enthält hierzu Art. 111a der Bayerischen Verfassung, der den Anteil staatlicher Vertreter auf ein Drittel beschränkt. Das eigentliche Problem dürfte jedoch darin bestehen, daß in einem parlamentarischen Staat der Einfluß der jeweiligen Mehrheitsparteien sich von einem „staatlichen" Einfluß kaum unterscheiden läßt.[207] Daher ist die Annahme folgerichtig, auch ein Übergewicht der Parteienvertreter führe über die Verbotsgrenze des Staatsrundfunks.[208]

c) Stellung der Mitglieder

Aus der Aufgabe des Rundfunkrats ergibt sich schließlich auch die Stellung seiner Mitglieder. Vertritt der Rundfunkrat die Interessen der Allgemeinheit, dann sind seine Mitglieder nicht dazu berufen, durch ihre Tätigkeit die Bestrebungen der sie entsendenden Gruppe zu fördern. Sie sind Repräsentanten, nicht Interessenvertreter der jeweiligen gesellschaftlichen Gruppen.[209] Sie sind nur ihrem Gewissen und dem Gesetz unterworfen und an Weisungen nicht gebunden.[210] Dies bedeutet jedoch nicht, daß jedes Eintreten für Gruppeninteressen von vornherein unzulässig wäre, weil gerade auf der Einbringung unterschiedlicher Interessen und Gesichtspunkte die Legitimation des öffentlich-rechtlichen Integrationsmodells beruht.[211]

Um die Unabhängigkeit der Rundfunkratsmitglieder weiter abzusichern,

---

205 OVG Lüneburg JZ 1979, S. 24; Die Regelung der Entsendungsmodalitäten in den Rundfunkgesetzen trägt dem Rechnung, s.o. FN 200. Das BundesrundfunkG ist in diesem Punkt wegen des Vorwurfs mangelnder Staatsfreiheit geändert worden, vgl. Gesetz v. 8. 3. 1990, abgedr. in epd Nr. 20 v. 14. 3. 1990

206 BVerfGE 12, 205, 263; OVG Lüneburg JZ 1979, S. 24; vgl. ferner zur Zusammensetzung von Rundfunkgremien unter Aspekten der Staatsfreiheit BayVfGHE n.F. 42, 11

207 BVerfGE 73, 118, 165

208 P. Lerche, aaO. FN 138, S. 75; vgl. auch D. Grimm, Politische Parteien, S. 365ff., in: Benda, Maihofer, Vogel (Hrsg.), Handbuch des Verfassungsrechts, 1983, S. 317ff. Bei dieser Betrachtungsweise wäre die Zusammensetzung des ZDF-Fernsehrates möglicherweise zu beanstanden, weil von 66 Mitgliedern 14 von staatlicher Seite und 12 von den politischen Parteien entsandt werden.

209 OVG Berlin DVBl. 1969, S. 881, 883; OVG R.-P., AfP 1985, S. 157; vgl. auch BVerwGE 60, 162 Leitsatz 6 (betreffend NDR-StV): Rundfunkräte repräsentieren Gesamtbevölkerung und haben kein Mandat ihres Herkunftslandes.

210 Art. 6 Abs. 1 Satz 3 und 4 BR-G; § 5 Abs. 2 HR-G; § 5 Abs. 1 Satz 2 RB-G; § 6 Abs. 1 Satz 2 SFB-S; § 15 Abs. 12 Satz 2 WDR-G; § 14 Abs. 7 ZDF-StV; § 10 Abs. 4 BundesrundfunkG

211 P. Lerche, aaO. FN 138, S. 70f.

enthalten die Gesetze Vorschriften der Inkompatibilität mit anderen Tätigkeiten.[212] Zu dem betroffenen Personenkreis gehören in erster Linie Angehörige von Regierung und Parlament sowie bei der Rundfunkanstalt Beschäftigte. Ungelöst ist derzeit noch das Problem, welche Auswirkungen eine Beteiligung an privatem Rundfunk hat. Lediglich das WDR-G ordnet für diesen Fall den Ausschluß der Mitgliedschaft im Rundfunkrat an, um auf diese Weise den dem Gemeinwohl verpflichteten öffentlich-rechtlichen Rundfunk vor den Interessen privater Wettbewerber abzuschirmen.[213]

d) Verfahren

Der Rundfunkrat tagt in regelmäßigen Abständen unter Leitung seines Vorsitzenden. In manchen Gesetzen ist die Öffentlichkeit der Sitzungen vorgesehen,[214] in anderen Gesetzen findet sich dazu keine ausdrückliche Regelung. Dann kann die Geschäftsordnung oder Satzung, die sich der Rundfunkrat geben kann,[215] hierzu wie überhaupt zum Verfahren nähere Bestimmungen vorsehen. In diesen Bereich gehören auch die Ausschüsse, die das Plenum des Rundfunkrats entlasten sollen.[216] Ihre Bedeutung liegt u.a. darin, daß sie häufiger tagen und sich dadurch den einzelnen von ihnen betreuten Bereichen intensiver widmen können. Wichtig ist auch, daß Ausschußsitzungen nicht öffentlich abgehalten werden, so daß ein unbefangenerer Meinungsaustausch möglich ist.

e) Befugnisse

Die Kompetenzen des Rundfunkrats erstrecken sich auf die gesamte Anstaltstätigkeit, ihr Schwerpunkt liegt jedoch in den Bereichen Programm, Personal und Haushalt. In diesen Bereichen sehen die Rundfunkgesetze jeweils ein abgestuftes Instrumentarium vor, mit dessen Hilfe der Rundfunkrat seiner Kontroll- und Überwachungsaufgabe nachkommt.

Wichtigste Tätigkeit des Rundfunkrates ist in diesem Zusammenhang die

---

[212] Art. 6 Abs. 5 BR-G; § 5 Abs. 1 HR-G; § 16 Abs. 3, 4 NDR-StV; § 5 Abs. 6, 7 RB-G; § 14 Abs. 2 LRG Saarland; § 6 Abs. 1 SFB-S; § 4 Abs. 4 SDR-S; § 10 Abs. 4 SWF-StV; § 13 Abs. 3 WDR-G; § 14 Abs. 7 ZDF-StV; §§ 3 Abs. 5, 7 Abs. 7 BundesrundfunkG

[213] § 13 Abs. 3 WDR-G

[214] Art. 7 Abs. 4 Satz 3 BR-G; § 8 Abs. 5 RB-G; § 19 Abs. 5 LRG Saarland; § 7 Abs. 4 SFB-S;

[215] Art. 7 Abs. 1 BR-G; § 7 Abs. 3 HR-G; § 20 Abs. 1 NDR-StV; § 8 Abs. 1 SFB-S; § 15 Abs. 15 WDR-G; § 15 Abs. 2 Satz 2 ZDF-StV; § 10 Abs. 5 BundesrundfunkG

[216] § 5 der Geschäftsordnung des Rundfunkrats des BR nennt folgende Ausschüsse: Geschäftsordnungs- und Richtlinienausschuß, Hörfunk-, Fernseh-, Haushaltsausschuß, Kulturhilfe- und Spendenausschuß. Die Möglichkeit, Ausschüsse zu bilden ist bereits gesetzlich vorgesehen in § 10 HR-G, § 22 NDR-StV, § 20 LRG-Saarland, § 9 Abs. 1 SFB-S, § 6 Abs. 5 SDR-S, § 17 WDR-G und § 10 Abs. 2 ZDF-StV; vgl. ferner § 10 RB-S; Art. 14ff. SWF-S; § 8 DLF-S

Beratung des Intendanten in allen Rundfunkfragen.[217] Dies setzt voraus, daß der Intendant den Rundfunkrat über die wichtigen und grundlegenden Fragen entsprechend informiert.[218] Das Beratungsergebnis ist zwar rein rechtlich gesehen für den Intendanten nicht verbindlich, eben weil es sich nur um eine Beratung handelt. Andererseits kann sich der Intendant über eine gut begründete Auffassung des Rundfunkrates nicht hinwegsetzen, ohne selbst über einleuchtende Gegenargumente zu verfügen. Darüberhinaus befindet er sich in mancherlei Hinsicht, etwa bei der Frage seiner Wiederwahl, in Abhängigkeit vom Rundfunkrat und wird sich auch aus diesem Grunde einen sorgsamen Umgang mit seinem Aufsichtsgremium angelegen sein lassen.

Neben dieser allgemeinen Beratungskompetenz sind die Befugnisse des Rundfunkrats nach den einzelnen Bereichen aufgegliedert. Im Bereich der Programmgestaltung hat er auf die Einhaltung der gesetzlichen Programmgrundsätze zu achten. Dies schließt ein, daß bei einer konkreten Sendung ein Gesetzesverstoß festgestellt werden kann.[219] Auch hier besteht keine unmittelbare rechtliche Wirkung, sofern sie nicht ausdrücklich im Gesetz angeordnet wird.[220] Doch auch hier gilt, daß es sich ein Intendant auf Dauer nicht leisten kann, derartige Feststellungen unbeachtet zu lassen.

Auf dem Gebiet der Personalpolitik, das für die Programmgestaltung von entscheidender Bedeutung ist, verfügt der Rundfunkrat über rechtlich unmittelbar wirksame Befugnisse. Am wichtigsten ist hier die Wahl des Intendanten,[221] der damit trotz seiner starken Stellung letztendlich vom Rundfunkrat abhängig ist. Weitere Personalbefugnisse enthalten manche Rundfunkgesetze in Gestalt von Zustimmungserfordernissen, wenn es um die Besetzung von Führungspositionen auf der Ebene unterhalb des Intendanten geht. Dazu gehört die Bestimmung seines Stellvertreters[222] sowie die Zustimmung zur Ernennung der Direktoren[223] und der Hauptabteilungsleiter.[224]

Der dritte Bereich, in dem der Rundfunkrat über rechtlich bindende Ein-

---

[217] Art. 7 Abs. 3 Nr. 7 BR-G; § 9 Nr. 2 HR-G; § 18 Abs. 2 NDR-StV; § 7 Nr. 4 RB-G; § 15 Abs. 2 LRG Saarland; § 7 Nr. 1c) SFB-S; § 3 Abs. 1 SDR-G, § 5b SDR-S; § 9 Abs. 1 SWF-StV; § 16 Abs. 3 WDR-G; § 9 Abs. 2 BundesrundfunkG

[218] § 7 Nr. 5 BR-S; § 18 Abs. 4 NDR-StV; Art. 17 Abs. 2 SWF-S; § 16 Abs. 7 WDR-G

[219] Art. 7 Abs. 7 BR-G; § 18 Abs. 2 NDR-StV; § 9 SDR-S; § 16 Abs. 4 WDR-G

[220] Vgl. etwa Art. 7 Abs. 7 BR-G, der eine Sendung verlangt, die den Verstoß ausgleicht. Nach § 18 Abs. 2 NDR-StV, § 16 Abs. 4 WDR-G kann der Rundfunkrat den Intendanten anweisen, den Verstoß nicht fortzusetzen.

[221] Art. 7 Abs. 3 Nr. 1 BR-G; § 9 Nr. 1 HR-G; § 18 Abs. 3 Nr. 2 NDR-StV; § 7 Nr. 2 RB-G; § 15 Abs. 3 LRG Saarland; § 7 Abs. 1 a) SFB-S; § 5 a) SDR-S; § 15 SWF-StV (gemeinsam mit Verwaltungsrat); § 16 Abs. 2 Nr. 3 WDR-G; § 19 Abs. 1 ZDF-StV ; § 9 Abs. 1 BundesrundfunkG

[222] Art. 7 Abs. 3 Nr. 2 BR-G; § 9 Nr. 1 HR-G; § 18 Abs. 3 Nr. 2 NDR-StV; § 15 Abs. 3 Nr. 5 LRG Saarland

[223] Art. 7 Abs. 3 Nr. 3 BR-G; § 7 Nr. 2 RB-G; § 11 Abs. 4 SFB-S; § 16 Abs. 2 Nr. 4 WDR-G

[224] Art. 7 Abs. 3 Nr. 3 BR-G und oben FN 188

flußmöglichkeiten verfügt, ist das Finanzwesen. Zwar unterliegt dieses in erster Linie der Aufsicht durch den Verwaltungsrat, doch bedarf der jährliche Haushaltsplan zu seiner Wirksamkeit der Feststellung durch den Rundfunkrat. Damit verfügt dieser über ein Mittel, mit dem er letztlich auf die gesamte Anstaltstätigkeit zugreifen kann, indem er einzelnen Positionen oder dem Gesamthaushalt die Zustimmung verweigert, um auf diese Weise Druck auszuüben.

Mit dem Vorstehenden ist die Struktur der Aufsichtsbefugnisse des Rundfunkrats in ihren Grundzügen beschrieben. An ihrer Effektivität sind wegen ihrer eher mittelbaren Wirkungsweise und der Größe des Rundfunkrates mitunter Zweifel geäußert worden.[225] Dem ist jedoch entgegenzuhalten, daß die Kontrolle des Rundfunkrats allein durch ihre bloße Existenz nicht zu unterschätzende Wirkung entfaltet und die Behauptung, die Kontrolle komme, weil nachträglich, stets zu spät, die tatsächliche Dimension verkürzt.[226] Auch das Bundesverfassungsgericht hat in ständiger Rechtsprechung die binnenplurale Kontrolle der öffentlich-rechtlichen Rundfunkanstalten als aus verfassungsrechtlicher Sicht ausreichende Einflußmöglichkeit erachtet.[227]

3. Verhältnis zwischen Rundfunkrat und Intendant

Ist das Grundmuster der Zuständigkeitenverteilung in den Rundfunkgesetzen klar geregelt, so können in der Praxis doch Zweifelsfälle im Verhältnis zwischen Intendant und Rundfunkrat auftreten, die dann ausgehend von der in den Gesetzen niedergelegten Grundstruktur zu lösen sind. Dafür ist zunächst festzuhalten: Intendant und Rundfunkrat haben jeweils eigenständige Befugnisse. Dem Intendanten obliegt die Programmgestaltung. Da er hierfür allein die Verantwortung trägt, muß er auch die rechtlichen und tatsächlichen Einflußmöglichkeiten haben, um dieser Verantwortung gerecht werden zu können. Der Rundfunkrat hat demgegenüber keine eigenen Gestaltungsmöglichkeiten, sondern ist auf die Kontrolle der Tätigkeit des Intendanten beschränkt, der sich gegenüber dem Rundfunkrat verantworten muß. Daher wäre es verfehlt, Organisationsmodelle aus anderen Bereichen auf die öffentlich-rechtlichen Rundfunkanstalten übertragen zu wollen. So hat etwa im Gemeinderecht das Kollegialorgan die Funktion eines Hauptorgans mit Allzuständigkeit, das Fragen von grundsätzlicher Bedeutung selbst entscheidet, während das Exekutivorgan nur die Geschäfte der laufenden Verwaltung in eigener Verantwortung erledigt. Die gleiche Zuständigkeitsverteilung findet sich bei den pluralistisch zusammengesetzten Gremien der Aufsichtsanstalten

[225] F. Ossenbühl, Rundfunkprogramm – Leistung in treuhänderischer Freiheit, DÖV 1977, S. 381, 385; Böckenförde/Wieland, Die „Rundfunkfreiheit“ – Ein Grundrecht?, AfP 1982, S. 77, 84

[226] P. Lerche, aaO. FN 138, S. 80

[227] zuletzt BVerfGE 73, 118, 170

für privaten Rundfunk. Dies ist angesichts der klaren gesetzlichen Normierung des Intendantenprinzips auf den öffentlich-rechtlichen Rundfunk nicht anwendbar.[228]

Für das Verhältnis zwischen Rundfunkrat und Intendant ist weiterhin von Bedeutung, daß der Rundfunkrat nicht auf den einzelnen Mitarbeiter zugreifen kann, sondern jeweils den Intendanten zur Verantwortung ziehen muß.[229] Dies folgt aus dem Intendantenprinzip, weil ein derartiger „Durchgriff" der alleinigen Verantwortung der an der Spitze stehenden Person und dessen Weisungsrecht den Boden entziehen würde.

In neuerer Zeit ist die Frage diskutiert worden, ob der Rundfunkrat auch zu einer Kontrolle der Sendungen vor der Ausstrahlung berechtigt ist und ob der Intendant in einem solchen Fall an die Feststellung einer Gesetzesverletzung gebunden wäre mit der Folge, daß er die Ausstrahlung unterlassen müßte. Abgeleitet wird dies aus dem allgemeinen Kontrollrecht des Rundfunkrats und dem Gebot der Verhältnismäßigkeit, weil die Verhinderung eines Gesetzesverstoßes im Vergleich zur nachträglichen Ahndung das geringere Übel sei.[230] Dagegen spricht jedoch, daß durch ein derartiges Vorgehen die klare Trennung der Verantwortlichkeit – Gestaltung einerseits, Kontrolle andererseits – verwischt würde. Dem Rundfunkrat würden auf diese Weise Gestaltungskompetenzen zuwachsen, ohne daß dem eine Kontrolle gegenüberstünde. Auch könnte der Intendant versucht sein, es mit seiner Programmverantwortung weniger genau zu nehmen, wenn er damit rechnet, schon im Vorfeld auf Gesetzesverstöße hingewiesen zu werden. Demgegenüber verdient eine klare Aufteilung von Zuständigkeiten den Vorrang,[231] weil sie am ehesten geeignet ist, eine Einhaltung der gesetzlichen Vorschriften zu bewirken und eine effektive Führung der Rundfunkanstalt zu ermöglichen.[232] Zu keinem anderen Ergebnis führt es, wenn der Rundfunkrat als „Inkarnation der institutionellen Rundfunkfreiheit", in dem sich das Konzert der vielen Stimmen wiederspiegele, bezeichnet wird und der deshalb nicht von der Programmgestaltung ausgeschlossen werden dürfe.[233] Dies mag eine

---

[228] Unzutreffend daher E.-W. Fuhr in: Recht der Neuen Medien, 1989, S. 349

[229] W. Hoffmann-Riem, aaO. FN 181, S. 126; F. Cromme, aaO. FN 185, S. 358

[230] R. Ricker, Die Kompetenzen der Rundfunkräte im Programmbereich, 1987, S. 32ff.; F. Cromme, aaO. FN 185, S. 356 will eine derartige Vorkontrolle auf „besonders begründete Ausnahmefälle" beschränken wie schwere Rechtsfehler bei der Informationsgewinnung oder schwere Verstöße gegen die Programmgrundsätze. An Hand dieses Kriteriums ist eine klare Kompetenzabgrenzung zwischen Rundfunkrat und Intendant jedoch nicht möglich, weil über die Schwere eines Verstoßes immer unterschiedliche Meinungen bestehen werden.

[231] W. Hoffmann-Riem, aaO. FN 181 S. 124; K. Berg, Klassischer Rundfunkauftrag und Gremienverantwortung, Media Perspektiven 1987, S. 737, 740; vgl. auch § 16 Abs. 4 Satz 3 WDR-G, der eine Vorkontrolle ausdrücklich untersagt.

[232] Stern/Bethge, aaO. FN 178, S. 30

[233] F. Ossenbühl, Programmnormen im Rundfunkrecht, in: Schriften der Gesellschaft für Rechtspolitik Band 1, Rundfunkrecht, München 1981, S. 18 m.w.N. in FN

rechtspolitische Forderung sein. Sie ist de lege lata jedoch nicht zu begründen und auch der Rückgriff auf das Verfassungsrecht führt nicht zu einem zwingenden Ergebnis, weil die Gewährleistung der Rundfunkfreiheit nicht nur die Meinungsvielfalt betrifft, sondern auch die Effektivität der Vorkehrungen zu ihrer Sicherung verlangt, wozu eine Verdoppelung von Zuständigkeiten nichts beitragen kann.

Eine weitere in der Literatur diskutierte Frage betrifft den Kontrollmaßstab, den der Rundfunkrat anzulegen berechtigt ist. Teilweise wird die Auffassung vertreten, es handele sich um eine reine Rechtmäßigkeitsprüfung.[234] Andere Autoren gehen davon aus, es dürften auch Zweckmäßigkeitserwägungen in den Kontrollvorgang einfließen.[235] Dabei fragt sich jedoch, inwieweit gerade im Bereich der Programmüberwachung angesichts der weiten Fassung der Programmgrundsätze Rechtmäßigkeit und Zweckmäßigkeit überhaupt unterschieden werden können. Die notwendige tatbestandliche Weite der gesetzlichen Programmvorgaben wird kompensiert durch Organisation und Verfahren innerhalb der Rundfunkanstalt. Bestandteil dieser Konzeption ist die Einbeziehung des Rundfunkrates als binnenplurales Organ. Dies ist jedoch nur dann sinnvoll, wenn der Rundfunkrat nicht auf eine Rechtmäßigkeitskontrolle im herkömmlichen Sinne verwiesen oder der Bereich der Rechtmäßigkeitskontrolle nicht zu eng gezogen wird.

Die Stellung des Intendanten wird dadurch allenfalls unwesentlich geschwächt. Denn auch wo er an Zustimmungsvorbehalte des Rundfunkrats gebunden ist, bleibt ihm auf jeden Fall das Initiativrecht, etwa im Bereich von Personalvorschlägen. Darüberhinaus entfalten die Handlungen des Intendanten rechtliche Außenwirkung auch dort, wo die gesetzlich vorgeschriebene interne Mitwirkung des Rundfunkrats fehlt.[236] Entscheidend ist jedoch ein weiterer Gesichtspunkt: Der Rundfunkrat kann seine Zustimmung nicht willkürlich verweigern, sondern hat diese nach pflichtgemäßem rundfunkrechtlichen Ermessen zu erteilen. Dies folgt aus dem Gebot der Organtreue, das willkürliche oder mißbräuchliche Handhabung von Mitwirkungsrechten verbietet.[237] Eine der wichtigsten Aufgaben der Organe der Rundfunkanstalt ist es, deren Funktionsfähigkeit zu erhalten.[238] Sie sind daher zu einem Mindestmaß an gegenseitiger Rücksichtnahme und Konzilianz verpflichtet. Dies gilt sowohl im Verhältnis von Intendant zu Rundfunkrat als auch umgekehrt. Dies wird in der Praxis auch weitgehend in dieser Weise gehandhabt, so daß die ultima ratio, Meinungsverschiedenheiten gericht-

---

36, der dann jedoch offenläßt, ob der Rundfunkrat zu Einzelweisungen und Programminitiierung befugt ist.

234 W. Hoffmann-Riem, Rundfunkfreiheit durch Rundfunkorganisation, S. 61; differenzierend Stern/Bethge aaO. FN 178 S. 47; VG Hamburg, DVBl. 1980, S. 491

235 P. Lerche, aaO FN 138, S. 80; F. Ossenbühl, aaO. FN 233, S. 20

236 Stern/Bethge, aaO. FN 178, S. 43; OVG R.-P., AfP 1985, S. 157

237 Vgl. im Einzelnen Stern/Bethge, aaO. FN 178, S. 51 ff.

238 BVerwGE 54, 29, 38

lich im Wege des Rundfunkverfassungsstreits auszutragen, eher theoretischer Natur ist.[239]

Damit ergibt sich für das Verhältnis zwischen Intendant und Rundfunkrat zusammengefaßt folgendes: Der Intendant verfügt zunächst als Exekutivorgan über eine starke Stellung. Gleichzeitig unterliegt er jedoch weitgehenden Kontroll- und Mitwirkungsbefugnissen des Rundfunkrates, die seine Position beschränken. Er ist deshalb darauf angewiesen, sich im Rundfunkrat Vertrauen und eine Mehrheit zu erwerben und zu erhalten. Umgekehrt kann der Rundfunkrat nicht selbst das Programm gestalten und ist daher seinerseits auf den Intendanten angewiesen. Diese Verschränkung von Zuständigkeiten bewirkt eine Sicherung der Rundfunkfreiheit, da sie eine übermäßige anstaltsinterne Machtansammlung verhindert.

4. Der Verwaltungsrat

Neben den Rundfunkrat tritt als weiteres Kontrollgremium der Verwaltungsrat. Seine Aufgabe ist es, die Geschäftsführung des Intendanten außerhalb der Programmgestaltung zu überwachen.[240] Seine Tätigkeit erstreckt sich damit vorrangig auf wirtschaftliche und technische Fragen. Er setzt sich je nach Rundfunkanstalt aus sechs bis neun Mitgliedern zusammen, die zum überwiegenden Teil[241] oder ausschließlich vom Rundfunkrat gewählt werden.[242] Die verbleibenden Sitze werden entweder von staatlicher Seite beschickt[243] oder von Vertretern der in der Rundfunkanstalt Beschäftigten besetzt.[244] Da der Verwaltungsrat über keine unmittelbaren programmlichen Einflußmöglichkeiten verfügt, ist bisher noch nicht die Frage aufgeworfen worden, inwieweit bei seiner Zusammensetzung die Grundsätze von Binnenpluralismus und Staatsfreiheit eine Rolle spielen. Gerade der zuletzt genannte Gesichtspunkt kann durchaus praktische Relevanz haben, wenn die vom Rundfunkrat gewählten Vertreter aus dem staatlichen Bereich kommen und zusammen mit den Sitzen, die kraft Gesetzes von staatlichen Institutionen

---

239 Stern/Bethge, aaO. FN 178, S. 82ff.; VG Hamburg, DVBl. 1980, S. 491; zum Rundfunkverfassungsstreit C. Puttfarcken, Prozeßrechtliche Fragen bei Streitigkeiten zwischen Organen öffentlich-rechtlicher Rundfunkanstalten, in: J. Becker (Hrsg.), Beiträge zum Medienprozeßrecht, 1988, S. 63ff.

240 Art. 10 BR-G; § 15 HR-G; § 24 NDR-StV; § 10 RB-G; § 21 LRG Saarland; § 7 Abs. 4 SDR-S; § 12 Abs. 1 SWF-StV; § 21 Abs. 1 WDR-G; § 16 Abs. 2 ZDF-StV; § 11 Abs. 2 BundesrundfunkG

241 Art. 8 BR-G; § 11 HR-G; § 9 RB-G; § 22 LRG Saarland; § 9 Abs. 2 SFB-S; § 7 Abs. 1 SDR-S; § 12 SWF-StV; § 20 WDR-G; § 17 ZDF-StV;

242 § 23 NDR-StV; §§ 4, 8 BundesrundfunkG

243 vgl. die Nachweise in FN 241. Das Verhältnis der Anzahl staatlicher Vertreter zur Gesamtzahl stellt sich bei den einzelnen Anstalten wie folgt dar: BR 3 von 7, SR 1 von 7, SDR 4 von 9, SWF 3 von 9, ZDF 4 von 9.

244 vgl. die Nachweise in FN 241. Es handelt sich um folgende Anstalten: HR, RB, SFB, WDR

besetzt werden, der staatlichen Seite die Mehrheit verschaffen. Sollte in der Praxis dieser Fall tatsächlich eintreten, wäre das ein Verstoß gegen das Gebot der Staatsfreiheit,[245] denn der Verwaltungsrat besitzt erhebliche, allerdings nicht bei allen Anstalten völlig identische Befugnisse, die das Programm mittelbar beeinflussen.[246]

So hat der Verwaltungsrat den Intendanten in wirtschaftlichen und technischen Fragen nicht nur zu beraten.[247] Er prüft darüberhinaus den Haushalt,[248] bevor dieser dem Rundfunkrat zur Genehmigung zugeleitet wird, und hat damit Zugriff auf die gesamte Anstaltstätigkeit einschließlich Programm. Außerdem sind zahlreiche Rechtsgeschäfte des Intendanten an seine Zustimmung gebunden. Dazu gehören vor allem solche Vorgänge, die aufgrund ihrer finanziellen Auswirkungen von erheblicher Bedeutung für die Anstalt sein können.[249] In diese Kategorie fällt auch der Abschluß von Anstellungsverträgen mit gutbezahlten Mitarbeitern in Führungspositionen,[250] woraus sich ebenfalls ein mittelbarer Programmeinfluß ergeben kann, selbst wenn die fachliche Qualifikation des Mitarbeiters unstreitig ist und Meinungsverschiedenheiten nur im Hinblick auf die Gehaltshöhe bestehen. Zustimmungsbefugnisse existieren schließlich bei manchen Anstalten auch, wenn es um die Besetzung von Führungspositionen geht. In diesen Zusammenhang gehört auch die Mitwirkung bei der Wahl des Intendanten, sei es, daß der Verwaltungsrat dem Rundfunkrat den Kandidaten vorschlägt[251] oder dieser gemeinsam von Rundfunkrat und Verwaltungsrat gewählt wird.[252] Daran zeigt sich deutlich die Programmrelevanz der Tätigkeit des Verwaltungsrats, so daß –

---

245 BayVfGHE n.F. 42, 11; VG Hamburg, DVBl. 1980, S. 491 zu der Rechtslage nach dem alten NDR-StV, der die Kontrolle des Programms auf Gesetzesverstöße dem Verwaltungsrat übertrug, allerdings unter Mißachtung des Verwerfungsmonopols des BVerfG nach Art. 100 GG.

246 Das führt freilich nicht zu einer Verfassungswidrigkeit der gesetzlichen Vorschriften über die Zusammensetzung des Verwaltungsrats, weil bis zum Beweis des Gegenteils von ihrer verfassungskonformen Anwendung auszugehen ist.

247 Zur Wahrnehmung des Beratungsrechts hat der Verwaltungsrat nach manchen Gesetzen das Recht zur Einsichtnahme in Unterlagen und zur Beiziehung von Sachverständigen, vgl. § 14 HR-G; § 24 Abs. 3 NDR-StV; § 9 Abs. 4 SFB-S; § 21 Abs. 1, 4 WDR-G; § 21 Abs. 3 LRG Saarland

248 § 15 HR-G; § 24 NDR-StV; § 10 RB-G; § 21 Abs. 1 Nr. 6 LRG Saarland; § 9 Abs. 6 SFB-S; § 18 Abs. 2 SWF-StV; § 21 Abs. 3 WDR-G; § 16 Abs. 4 ZDF-StV; § 11 Abs. 4 BundesrundfunkG

249 § 29 NDR-StV; § 21 Abs. 1 LRG Saarland; § 7 Abs. 6 SDR-S; § 21 Abs. 3 WDR-G; § 21 ZDF-StV. Hierher gehört nach manchen Gesetzen auch die Entscheidung über Rundfunkwerbung, soweit dies überhaupt der Autonomie der Anstalten überlassen wird, vgl. Art. 4 Abs. 3 Satz 3 BR-G; § 29 Nr. 4 NDR-StV; § 21 Abs. 1 Nr. 8 LRG Saarland. Beim WDR bedarf nach § 21 Abs. 3 Nr. 11 WDR-G die Änderung der organisatorischen Struktur der Zustimmung des Verwaltungsrats.

250 Art. 10 Abs. 2 Nr. 6 BR-G; § 16 Abs. 2 Satz 2 HR-G; § 29 Nr. 1 NDR-StV; § 27 Abs. 4 LRG Saarland; § 8 Abs. 7 SDR-S; § 16 Abs. 1 SWF-StV; § 20 Abs. 2 ZDF-StV

251 § 24 Abs. 2 Nr. 1 NDR-StV; § 11 Abs. 1 BundesrundfunkG

252 § 15 SWF-StV

wie gesagt – das Gebot der Staatsfreiheit seiner Zusammensetzung zu beachten ist. Eine plurale Repräsentation wie im Rundfunkrat ist dagegen nicht erforderlich. Denn vorrangiges Tätigkeitsfeld des Verwaltungsrats ist die Beratung des Intendanten in wirtschaftlichen Fragen. Dafür bedarf es entsprechender Sachkenntnisse,[253] während das plurale Element im Rundfunkrat hinreichend verwirklicht ist.

Im übrigen gelten für die Stellung der Verwaltungsräte und die Sicherung ihrer Unabhängigkeit ebenso wie für das Verhältnis zum Intendanten die Ausführungen über den Rundfunkrat entsprechend.[254]

5. Die Programmgrundsätze

a) Allgemeines

Wesentlicher Bestandteil der internen Struktur der öffentlich-rechtlichen Rundfunkanstalten ist die Normierung von Programmgrundsätzen in den einzelnen Rundfunkgesetzen.[255] Die Formulierungen sind im Einzelnen unterschiedlich, der sachliche Gehalt jedoch weitgehend identisch. In diesen Bereich gehören zunächst diejenigen Regelungen, die man zusammenfassend als Verhaltensnormen bezeichnen kann. Sie entsprechen weitgehend den Anforderungen, die sich aus der in den Landespressegesetzen normierten journalistischen Sorgfaltspflicht auch für die private Presse ergeben, wie z.B. die Prüfung der Zuverlässigkeit von Informationsquellen.[256] Der zweite Bereich von Programmgrundsätzen, der Anforderungen an die Beschaffenheit der Sendungen stellt, läßt sich als Inhaltsnormen bezeichnen.[257] Sie sind Teil der vom Bundesverfassungsgericht als verfassungsrechtlich geboten erachteten positiven Ordnung des Rundfunkwesens.[258] So verlangen die Rundfunkgesetze die Achtung der Menschenwürde und des Individuums, verbieten eine Diskriminierung von Minderheiten, sehen ein Eintreten für Freiheit und Gerechtigkeit sowie Frieden und Völkerverständigung vor, untersagen eine Verletzung sittlicher Gefühle der Bevölkerung und betonen die kulturelle Verantwortung des Rundfunks. Dadurch soll im Ergebnis die Sicherung eines

---

[253] s.o. FN 247

[254] vgl. im Einzelnen P. Jank, Die Rundfunkanstalten der Länder und des Bundes, 1967, S. 63ff.

[255] Vgl. im Einzelnen die Darstellung bei W. Bosman, Rundfunkfreiheit und Programmgrundsätze, 1985

[256] Art.4 Abs. 2 Nr. 9 BR-G; § 3 Nr. 4 HR-G; § 7 Abs. 1 Satz 2, Abs. 3 NDR-StV; § 2 Abs. 5 RB-G; § 4 Abs. 1 LRG Saarland; § 2 Abs. 4 Nr. 7, 8 SDR-S; § 5 Abs. 3 SWF-StV; § 5 Abs. 5 WDR-G; § 3 ZDF-StV; § 24 BundesrundfunkG; zur journalistischen Sorgfaltspflicht vgl. die ausführliche Darstellung bei K. Wenzel, Das Recht der Wort- und Bildberichterstattung, 3. Aufl., Köln 1986, S. 274ff.

[257] Art. 4 BR-G; § 3 HR-G; §§ 6, 7 NDR-StV; § 2 RB-G; §§ 2–5 LRG Saarland; § 3 SFB-S; § 2 SDR-S; § 5 SWF-StV; § 5 WDR-G; § 2 ZDF-StV; § 23 BundesrundfunkG

[258] BVerfGE 12, 205, 263; 57, 295, 325

bestimmten Programmniveaus erreicht werden, das letztlich die Legitimation für den öffentlich-rechtlichen Rundfunk darstellt.

Bestehen gegen derartige Programmgrundsätze aufgrund ihrer tatbestandlichen Weite keine Bedenken, so kann gleiches nicht gesagt werden, wenn einer Rundfunkanstalt bestimmte Förderungspflichten auferlegt werden wie z.B. im Hinblick auf die Wiedervereinigung Deutschlands,[259] die Gleichberechtigung von Mann und Frau [260] oder die freiheitlich-demokratische Grundordnung [261]. Derartige Treuepflichten mögen innerhalb der staatlichen Verwaltung zulässig sein und finden dort ihre Rechtfertigung in den hergebrachten Grundsätzen des Berufsbeamtentums.[262] Rundfunkanstalten sind jedoch trotz ihrer öffentlich-rechtlichen Rechtsform kein Anhang staatlicher Gewalt. Deswegen ist es verfassungsrechtlich nicht zulässig, einzelnen Auffassungen in der öffentlichen Meinungsbildung dadurch einen Vorteil zu verschaffen, daß den Rundfunkanstalten Förderungspflichten auferlegt werden . Dies geht über die allgemeine Pflicht zur Beachtung der Rechtsordnung, wie sie sich aus Art. 5 Abs. 2 GG ergibt, hinaus, ohne zur Ausgestaltung der Rundfunkfreiheit erforderlich zu sein.[263]

b) Insbesondere: Die Ausgewogenheit

Der bekannteste Programmgrundsatz ist die Verpflichtung zur „Ausgewogenheit", die zusammen mit der Institution Rundfunkrat dem öffentlich-rechtlichen Rundfunk die Bezeichnug „binnenplural" eingetragen hat. Diese Verpflichtung soll sicherstellen, daß im Programm alle Auffassungen zu Wort kommen können. Darin liegt ein wesentlicher Unterschied zur Presse [264] und in gewissem Grade zu privatem Rundfunk, bei denen ein vielfältiges Angebot durch eine Vielzahl miteinander konkurrierender Unternehmen bewirkt werden soll, die jeweils ihre eigene Tendenz verfolgen. Im Gegensatz dazu darf öffentlich-rechtlicher Rundfunk keine bestimmte Tendenz verfolgen,[265] sondern muß in seinen Programmen allen Meinungsrichtungen Raum geben. Er ist daher auch als „tendenzloser Tendenzbetrieb" bezeichnet worden.[266]

Die Verpflichtung zur Ausgewogenheit bezieht sich nicht auf die einzelne Sendung. Denn andernfalls wäre es nicht möglich, extreme und damit unausgewogene Standpunkte zutreffend darzustellen. Andererseits kann man auch

259 § 6 Abs.2 NDR-StV; § 2 ZDF-StV

260 § 3 Abs.1 LRG Saarland; § 5 Abs.3 WDR-G

261 § 6 Abs.1 NDR-StV

262 BVerfGE 39, 334 (Radikalenerlaß)

263 H. Bethge, Verfassungstreue für private Rundfunkveranstalter?, NJW 1987, S. 2982ff. macht insofern keinen Unterschied zwischen Rundfunkveranstaltern privater und öffentlich-rechtlicher Rechtsform; ders., Ausgewogenheit und Programmbindung der öffentlich-rechtlichen Rundfunkanstalten, AfP 1979, S. 286ff.

264 BVerfGE 52, 283, 296 (Tendenzschutz)

265 BVerfGE 59, 231, 258

266 P. Lerche, aaO. FN 138, S. 53

nicht am Gesamtprogramm ansetzen, weil sonst der Begriff konturlos wird. Richtig dürfte es daher sein, der Anforderung jeweils Arten von Sendungen zu unterwerfen.[267] Dabei ist zu berücksichtigen, daß Beiträge zur Meinungsbildung nicht nur in politischen Sendungen oder Nachrichten enthalten sind, sondern jeder Programmbeitrag eine mittelbare Übermittlung von Meinungen bewirken kann. Das Gebot der Ausgewogenheit gilt daher in einem umfassenden Sinne für das gesamte Programm.[268]

c) Der Zusammenhang zwischen Programmgrundsätzen und Organisation

Betrachtet man die Programmgrundsätze, soweit sie Inhaltsnormen darstellen, so fällt ihre beachtliche Abstraktionshöhe auf. Die Gründe für die mangelnde Konkretisierung sind vielfältig. Sie beruht zunächst auf tatsächlichen Umständen. Soll der Rundfunk seiner Aufgabe als Medium öffentlicher Meinungsbildung gerecht werden können, muß er sich täglich erneut auf geänderte Situationen einstellen und sich ihnen anpassen. Damit wäre es unvereinbar, den Rundfunk von vornherein bei der Auswahl und Gewichtung von Materien wie bei der Berücksichtigung von Meinungen festzulegen.[269] Die unvermeidliche Folge wäre eine Versteinerung der Programmzusammensetzung, die mit der Lebenswirklichkeit nichts mehr zu tun hätte, sondern nur den Rundfunk um seine wirksame Beteiligung an der öffentlichen Meinungsbildung brächte.

Diese tatsächliche Grenze ist zugleich eine rechtliche, weil durch eine gesetzliche Regelung, die versuchte, Meinungsvielfalt positiv zu normieren, im Endeffekt die in ihr genannten Meinungsrichtungen bevorzugt, die nicht enthaltenen dagegen geschwächt würden. Dadurch würde aber der Staat in das Konzert der vielen Stimmen eingreifen und dieses wenn auch ungewollt, so doch zwangsläufig verfälschen.[270]

Schließlich ergeben sich auch funktionelle Grenzen. Die Wahrnehmung rundfunkrechtlicher Verantwortung durch den Intendanten innerhalb der Rundfunkanstalten ist nur mit Hilfe der Delegation an nachgeordnete Mitarbeiter möglich. Das Funktionieren eines derartigen Systems setzt das Bestehen eines Vertrauensverhältnisses zwischen Intendant und Mitarbeiter voraus, das sich einer rechtlichen Normierung entzieht.[271]

Enthalten damit die Programmgrundsätze keine mathematisch exakt deduzierbaren rechtlichen Maßstäbe, sondern normieren sie vielmehr Zielwerte

---

[267] P. Lerche, aaO. FN 138, S. 61; zu Differenzierungen nach verschiedenen Arten von Sendungen Verfassungsgerichtshof Wien, EuGRZ 1989, S. 363, 367

[268] BVerfGE 12, 205, 260; 31, 314, 326; 35, 202, 222; 59, 231, 258

[269] F. Ossenbühl, aaO. FN 233, S. 58

[270] W. Hoffmann-Riem, aaO. FN 181, S. 113; a. A. W. Bosman, aaO. FN 255, der Programmgrundsätze dann für mit dem rechtsstaatlichen Bestimmtheitsgebot unvereinbar hält, wenn sie tatbestandlich zu ungenau formuliert sind.

[271] F. Ossenbühl, aaO. FN 233, S. 60

für die an der Herstellung des Programms beteiligten Personen,[272] dann treten im Wege der Kompensation zwangsläufig Organisation und Verfahren in den Vordergrund.[273] Sie sollen dann gewährleisten, daß möglichst „richtige“ Entscheidungen getroffen werden. Die interne Ordnung der Rundfunkanstalten ist insofern eine Verfahrensgarantie.[274] Daraus folgt zugleich, daß Programmentscheidungen der Rundfunkanstalt, die auf die Programmgrundsätze gestützt werden, einer vollen inhaltlichen Kontrolle weder durch die Rechtsaufsicht [275] noch durch die Gerichte zugänglich sind.[276] Denn insoweit fehlt es an konkreten Kontrollmaßstäben und außerdem würde der Zusammenhang zwischen tatbestandlicher Weite der Programmgrundsätze und ihrer verfahrensmäßigen Kompensation durchbrochen.

VI. Staatliche Aufsicht

1. Verfassungsrechtliche Zulässigkeit

Das Instrument staatlicher Aufsicht über den Rundfunk ist seit dem Wiederaufbau des deutschen Rundfunks nach dem Zweiten Weltkrieg im Zeichen der Rundfunkfreiheit fast überhaupt nicht zum Einsatz gekommen. Die Fälle, in denen von ihr Gebrauch gemacht wurde, zeigen jedoch in aller Deutlichkeit die Problematik einer staatlichen Aufsicht über einen Rundfunk, der von Verfassungs wegen gerade staatsfrei sein soll.[277] Damit stellt sich die

---

272 So ausdrücklich für den Programmgrundsatz der Ausgewogenheit und Vielfalt BVerfGE 73, 118, 156/159

273 W. Hoffmann-Riem, aaO. FN 181, S. 119; F. Ossenbühl, aaO. FN 225; Ch. Starck, Staatliche Organisation und staatliche Finanzierung als Hilfen zu Grundrechtsverwirklichung?, in: Bundesverfassungsgericht und Grundgesetz, 1976, S. 481, 488ff. sieht die Organisation als Ersatz für ein aufgrund der Sondersituation fehlendes subjektives Recht auf Veranstaltung von Rundfunk. Ders., Rundfunkfreiheit als Organisationsproblem, Recht und Staat Heft 422/423, 1973, S. 8: Freiheit als Organisationsproblem taucht da auf, wo Herrschaft, Macht und Einfluß geübt werden. Zum Zusammenhang zwischen Grundrechtsschutz und Verfahren allgemein vgl. BVerfGE 53, 30, 72 (abweichende Meinung) und FN 274

274 H. Goerlich, Grundrechte als Verfahrensgarantien, 1981, S. 118

275 Dazu im Einzelnen unten VI; a.A. W. Bosman, aaO. FN 255, S. 20

276 OVG Lüneburg, DVBl. 1986, 1112, 1114 räumt den Landesmedienanstalten wegen der pluralen Zusammensetzung ihrer Aufsichtsgremien einen Beurteilungsspielraum mit der Folge eingeschränkter gerichtlicher Überprüfbarkeit ein. Der gleiche Gesichtspunkt gilt auch für die öffentlich-rechtlichen Anstalten.

277 VG Mainz, UFITA 86 (1980), S. 330: Beanstandung einer Sendung des ZDF-Magazins durch die SPD-geführte hessische Landesregierung, in der der SPD-geführten niedersächsischen Landesregierung vorgeworfen wurde, sie habe einen Hochschullehrer, dem Beziehungen zur terroristischen Szene nachgesagt wurden, nicht rechtzeitig aus dem Dienst entfernt. VG Karlsruhe, ZUM 1986, S. 209; VGH Mannheim, ZUM 1986, S. 295; VG München, ZUM 1986, S. 206; VGH München, ZUM 1986, S. 208: Alle Entscheidungen betreffen Verfügungen der Landesregierungen, mit denen SWF

Frage nach ihrer verfassungsrechtlichen Zulässigkeit. Die Diskussion knüpft an die vom Bundesverfassungsgericht im Fernsehurteil verwendete Formel an, die Rundfunkanstalten seien „höchstens einer beschränkten staatlichen Rechtsaufsicht unterworfen".[278] Damit ist die Zulässigkeit staatlicher Aufsicht zunächst höchstrichterlich festgestellt, allerdings noch nichts über ihre Begründung gesagt. Darauf kam es im konkreten Entscheidungszusammenhang jeweils nicht an, so daß sich aus der Sicht des Bundesverfassungsgerichts nähere Ausführungen hierzu erübrigten. Indessen hat sich das rundfunkrechtliche Schrifttum der Frage angenommen und dazu folgende Auffassungen vertreten.[279]

Nach überkommener verwaltungsrechtlicher Lehre gilt die staatliche Aufsicht als notwendiges Korrelat in den Fällen, in denen ein öffentlich-rechtlicher Aufgabenträger innerhalb eines ihm zugewiesenen Aufgabenkreises über das Recht der Selbstverwaltung verfügt. Die Staatsaufsicht soll dann die Integration in die Staatsverwaltung sicherstellen, um auf diese Weise die Einheit der Verwaltung zu erhalten. Diese Vorstellung kann auf die Rundfunkanstalten nicht übertragen werden,[280] da sie ungeachtet ihrer öffentlich-rechtlichen Rechtsform Aufgaben wahrnehmen, deren Erfüllung von Verfassungs wegen staatsfrei zu erfolgen hat. Deswegen kann es keine Integration in die staatliche Verwaltung geben. Diese Vorstellung ist daher zur Begründung einer Aufsicht über den Rundfunk ungeeignet.

Auch die Auffassung, bei einer Aufsicht handle es sich um eine zulässige Begrenzung der Rundfunkfreiheit über den Vorbehalt der allgemeinen Gesetze in Art. 5 Abs. 2 GG,[281] ist auf Kritik gestoßen. Bemängelt wurde dabei, eine Aufsicht sei gezielt gegen den Rundfunk gerichtet, einem entsprechenden Gesetz fehle aus diesem Grunde die Allgemeinheit.[282]

Am einleuchtendsten erscheint daher der Gedanke, in der Aufsicht eine Ausgestaltung der Rundfunkfreiheit zu erblicken. Soll der Rundfunk dem freien Spiel der Kräfte des Marktes entzogen bleiben, so kann sein Funktionieren nur vom Staat gewährleistet werden.[283] Dafür sind in erster Linie Gesetze mit den entsprechenden organisatorischen Vorkehrungen erforderlich. In der Konsequenz ermöglicht diese Vorstellung eine staatliche Auf-

und BR die Beteiligung am Satellitenprogramm der ARD „EINS PLUS" untersagt werden sollte, um den privaten Veranstaltern den Start zu erleichtern. Vgl. ferner BVerwGE 54, 29 und VGH München, BayVBl. 1964, S. 332

278 BVerfGE 12, 205, 261; 57, 295, 326

279 vgl. die Nachweise bei H. D. Jarass, Die Freiheit des Rundfunks vom Staat, Berlin 1981, S. 52 in FN 57

280 so aber VG Mainz, aaO. FN 277, S. 340; dagegen K. Berendes, Zulässigkeit und Grenzen einer staatlichen Rechtsaufsicht über die Rundfunkanstalten, DÖV 1975, S. 413, 414; vgl. auch oben III 2.

281 VG Mainz, aaO. FN 277, S. 340

282 G. Leibholz, Grenzen der staatlichen Rechtsaufsicht gegenüber Rundfunk- und Fernsehanstalten, in FS für U. Scheuner 1973, S. 343, 374

283 Wie hier K. Berendes, aaO. FN 280, S. 418

sicht, um die Einhaltung der Rundfunkgesetze tatsächlich sicherzustellen. Gleichzeitig bedeutet dies jedoch auch, daß der Gesetzgeber das Wesentliche bereits im Gesetz regeln muß. Dazu gehören die Voraussetzungen, unter denen die Aufsicht tätig werden darf, die Mittel, die ihr zur Verfügung stehen, und die Grenzen, die ihr gezogen sind.

Umgekehrt folgt aus dieser verfassungsrechtlichen Herleitung nichts dafür, daß eine staatliche Aufsicht vom Grundgesetz zwingend vorgeschrieben sei.[284] Denn in Fragen der Rundfunkorganisation verfügt der Gesetzgeber über einen Gestaltungsspielraum, den er in verschiedener Weise ausfüllen kann. Eine Verpflichtung zu einer bestimmten Ausgestaltung bestünde nur, wenn anders die Rundfunkfreiheit nicht gewährleistet werden könnte. Es wird sich jedoch kaum sagen lassen, ohne staatliche Aufsicht sei ein funktionierender Rundfunk nicht zu gewährleisten. Denn hauptsächlicher Daseinszweck der Rundfunkanstalten ist die Produktion und Ausstrahlung von Programmen. Jede Sendung unterliegt aber im Hinblick auf die Respektierung des Persönlichkeitsschutzes der externen Kontrolle durch die ordentlichen Gerichte,[285] wenn diese von einem Betroffenen angerufen werden. Außerdem wird die gesamte Anstaltstätigkeit intern von den Gremien der Anstalten überwacht.

2. Rechtliche Grundlagen

Die einfachgesetzliche Rechtslage ergibt kein einheitliches Bild, vor allem im Hinblick auf die gesetzliche Grundlage. Die Mehrzahl der Rundfunkgesetze sieht eine Rechtsaufsicht vor.[286] Die Gesetze über den SDR und den SFB enthalten keine Regelungen. Im Falle des SFB hat das OVG Berlin jedoch aus allgemeinen Grundsätzen des Verwaltungsrechts auf das Bestehen einer Rechtsaufsicht geschlossen.[287] Eindeutig ist die Rechtslage nur beim HR, dessen Gesetz eine staatliche Aufsicht ausdrücklich ausschließt.[288]

Die Zuständigkeit für die Rechtsaufsicht liegt in der Regel bei der Regie-

[284] P. Jank, Die Rundfunkanstalten der Länder und des Bundes, Berlin 1967, S. 102. Die Frage spielte bei der Einführung von Werbung im III. Fernsehprogramm des HR eine Rolle. Die unionsgeführten Bundesländer hatten im Wege des Länderstreits nach § 50 VwGO von der Hessischen Landesregierung ein Einschreiten gegen den HR verlangt. Die Hessische Landesregierung berief sich darauf, für Maßnahmen gegen den HR fehle ihr die gesetzliche Grundlage, weil eine Aufsicht nicht vorgesehen sei. Das Verfahren hat sich durch Art. 3 Abs. 5 Satz 2 des RfStV erledigt.

[285] BGHZ 66, 182

[286] Art. 13 Abs.3 BR-G; § 36 NDR-StV; § 18 RB-G; § 34 LRG-Saarland; § 19 SWF-StV; § 53 WDR-G; § 25 ZDF-StV; § 21 BundesrundfunkG

[287] OVG Berlin, DVBl. 1969, 881. Ebenso VGH München, BayVBl. 1964, 332 vor der Einfügung von Art. 13 Abs. 3 in das BR-G. Daß der Rückgriff auf allgemeine Grundsätze wegen des besonderen Status der Rundfunkanstalten abzulehnen ist, wurde bereits ausgeführt, s.o. III. 3)

[288] § 1 Abs.1 Satz 2 HR-G

rung [289]. Dies bedeutet eine Abweichung vom Ressortprinzip, nach dem die Aufsicht über juristische Personen des öffentlichen Rechts dem Minister obliegt, aus dessen Zuständigkeitsbereich Aufgaben wahrgenommen werden. Diese Regelung trägt der besonderen Stellung der Rundfunkanstalten Rechnung.

Aussagen zum Verfahren enthalten dagegen nur einzelne Rundfunkgesetze.[290] Danach beginnt das Verfahren, indem die Aufsichtsbehörde die Rundfunkanstalt auf einen Gesetzesverstoß hinweist. Wird er nicht binnen angemessener Frist beseitigt, erteilt die Aufsicht eine entsprechende Anweisung. Aus dem Umstand, daß keine weitergehenden Aufsichtsmittel erwähnt sind, folgt, daß Ersatzvornahme oder Einsetzung eines Staatskommissars unzulässig sind. Eine Besonderheit stellt die Rechtslage beim SWF dar. Hier muß die Regierung nach erfolgloser Beanstandung gegen die Anstalt eine Aufsichtsklage erheben.[291] Dieses Verfahren ist in besonderer Weise zur Sicherung der Rundfunkfreiheit geeignet.

Bei den Mehrländeranstalten ist schließlich noch geregelt, daß die Aufsicht im Turnus von den einzelnen Ländern wahrgenommen wird.[292] Gegen die Maßnahmen der Aufsicht steht den Rundfunkanstalten der Verwaltungsrechtsweg offen.[293]

3. Grenzen staatlicher Aufsicht

Ist die Zulässigkeit staatlicher Aufsicht über den Rundfunk weithin unbestritten,[294] ihre gesetzliche Ausformung jedoch unvollständig, dann richtet sich das Hauptaugenmerk auf die Grenzen, die dem Staat bei der Ausübung der Aufsicht gezogen sind. Daß hier Beschränkungen existieren, ergibt sich aus der bereits oben referierten Formel des Bundesverfassungsgerichts von der „höchstens beschränkten staatlichen Rechtsaufsicht". Worin diese Beschränkungen bestehen, darüber gehen die Auffassungen jedoch auseinander.

---

289 § 36 Abs.1 NDR-StV; § 34 Abs.1 LRG-Saarland; § 19 SWF-StV; § 53 Abs. 1 WDR-G; § 25 ZDF-StV; § 22 Abs. 1 BundesrundfunkG. Die „Rechtsaufsichtsbehörde" nach Art. 13 Abs. 3 BR-G ist das Staatsministerium für Wissenschaft und Kunst, Art. 1 Abs. 1 Nr. 8 Gesetz zur Überleitung von Zuständigkeiten auf das Staatsministerium für Wissenschaft und Kunst, BayGVBl. 1986, S. 392 i.V.m. VO v. 4. 11. 1986, BayGVBl. 1986, S. 333

290 § 36 Abs. 2-4 NDR-StV; § 34 LRG-Saarland; § 52 Abs. 2-5 WDR-G; § 22 Abs. 2, 3 BundesrundfunkG

291 § 21 SWF-StV; dazu VGH Mannheim, ZUM 1986, S. 295 und J. Rüggeberg, Rechtsschutz öffentlich-rechtlicher Rundfunkanstalten und privatrechtlicher Unternehmen gegen Rechtsaufsichtsmaßnahmen, in: J. Becker (Hrsg.), Medienprozeßrecht, Baden-Baden 1988, S. 109, 122ff.

292 § 36 Abs.1 NDR-StV; § 19 SWF-StV; § 25 ZDF-StV

293 Vgl. Art. 1 Abs. 1 Satz 2 BR-G; § 53 Abs. 3 Satz 2 WDR-G; § 22 Abs. 3 Satz 2 BundesrundfunkG und J. Rüggeberg, aaO. FN 291, S. 121ff.

294 T. Maunz, Staatsaufsicht über den Rundfunk, BayVBl. 1977, S. 526

a) Subsidiarität

Einigkeit besteht lediglich im Hinblick auf die Subsidiarität der staatlichen Aufsicht. Diese darf erst dann eingreifen, wenn die anstaltsinternen Kontrollen versagen. Daher muß zunächst den Aufsichtsgremien Gelegenheit zur Korrektur gegeben werden.[295]

Die Subsidiarität folgt einfachrechtlich aus dem Umstand, daß der Gesetzgeber eine anstaltsinterne Aufsicht vorgesehen hat, die alle Bereiche der Anstaltstätigkeit erfaßt.[296] Diese ausdrückliche Zuständigkeit könnte leerlaufen, wenn die externe Aufsicht unmittelbar zum Eingreifen berechtigt wäre.

Darüber hinaus ergibt sich die Subsidiarität auch aus Verfassungsrecht. Zwar ist die Einrichtung einer staatlichen Aufsicht durch Gesetz als Ausgestaltung der Rundfunkfreiheit zu qualifizieren. Die auf dieser gesetzlichen Grundlage erlassenen Aufsichtsmaßnahmen greifen jedoch im Einzelfall in die Rundfunkfreiheit ein und unterliegen daher dem Gebot der Verhältnismäßigkeit. Deswegen darf die staatliche Aufsicht solange nicht tätig werden, wie der Verstoß auf weniger einschneidende Weise beseitigt werden kann. Damit dürfte der praktisch wichtigste Fall staatlicher Aufsicht erfaßt sein, wenn die rundfunkinterne Kontrolle wegen Selbstblockade der Aufsichtsgremien durch die in ihnen vertretenen Gruppierungen nicht mehr funktioniert.[297]

b) Aufsichtsmaßstab

Einigkeit besteht auch darüber, daß staatliche Aufsicht über den Rundfunk nur Rechtsaufsicht ist. Sie kann also nur bei Verstößen gegen Rechtsnormen einschreiten. Eine Fachaufsicht, die auch zu Weisungen unter Zweckmäßigkeitserwägungen berechtigen würde, ist ihr dagegen versagt. Diese theoretisch klare Grenzziehung wirft jedoch erhebliche Probleme auf. Denn zahlreiche Normen des Rundfunkrechts bieten wegen ihrer beträchtlichen tatbestandlichen Weite viel Raum für eine Auslegung. Wären sie der Rechtsaufsicht als Prüfungsmaßstab zugänglich, könnte die Rechtsaufsicht unter der Hand in eine Fachaufsicht umschlagen.[298] Außerdem würde der anstaltsinterne Kontrollzusammenhang empfindlich gestört. Denn soll die materielle Normierung ergänzt werden durch Organisation und Verfahren, so ist dies nur sinnvoll, wenn gleichzeitig ein Beurteilungsspielraum anerkannt wird, der rechtlicher Nachprüfung, sei es durch staatliche Aufsicht oder gerichtliche Kontrolle nicht zugänglich ist.[299] Aus diesen Gründen ist die Rechtsaufsicht auf eine Evidenzkontrolle zu beschränken.[300] Davon unterscheidet es

---

[295] so § 36 Abs. 4 NDR-StV; § 53 Abs. 4 WDR-G

[296] VG Mainz, aaO. FN 277, S. 343

[297] Vgl. den Ausgangsfall zu BVerwGE 54, 29

[298] P. Lerche, aaO. FN 138, S. 15, 99f.

[299] Vgl. dazu oben V 5 c)

[300] P. Lerche, aaO. FN 138, S. 100 in FN 326a

sich im Ergebnis nur wenig, wenn verlangt wird, nur solche Normen dürften als Aufsichtsmaßstab herangezogen werden, denen konkret bestimmbare Rechtspflichten zu entnehmen seien.[301]

c) Bereiche

Vereinzelt ist auch erwogen worden, die Beschränkung der Rechtsaufsicht dadurch herbeizuführen, daß sie in Programmfragen völlig ausgeschlossen wird.[302] Dafür spricht, daß auf diese Weise am effektivsten einem Mißbrauch in dem Bereich vorgebeugt werden kann, der den Kernbereich der Rundfunkfreiheit bildet und gegen staatliche Eingriffe in besonderem Maße des Schutzes bedarf. Außerdem würde dies der Realität insofern nahekommen, als die in den Rundfunkgesetzen enthaltenen Programmnormen nur in Fällen evidenter Verletzung als Aufsichtsmaßstab in Betracht kommen dürften. Handelt es sich aber um einen evidenten Fall, ist kein Grud ersichtlich, warum nicht bereits die Rundfunkanstalt selbst Abhilfe schaffen sollte.[303]

Probleme bereitet dagegen die Abgrenzung des Programms von dem Bereich, der nicht zum Programm gehört. Denn auch Entscheidungen über Personalfragen oder Finanzen können erhebliche, wenn auch eher mittelbare Auswirkungen auf das Programm haben. Deswegen müßte man bei dem Ansatz, die Rechtsaufsicht im Programm auszuschließen, konsequenterweise zum völligen Ausschluß jeder Rechtsaufsicht gelangen.

d) Aufsichtsmittel

Beschränkungen der Aufsicht in der Wahl der Mittel ergeben sich unter verschiedenen Aspekten. So wird ohne ausdrückliche gesetzliche Ermächtigung lediglich die Information und der Hinweis auf die Gesetzesverletzung für zulässig erachtet.[304] Darüberhinaus verbietet es die Staatsfreiheit des Rundfunks, daß der Staat hier selbst unmittelbar tätig wird. Aus diesem Grunde sind Ersatzvornahme oder die Ernennung eines Staatskommissars ausgeschlossen.[305]

e) Verfassungskonforme Auslegung

Die vorstehend unter a) bis d) beschriebenen Grenzen der Rechtsaufsicht sind in den meisten Rundfunkgesetzen nicht ausdrücklich genannt. Soweit sie

---

301 VG München, aaO. FN 277, S. 347

302 G. Leibholz, aaO. FN 282, S. 375; A. Scharf, Aufsicht bei Funk und Fernsehen, Dokumentation zum 5. Deutschen Verwaltungsrichtertag, München 1977, S. 103, 110

303 Nach der Terminologie des allgemeinen Verwaltungsrechts ist die Rechtswidrigkeit eines Verwaltungsakts evident, wenn er den Mangel „auf der Stirn trägt" und damit für jedermann erkennbar ist.

304 J. Rüggeberg, aaO. FN 291, S. 117

305 K. Berendes, aaO. FN 280, S. 420; H. D. Jarass, aaO. FN 279, S. 55; W. Rudolf, Aufsicht bei Funk und Fernsehen, ZRP 1977, S. 213, 215

auf Verfassungsrecht beruhen, sind sie im Wege verfassungskonformer Auslegung in die Gesetze hineinzulesen.[306] Die Grenzen verfassungskonformer Auslegung [307] werden dadurch nicht überschritten, weil der Gesetzesinhalt nicht neu bestimmt wird und auch die Rechtssicherheit nicht übermäßig beeinträchtigt wird, wenn die Aufsicht dem Gebot der Verhältnismäßigkeit unterworfen und auf eine Evidenzkontrolle beschränkt wird.

VII. Finanzierung des öffentlich-rechtlichen Rundfunks

Ein wichtiger Aspekt jeder Organisation von Rundfunk ist die Finanzierung der Tätigkeit der Rundfunkveranstalter.[308] Zum einen entscheidet das Finanzaufkommen darüber, ob und welche Programme überhaupt ausgestrahlt werden können. Zum anderen kann die Art der Finanzierung erhebliche Auswirkungen auf die Programmgestaltung haben.

Die Finanzierung öffentlich-rechtlichen Rundfunks in der Bundesrepublik ist gekennzeichnet durch ein Mischsystem, bestehend aus zwei Finanzquellen: Gebühreneinnahmen und Wirtschaftswerbung.[309] Der Schwerpunkt liegt dabei im Bereich der Gebühren, die einen Anteil an den Gesamteinnahmen erreichen, der je nach Größe der Anstalt zwischen 60 und 80% liegt.[310] Der Vorrang der Gebührenfinanzierung ist nunmehr durch Art. 3 Abs.1 des Staatsvertrags zur Neuordnung des Rundfunkwesens gesetzlich festgeschrieben. Denkbar sind in Zukunft auch alternative und ergänzende Finanzierungsformen wie etwa Pay-TV.[311]

---

306 H. D. Jarass, aaO. FN 279, S. 57

307 Vgl. BVerfGE 9, 83, 87; 52, 1, 41

308 BVerfGE 57, 295, 324; 73, 118, 154 lassen offen, ob die Finanzierung als „wesentlich" dem Vorbehalt des Gesetzes unterliegt und folglich vom Gesetzgeber geregelt werden muß.

309 Abweichungen ergeben sich für die Bundesrundfunkanstalten. Die DW wird fast ausschließlich aus Bundeszuschüssen finanziert, der DLF zu über 60%, den Rest erhält er über den Finanzausgleich der Landesrundfunkanstalten. Dazu L. Tillmanns/G. Hein, Verfassungsrechtliche Probleme bei der Finanzierung der Bundesrundfunkanstalten, DVBl. 1990, S. 91 ff. Zur staatlichen Rundfunkfinanzierung BVerfGE 31, 314, 344, zur ähnlich gelagerten Problematik staatlicher Parteienfinanzierung BVerfGE 20, 56

310 Die ARD verfügte 1987 über 3,55 Mrd. DM Gebühreneinnahmen (entsprechend 70% der Gesamteinnahmen), 908 Mio. DM Werbeeinnahmen (entsprechend 17,9%) und 615 Mio. DM sonstige Einnahmen (Rechteverwertung, Zinsen, Vermietung). Quelle: ARD Jahrbuch 1988, S. 127. Die Zahlen für das ZDF lauten: 868,5 Mio. DM Gebühren (55%), 605,5 Mio. DM Werbung (38%), 99 Mio. DM sonstige. Quelle ZDF-Jahrbuch 1988, S. 212

311 BVerfGE 74, 297, 341 ff. hält einen gesetzlichen Ausschluß von Pay-TV bei öffentlich-rechtlichen Rundfunkanstalten für zulässig. Daraus folgt, daß die Finanzierungsart als solche auch im öffentlich-rechtlichen Rundfunk eingesetzt werden kann.

1. Gebührenfinanzierung

a) Rechtsgrundlagen

Die Rundfunkgebühr ist in ihrer Entstehung eng mit dem Fernmeldewesen verknüpft. Der Rundfunkempfang fiel – und fällt auch heute noch – unter das Fernmeldemonopol der Reichspost, später der Deutschen Bundespost nach § 1 FAG. Allerdings machte die Fernmeldeverwaltung von ihrem Alleinbetriebsrecht von Beginn an keinen Gebrauch, sondern erteilte jedem Rundfunkteilnehmer eine Genehmigung nach § 2 FAG, die jedoch mit verschiedenen Auflagen versehen war. Eine dieser Auflagen verpflichtete den Rundfunkteilnehmer zur Entrichtung einer Gebühr an die Post, so daß sich die Rundfunkgebühr als Entgelt für die Verleihung einer fernmelderechtlichen Genehmigung darstellte.

Die entscheidende Wende, die den Übergang zur heute bestehenden Rechtslage brachte, löste ein Urteil des Bundesverwaltungsgerichts im Jahre 1968 aus.[312] Dieses entschied in Anlehnung an das Fernsehurteil des Bundesverfassungsgerichts, die Finanzierung von Rundfunkveranstaltungen sei eine Frage der Organisation. Deshalb seien die Länder für die Regelung der Rundfunkgebühr zuständig. Daraufhin schlossen die Länder zum 1. 1. 1970 den Staatsvertrag über die Regelung des Rundfunkgebührenwesens,[313] in dem die Festsetzung der Gebührenhöhe einem besonderen Staatsvertrag überlassen wurde. Die Staatsverträge werden durch Zustimmungsgesetze der einzelnen Bundesländer in Landesrecht transformiert, die die gesetzliche Grundlage für die Gebührenerhebung bilden.[314] Die in den Staatsverträgen enthaltenen Regelungen des Rundfunkgebührenwesens werden ergänzt durch ländereinheitliche Befreiungsverordnungen, in denen die Voraussetzungen festgelegt sind, unter denen ein Rundfunkteilnehmer von der Gebührenpflicht befreit werden kann.[315] Auf dieser neuen Rechtsgrundlage wurde die Rundfunkgebühr noch bis 1975 von der Bundespost erhoben. Ab 1976 übernahm die durch eine Verwaltungsvereinbarung der Rundfunkanstalten gegründete Gebühreneinzugszentrale (GEZ) den verwaltungsmäßigen Einzug im Namen und auf Rechnung der jeweiligen Landesrundfunkanstalt. Das Verfahren des Einzugs ist durch gleichlautende Satzungen der Rundfunkanstalten geregelt. Die fernmelderechtliche Konsequenz der neuen Rechtslage besteht darin, daß die Genehmigung nach § 2 FAG von der Post nicht mehr als Genehmigung für

---

[312] BVerwGE 29, 214

[313] Fundstellennachweise bei A. Grupp, Grundfragen des Rundfunkgebührenrechts, Frankfurt 1983, S. 48 in FN 81

[314] vgl. BayVGH BayVBl. 1986, S. 16 und BVerwGE 74, 139

[315] zu den Einzelheiten B. v. Maydell, Zur rechtlichen Problematik der Befreiung von den Rundfunkgebühren, Frankfurt 1987. 90% der Befreiungen beruhen auf sozialen Gründen. Die gesamte Befreiungspraxis führt dazu, daß die nichtbefreiten Rundfunkteilnehmer eine um 1,25 DM höhere Gebühr zu entrichten haben.

den Einzelfall, sondern generell in Form einer Allgemeinverfügung erteilt wird.[316]

b) Eigenart und Bedeutung

Das Charakteristische der Rundfunkgebühr ergibt sich aus der positivrechtlichen Normierung im Rundfunkgebührenstaatsvertrag. Dort heißt es in Art. 2 Abs. 2: „Rundfunkteilnehmer ist, wer ein Rundfunkempfangsgerät zum Empfang bereit hält." Dies löst nach Art. 3 Abs. 2 die Gebührenpflicht aus. Für ein Bereithalten im Sinne der Vorschrift genügt nach allgemeiner Auffassung, daß die Möglichkeit des Empfangs besteht.[317] Auf die tatsächliche Nutzung der Programme der Landesrundfunkanstalt, an die die Gebühr zu entrichten ist, kommt es demgegenüber nicht an. Die Gebührenpflicht besteht beispielsweise auch dann, wenn ein Rundfunkteilnehmer nur ausländische oder private Programme oder Programme einer anderen Landesrundfunkanstalt nutzt.

Diese rechtliche Ausgestaltung hat die Frage nach der Rechtsnatur der Rundfunkgebühr aufgeworfen. Denn das kennzeichnende Merkmal einer Gebühr besteht darin, daß sie als Entgelt für einen konkreten Vorteil zu entrichten ist. An einem solchen Vorteil fehlt es jedoch, wenn die Programme der Landesrundfunkanstalt nicht genutzt werden, gleichwohl aber Gebührenpflicht besteht. Eine höchstrichterliche Klärung liegt derzeit nicht vor, weil das Gebührenrecht als Teil der Rundfunkorganisation dem nichtrevisiblen Landesrecht angehört.[318] In seiner Entscheidung aus dem Jahre 1968 konnte sich das Bundesverwaltungsgericht auf die Feststellung beschränken, bei der Rundfunkgebühr handle es sich nicht um eine Verwaltungsgebühr für die Erteilung einer fernmelderechtlichen Genehmigung, sondern um eine Anstaltsnutzungsgebühr für den Empfang der Rundfunkprogramme.[319] Weitergehende Aussagen waren im Hinblick auf den zu entscheidenden Sachverhalt nicht erforderlich, denn es ging nur darum festzustellen, wer Gläubiger der Rundfunkgebühr war. Das Bundesverwaltungsgericht beschränkte sich daher auf die Aussage, eine Einstufung als Benutzungsgebühr stehe mit Bundesrecht nicht in Widerspruch. Denn auf Grund der drahtlosen Verbreitung der Rundfunkprogramme bestehe die Wahrscheinlichkeit dauernder unkontrollierbarer Benutzung.

Demgegenüber nimmt eine verbreitete Meinung im Anschluß an Ipsen

---

[316] Allgemeine Genehmigung für Ton- und Fernseh-Rundfunkempfänger v. 11. 12. 1970, BAnz Nr. 234 v. 16. 12. 1970. Zur Definition der Allgemeinverfügung vgl. § 35 Satz 2 VwVfG (Ausnahme vom Anwendungsbereich nach § 2 Abs. 3 Nr.4 VwVfG greift hier nicht ein). Vgl. ferner H.Schneider, Informationsfreiheit und Rundfunkgenehmigung, NJW 1961, S. 53ff.; H. P. Ipsen, Die Rundfunkgebühr, 2. Aufl., Hamburg 1958, S. 24ff.

[317] A. Grupp, aaO. FN 313, S. 105ff.

[318] § 137 Abs. 1 VwGO

[319] aaO. FN 312

an,[320] bei der Rundfunkgebühr handle es sich um eine Gebühr mit Beitragselementen. Der Beitrag unterscheidet sich dadurch von der Gebühr, daß für seine Erhebung die Möglichkeit eines Vorteils ausreichend ist. Durch diese Konstruktion wird dem Regelfall Rechnung getragen, daß ein Rundfunkteilnehmer typischerweise die Programme seiner Landesrundfunkanstalt nutzt. Es werden aber gleichzeitig auch abweichende Fallkonstellationen erfaßt, in denen es an einem konkreten Leistungsaustausch fehlt. Diese Auffassung dürfte dem Charakter der Rundfunkgebühr am ehesten gerecht werden, soweit dies mit dem vorhandenen abgabenrechtlichen Instrumentarium möglich ist.[321] Sie kann sich zudem auf das Mehrwertsteuerurteil des Bundesverfassungsgerichts stützen.[322] Dort ging es um die Frage, inwieweit die Gebühreneinnahmen der Rundfunkanstalten der Mehrwertsteuer unterworfen werden dürfen. Das Gericht verwendete den Begriff der Gebühr nur in Anführungszeichen und führte aus, sie sei nicht Gegenleistung für eine Leistung, sondern „das von den Ländern eingeführte Mittel zur Finanzierung der Gesamtveranstaltung" (scil.: Rundfunk). Die Vorstellung von einer Gesamtveranstaltung läßt es zu, auch dort ein Entgelt zu erheben, wo es an der Möglichkeit eines Vorteils für den Abgabepflichtigen überhaupt fehlt, wie z.B. bei der Durchführung eines Finanzausgleichs. Dieser kommt in erster Linie den Teilnehmern der nehmenden Anstalt zu Gute, während für die Rundfunkteilnehmer der gebenden Anstalt allenfalls ein mittelbarer Vorteil zu erkennen ist.

Von diesen Fragen dogmatischer Einordnung abgesehen, die angesichts der ausdrücklichen gesetzlichen Normierung nur in Ausnahmefällen relevant sind, liegt die eigentliche Bedeutung der Rundfunkgebühr in der Sicherung und Gewährleistung der Rundfunkfreiheit.[323] Dies gilt zunächst in ihrer gegen den Staat gerichteten Abwehrfunktion. Eigene Finanzquellen sind Voraussetzung eigenverantwortlicher Aufgabenwahrnehmung. Insofern dient die Rundfunkgebühr – vorbehaltlich der noch zu erörternden Problematik ihrer Festsetzung – der Sicherung der Staatsfreiheit, indem sie die Rundfunkanstal-

---

[320] H. P. Ipsen, aaO. FN 316, S. 60ff.; A. Grupp, aaO. FN 313, S. 42ff. m. w. N.; VG Berlin, ZUM 1986, S. 684, 687 (Kabelgroschen): beitragsähnliche Abgabe eigener Art

[321] Zur Anwendung der neuesten abgabenrechtlichen Rechtsprechung des Bundesverfassungsgerichts auf die Rundfunkgebühr s. W. Schmidt, Die Rundfunkgebühr in der dualen Rundfunkordnung, 1989, S. 27ff.; ders., Der „Aufsichtsgroschen", Media Perspektiven 1986, S. 162, 167f.; zu weiteren Möglichkeiten rechtlicher Einordnung BVerwGE 22, 299, 304. K. Hümmerich/K. Beucher, Rundfunkfinanzierung auf dem Prüfstand, AfP 1989, S. 708, 714 halten die Rundfunkgebühr für eine Zwecksteuer.

[322] BVerfGE 31, 314, 330; a.A. die Mindermeinung S. 344, die von einer „extremen Pauschalierung" ausgeht, der am Entgeltcharakter nichts ändere.

[323] vgl. dazu Th. Oppermann/M. Kilian, Rechtsgrundsätze der Finanzierung öffentlich-rechtlichen Rundfunks in der dualen Rundfunkverfassung der Bundesrepublik Deutschland, Frankfurt 1989, S. 58. Eine ausführliche Darstellung der Probleme staatlicher Rundfunkfinanzierung gibt V. Heydt, Rundfunkfinanzierung aus dem Staatshaushalt, AöR 100 (1975), S. 584ff.

ten von staatlicher Haushaltswirtschaft unabhängig macht. Darüberhinaus ist die Rundfunkgebühr auch geeignet, zur Gewährleistung von Meinungsvielfalt beizutragen. Indem sie den öffentlich-rechtlichen Rundfunk von Einschaltquoten weitgehend unabhängig macht, verschafft sie auch solchen Meinungsrichtungen eine Chance auf Verbreitung, die unter marktmäßigen Bedingungen für eine Verbreitung nicht geeignet wären. Durch diese Art der Finanzierung wird der öffentlich-rechtliche Rundfunk in die Lage versetzt, die verfassungsrechtlich gebotene Grundversorgung zu erbringen. Dies rechtfertigt die Erhebung von Gebühren von jedem Rundfunkteilnehmer ohne Rücksicht auf die tatsächliche Nutzung.[324] Gleichzeitig wird dadurch die Verpflichtung der Rundfunkanstalten begründet, Programmleistungen zu erbringen, die diese Art der Finanzierung rechtfertigen.[325]

c) Verfahren der Festsetzung

Die Hauptproblematik der Gebührenfinanzierung liegt im Verfahren ihrer Festsetzung.[326] Die normativen Grundlagen sind in zwei verschiedenen Staatsverträgen geregelt: dem Rundfunkgebührenstaatsvertrag und dem Staatsvertrag über die Gebührenhöhe. Diese Entkoppelung bezweckt, die Grundentscheidungen der Gebührenfinanzierung nicht bei jeder Gebührenerhöhung zur Disposition stellen zu müssen.

Die Rundfunkgebühr setzt sich zusammen aus einer Grundgebühr und einer Fernsehgebühr. Die Grundgebühr betrug von 1924 bis einschließlich 1969 unverändert zwei Mark, die Fernsehgebühr seit Einführung des Fernsehens im Jahre 1954 fünf Mark. Die Steigerung der Ausgaben konnte durch einen Zuwachs der Teilnehmerzahlen ausgeglichen werden, so daß für den einzelnen Teilnehmer die Gebühr konstant blieb. Dies änderte sich mit dem Ende der sechziger Jahre. Zum einen war wegen der inzwischen fast erreichten Vollversorgung kein Zuwachs bei den Teilnehmerzahlen mehr zu verzeichnen, zum anderen stiegen die Ausgaben aufgrund der hohen Inflationsraten überproportional. Diese Entwicklung machte eine Erhöhung der Rundfunkgebühr unausweichlich. Sie stieg von insgesamt 7,– DM 1969 auf 9,– DM bis 1973, 10,50 DM bis 1978, 13,– DM bis 1983 und 16,25 DM bis 1989. Seit dem 1. 1. 1990 beträgt sie 19,– DM. Im Zuge dieser Entwicklung zeigte sich die Abhängigkeit des öffentlich-rechtlichen Rundfunks von den gebührenfestsetzenden Instanzen. Zwar gibt es rechtlich gesehen keinen Zwang, bun-

---

[324] BVerfGE 73, 118, 158; Art. 3 Abs. 1 Satz 4 RfStV

[325] vgl. zu den ausländischen Erfahrungen M. Bullinger, Rundfunkfinanzierung im Ausland – Rechtliche Aspekte, ZUM 1986, S. 219ff.

[326] Vgl. die Analyse der Probleme des derzeitigen Verfahrens vor dem Hintergrund geänderter Umstände bei O. Schneck, Die geeignete Planungsmethode zur Ermittlung eines für die Rundfunkgebührenhöhe maßgeblichen Finanzbedarfs durch die KEF, Media Perspektiven 1989. S. 606ff.; N. Seidel, Die finanzielle Situation der öffentlich-rechtlichen Rundfunkanstalten in einer sich verändernden Medienlandschaft, RuF 1983, S. 428ff.

desweit eine einheitliche Rundfunkgebühr festzusetzen, im Interesse der Einheitlichkeit der Lebensverhältnisse scheint dies jedoch politisch wünschenswert. Aus diesem Grund erfolgt die Festsetzung der Gebührenhöhe mit dem Instrument des Staatsvertrags. Der Abschluß eines solchen Vertrages setzt allerdings Einstimmigkeit aller Länder voraus, so daß eine Einigung immer auf der Grundlage des kleinsten gemeinsamen Nenners erfolgt. Bereits die ersten Gebührenerhöhungen lösten in den einzelnen Landtagen und in der Öffentlichkeit heftige Diskussionen über ihre Angemessenheit aus. Dieser Umstand bewog die Ministerpräsidenten der Länder dazu, 1975 zur Objektivierung des Verfahrens eine Kommission zur Ermittlung des Finanzbedarfs (Abk.: KEF) einzusetzen.[327]

Aufgabe der KEF ist es, die Entscheidung der Ministerpräsidenten und der Landtage vorzubereiten. Sie besteht aus fünfzehn Mitgliedern. Je vier werden von den Staatskanzleien und den Landesrechnungshöfen entsandt. Hinzu kommen sechs Sachverständige aus den Bereichen Betriebswirtschaft, Medienwirtschaft, Wirtschaftsprüfung und Wissenschaft. Hier melden die Rundfunkanstalten ihren Bedarf an, über den die KEF alle zwei Jahre mit ⅔-Mehrheit berichtet.[328] Dieser Bericht wird wegen der Einheitlichkeit der Gebührenfestsetzung als Gesamtrechnung erstellt, ohne die Unterschiede zwischen den einzelnen Anstalten zu berücksichtigen.[329] Das eigenliche Problem besteht in den unterschiedlichen Planungsansätzen. Nach Auffassung der Rundfunkanstalten soll sich der Finanzbedarf vor allem an den zu erfüllenden Aufgaben ausrichten. Demgegenüber ist die KEF der Ansicht, im Interesse einer kontinuierlichen Entwicklung der Finanzplanung sei die Vorgabe eines gewissen Finanzrahmens erforderlich, der die Erhaltung des Standards der Rundfunkversorgung sicherstelle und eine sinnvolle Fortentwicklung ermögliche.[330] Diese Grundlage für die Empfehlungen der KEF führt gegenüber den Anmeldungen der Rundfunkanstalten zur Feststellung eines erheblich geringeren Finanzbedarfs. Die Rundfunkanstalten sind dann gezwungen, auf die Durchführung von ihnen beschlossener und angemeldeter Vorhaben zu verzichten. Sie kritisieren zwar das Vorgehen der KEF als Eingriff in ihre Programmgestaltungsfreiheit, schrecken dann aber vor Haushaltsdefiziten

---

[327] Zur KEF P. Badura, Rundfunkfreiheit und Finanzautonomie, Frankfurt 1986, S. 30ff.; H. P. Schneider/B. Radeck, Verfassungsprobleme der Rundfunkfinanzierung aus Werbeeinnahmen, 1989, S. 44ff.; W. Schreckenberger, Die Finanzierung der öffentlich-rechtlichen Rundfunkanstalten unter besonderer Berücksichtigung von Fragen der Wirtschaftlichkeit und der sich verändernden Medienordnung, in K. Stern u. a., Programauftrag und Wirtschaftlichkeit der öffentlich-rechtlichen Rundfunkanstalten, 1984, S. 5, 9ff.

[328] 5. Bericht v. 20. 11. 1985, Media Perspektiven 1986, S. 32 mit Stellungnahmen von ARD und ZDF Media Perspektiven Dokumentation 1986, S. 21 ff. und 29ff.; 6. Bericht v. November 1987 mit Stellungnahmen ARD und ZDF Media Perspektiven 1987, S. 782ff.

[329] Dies ist Aufgabe des Finanzausgleichs, dazu unten VIII 4)

[330] P. Badura, aaO. FN 327, S. 32

zurück und erbringen so unfreiwillig den Beweis, daß der zugestandene Finanzrahmen doch ausreichend war, um die Rundfunkversorgung zu gewährleisten. Dieser Zirkelschluß entwertet das Verfahren der Vorbereitung weitgehend, weil er die Rundfunkanstalten systembedingt zu hohen Anmeldungen zwingt und damit auf Dauer deren Glaubwürdigkeit gefährdet.

Um dieses Dilemma zu überwinden, sind verschiedenc Versuche unternommen worden. So äußert sich Art. 4 RfStV zu den Kriterien, die für die Festsetzung der Gebührenhöhe maßgeblich sein sollen.[331] Weiterhin besteht aus verfassungsrechtlicher Sicht Einigkeit darüber, daß den Rundfunkanstalten eine funktionsadäquate Finanzierung gewährleistet ist. So hat das Bundesverfassungsgericht entschieden, die finanzielle Sicherung der Programme sei Bestandteil ihres Schutzes durch die Rundfunkfreiheit. Anderenfalls könne der Gesetzgeber das Verbot der unmittelbaren Einflußnahme auf das Programm durch eine Beschränkung der Finanzierung umgehen.[332] Daraus folgt, daß die Rundfunkanstalten einen Anspruch auf eine Finanzierung haben, die zur Veranstaltung der verfassungsrechtlich geschützten Programme erforderlich ist.[333]

Damit rücken zwei Aspekte der Problematik in den Vordergrund. Zunächst ist zu fragen, welcher finanzielle Aufwand konkret als erforderlich anzusehen ist. Dies dürfte sich mit letzter Sicherheit nicht erhellen lassen. Denn die Kosten jeder Sendung sind weitestgehend von der verlangten Qualität abhängig, diese entzieht sich jedoch einer Bewertung nach Maßstäben der Wirtschaftlichkeit. An dem Dilemma ökonomischer Bewertung kultureller Leistungen[334] vermag auch Art. 4 Abs. 1 RfStV nichts zu ändern, der eine Feststellung des Finanzbedarfs entsprechend den Grundsätzen von Sparsamkeit und Wirtschaftlichkeit vorsieht. So ist die Berechtigung der Forderung nach effektiver Mittelverwendung unbestreitbar. Aus den genannten Gründen führt die regelmäßig aufgestellte Forderung nach Ausnutzung aller Einsparungsmöglichkeiten[335] jedoch nicht weiter, weil damit untrennbar die Programmqualität verbunden ist. Deswegen gewinnt die zweite Frage an Bedeutung, wer über die Höhe der Finanzausstattung der Rundfunkanstalten ent-

---

331 Nach dieser Vorschrift sind zu berücksichtigen: 1. die wettbewerbsfähige Fortführung der bestehenden Hörfunk- und Fernsehprogramme, die durch Landesgesetz jeweils bestimmten neuen Programme sowie die Fernsehprogramme nach Art. 2 RfStV (Diese Aufzählung hat wegen BVerfGE 74, 297 keinen abschließenden Charakter; Anm. d. Verf.) 2. die Teilhabe an den neuen rundfunktechnischen Möglichkeiten 3. die allgemeine Kostenentwicklung und die besondere Kostenentwicklung im Medienbereich 4. die Entwicklung der Werbeeinnahmen und der sonstigen Einnahmen

332 BVerfGE 74, 297, 342

333 Dazu zuletzt H. Bethge, Zur Existenz und Relevanz eines Finanzgewährleistungsanspruchs einer Rundfunkanstalt gegen den Staat, DÖV 1988, S. 97ff.

334 W. Lehr, Programmauftrag und Wirtschaftlichkeit einer öffentlich-rechtlichen Rundfunkanstalt, in K. Stern, Programmauftrag und Wirtschaftlichkeit der öffentlich-rechtlichen Rundfunkanstalten, München 1984, S. 19, 21, 24

335 W. Schreckenberger, aaO. FN 327, S. 14

scheidet. Nach verbreiteter Ansicht soll hierfür der staatliche Gesetzgeber zuständig sein. Gefolgert wird dies aus der staatlichen Gewährleistungspflicht für ein funktionierendes Rundfunksystem[336] sowie aus dem Erfordernis einer gesetzlichen Grundlage für die Auferlegung von Geldleistungspflichten. Durch die Höhe der Rundfunkgebühr werden verschiedene Belange berührt, wie etwa die Finanzierung von Presse und privatem Rundfunk. Hier einen Ausgleich herbeizuführen, setzt eine politische Leitentscheidung voraus, die dem Vorbehalt des Gesetzes unterfällt und daher nur vom Gesetzgeber getroffen werden kann.[337] Darüberhinaus wird auch wegen der Besonderheit der Rundfunkgebühr als Bereithaltegebühr ein staatliches Gesetz als Legitimation für erforderlich gehalten, weil Geldleistungspflichten unabhängig von der tatsächlichen Nutzung auferlegt werden.

Zu diesem Problem hat der Verwaltungsgerichtshof München neuerdings eine differenzierte Auffassung vertreten.[338] Danach bedarf es wohl für die grundsätzliche normative Ordnung des Rundfunkgebührenwesens staatlicher Regelungen in Form eines Gesetzes. Allerdings dürfe nicht die konkrete Gebührenhöhe vom Gesetzgeber festgelegt werden; dies sei aus verfassungsrechtlichen Gründen Sache der Rundfunkanstalten. Denn die staatliche Gebührenfestsetzung begründe nicht nur die theoretische Möglichkeit der Einflußnahme über den „goldenen Zügel“,[339] sondern führe, wie die jüngste Entwicklung gezeigt habe, zu erheblicher Abhängigkeit. In diesem Zusammenhang hält der Verwaltungsgerichtshof das Rechtsaufsichtsverfahren wegen des ARD-Programms EINS PLUS,[340] die Kündigung des Rundfunkgebührenstaatsvertrages am 9. 12. 1986, die Auflagenbeschlüsse der Parlamente im Zusammenhang mit der Ratifizierung von Gebührenstaatsverträgen[341] sowie die Auseinandersetzungen um die Gebührenerhöhung ab 1990[342] für bedeu-

---

336 H. Bethge, aaO. FN 333

337 P. Badura, aaO. FN 327, S. 45, 71

338 BayVGH JZ 1989, S. 242ff. m. Anm. W. Hoffmann-Riem; Zu dieser Entscheidung auch H. Hasper, Ohne Gebührenhoheit keine Rundfunkfreiheit für den öffentlich-rechtlichen Rundfunk, ZUM 1989, S. 176ff.; S. Ory, Rundfunkgebühr zwischen Staatsfreiheit und Parlamentsvorbehalt, AfP 1989, S. 616ff.; BVerfGE 31, 314, 345 (Minderheitsvotum); vgl. auch H. Bühringer, Gründe für ein neues Verfahren zur Festsetzung der Rundfunkgebühren, Media Perspektiven 1985, S. 1ff.

339 J. Linck, Parlament und Rundfunk, NJW 1984, S. 2433, 2435

340 vgl. dazu oben VI 1.

341 vgl. dazu P. Badura, aaO. FN 327, S. 36. Danach wurden folgende Erwartungen mit einer Gebührenerhöhung verbunden: terrestrische Restversorgung, Beteiligung an Innovationen sowie Beachtung der Grundsätze der Sparsamkeit. Darüber hinausgehend enthalten die Zustimmungsgesetze zum RfStV konkrete Verpflichtungen für die Verwendung etwa verbleibender Beträge des 2%-Anteils der Landesmedienanstalten.

342 In einem anonymen Papier der CDU-Fraktion Baden-Württemberg, das in der FR v. 13. 7. 1988 auf S. 14 veröffentlicht wurde, heißt es dazu unter 6.: „Nicht zuletzt aufgrund der Rechtsprechung des Bundesverfassungsgerichts entwickeln sich die öffentlich-rechtlichen Rundfunkanstalten zu einem Staat im Staate. Sie benützen ihre absolute Stellung zu einer ungehemmten Ausdehnungsstrategie, die vor allem darauf zielt, die privaten Anbieter nicht hochkommen zu lassen. Wie das Urteil des BVerfG

tungsvoll. Eine öffentlich-rechtliche Rundfunkanstalt, die sich in der existentiellen Frage der Finanzierung politischem Eingriffsbelieben ausgesetzt sehe, könne sich nicht mehr unbefangen und frei bewegen. Unter diesen Verhältnissen werde die Rundfunkfreiheit durch die staatliche Gebührenfestsetzung unzulässig eingeschränkt, weil sich die Rundfunkanstalten nicht mehr frei entscheiden könnten, ohne gebührenrechtliche Konsequenzen befürchten zu müssen. Stelle sich die staatliche Festsetzung der Gebührenhöhe als Eingriff in die Rundfunkfreiheit dar, dann unterliege sie dem Gebot der Verhältnismäßigkeit. Unter den gegenwärtigen Umständen verstoße sie gegen das Prinzip der Erforderlichkeit. Denn eine funktionsgerechte Finanzierung sei auch dann sichergestellt, wenn die Festsetzung der Gebührenhöhe etwa nach dem Vorbild des Kommunalabgabengesetzes oder des Postverwaltungsgesetzes von den Rundfunkanstalten selbst auf gesetzlicher Grundlage vorgenommen werde. Aus diesen Gründen kam der VGH zu der Überzeugung, die gegenwärtige Ausgestaltung der Gebührenfestsetzung sei verfassungswidrig. Er hat deshalb das Verfahren gemäß Art. 100 GG ausgesetzt und dem Bundesverfassungsgericht die Frage zur Prüfung vorgelegt.

Unabhängig von der rechtlichen Beurteilung birgt eine Verlagerung der Entscheidungskompetenz über die Gebührenhöhe vom Gesetzgeber auf die Rundfunkanstalten die Gefahr in sich, daß auf Dauer der Charakter der Rundfunkgebühr als Bereithaltegebühr in Frage gestellt werden könnte. Das schließt es indessen nicht aus, verfassungsrechtliche Defizite des gegenwärtigen Verfahrens der Gebührenfestsetzung festzustellen, insbesondere im Hinblick auf die unzureichende Berücksichtigung der Anmeldungen der Rundfunkanstalten. Den Ansatzpunkt für eine Lösung bietet der Rückgriff auf die allgemeine Diskussion um den Grundrechtsschutz durch Verfahren. Sie wurde ausgelöst durch die Notwendigkeit einer Antwort auf veränderte Problemstellungen: Die vorindustriell entstandenen Grundrechte sicherten personale Freiheit zunächst durch die Herstellung staatsfreier Räume (Eingriffsabwehr). Diese Zielsetzung muß sich auch unter veränderten Bedingungen bewähren, wenn Freiheit durch Staatstätigkeit gefährdet wird, die nicht dem herkömmlichen Eingriffsschema zugeordnet werden kann, obwohl sie Freiheit weit nachhaltiger gefährdet als ein punktueller Eingriff.[343] Unter diesen Umständen erscheint Verfahren vor allem aus zwei Gründen als geeignetes Mittel des Grundrechtsschutzes. Ist das Gefahrenpotential durch Ergebnisnormierung nicht hinreichend begrenzt, muß bei der Ergebnisherstellung angesetzt werden. Dadurch wird zugleich eine Vorverlagerung des Grundrechtsschutzes bewirkt, bevor es zu einem irreparablem Eingriff kommt. Diese Gesichtspunkte haben Bedeutung auch für die Gebüh-

zu unserem Mediengesetz zeigt, ist es dem Gesetzgeber verwehrt, den Rundunkanstalten Grenzen bei dieser Programmausdehnung zu setzen. Als einzige echte Einflußmöglichkeit ist die Festsetzung der Rundfunkgebühren geblieben."

[343] D. Grimm, Verfahrensfehler und Grundrechtsverstöße, NVwZ 1985, S. 865, 866f.

renfestsetzung des öffentlich-rechtlichen Rundfunks. Auszugehen ist vom Schutzbereich des Art. 5 Abs. 1 Satz 2 GG, der eine funktionsgerechte Finanzierung gewährleistet.[344] Sie war bisher auch bei konstanter Gebührenhöhe in ausreichender Weise durch die Zunahme der Anzahl der Rundfunkteilnehmer gesichert. Mit Beginn der siebziger Jahre wurde jedoch die Vollversorgung erreicht, so daß Kostensteigerungen nur noch durch Gebührenerhöhungen aufgefangen werden können. Dadurch wächst mit der Abhängigkeit vom Gesetzgeber das Gefährdungspotential. Diese tatsächlichen Veränderungen können auf materieller Ebene nicht aufgefangen werden, weil sich aus Art. 5 Abs. 1 Satz 2 GG unmittelbar keine konkrete Gebührenhöhe als verfassungsrechtlich geboten entnehmen läßt. Deswegen ist ein Verfahren erforderlich, um die Grundrechtsgefährdung nach Möglichkeit zu vermeiden. Wie dieses Verfahren aussieht, unterliegt dem Gestaltungsspielraum des Gesetzgebers, der politisch zu füllen ist.[345] Verfassungsrechtlich geboten ist jedoch ein für den Gesetzgeber nicht unterschreitbares Minimum an prozeduralem Grundrechtsschutz. Dazu gehört die Beteiligung der Rundfunkanstalten als der Betroffenen, weil Verfahren ohne Beteiligung der Betroffenen den Zweck des Grundrechtsschutzes gar nicht erfüllen könnte. Des weiteren muß die Beteiligung effektiv sein, d.h. der Betroffene muß seinen Standpunkt „zu einer Zeit und in einer Art vertreten dürfen, die seine Stellungnahme für die Entscheidung noch folgenreich macht."[346] Deswegen dürfen die Anmeldungen der Rundfunkanstalten nicht als bloß formale und damit folgenlose Anhörung angesehen werden. Ihnen kommt vielmehr ein qualitatives Gewicht zu, über das sich der Gesetzgeber nicht hinwegsetzen kann. Dies folgt außerdem aus der Programmautonomie der Rundfunkanstalten, die eine inhaltliche Bewertung der Programmtätigkeit ausschließlich den Rundfunkanstalten zuweist. Darüberhinaus bewirkt die Beteiligung der Rundfunkanstalten eine Vorverlagerung des Grundrechtsschutzes, die gerade im Rundfunk besonders wichtig ist. Denn führt nicht ausreichende Finanzierung zu einer Beeinträchtigung der Programmgestaltung, dann ist die Grundrechtsverletzung im nachhinein nicht mehr reparabel.[347]

---

344 BVerfGE 74, 297, 342

345 D. Grimm, aaO. FN 343, S. 867

346 D. Grimm, aaO. FN 343, S. 869. In dieselbe Richtung weist BVerfGE 45, 297, 335, wonach Verfahrensbeteiligung nicht nur dazu dient, der Behörde die Durhführung ihrer Aufgabe zu erleichtern. Aus dem grundgesetzlichen Verständnis der Stellung vom Bürger im Staat folge die Notwendigkeit eines Gesprächs zwischen Verwaltung und Bürger. Ein derartiges Gespräch kann aber nur dann einen Sinn haben, wenn es mehr bedeutet als bloße (folgenlose) Anhörung.

347 BVerfGE 71, 350 (Einstweilige Anordnung „Radio Stuttgart")

2. Finanzierung aus Werbeeinnahmen

a) Bedeutung und Eigenart der Werbung im bestehenden Finanzierungssystem

Die Einnahmen der Rundfunkanstalten stammen zwar zum weit überwiegenden Teil aus der Rundfunkgebühr, dennoch ist die Werbung unersetzlicher Teil der Finanzierung. Ihr Anteil beträgt bei den ARD-Anstalten im Durchschnitt 20%, beim ZDF liegt er bei 40%.[348] Man spricht deswegen auch von einem System der Mischfinanzierung. Bis in die Gegenwart hat es immer wieder Versuche gegeben, den öffentlich-rechtlichen Rundfunk von der Werbung auszuschließen.[349] Im Ergebnis war ihnen jedoch kein Erfolg beschieden, weil die Werbewirtschaft auf die erhebliche Reichweite des öffentlich-rechtlichen Rundfunks nicht verzichten kann.

Das Hauptproblem des Einsatzes von Werbung zur Finanzierung von Rundfunksendungen besteht in den damit verbundenen Auswirkungen auf die Programmgestaltung. Denn Werbung erfüllt ihre Aufgabe am besten, wenn sie eine größtmögliche Anzahl von Destinatären erreicht. Wird der Rundfunk als Medium verwendet, dann muß unter dem Gesichtspunkt der Effektivität der Werbung das Programmumfeld so beschaffen sein, daß es möglichst hohe Einschaltquoten erreicht. Gibt der Rundfunkveranstalter diesem Druck nach, weil er seinerseits an hohen Werbeeinnahmen interessiert ist, entsteht dadurch ein mittelbarer Einfluß auf das Programm. Diese wirtschaftliche Gesetzmäßigkeit ist unabhängig von der Rechtsform des Veranstalters. Sie kommt jedoch sehr viel stärker zum Tragen, wo die Finanzierung ausschließlich über Werbung erfolgt. Die Gebührenfinanzierung bewahrt den öffentlich-rechtlichen Rundfunk in hohem Maße vor solchen Abhängigkeiten, zumal vielen seiner Programme Werbefreiheit gesetzlich ohnehin vorgeschrieben ist.

Liegt die Problematik der Werbefinanzierung in dem Einfluß von Werbegesichtspunkten auf das Programm, so vermindert sie gleichzeitig die Abhängigkeit von anderen Finanzquellen, konkret der Rundfunkgebühr. Dadurch ist sie geeignet, den oben beschriebenen Unzulänglichkeiten des Gebührenfestsetzungsverfahrens entgegenzuwirken und den Anstalten einen – wenn

---

348 Bei der Gründung des ZDF war von vornherein die Werbung als Finanzquelle vorgesehen, was sich auch aus § 23 Abs. 2 ZDF-StV ergibt: „Im übrigen deckt die Anstalt ihre Ausgaben durch Einnahmen aus Werbesendungen."

349 6. Hauptgutachten der Monopolkommission „Gesamtwirtschaftliche Chancen und Risiken wachsender Unternehmensgrößen" Rdn 119 und Stellungnahme der Bundesregierung, BT-Ds 11/555; Arbeitspapier der Staatskanzlei Rheinland-Pfalz „Medienmarkt der neunziger Jahre", Bericht in der FR v. 29. 6. 1988; B. Börner, Organisation, Programm und Finanzierung der Rundfunkanstalten im Lichte der Verfassung, Berlin 1984, S. 57ff. hält ein Monopol eines einzigen Rundfunkträgers für elektronische Werbung für verfassungswidrig. Diese Aussage zielt zwar auf den öffentlich-rechtlichen Rundfunk, müßte konsequenterweise aber umgekehrt genauso gelten.

auch geringen – finanziellen Bewegungsraum zu verschaffen. Sie dient insoweit der Stärkung der Staatsfreiheit der öffentlich-rechtlichen Rundfunkanstalten.[350]

Diese Funktion der Werbefinanzierung der Rundfunkanstalten wird jedoch durch die tatsächliche Entwicklung zunehmend in Frage gestellt.[351] Denn durch das Aufkommen neuer Rundfunkveranstalter verteilt sich das vorhandene Publikum zwangsläufig auf mehrere Programme, so daß der einzelne Werbespot weniger Rundfunkteilnehmer erreicht. Dieser Umstand wirkt sich auf das durch den Verkauf von Werbezeiten zu erzielende Entgelt aus. Dieser Tendenz kann nicht durch eine Ausweitung der Werbezeiten begegnet werden, weil diese gesetzlich festgelegt sind. Deswegen gewinnen Überlegungen an Bedeutung, inwieweit die Werbung als Finanzquelle des öffentlich-rechtlichen Rundfunks verfassungsrechtlich geschützt ist.

Eine verbreitete Meinung sieht Wirtschaftswerbung im öffentlich-rechtlichen Rundfunk als Variante erwerbswirtschaftlicher Betätigung der öffentlichen Hand, bei der es sich um eine Randnutzung von Verwaltungsvermögen zur Erzielung von Einkünften handele.[352] Diese gehöre zum historisch gewachsenen Aufgabenkreis der Rundfunkanstalten und falle deswegen in den Bereich der institutionellen Garantie der Rundfunkfreiheit.[353] Danach verfügt der Gesetzgeber über einen Gestaltungsspielraum für Werberegelungen im öffentlich-rechtlichen Rundfunk, solange er das Institut als solches unberührt läßt.

Das Bundesverfassungsgericht hat bisher ausdrücklich nur entschieden, Werbung im öffentlich-rechtlichen Rundfunk sei als Finanzierungsquelle durch die Rundfunkfreiheit geschützt, dies allerdings nur unter der Voraussetzung, daß auf andere Weise eine ausreichende Finanzierung des öffentlich-rechtlichen Rundfunks nicht gewährleistet sei. Denn Art. 5 Abs. 1 Satz 2 GG garantiere grundsätzlich nicht die einzelne Finanzierungsart, sondern nur die Finanzausstattung insgesamt.[354] Daher versuchen neuere Ansätze, die Problematik über das Gebot der Mischfinanzierung zu lösen.[355]

---

[350] M. Bullinger, Rundfunkwerbung im Umbruch der Medien, ZUM 1985, S. 121, 130; H.-P. Schneider/B. Radeck, aaO. FN 327, S. 76; Th. Oppermann/M. Kilian, aaO. FN 323, S. 95

[351] Dazu G. Kopper, Langfristige Finanzierungsbedingungen des öffentlich-rechtlichen Rundfunks, Media Perspektiven 1989, S. 245ff.

[352] H. Bethge, Der verfassungsrechtliche Stellenwert der Werbung im öffentlich-rechtlichen Rundfunk, Media Perspektven 1983, S. 690ff.

[353] P. Lerche, Rechtsprobleme des Werbefernsehens, Frankfurt 1965, S. 15–21

[354] BVerfGE 74, 297, 342

[355] Vgl. etwa H.-P. Schneider/B. Radeck, aaO. FN 327, S. 91ff.; Fuhr/Krone, Interdependenzen zwischen Gebühren- und Werbeeinnahmen auf dem Gebiet der Rundfunkfinanzierung, AfP 1984, S. 141ff.; K.-H. Ladeur, „Duale Rundfunkordnung" und Werbung in Programmen der öffentlich-rechtlichen Rundfunkanstalten, ZUM 1987, S. 491ff.

b) Gesetzliche Regelung

Inwieweit die Werbung im öffentlich-rechtlichen Rundfunk unter Aspekten des Vorbehalts des Gesetzes einer gesetzlichen Grundlage bedarf, ist angesichts der vorhandenen Regelungen eine Frage von eher akademischer Bedeutung. Der Staatsvertrag zur Neuordnung des Rundfunkwesens enthält für alle Rundfunkanstalten einheitliche Vorschriften.

Danach ist Fernsehwerbung nur im ersten Programm der ARD und im zweiten Programm des ZDF gestattet.[356] In den anderen Programmen, insbesondere den dritten Fernsehprogrammen und den Satellitenprogrammen ist Werbung ausgeschlossen.[357] In den Programmen, in denen Fernsehwerbung zulässig ist, ist sie auf eine Dauer von 20 Minuten je Werktag beschränkt und darf nur vor 20 Uhr ausgestrahlt werden. Im Bereich des Hörfunks ist die Werbung auf den Stand vom 1. 1. 1987 eingefroren.[358] Die gesetzlichen Vorgaben entspringen weniger der Sorge, die Programmgestaltung der öffentlich-rechtlichen Rundfunkanstalten von Werbeeinflüssen freizuhalten. Der wesentliche Beweggrund besteht vielmehr darin, den privaten Rundfunkveranstaltern, deren vorläufig einzige Finanzierungsquelle die Werbung darstellt, diese ungeschmälert zu erhalten.[359] Eine Änderung der genannten staatsvertraglichen Bestimmungen über die Werbung im öffentlich-rechtlichen Rundfunk kann nach Art. 5 RfStV im Wege einer Vereinbarung der Ministerpräsidenten erfolgen.

Neben diesen Vorschriften, die den Umfang der Werbung bestimmen und dadurch unmittelbaren Einfluß auf das durch Werbung zu erzielende Finanzaufkommen besitzen, gibt es zahlreiche Regelungen, die einen Einfluß der Werbung auf das Programm verhindern sollen. Sie lassen sich zurückführen auf den in Art. 3 Abs. 2 RfStV normierten Grundsatz der Trennung von Werbung und Programm, der das Vertrauen des Rundfunkteilnehmers in die Unabhängigkeit der Programmgestaltung schützen soll.[360] Die Beachtung dieses Grundsatzes kann mit Hilfe der Generalklausel des § 1 UWG bei Vorliegen der Voraussetzungen vor den ordentlichen Gerichten durchgesetzt werden.[361]

---

356 Art. 3 Abs. 4 Satz 1 RfStV

357 Art. 3 Abs. 4 Satz 2 mit Sonderregelung für den HR, Abs.5 RfStV

358 Art. 3 Abs. 6 RfStV. Die effektiven Werbezeiten sind zusammengestellt bei Hartstein/Ring/Kreile, Rundfunkstaatsvertrag, 1989, Art. 3 Rdn 116

359 Begr. zu Art. 7 RfStV

360 ARD und ZDF haben hierzu gemäß Art. 3 Abs. 8 RfStV Richtlinien erlassen. ARD-Richtlinien über die Trennung von Werbung und Programm, Media Perspekiven 1988, S. 259; Richtlinien für Werbesendungen beim ZDF sowie Richtlinien für die Zusammenarbeit mit Dritten für Sendungen des ZDF, Media Perspektiven Dokumentation, 1989, S. 50ff.

361 Vgl. in diesem Zusammenhang OLG München, WuP 1976, S. 393 (Bandenwerbung); AfP 1986, S. 348 (Hinweis auf Boris-Becker-Videocassette); 1988, S. 252 (Vertrag über Schleichwerbung); OLG Stuttgart, AfP 1988, S. 76 (Zusammenarbeit mit Buchverlag für TV-Ratespiel, aufgehoben durch BGH Urt. v. 22. 2. 1990, I ZR 78/88);

3. Rechnungskontrolle

Ist die Finanzplanung in die Zukunft gerichtet und wird für alle Rundfunkanstalten gemeinsam durchgeführt, so beschäftigt sich die Rechnungskontrolle mit dem Ausgabengebaren bereits abgeschlossener Haushaltsjahre und zwar gesondert für jede Anstalt. Die Notwendigkeit einer Kontrolle über die Verwendung öffentlicher Mittel ist unbestritten, da der einzelne Rundfunkteilnehmer als Gebührenschuldner keine Möglichkeit hat, sich der Zahlungspflicht zu entziehen. Nicht zweifelsfrei ist dagegen, wie eine derartige Kontrolle in verfassungsrechtlich einwandfreier Weise ausgestaltet werden kann.

a) Kontrollmechanismen

Die Überprüfung der Haushalts- und Wirtschaftsführung erfolgt auf mehreren Wegen. Zunächst gibt es in jeder Anstalt eine hauseigene Innenrevision, die einzelne Tätigkeitsbereiche untersucht und hierüber Bericht erstattet.[362] Darüberhinaus wird jede Anstalt jährlich von einer Wirtschaftsprüfungsgesellschaft geprüft. Damit ist die Grundlage geschaffen, daß der Verwaltungsrat, der Finanzausschuß des Rundfunkrats und schließlich das Plenum des Rundfunkrats Jahresrechnung und Jahresbericht kontrollieren und genehmigen können.[363] In dieses Verfahren sind als eine weitere Stufe die Landesrechnungshöfe eingebaut,[364] die die Einhaltung der Grundsätze von Sparsamkeit und Wirtschaftlichkeit untersuchen sollen.

Die beschriebenen Arten unmittelbarer Kontrolle werden ergänzt durch Auswirkungen mittelbarer Art, die sich aus den folgenden Umständen ergeben. Auf der Einnahmenseite ist den Rundfunkanstalten der Finanzrahmen vorgegeben: Die Gebühren werden von den Parlamenten festgesetzt, eine Ausweitung der Werbung ist nicht möglich. Deswegen besteht ein Interesse der Redaktionen, mit den vorhandenen Mitteln einen möglichst großen publizistischen Erfolg zu erzielen, das sie automatisch zur Spar-

---

KG Berlin, AfP 1987, S. 712 (Hinweis auf den Sponsor eines Ereignisses); aus der Literatur F. Henning-Bodewig, Fernsehwerbung und unlauterer Wettbewerb, UFITA 94 (1982), S. 197ff.; diess., Product Placement und andere Arten der „absatzfördernden Kommunikation": die neuen Formen der Schleichwerbung?, Beilage 19/1986 zu Heft 33/1986 Betriebsberater; Sonderheft ZUM 1987, Product Placement – Grenzen zwischen Werbung und Programm, mit Beiträgen u. a. v. R. Sack und G. Wiese

[362] Dazu O. Heuft, Kostenkontrolle in den öffentlich-rechtlichen Rundfunkanstalten, in: K. Lüder (Hrsg.), Rundfunk im Umbruch: Stand und Entwicklung der finanziellen und wirtschaftlichen Situation der öffentlich-rechtlichen Rundfunkanstalten, Berlin 1985, S. 123ff.

[363] s. o. V 2. e) und V 4.

[364] Art. 13 Abs. 3 BR-G; § 19 HR-G; § 33 NDR-StV; §§ 13 Abs. 2, 13a Abs. 1 SFB-S; § 18 Abs. 3 SWF-StV; § 30 LRG Saarland; §§ 42–45 WDR-G; § 24 ZDF-StV; § 16 BundesrundfunkG; für den SDR ordnet § 111 Abs. 3 LHO B.-W. die entsprechende Anwendung der LHO an; vgl. ferner U. Karpen, Rechnungsprüfung bei den Rundfunkanstalten und Datenschutz, München 1989

samkeit zwingt. Darüberhinaus wird die Arbeit der Rundfunkanstalten von einer kritischen öffentlichen Meinung, insbesondere in der Presse begleitet.[365] Und schließlich ist in diesem Zusammenhang noch die Befassung der staatlichen Parlamente aus Anlaß von Gebührenerhöhungen zu nennen,[366] die ebenfalls einen mittelbaren Zwang zu sparsamer Mittelverwendung bewirkt.

b) Kontrollmaßstab

In nahezu allen Rundfunkgesetzen ist die Verpflichtung der Anstalten auf eine den Grundsätzen von Sparsamkeit und Wirtschaftlichkeit entsprechende Haushaltführung niedergelegt.[367] Er dient als Kontrollmaßstab für die Rechnungsprüfung und besagt, daß ein vorgegebenes Ziel mit möglichst geringem Mitteleinsatz erreicht werden soll. Wirtschaftlichkeit ist daher ein Prinzip, dem eine Vorgabe vorausgehen muß, die damit außerhalb dieses Prinzips steht und nicht nach ihm bemessen werden kann. Dies folgt aus dem Wesen der Wirtschaftlichkeit und stellt keine Besonderheit des Rundfunks dar. Die Vorgabe ist die Gestaltung des Programms. Darüber zu entscheiden, liegt in der Autonomie der Anstalten. Daran hätte sich die Wirtschaftlichkeitsprüfung anzuschließen, ob das geplante Programm mit möglichst effizientem Mitteleinsatz verwirklicht wurde.[368] Hier beginnt jedoch das rundfunkspezifische Problem, weil es an eindeutig meßbaren Parametern zur Erfassung der Vorgabe fehlt. Stellt man darauf ab, daß am Tag eine bestimmte Anzahl von Stunden Programm einer bestimmten Kategorie, etwa Information oder Unterhaltung, gesendet werden soll, dann kann dieses Ziel mit sehr unterschiedlichem Aufwand erreicht werden. Für die Information genügt u. U. eine Agenturmeldung, folglich müßte man bereits ein Interview und erst recht den Einsatz eines Auslanskorrespondenten als unwirtschaftlich ansehen. Gleiches könnte für die Eigenproduktion von Unterhaltungssendungen gelten, wenn die Sendezeit auch durch den Kauf von Spielfilmen gefüllt werden kann.[369] Durch eine derartige Programmgestaltung würden die Rundfunkanstalten jedoch offensichtlich ihren Auftrag ver-

---

365 Dazu H.-J. Weiß, Meinungsgestaltung im Interesse der Zeitungen?, Media Perspektiven 1988, S. 469

366 vgl. dazu J. Linck, aaO. FN 339 mit den Nachweisen der Landtagsbeschlüsse in FN 1

367 Art. 4 Abs. 1 RfStV; § 18 HR-G; § 30 NDR-StV; § 17 Abs. 1 Satz 2 LHO; SDR: § 111 Abs. 3 LHO B.-W.; § 38 SWF-S; § 29 Abs. 2 LRG Saarland; § 39 Abs. 2 WDR-G; § 24 ZDF-StV; § 16 Abs. 2 BundesrundfunkG

368 G. Püttner, Wirtschaftlichkeit und deren Durchsetzung in Rundfunkanstalten aus rechtlicher Sicht, in: K. Stern, Programmauftrag und Wirtschaftlichkeit der öffentlich-rechtlichen Rundfunkanstalten, München 1984, S. 94f. plädiert für eine Berücksichtigung des Wirtschaftlichkeitsaspektes im Rahmen einer Abwägung bereits auf der Ebene der Programmvorgabe mit der Folge, daß von zwei gleichermaßen zur Unterhaltung geeigneten Filmen der preisgünstigere gesendet werden muß.

369 ausführliche Beispiele bei W. Lehr, aaO. FN 334, S. 27ff.

fehlen. Deswegen muß sich die Vorgabe auf weitere Kriterien erstrecken als die bloße Sendezeit. Dazu gehört insbesondere die publizistische und künstlerische Qualität einer Sendung. Ob diese Vorgabe erreicht wurde, kann jedoch nicht mit dem Maßstab der Wirtschaftlichkeit festgestellt werden. Denn in Ermangelung von Marktpreisen muß auf die Produktionskosten einer Sendung zurückgegriffen werden, die jedoch nichts über die Qualität aussagen können, weil beispielsweise der Publikumserfolg als ein Indiz für publizistische Qualität erst nach Ausstrahlung der Sendung feststellbar ist. Hieran zeigt sich erneut das grundsätzliche Dilemma ökonomischer Bewertung kultureller Leistungen, das solange bestehen wird, wie es Aufgabe des öffentlich-rechtlichen Rundfunks ist, gerade solche Leistungen zu erbringen.

Aus diesen Gründen kann sich die Finanzkontrolle im Wesentlichen nur darauf erstrecken festzustellen, ob die Mittel wie im Haushaltsplan veranschlagt ausgegeben wurden. Im übrigen muß man darauf vertrauen, daß die Kontrollmechanismen durch ihr Vorhandensein die gebotene Sparsamkeit im Umgang mit den Finanzen herbeiführen.

c) Grenzen staatlicher Finanzkontrolle

Eine besonders schwierige Frage ist, in welchem Umfang sich der Staat an der Finanzkontrolle beteiligen darf.[370] Einerseits obliegt ihm die Gewährleistung einer funktionsadäquaten Finanzierung, wofür er der entsprechenden Informationen bedarf. Andererseits liegt es auf der Hand, daß über die Kontrolle der Finanzen Einfluß auf das Programm genommen werden kann.

Das Problem stellt sich bei der für alle Rundfunkanstalten vorgesehenen Beteiligung der Rechnungshöfe am Prüfungsverfahren. Sie ist solange unbedenklich, als die Rechnungshöfe für die Rundfunkanstalten prüfen und damit bloß ihre Sachkunde zur Verfügung stellen. Weitergehend sehen manche Gesetze eine Weiterleitung des Berichts an die Landesregierung vor, ohne sich über die weiteren Konsequenzen zu äußern.[371] Dies wird man als Information der Rechtsaufsicht mit den sich daraus ergebenden Beschränkungen auf Subsidiarität und Evidenzkontrolle für zulässig erachten können.[372] Die Grenze des verfassungsrechtlich Erlaubten ist allerdings dann überschritten, wenn eine Rundfunkanstalt in vollem Umfang in die

---

[370] dazu F. Ossenbühl, Rundfunkfreiheit und Rechnungsprüfung, Frankfurt 1984; zur ähnlich gelagerten Problematik im Bereich der Wissenschaftsfreiheit BVerwGE 74, 58 (Stiftung Volkswagenwerk) und K. Redeker, Wissenschaftsfreiheit und Rechnungsprüfung, DÖV 1986, S. 946; Sauer, Wissenschaftsfreiheit und Rechnungsprüfung, DÖV 1986, S. 941

[371] § 33 Abs. 2 Satz 2 NDR-StV; § 30 Abs. 2 LRG Saarland; § 44 Abs. 1 WDR-G; § 24 Abs. 3 ZDF-StV.

[372] F. Ossenbühl, aaO. FN 370, S. 69

staatliche Rechnungsprüfung einbezogen wird. Eine höchstrichterliche Klärung dieser Problematik steht noch aus.[373]

Neben den Rechnungshöfen befassen sich auch die Landesparlamente mit dem Wirtschaftsgebaren der Rundfunkanstalten. Liegt darin auch kein unmittelbarer Eingriff in deren Tätigkeitsbereich, so entfalten hier gefaßte Beschlüsse politische Wirkung, die sich als mindestens ebenso nachhaltig erweisen kann. Aus diesem Grunde wird die Auffassung vertreten, der Gesetzgeber dürfe sich nur aus konkretem Anlaß mit diesem Thema befassen, etwa bei der Entscheidung über eine Gebührenerhöhung.[374]

VIII. ARD

1. Aufgaben und Rechtsgrundlagen

Nach dem Zusammenbruch des Deutschen Reiches 1945 begann der staatliche Wiederaufbau in den Ländern. Der Einfluß der Alliierten, die nach den Erfahrungen des Dritten Reiches einer Gleichschaltung und Zentralisierung nach dem Vorbild der Reichsrundfunkgesellschaft begegnen wollten, führte zur Gründung von Landesrundfunkanstalten. Die sich aus der unterschiedlichen Größe der einzelnen Länder ergebende unterschiedliche Leistungsfähigkeit der Anstalten sollte im Zuge der geplanten Neugliederung des Bundesgebiets ausgeglichen werden. Das Ausbleiben der Neugliederung machte jedoch die Suche nach anderen Formen des Ausgleichs und der Zusammenarbeit zwischen den Landesrundfunkanstalten erforderlich. Eine Kooperation war aber auch aus weiteren Gründen nahegelegt. Nach ihren gesetzlichen Grundlagen verfügten alle Anstalten über die gleiche Struktur, vor allem hatten sie die gleiche Aufgabe, ein Rundfunkprogramm nach den Grundsätzen der Gemeinwohlorientierung und der Neutralität zu veranstalten.[375] Darüberhinaus spielten im Nachkriegsdeutschland ebenso wirtschaftliche Gründe eine Rolle, die zu einem sparsamen Mitteleinsatz vor allem im Bereich des Fernsehens zwangen, um eine gleichmäßige Versorgung der Bevölkerung zu ermöglichen. Dies führte be-

[373] Die unmittelbar gegen das Gesetz gerichtete Verfassungsbeschwerde des SDR gegen seine Einbeziehung in die LHO wurde als unzulässig verworfen, BVerfGE 74, 69.

[374] F. Ossenbühl, aaO. FN 370, S. 53ff.; a. A. J. Linck, aaO. FN 339, der darin eine verhältnismäßige Beschränkung der Rundfunkfreiheit sieht, weil ein Aufruf zu Sparsamkeit nicht in den Kernbereich, die Programmgestaltung, eingreife.

[375] BVerfGE 31, 314, 328: „Die besondere Natur des Rundfunks als einer der Allgemeinheit verpflichteten Veranstaltung zeigt sich auch in den von den Ländern getroffenen Maßnahmen der Zusammenarbeit der Rundfunkanstalten."

reits im Jahre 1950 zur Gründung der ARD, der Arbeitsgemeinschaft der öffentlich-rechtlichen Rundfunkanstalten Deutschlands.[376]

Die ARD verfügt nicht über eine einheitliche Rechtsgrundlage. Aufgrund der Organisationsform ohne eigene Rechtspersönlichkeit,[377] die den einzelnen Mitgliedern möglichst große Eigenständigkeit erhalten soll, gibt es nicht ein einheitliches Statut, sondern eine Vielzahl von Vereinbarungen, die jeweils einen Ausschnitt der gemeinsamen Aufgabenwahrnehmung betreffen. So sind grundsätzliche Fragen der Organisation und der gegenseitigen Abstimmung in der Satzung geregelt. Für das Gemeinschaftsprogramm „Erstes Deutsches Fernsehen" gibt es wegen der Vielzahl der zu treffenden Entscheidungen eine eigene Organisationsstruktur. Um die einzelnen Rundfunkanstalten in den Stand zu versetzen, ihren sich daraus ergebenden Verpflichtungen nachzukommen, wird auf staatsvertraglicher Grundlage ein Finanzausgleich durchgeführt. Diese Grundpfeiler der ARD werden ergänzt durch eine Vielzahl von Verwaltungsvereinbarungen. Sie betreffen zu einem großen Teil programmliche Aktivitäten wie das Satellitenprogramm EINS PLUS,[378] die Zusammenarbeit der III. Fernsehprogramme[379] und das ARD/ZDF-Vormittagsprogramm[380] oder Gemeinschaftseinrichtungen, die teils unmittelbar dem Programm dienen, teilweise sonstige gemeinsame Aufgaben zum Gegenstand haben. In diese Bereiche gehören „ARD-aktuell",[381] die Spielfilmredaktion und der gemeinsame Filmeinkauf durch die Degeto,[382] der ARD-Sternpunkt

---

376 Zu Entstehung und Geschichte der ARD G. Herrmann, 25 Jahre ARD, RuF 1975, S. 211ff.; Einen Überblick über die derzeitige Lage gibt N. Seidel, Seit 35 Jahren erfolgreich, Die Gemeinschaftsleistungen der ARD, ARD-Jahrbuch 1985, S. 18ff.

377 I. Fessmann, Welche Rechtsnatur hat die ARD?, FuR 1980, S. 623 geht deswegen von einer besonderen öffentlich-rechtlichen Vereinigung aus. Stern/Bethge, aaO. FN 178, S. 80 halten die ARD für eine teilrechtsfähige Körperschaft des öffentlichen Rechts, weil jede Pflichtenadressierung im entsprechenden Umfang zu Rechtssubjektivität führe. Die Verpflichtung, der die ARD unterworfen sei, bestehe in der Gestaltung eines Gemeinschaftsprogramms. Fraglich erscheint jedoch, ob diese Verpflichtung die ARD als solche oder nicht vielmehr die einzelnen Landesrundfunkanstalten betrifft.

378 Verwaltungsvereinbarung v. 3. 12. 1985, abgedruckt bei Ring, Medienrecht 1988, C. V. 23

379 Verwaltungsvereinbarung v. 12. 5. 1971, abgedruckt bei Ring, Medienrecht, 1988, C.V.10

380 Verwaltungsvereinbarung v. 1. 1. 1966, abgedruckt bei Ring, Medienrecht, 1988, C.V.8

381 Hierbei handelt es sich um die Redaktion von Tagesschau und Tagesthemen, die die genannten Sendungen für das ARD-Gemeinschaftsprogramm produziert, zu den Einzelheiten Verwaltungsvereinbarung über Tagesschau und Tagesthemen v. 4. 11. 1977, abgedruckt bei Ring, Medienrecht, 1988, C.V.16

382 Dazu H.J. Wack, Filmeinkauf für Millionen, Die Degeto-Film GmbH, ARD-Jahrbuch 1973, S. 123ff.

in Frankfurt,[383] die Gebühreneinzugszentrale mit Sitz in Köln,[384] das Deutsche Rundfunkarchiv, das Institut für Rundfunktechnik, die Schule für Rundfunktechnik und die Zentrale Fortbildung der Programmitarbeiter ARD/ZDF.

Die Vereinbarungen der Rundfunkanstalten werden ergänzt durch Staatsverträge der Länder.[385] Es handelt sich hierbei um das Länderabkommen über die Koordinierung des Ersten Fernsehprogramms v. 17. 4. 1959,[386] Art. 2 des Staatsvertrages zur Neuordnung des Rundfunkwesens und den Staatsvertrag über einen Finanzausgleich zwischen den Rundfunkanstalten v. 20. 9. 1973 i. d. F. v. 26. 10. 1982.[387] Schon ein Blick auf die Vielzahl der Rechtsgrundlagen zeigt also, daß es sich bei der ARD um ein sehr komplexes Gebilde mit vielschichtigen Beziehungen handelt. Gegen die Zulässigkeit dieser Art der Zusammenarbeit und Abstimmung bestehen keine rechtlichen Bedenken, da selbst die Länderkooperation mit Hilfe einer gemeinsamen Anstalt für unbedenklich gehalten wurde.[388]

2. Organisation

a) Satzung[389]

Gemeinsame Interressenwahrnehmung, wie sie nach § 2 der Satzung vornehmlich auf den Gebieten Programm, Technik und Recht Aufgabe der ARD ist, setzt eine einheitliche Willensbildung voraus. Für diesen Prozeß legt die Satzung das Verfahren fest und konstituiert die Organe. Hierfür ist die Mitgliederversammlung vorgesehen, die als Hauptversammlung unter der Beteiligung von Intendanten und Gremienvorsitzenden (Rundfunkrat, Verwaltungsrat) oder als Arbeitssitzung nur mit den Intendanten stattfinden kann. In den Arbeitssitzungen werden die laufenden Geschäfte erledigt, in den Hauptversammlungen Angelegenheiten von grundsätzlicher Bedeutung. Ge-

---

383 Die Beiträge zum Gemeinschaftsprogramm werden von jeder Anstalt an ihrem Sitz hergestellt, müssen anschließend aber im gesamten Bundesgebiet ausgestrahlt werden. Dies erfordert vielfältige Verteilmöglichkeiten, die über den Sternpunkt realisiert werden können.

384 Verwaltungsvereinbarung v. 14. 5. 1975, abgedruckt bei Ring, Medienrecht, 1988, C-I 4.1

385 Ungeklärt ist die Frage, ob Gemeinschaftsprogramme der ARD einer normativen Absicherung bedürfen. Sie war Gegenstand eines Rechtsaufsichtsverfahrens im Zusammenhang mit dem Satellitenprogramm EINS PLUS, das sich durch den Abschluß des Staatsvertrages zur Neuordnung des Rundfunkwesens erledigt hat. Derzeit existiert nicht zu allen Gemeinschaftsprogrammen ein Staatsvertrag und die vorhandenen Staatsverträge wurden in allen Fällen erst lange nach Abschluß der Verwaltungsvereinbarung unterzeichnet. Vgl. die Nachweise oben FN 277 und II 2., 4.

386 Abgedruckt bei Ring, Medienrecht, 1988, C-III

387 Abgedruckt bei Ring, Medienrecht, 1988, C-II

388 BVerwGE 22, 299 (ZDF-Urteil)

389 Abgedruckt bei Ring, Medienrecht, 1988, C-V 1

schäftsführung und Vertretung werden jeweils im Turnus von einer Anstalt wahrgenommen.[390] Für bestimmte Bereiche, in denen ein ständiger Wechsel nicht sinnvoll wäre, gibt es Federführungen, die einzelnen Anstalten zur ständigen Wahrnehmung übertragen sind.[391] Da die Mitgliederversammlungen auf Grund ihrer Arbeitskapazität und ihrer personellen Zusammensetzung nicht in der Lage sind, alle Fragen zu behandeln, die eine Abstimmung erfordern, werden zur Vorbereitung ihrer Beschlüsse Kommissionen herangezogen, die auf einzelne Fachbereiche spezialisiert sind. Derartige Kommissionen gibt es für die Bereiche Technik, Recht, Finanzen, Hörfunk und Dritte Fernsehprogramme. Jede Anstalt entsendet einen Vertreter, in der Regel den für den jeweiligen Fachbereich zuständigen Direktor. Den Vorsitz führt das Mitglied der gerade geschäftsführenden Anstalt. Daneben gibt es Sonderkommissionen, die sich speziellen umfangreichen Gebieten widmen, die nicht in den Bereich einer Fachkommission fallen.[392]

Die Beschlüsse der ARD binden die Anstalten im Verhältnis untereinander, entfalten aber keine automatische Bindungswirkung innerhalb der einzelnen Anstalten. Sie bedürfen insoweit noch der Umsetzung durch jede Anstalt, die nach den Regeln des jeweiligen Rundfunkgesetzes erfolgt, also beispielsweise durch Dienstanweisung des Intendanten oder Beschluß des Rundfunkrates. Die Rechtslage ist insoweit dem Abschluß von Staatsverträgen vergleichbar, deren innerstaatliche Wirksamkeit erst nach einer den Anforderungen des innerstaatlichen Rechts genügenden Transformation eintritt und nicht bereits mit dem bloßen Abschluß des Vertrages.

b) Fernsehvertrag[393]

Die Koordinierung des Fernsehgemeinschaftsprogramms ist so umfangreich, daß sie mit der durch die Satzung bereitgestellten Organisation nicht zu bewältigen ist. Deswegen sieht der Fernsehvertrag hierfür eigene, auf den Sachverhalt abgestimmte Strukturen vor. Als Beschlußorgan gibt es die ständige Programmkoferenz, die sich aus Beauftragten der Intendanten, das sind in der Regel die Fernsehdirektoren, zusammensetzt. Sie tagt unter Vorsitz des Programmdirektors Deutsches Fernsehen. Ihre Beschlüsse werden durch Kommissionen unter der Leitung von Koordinatoren für jeden Programmbereich gesondert vorbereitet.[394] Zur Beratung der Programmkonferenz wird ein Fernsehbeirat gebildet.

Die einzelnen Anstalten melden die von ihnen für die Sendeplätze vorgese-

---

390 Nach § 3 Abs. 1 der Satzung dauert die Geschäftsführung ein Jahr und kann einstimmig um ein Jahr verlängert werden. Von dieser Regelung wird üblicherweise Gebrauch gemacht. Die im Finanzausgleich nehmenden Anstalten sind von der Verpflichtung, die Geschäftsführung zu übernehmen, befreit.

391 Aufstellung der Federführungen im ARD-Jahrbuch 1988, S. 186

392 Aufstellung im ARD-Jahrbuch 1988, S. 185

393 Fernsehvertrag v. 2. 7. 1964, abgedruckt bei Ring, Medienrecht, 1988, C-V 2

394 z. B. für die Bereiche Politik, Gesellschaft, Kultur, Unterhaltung, Spielfilm, Sport

henen Beiträge bei der Programmkonferenz an, die über diese Vorschläge letztverbindlich entscheidet. Dabei sind die Anteile am Gesamtprogramm, die von jeder Anstalt zu übernehmen sind, bereits im Fernsehvertrag festgelegt. Er entsprach zur Zeit seiner Festlegung dem Anteil am Gesamtgebührenaufkommen, der jeder Anstalt aus ihrem Sendebereich zufließt.[395] Dieser Schlüssel gilt für den Anteil am Gesamtprogramm ebenso wie für den Anteil an den einzelnen Programmsparten. Allerdings gilt der Schlüssel nicht für die Finanzierung der Programmbeiträge für das Gemeinschaftsprogramm. Hier bleibt es jeder Anstalt überlassen, mit welchem Aufwand sie ihren Verpflichtungen nachkommen will. Geht es um die Verteilung von alle Anstalten betreffenden Belastungen, kommt der Gebührenschlüssel zur Anwendung, der das tatsächliche Gebührenaufkommen der einzelnen Anstalten berücksichtigt. Hier haben sich durch den Zuzug aus Norddeutschland im Verhältnis zum Fernsehschlüssel Veränderungen zu Gunsten der Anstalten im süddeutschen Raum ergeben.

c) Mehrheiten

In verschiedener Hinsicht von entscheidender Bedeutung ist die Regelung über die für eine Beschlußfassung erforderliche Mehrheit. Einerseits beinflußt sie die Selbständigkeit und Unabhängigkeit des in der Minderheit gebliebenen. In diesem Sinne kann das Erfordernis von Einstimmigkeit Minderheitenschutz bewirken. Auf der anderen Seite hat dies jedoch auch einen Verlust an Handlungsfähigkeit zur Folge, wenn eine Einigung nur auf der Grundlage des kleinsten gemeinsamen Nenners möglich ist.

Nach § 4 der Satzung genügt die einfache Mehrheit bei laufenden Angelegenheiten, soweit diese finanzielle Auswirkungen haben, bedarf es einer Dreiviertelmehrheit. Dabei hat jede Anstalt unabhängig von ihrer Größe eine Stimme. Auch dies ist ein Element des Schutzes der einzelnen Anstalt vor einer Majorisierung. Im Bereich des Gemeinschaftsprogramms genügt nach Ziffer 4 Abs. 3 des Fernsehvertrags die einfache Mehrheit, wobei auch hier jedes Mitglied eine Stimme hat. Den Ausgleich dafür bildet die jedem Mitglied eingeräumte Möglichkeit, auf die Ausstrahlung von Teilen des Gemeinschaftsprogramms zu verzichten.

Das vorstehend beschriebene Verfahren der Abstimmung und Willensbildung innerhalb der ARD mag umständlich und schwerfällig erscheinen. Zunächst ist die Entscheidungsvorbereitung durch die Einschaltung von Kommissionen mit Zeitaufwand verbunden. Die Entscheidung selbst kann durch gegensätzliche Interessen der Anstalten blockiert, verzögert oder auf Teilbereiche beschränkt werden. Hier ist ein zentralistisches System im Vorteil, gerade im Hinblick auf die Notwendigkeit schneller Entscheidungsfindung gegenüber privater Konkurrenz. Andererseits dürfen die zweifellos bestehen-

---

[395] Die Pflichtanteile betragen: WDR 25%, NDR 19%, BR 17%, SWF 9%, HR, SFB, SDR je 8%, RB, SR je 3%

den Nachteile der föderalen Struktur der ARD nicht den Blick auf die Vorzüge verstellen. So erfüllt die Zusammenarbeit im Gemeinschaftsprogramm eine wichtige Integrationsfunktion, indem von verschiedenen Landesanstalten hergestellte Sendungen im gesamten Bundesgebiet ausgestrahlt werden, wodurch die regionale Vielfalt für alle sichtbar wird. Diese Möglichkeit der bundesweiten Verbreitung der eigenen Sendungen ist für jede Anstalt im Zweifel Anreiz genug, die Partikularinteressen hinter das gemeinsame Interesse zurückzustellen. Ein weiterer Vorteil ist darin zu sehen, daß in die Entscheidungsfindung automatisch unterschiedliche Gesichtspunkte einfließen, was die Gewähr für ein ausgewogeneres Entscheidungsergebnis bietet, als wenn die Entscheidung nur von einer Instanz zu treffen ist.

3. Programmverantwortung

Die Verantwortlichkeit für das Programm ist in allen Rundfunkgesetzen durch das Intendantenprinzip geregelt.[396] Danach hat sich der Intendant nach innen gegenüber den Kontrollgremien zu verantworten. Nach außen trägt er ebenfalls die Verantwortung für die Ausstrahlung des Programms und haftet daher für eventuelle Rechtsverstöße. Voraussetzung für eine solche Haftung sind entsprechende Einflußmöglichkeiten auf die Programmgestaltung. Deswegen ist fraglich, wie es sich mit der Programmverantwortung bei einem Gemeinschaftsprogramm verhält. Denn hier sind die Einflußmöglichkeiten des einzelnen Intendanten durch die Verpflichtung zur Zusammenarbeit beschränkt. Außerdem können bei einem von einer anderen Anstalt im Rahmen des Gemeinschftsprogramms übernommenen Beitrags die typischen Mittel der Wahrnehmung der Intendantenverantwortung – Personalauswahl, Organisation und Anweisungen – nicht zum Einsatz kommen, da nicht in der eigenen Anstalt produziert wird. Eine Einschränkung des Intendantenprinzips ist dem Koordinierungsabkommen der Länder ausdrücklich nicht zu entnehmen.[397] Die Vereinbarungen der Rundfunkanstalten können dagegen bestehende gesetzliche Regelungen nicht abändern oder aufheben und deswegen die bestehende Intendantenverantwortung jeder Landesrundfunkanstalt für das gesamte Programm nicht beseitigen. Allerdings ergibt sich eine Einschränkung aus der Natur der Sache. Da eine Anstalt nur einen Anteil des Gesamtprogramms produziert, fehlt es für die übernommenen Anteile an Einflußmöglichkeiten, die der Eigenproduktion vergleichbar wären. Diese sind jedoch nicht völlig eliminiert, sondern bestehen in anderer Form in dem nach dem Fernsehvertrag vorgesehenen Verfahren. Gegenüber seinen Gre-

[396] s. o. V 1

[397] Nach Ansicht von Stern/Bethge, aaO. FN 178, S. 77 steht einer Delegation der Verantwortlichkeit entgegen, daß der Staat selbst aus verfassungsrechtlichen Gründen keine Kompetenz besitzt und diese folglich auch nicht delegieren könne.

mien ist der Intendant daher dafür verantwortlich, daß er seinen Einfluß innerhalb der ARD geltend macht. Dies wird erleichtert durch die Grundsätze für die Zusammenarbeit im ARD-Gemeinschaftsprogramm „Deutsches Fernsehen“,[398] die die Gemeinschaftsverträglichkeit der einzelnen Beiträge sicherstellen sollen. In Ausnahmefällen kann der Intendant gezwungen sein, von der durch den Fernsehvertrag eingeräumten Möglichkeit Gebrauch zu machen, auf Teile des Programms zu verzichten und durch eigene Beiträge zu ersetzen.[399] Darin liegt keine Zensur, weil es sich nicht um eine staatliche Maßnahme handelt. Rechte der Zuschauer werden nicht verletzt, weil es keinen Anspruch auf Ausstrahlung eines bestimmten Programms gibt.[400]

Im Außenverhältnis, also wenn es darum geht, gegen wen ein durch eine Sendung Betroffener seine Ansprüche geltend machen kann, sind dagegen zusätzliche Gesichtspunkte maßgebend. Nach der Rechtsprechung des Bundesverwaltungsgerichts handelt es sich bei dem ARD-Gemeinschaftsprogramm um ein rechtlich einheitliches Programm, nicht nur um die parallele Ausstrahlung inhaltsgleicher Programme durch die einzelnen Anstalten.[401] Das folgt aus dem Wortlaut des Koordinierungsabkommens der Länder, das die Rundfunkanstalten verpflichtet „ein“ Fernsehprogramm „gemeinsam“ zu gestalten. Darüberhinaus wäre die Möglichkeit, auf Teile des Programms zu verzichten überflüssig, wenn es sich nicht um ein einheitliches Programm handelte. Deswegen wird nach außen das Gemeinschaftsprogramm von allen Anstalten verantwortet. Ansprüche eines Betroffenen müssen daher gegen alle beteiligten Anstalten gerichtet werden.[402]

4. Finanzverteilung

Die Verteilung des Finanzaufkommens innerhalb des ARD-Verbunds ist vergleichsweise kompliziert, da eine Vielzahl von Vorschriften zusammenwirkt. Hinsichtlich des Gebührenaufkommens ist zunächst von den Rundfunkgebührenstaatsverträgen auszugehen. Danach sind Grund- und Fernseh-

---

[398] abgedruckt bei Ring, Medienrecht 1988, C-V 5. Zur Entstehungsgeschichte G. Herrmann, aaO. FN 376, S. 237f.

[399] Diese Möglichkeit besteht nicht bei Satellitenprogrammen, weil hier die Ausstrahlung technisch über einen einzigen Sender erfolgt, der nicht das Gebiet einer einzelnen Anstalt aussparen kann.

[400] BVerwG, DVBl. 1978, S. 640; LG Baden-Baden, UFITA 1978, S. 247; LG München ZUM 1988, S. 470; zu den Einzelheiten 5. Kapitel I 1.

[401] BVerwGE 75, 67 zum Anspruch nur in einem Bundesland vertretener Parteien auf Sendezeit im ARD-Programm

[402] Für Gegendarstellungen und Beschwerden legen die Grundsätze für die Zusammenarbeit im ARD-Gemeinschaftsprogramm fest, daß die Bearbeitung durch die Rundfunkanstalt erfolgt, die die Sendung eingebracht hat. Diese Regelung betrifft nur das Verhältnis zwischen den Anstalten.

gebühr an die Landesrundfunkanstalt zu entrichten, in deren Sendegebiet der Rundfunkteilnehmer das Gerät zum Empfang bereithält.[403] Die Grundgebühr steht dann der Landesrundfunkanstalt zu,[404] von der Fernsehgebühr sind 30% an des ZDF abzuführen.[405] Außerdem müssen 2% des gesamten Gebührenaufkommens an die für die Aufsicht über den privaten Rundfunk zuständigen Landesmedienanstalten abgeführt werden.[406]

Die bei den Landesrundfunkanstalten verbleibenden Gebühreneinnahmen bilden die Grundlage für den Finanzausgleich zwischen den Anstalten. Er soll die kleinen Anstalten in die Lage versetzen, ihren Rundfunkteilnehmern ein umfassendes Programm anzubieten. Die unterschiedliche Leistungskraft der einzelnen Anstalten wird bereits durch den Fernsehschlüssel berücksichtigt, wonach die Anstalten in unterschiedlichem Umfang zum Gemeinschaftsprogramm beitragen, unabhängig von ihrem Anteil jedoch ein vollständiges Programm ausstrahlen können. Dieser Effekt wird ergänzt durch den Finanzausgleich. Er ist staatsvertraglich in seinen Grundzügen festgelegt. Danach beträgt die Finanzausgleichsmasse 222 Mio. DM, das entspricht ca. 5% des Gebührenaufkommens der Landesrundfunkanstalten. Sie wird im wesentlichen von den gebenden Anstalten WDR, NDR und BR aufgebracht. Zahlungen aus dem Finanzausgleich erhalten der DLF sowie die nehmenden Anstalten RB, SR und SFB. Diese Anstalten beziehen zwischen 25 und 35% ihrer gesamten Einnahmen aus dem Finanzausgleich, ohne den sie nicht lebensfähig wären. Der Finanzausgleich ist daher ein Mittel zur Gewährleistung eines einheitlichen Standards der Rundfunkversorgung der Gesamtbevölkerung und zur Erhaltung föderaler Vielfalt, die den Intentionen des Grundgesetzes eher entspricht als ein ausschließlich zentralistisches System. Das Bundesverfassungsgericht hat daher festgestellt, gerade in den Maßnahmen der Zusammenarbeit zwischen den Rundfunkanstalten zeige sich die besondere Natur des Rundfunks als einer der Allgemeinheit verpflichteten Veranstaltung.[407] Der staatsvertraglich vorgegebene Finanzausgleich wird ergänzt durch eine Verwaltungsvereinbarung zwischen den Anstalten.[408] Sie erweitert den Finanzausgleich durch eine Dynamisierung in der Form, daß die Finanzausgleichsmasse sich in dem Umfang erhöht, in dem die Gebühreneinnahmen, etwa durch eine Zunahme der Gerätezahl, sich erhöht haben.

---

[403] Art. 8 Abs. 2 RfGebStV

[404] Art. 8 Abs. 1 RfGebStV

[405] § 23 ZDF-StV

[406] Art. 6, 13 StV zur Neuordnung des Rundfunkwesens. Die Zulässigkeit einer derartigen Finanzierung ist umstritten, W. Schmidt, Der „Aufsichtsgroschen“, Media Perspektiven 1986, S. 162

[407] BVerfGE 31, 314, 328; vgl. ferner W. Thieme, Der Finanzausgleich im Rundfunkwesen, AöR 88 (1963), S. 28, 62ff.

[408] Abgedruckt bei Ring, Medienrecht, 1988, C-V 6

Wesentlich einfacher gestaltet sich die Verteilung der Einnahmen aus Werbung, da es in Gemeinschaftsprogrammen keine Werbung gibt. Im Fernsehen gibt es Werbung nur in den Regionalprogrammen zwischen 17.30 Uhr und 20.00 Uhr. Im Bereich des Hörfunks wird Werbung ebenfalls nur in den Programmen der einzelnen Anstalten ausgestrahlt. Die hierdurch erzielten Einnahmen verbleiben in vollem Umfang der ausstrahlenden Anstalt.

4. Kapitel. Privater Rundfunk

I. Funktion des privaten Rundfunks im dualen System

Die Auseinandersetzung um privaten Rundfunk hat im juristischen Schrifttum ihren umfangreichen Niederschlag gefunden. Dabei konzentrierte sich das Interesse im wesentlichen auf eine Erörterung der verfassungsrechtlichen Zulässigkeit an Hand einer Auslegung der einschlägigen Judikatur des Bundesverfassungsgerichts. Welchen Sinn die Einführung privaten Rundfunks haben sollte, wurde dabei meist vorausgesetzt und keiner gesonderten Betrachtung unterzogen.[1]

Geht man davon aus, daß privater Rundfunk kein Selbstzweck ist, sondern nur dann einen Sinn haben kann, wenn dadurch die Rundfunkversorgung insgesamt verbessert wird,[2] dann ist entscheidend nicht der bloße Formenwechsel im Vergleich zum bestehenden öffentlich-rechtlichen Rundfunk. Es muß vielmehr auch ein Wechsel in der Substanz stattfinden. Die gesetzgeberischen Motive zur Einführung privaten Rundfunks sind zahlreich.[3] Gesichtspunkte wie Innovationsförderung oder Vorbereitung auf den europäischen und internationalen Wettbewerb vermögen jedoch nicht zu erklären, weshalb eine Änderung der Rundfunkstruktur zwingend erforderlich ist. Derartige Ziele hätten sich auch unter Beibehaltung des ausschließlich öffentlich-rechtlichen Regimes erreichen lassen. Entscheidend ist vielmehr die Absicht des Gesetzgebers, „den Wettbewerb als tragendes Element einer freiheitlichen Gesellschafts- und Wirtschaftsordnung eines freiheitlichen Staatswesens auch im Rundfunk nutzbar zu machen."[4] Die Kräfte des Wettbewerbs sollen die Vielfalt fördern und dem einzelnen Bürger eine größere Auswahlfreiheit er-

---

[1] Auch die Präambel des Staatsvertrags zur Neuordnung des Rundfunkwesens setzt den Zweck privaten Rundfunks voraus, indem sie bestimmt, Aufbau und Fortentwicklung sollten ermöglicht werden. Nach T. Oppermann, Auf dem Wege zur gemischten Rundfunkverfassung in der Bundesrepublik Deutschland?, JZ 1981, S. 721, 730 liegt der Sinn eines dualen Systems in der freiheitsstiftenden Wirkung unterschiedlicher Konstitutionsgrundsätze im Vergleich zu „Monokulturen".

[2] BVerfGE 74, 297, 331

[3] Vgl. die amtlichen Begründungen in LT-Ds B.-W. 9/955; LT-Ds Nds 10/1120; LT-Ds R.-P. 10/1861; LT-Ds Saarland 8/1988; LT-Ds S.-H. 10/450

[4] LT-Ds B.-W. 9/955 Allg. Teil V 2.; ähnlich die anderen Begründungen, aaO. FN 3. Der Gesetzgeber in Schleswig-Holstein ging außerdem von einer verfassungsrechtlichen Verpflichtung zur Zulassung von privatem Rundfunk aus. Zu den Auswirkungen der technischen Entwicklung, die zu einer zunehmenden Individualisierung der Massenkommunikation führe, M. Bullinger, Kommunikationsfreiheit im Strukturwandel der Telekommunikation, Baden-Baden 1980; ders., Elektronische

möglichen.[5] Dieses Ziel kann systemkonform nur erreicht werden, wenn sich privater Rundfunk nicht lediglich durch die Verwendung einer bestimmten Rechtsform auszeichnet, sondern sich einer materiell privaten Funktionsweise bedient. Diese setzt notwendig voraus ein privatautonomes, an privatwirtschaftlichen [6] Gesichtspunkten orientiertes Handeln.[7] Von der Zulassung privatwirtschaftlicher Tätigkeit im Rundfunkwesen erwartet man als mittelbare Folge des wirtschaftlichen Wettbewerbs die genannten positiven Effekte für den Prozeß der öffentlichen Meinungsbildung. Dies macht den Unterschied zu dem kraft Grundversorgungsverpflichtung und gesetzlichem Programmauftrag unmittelbar gemeinwohlorientierten öffentlich-rechtlichen Rundfunk aus.

In der Konsequenz der Zulassung von Privatautonomie liegt gleichzeitig eine Reduzierung der Anforderungen, die von verfassungs wegen an den privaten Rundfunk gestellt werden können. Diese sind nicht gleich hoch wie im öffentlich-rechtlichen Rundfunk, sie umfassen jedoch einen „Grundstandard gleichgewichtiger Vielfalt".[8] Inwieweit die Funktionserwartung des Modells realistisch ist, wird die Zukunft zeigen, wenn privater Rundfunk aus der Startphase herausgetreten ist.[9] Nach den derzeitigen Erfahrungen könnten dabei zwei Gesichtspunkte eine Rolle spielen. So bietet der mit weniger Bindungen versehene Gestaltungsspielraum privater Veranstalter faktisch eher die Möglichkeit, auch pointierte Ansichten zu verbreiten. Dies ist rechtlich gesehen im öffentlich-rechtlichen Rundfunk zwar ebenfalls möglich, kann

---

Medien als Marktplatz der Meinungen, AöR 108 (1983), S. 161ff. mit entsprechenden Folgerungen für die Interpretation der Rundfunkfreiheit. Vgl. ferner oben 2. Kapitel II 3. a)–c)

[5] Vgl. E.J. Mestmäcker, Meinungsfreiheit und Medienwettbewerb, ZUM 1986, S. 63ff.; ders, In welcher Weise empfiehlt es sich, die Ordnung des Rundfunks zu regeln?, Verhandlungen des 56. Deutschen Juristentags, 1986 II O, S. 9ff.; dazu krit. T. Brinkmann, Rundfunkordnung und Wettbewerb, Media Perspektiven 1986, S. 557; vgl. ferner E.Hoppmann, Meinungswettbewerb als Entdeckungsverfahren, in E.J. Mestmäcker (Hrsg.), Offene Rundfunkordnung, Gütersloh 1988, S. 161ff.; E. Kantzenbach, Zum Verhältnis von publizistischem und ökonomischem Wettbewerb aus ökonomischer Sicht, in W. Hoffmann-Riem (Hrsg.), Rundfunk im Wettbewerbsrecht, Baden-Baden 1988, S. 78ff.; kritisch gegenüber der seiner Meinung nach zu stark auf Aspekte der Meinungsäußerung und -verbreitung ausgerichteten herrschenden Auffassung P. Lerche, In welcher Weise empfiehlt es sich, die Ordnung des Rundfunks und sein Verhältnis zu anderen Medien zu regeln?, Verhandlungen des 56. DJT, II, O 38, 40ff.

[6] Bullinger/Gödel, Landesmediengesetz Baden-Württemberg, Baden-Baden 1986, Einl. Rdn 16 sprechen von gewerblichem Rundfunk. Gegen den Begriff Kommerzfunk W. Schmitt Glaeser, Der häßliche „Kommerzfunk", DÖV 1986, S. 819ff.

[7] Vgl. BVerfGE 73, 118, 171: Die eigentliche Substanz der Form der Veranstaltung privaten Rundfunks ist die privatautonome Gestaltung und Entscheidung.

[8] BVerfGE 73, 118, 159

[9] Skeptisch insoweit W. Hoffmann-Riem, „Medienfreiheit und der außenplurale Rundfunk", AöR 109 (1984), S. 304 unter B III; ders., Kommerzielles Fernsehen, Baden-Baden 1981; ders., Deregulierung als Konsequenz des Marktrundfunks, AöR 110 (1985), S. 528ff.

durch eine falsch verstandene Handhabung des Ausgewogenheitsgebots jedoch wesentlich erschwert werden. Auf der anderen Seite kann Privatautonomie bei der Programmgestaltung auch dazu führen, daß das Programm die öffentliche Meinungsbildung nicht einseitig beeinflußt, sondern im Gegenteil keinerlei politische Sendungen mehr enthält und beispielsweise nur noch aus Unterhaltung und Spielfilmen besteht. Auch darin liegt eine „Tendenz", indem das nicht Gesendete konkludent für unwichtiger als das Gesendete erklärt wird.[10] Diese Konsequenz privaten Rundfunks ist hinnehmbar, solange gewährleistet ist, daß das Gesamtprogramm die Meinungsvielfalt in voller Breite wiedergibt und damit jedem Rundfunkteilnehmer eine Auswahlmöglichkeit bietet.[11]

Liegt die Eigenart privaten Rundfunks in der auf wirtschaftlichen Wettbewerb gegründeten Funktionsweise und nicht bloß in seiner äußeren Rechtsform, dann ist es rechtspolitisch wenig folgerichtig, ihn mit einer öffentlichen Aufgabe [12] oder einem kulturellen Programmauftrag[13] auszustatten. Der dem Pressewesen entstammende Begriff der öffentlichen Aufgabe ist historisch belastet[14] und eine Quelle unberechenbarer Freiheitsbeschränkungen.[15] Seine Funktion erschöpft sich bestenfalls darin, die besondere Wirkung des Mediums anschaulich zu machen,[16] keinesfalls ist er geeignet, eine Grundlage für weitergehende Folgerungen abzugeben. Der Funktionsweise privaten Rundfunks am nächsten kommen dürfte Art. 9 Abs. 2 RfStV, wonach die Rundfunkvollprogramme zur Darstellung der Vielfalt im deutschsprachigen und europäischen Raum beitragen sollen. So gesehen steht privater Rundfunk „zwischen" öffentlich-rechtlichem Rundfunk und Presse:[17] Mit dieser hat er die Funktionsweise gemein, auch wenn ihm die volle Tendenzfreiheit fehlt.

---

[10] zu dem Aspekt der Auswahl bereits BVerfGE 12, 205, 260

[11] BVerfGE 73, 118, 158f.

[12] § 15 LMedG B.-W.; § 13 LMedG HB; § 11 LRG NRW; § 2 Abs.1 LRG Saarland; § 14 Abs. 1 LRG S.-H. spricht von der öffentlichen Verantwortung privaten Rundfunks.

[13] § 5 LMedG HH; § 14 Abs. 2 LRG S.-H.; Auch wenn es politisch wenig sinnvoll ist, beide Teile des dualen Systems denselben Anforderungen zu unterwerfen, so liegt dies doch in der Gestaltungsfreiheit des einfachen Gesetzgebers, der privaten Rundfunk überhaupt nicht zuzulassen braucht. Umgekehrt bleibt es privaten Veranstaltern unbenommen, sich kulturelle Sendungen etc. in Konkurrenz mit den öffentlich-rechtlichen Anstalten angelegen sein zu lassen.

[14] Im ausgehenden 19. Jahrhundert sollte er einer Eindämmung der mit einer zunehmenden Kommerzialisierung der Presse verbundenen Gefahren dienen. Unter den Nationalsozialisten wurde er für eine Indienstnahme der Presse für propagandistische Zwecke eingesetzt, vgl. Löffler/Ricker, Handbuch des Presserechts, 2.Aufl. 1986, S. 12ff. sowie § 3 der Landespressegesetze

[15] So Ch. Starck, in v.Mangoldt/Klein, Das Bonner Grundgesetz, 3. Aufl., Art. 5 Rdn 69.

[16] BVerfGE 20, 162, 175 setzt deswegen den Begriff der öffentlichen Aufgabe im Zusammenhang mit der Presse in Anführungszeichen.

[17] Zum Verhältnis zwischen den Ordnungsprinzipien von Rundfunk und Presse M.Stock, Marktmodell kontra Integrationsmodell? AöR 110 (1985), S. 219ff., insbesondere unter V.

Von jenem trennt ihn die umfassende Gemeinwohlverpflichtung,[18] auch wenn er zur Sicherung der Rundfunkfreiheit bestimmten über das im Pressewesen zulässige Maß hinausgehenden Bindungen unterworfen wird.[19]

II. Rechtsgrundlagen

In einem Zeitraum von neun Jahren haben alle elf Bundesländer die Rechtsgrundlagen für privaten Rundfunk geschaffen,[20] so daß nunmehr bundesweit neben dem öffentlich-rechtlichen Rundfunk die private Veranstaltung von Programmen möglich ist. Die hierfür verwendete Bezeichnung als duales Rundfunksystem [21] erfaßt diesen Sachverhalt allerdings nicht in ganz zutreffender Weise, legt sie doch den Gedanken nahe, es handele sich um ein System mit zwei in sich weitgehend homogenen Bestandteilen. Ist dies beim öffentlich-rechtlichen Rundfunk mit einer in den Grundzügen übereinstimmenden Organisationsstruktur ungeachtet von Abweichungen im Detail der Fall, bietet sich beim privaten Rundfunk ein ganz anderes Bild. In den beiden größten Bundesländern besteht eine Sondersituation, in Bayern auf Grund des in der Landesverfassung verankerten Gebots öffentlich-rechtlicher Trägerschaft für jede Art der Rundfunkveranstaltung, in Nordrhein-Westfalen im Hinblick auf das auf Grund medienpolitischer Vorgaben eingeführte Zwei-Säulenmodell.[22] Die übrigen Bundesländer orientieren sich demgegen-

---

[18] Dieser Unterschied führt nicht zur generellen Unzulässigkeit einer Kooperation zwischen Veranstaltern öffentlichen und privaten Rechts, wenngleich hier gesetzliche Beschränkungen im Interesse klarer Trennung der Verantwortungsbereiche zulässig sein können, BVerfGE 74, 297, 348ff.; vgl. ferner § 13 Abs. 4 LMedG B.-W., § 4 LMedG HH, § 2 Abs. 4 LRG Saarland; § 2 Abs. 3 LRG S.-H., § 10 NDR-StV, § 3 Abs. 8, 9 WDR-G. Wichtig ist jedenfalls, daß durch eine Kooperation nicht der Programmstandard des öffentlich-rechtlichen Rundfunks gefährdet wird. Eine Möglichkeit der Sicherung stellt z. B. § 30 Abs. 1 Satz 2 LRG NRW dar. Zur wettbewerbsrechtlichen Zulässigkeit der Zusammenarbeit mit privatwirtschaftlichen Unternehmen, hier der Presse, OLG Stuttgart, AfP 1988, S. 76

[19] Nach P. Badura, Gleichgewichtige Vielfalt im dualen System des Rundfunks, JA 1987, S. 180, 182 ist durch die Zulassung privaten Rundfunks die Rundfunkfreiheit – grundrechtsdogmatisch gesehen – aus ihrer Sondersituation befreit. Die privaten Veranstaltern auferlegten Bindungen stellen sich als auf der Wesentlichkeitstheorie beruhende gesetzgeberische Ausgestaltung dar.

[20] Beginn mit dem Landesgesetz über einen Versuch mit Breitbandkabel v. 4. 12. 1980 in Rheinland-Pfalz, GVBl. 1980, S. 229; Die meisten Bundesländer erließen die entsprechenden Gesetze in den Jahren 1984/85. Bremen und Hessen ermöglichten die Einspeisung in anderen Bundesländern veranstalteter Privatprogramme durch vorläufige Weiterverbreitungsgesetze. Als letztes Bundesland hat Bremen am 8. 2. 1989 ein Landesmediengesetz verabschiedet. Das Kabelpilotprojektgesetz Berlin ist bis zu einer Neuordnung des Rundfunks im Großraum Berlin durch ein Vorschaltgesetz verlängert worden.

[21] vgl. die Präambel zum Rundfunkstaatsvertrag und BVerfGE 73, 118, 157

[22] Die Darstellung der in diesen beiden Bundesländern geltenden Regelungen privaten Rundfunks bleibt deswegen einem gesonderten Abschnitt vorbehalten, s. u. V.

über der Form nach einheitlich am Lizenzmodell, bei dem ein privater Rundfunkveranstalter der Erlaubnis bedarf, die von einer öffentlich-rechtlichen Aufsichtsinstanz erteilt wird, die später auch den Betrieb überwacht. Dabei gehen alle Gesetze noch von der herkömmlichen Vorstellung innerhalb des jeweiligen Landes veranstalteter Programme aus.[23] Unterschiede bestehen jedoch im Hinblick auf die materiellen Anforderungen an die Programmgestaltung ebenso wie in Einzelfragen der medienpolitischen Zielsetzung, etwa bei dem Vorrang landesweiter Vollprogramme gegenüber lokalem Rundfunk. Diese landesspezifischen Besonderheiten erschweren die Verbreitung bundesweiter Programme. Das hat das Bundesverfassungsgericht zu der Bemerkung veranlaßt, ein funktionierendes Privatrundfunksystem setze eine Koordination der landesgesetzlichen Regelungen voraus.[24] Eine derartige Vereinheitlichung bewirkt der am 1. Dezember 1987 in Kraft getretene Staatsvertrag zur Neuordnung des Rundfunkwesens,[25] der vom Jugendschutz abgesehen jedoch nur für bundesweit verbreitete Programme gilt.[26] Damit ergibt sich für die Organisation privaten Rundfunks eine Zweigleisigkeit: Für bundesweite Programme bestehen grundsätzlich einheitliche Anforderungen nach dem Rundfunkstaatsvertrag, das Gebiet eines Landes nicht überschreitende Programme richten sich nach dem Recht des jeweiligen Landes.[27] Allerdings besteht eine Verzahnung zwischen den Regelungen des Rundfunkstaatsvertrages und der Landesmediengesetze insofern, als die für die Veranstaltung erforderliche Erlaubnis nicht unmittelbar nach dem Rundfunkstaatsvertrag erteilt werden kann. Ein Privatfunkbewerber muß daher die Lizenz bei einer Landesmedienanstalt beantragen und unterliegt damit zusätzlich den für bundesweiten Rundfunk geltenden Bestimmungen des jeweiligen Landesrechts.

Dabei ergeben sich für bundesweit verbreitete Programme Differenzierungen je nach der Art des verwendeten technischen Verbreitungsmittels. Bedient sich der Veranstalter eines sog. Direktsatelliten,[28] bedarf dies der Zu-

---

[23] Zu den sich hier ergebenden Entwicklungen M. Bullinger, Rundfunkordnung im Bundesstaat und in der Europäischen Gemeinschaft, AfP 1985, S. 257ff.

[24] BVerfGE 73, 118, 196f.

[25] Die meisten Bundesländer haben den Rundfunkstaatsvertrag durch entsprechende Änderungsgesetze in ihre Landesmediengesetze integriert, in Baden-Württemberg und dem Saarland enthalten die Gesetze einen Vorbehalt zu Gunsten des Staatsvertrags.

[26] Art. 8 Abs. 7, Art. 9 Abs. 6 RfStV

[27] Dazu gehören lokale und regionale Programme. In Hamburg, Bremen und Nordrhein-Westfalen enthalten die Gesetze zusätzliche Bestimmungen für lokalen Rundfunk.

[28] Ein Direktsatellit sendet auf Frequenzen, die durch internationale Verträge für den Empfang durch die Allgemeinheit freigegeben sind. Seine Leistung ist so hoch, daß er vom Rundfunkteilnehmer mit geringem Antennenaufwand empfangen werden kann. Wegen der sich daraus ergebenden Ähnlichkeit zu herkömmlichen Rundfunk wird auch die Bezeichnung Rundfunksatellit verwendet. Zu weiteren Einzelheiten der Satellitentechnik Ring/Hartstein/Kreile, Rundfunkstaatsvertrag, 1988, Einf. zu Art. 1; F.Müller-Römer, Satelliten- und Kabelrundfunk, in Hans-Bredow-Institut (Hrsg.), Internationales Handbuch für Rundfunk und Fernsehen 1988/89, Baden-Baden 1988

stimmung aller Bundesländer, weil durch die unmittelbare Einstrahlung jedes Land in seiner Rundfunkhoheit betroffen ist.[29] Die Zuordnung der fünf Direktsatellitenkanäle, die der Bundesrepublik nach internationalem Recht zustehen, auf die einzelnen Bundesländer, genauer Ländergruppen, nimmt Art. 1 RfStV vor. Die Zuteilung an einen konkreten Veranstalter erfolgt auf der Grundlage besonderer Staatsverträge zwischen den jeweiligen Ländergruppen.[30]

Anders verhält es sich bei den sog. Fernmeldesatelliten,[31] die zur Programmverbreitung auf die Einspeisung in Kabelnetze angewiesen sind. Hier kann jedes Land für sich die Entscheidung treffen,[32] so daß für die Kanalvergabe ein Staatsvertrag nicht erforderlich ist, sondern es nur einer Koordination der Einspeisungsregelungen bedarf.[33] Dazu verpflichtet Art. 11 RfStV. Für die Aufsicht über ein bundesweites Programm ist nur die jeweilige Medienanstalt zuständig, die das Programm zugelassen hat, Art. 12 RfStV. Die rechtlich klare Trennung von Direktsatellit und Fernmeldesatellit wird zunehmend durch die technische Entwicklung in Frage gestellt,[34] ohne daß hieraus jedoch schon medienrechtliche Schlußfolgerungen gezogen worden wären.

Als dritte Variante bundesweiter Verbreitung bleibt schließlich die Zuführung über Fernmeldesatellit mit anschließender Ausstrahlung über terrestri-

---

[29] BVerfGE 73, 118, 197; M. Bullinger, Satellitenrundfunk im Bundesstaat, AfP 1985, S. 1 ff.; a. A. Rudolf/Jutzi, Verfassungspflicht zur Harmonisierung der Ladesmediengesetze?, ZRP 1987, S. 2ff.; vgl. ferner J. Kreile, Kompetenz und kooperativer Föderalismus im Bereich des Kabel- und Satellitenrundfunks, 1986; Schmitt Glaeser/Degenhart, Koordinationspflicht der Länder im Rundfunkwesen, AfP 1986, S. 173ff.

[30] Südschienenstaatsvertrag v. 23. 7. 1986 zwischen Baden-Württemberg, Bayern und Rheinland-Pfalz, BayGVBl. 1986, S. 158; Nordschienenstaatsvertrag v. 20. 3. 1986 zwischen Berlin, Niedersachsen und Schleswig-Holstein, GVBl. Berlin 1986, S. 817; Westschienenstaatsvertrag v. 20. 7. 1989, GVBl. HB 1989, S. 387

[31] Hierbei handelt es sich um Satelliten, die in nicht für die Allgemeinheit freigegebenen Frequenzbereichen senden und im Vergleich zu Direktsatelliten über eine geringere Sendeleistung verfügen, so daß zum Empfang ein größerer Antennenaufwand erforderlich ist.

[32] Das ist die Aufgabe der Weiterverbreitungsregelungen, dazu s.u. VI. Vgl. ferner K.-H. Ladeur, Probleme der Koordination der Aufsicht über private Rundfunkveranstalter, AfP 1989, S. 717ff., und die Gemeinsamen Verfahrensgrundsätze der Landesmedienanstalten gemäß Art. 12 RfStV

[33] s. o. FN 24. Die Vergabe von Fernmeldesatellitenkanälen ist bisher durch Beschluß der Ministerpräsidenten der Länder erfolgt, so z.B. durch den Bremerhavener Beschluß v. 18. 10. 1984 unter III.1., abgedr. bei Ring, Medienrecht, C-0.6.2. Für die künftige Zuordnung von Kanälen wurden gemäß Art. 1 Abs. 7 RfStV Verfahrensgrundsätze ausgearbeitet.

[34] Die Fortschritte bei der Antennentechnik erlauben eine erhebliche Reduzierung des zum Einzelempfang erforderlichen technischen Aufwandes. Die Bundespost gibt daher, soweit der Veranstalter des Programms keine Einwendungen erhebt – etwa aus urheberrechtlichen Gründen, den Empfang für jeden Interessierten durch Einzelgenehmigung frei. Zum Stand v. 1. 1. 1989 vgl. Amtsblatt des Bundesministers für das Post- und Fernmeldewesen 1989, S. 231. Damit bestehen zwischen Direkt- und Fernmeldesatelliten allenfalls noch quantitative aber keine qualitativen Unterschiede mehr.

sche Frequenzen. Diese Fallkonstellation müßte von der Sache her eigentlich wie die Weiterverbreitung über Breitbandkabel behandelt werden. In der Praxis wird hierfür jedoch keine Weiterverbreitungsgenehmigung erteilt, weil die einschlägigen gesetzlichen Regelungen nach ihrem Wortlaut nur die Einspeisung ins Kabel erfassen. Für die Verwendung terrestrischer Frequenzen muß daher eine Genehmigung für die Veranstaltung erteilt werden und zwar für jedes Bundesland gesondert, weil Art. 11, 12 RfStV insoweit eine Regelungslücke enthalten. Dadurch ist in einem wichtigen Bereich die bundeseinheitliche Behandlung privater Rundfunkprogramme in Frage gestellt.

Auf den beschriebenen rechtlichen Grundlagen haben sich seit Einführung des privaten Rundfunks bestimmte Typen herausgebildet, die eine gewisse Ähnlichkeit mit den Verbreitungsformen des öffentlich-rechtlichen Rundfunks aufweisen. So gibt es im Fernsehbereich von wenigen unbedeutenden Ausnahmen abgesehen nur bundesweite Programme,[35] weil wegen des hohen finanziellen Aufwands ein auf das Gebiet eines Landes oder Teile davon beschränkter Ausstrahlungsbereich wirtschaftlich nicht vertretbar wäre. Darüberhinaus stehen als Verbreitungsmittel für den Fernsehbereich vor allem Satelliten zur Verfügung, die ohnehin die gesamte Bundesrepublik erreichen. Im Hörfunk dagegen spielen Kabel und Satellit wegen der Hörergewohnheiten [36] allenfalls eine untergeordnete Rolle. Hier stehen stattdessen jedoch in ausreichendem Maße herkömmliche terrestrische Frequenzen mit nicht wesentlich über das Gebiet des einzelnen Bundeslandes hinausreichender Reichweite zur Verfügung, so daß jedes Land seine Vergabeentscheidung weitgehend autonom treffen kann. So ist die regelmäßige Erscheinungsform im Hörfunk das landesweite Programm,[37] darüberhinaus gibt es in Baden-Württemberg, Bayern und Nordrhein-Westfalen auch lokalen Hörfunk.[38]

---

[35] Die im privaten Rundfunk, Fernsehen wie Hörfunk, tätigen Anbieter sind vollständig dokumentiert im DLM-Jahrbuch 1988 der Direktorenkonferenz der Landesmedienanstalten, S. 165ff.

[36] Die Domäne des Hörfunks ist der mobile Empfang z.B. mittels Autoradio oder im Freien. In der Wohnung überwiegt dagegen die Fernsehnutzung.

[37] Der medienpolitische Hintergrund ist der Schutz der lokalen Presse vor dem Verlust von Werbeeinnahmen. Regelungstechnisch wird dies durch entsprechende Vorrangregelungen bei der Kapazitätsvergabe, so § 10 HPRG, § 6 Abs. 2 LRG R.-P., § 4 Abs. 2 LRG S.-H. oder durch Beschränkung der Werbung auf landesweite Verbreitung erzielt, § 26 Abs. 6 LRG Nds

[38] Insofern besteht ein Unterschied zu den herkömmlichen Verbreitungsformen des öffentlich-rechtlichen Rundfunks, weswegen lokaler Rundfunk auch als die eigentliche Errungenschaft der neuen Medien angesehen wird.

III. Organisation

Die Landesmediengesetze richten sich bei der Ausgestaltung privaten Rundfunks zu einem großen Teil an zwei Orientierungspunkten aus: dem bereits bestehenden öffentlich-rechtlichen Rundfunk und den vom Bundesverfassungsgericht konkretisierten Anforderungen aus Art. 5 GG. Dies ist zum einen aus der aktuellen Situation heraus zu erklären, in der die Landesmediengesetze entstanden sind und in der es an konkreten praktischen Erfahrungen noch mangelte. Zum anderen ist das Bestreben der einzelnen Gesetzgeber unverkennbar, ein verfassungsrechtliches Risiko bei einer zu erwartenden Überprüfung durch das Bundesverfassungsgericht möglichst auszuschließen. Die Entwicklung verlief hier insofern umgekehrt wie beim öffentlich-rechtlichen Rundfunk, dessen gesetzliche Grundlagen im wesentlichen unter der Aufsicht der Alliierten entstanden, während Verfassungsrecht überhaupt keine Rolle spielte.[39] Das erklärt bis zu einem gewissen Grade die Detailfreudigkeit vieler Landesmediengesetze im Vergleich zu den älteren Regelungen für den öffentlich-rechtlichen Rundfunk.[40] Im Grundsatz gehen alle Landesmediengesetze vom Lizenzmodell aus:[41] Wer privaten Rundfunk veranstalten will, bedarf einer Erlaubnis, die von einer öffentlich-rechtlichen Aufsichtsinstanz erteilt wird. Diese überwacht nach Aufnahme des Betriebs die Einhaltung der gesetzlichen Bestimmungen.

1. Landesmedienanstalten

Diese Überwachungsfunktion ist in allen Bundesländern neugegründeten Medienanstalten übertragen worden. Die Bezeichnungen hierfür sind trotz Übereinstimmung in der Sache zum Teil unterschiedlich. Es bestehen im einzelnen: Landesanstalt für Kommunikation (LfK) in Baden-Württemberg, Bayerische Landeszentrale für Neue Medien (BLM), Anstalt für Kabelkom-

---

[39] Die Rundfunkgesetze traten in ihrer Mehrzahl in den Jahren 1947/48 in Kraft, das Grundgesetz und mit ihm Art. 5 erst am 24. Mai 1949. Das Bundesverfassungsgericht besteht seit 1951.

[40] Die höhere Regelungsdichte für privaten Rundfunk ist mit Rücksicht auf das rechtsstaatliche Bestimmtheitsgebot erforderlich. Da Aufsichtsmaßnahmen durch die Landesmedienanstalten einen Eingriff in den Rechtskreis privater Veranstalter darstellen, müssen die sanktionierbaren Verpflichtungen eindeutig bestimmt sein. Beim öffentlich-rechtlichen Rundfunk bleibt die Aufsicht dagegen innerhalb der Anstalt. Deswegen genügt eine geringere Regelungsdichte, die durch entsprechende Verfahren ausgeglichen wird. Allerdings ist auch hier in neuerer Zeit die Tendenz unverkennbar, zu umfassenden Kodifizierungen zu gelangen wie etwa im Falle des WDR-Gesetzes.

[41] Ausnahme Bayern, wegen des landesverfassungsrechtlichen Gebots öffentlich-rechtlicher Trägerschaft, dazu unten V

munikation (AKK) in Berlin, Bremische Landesmedienanstalt, Hamburgische Anstalt für neue Medien (HAM), Hessische Landesanstalt für privaten Rundfunk, Niedersächsischer Landesrundfunkausschuß, Landesanstalt für Rundfunk Nordrhein-Westfalen (LfR), Landeszentrale für private Rundfunkveranstalter (LPR) in Rheinland-Pfalz, Landesanstalt für das Rundfunkwesen (LAR) im Saarland und Unabhängige Landesanstalt für das Rundfunkwesen (ULR) in Schleswig-Holstein.

a) Rechtsform

In allen Bundesländern handelt es sich um eine rechtsfähige Anstalt des öffentlichen Rechts. Die organisatorische Ausgliederung aus dem staatlichen Verwaltungsaufbau ist eine notwendige Voraussetzung zur Wahrung der Staatsfreiheit, die eine beherrschende Einflußnahme des Staates und damit eine Wahrnehmung dieser Aufgabe in staatlicher Verantwortung ausschließt.[42] Hinzu tritt das Recht, die zugewiesenen Aufgaben in eigener Verantwortung wahrzunehmen. In einigen Landesmediengesetzen ist dies ausdrücklich normiert; wo nicht, folgt es aus der fehlenden gesetzlichen Grundlage für ein staatliches Weisungsrecht. Insoweit weichen also die Landesmedienanstalten ebenso wie die öffentlich-rechtlichen Rundfunkanstalten vom Normalfall der öffentlich-rechtlichen Anstalt ab, die gleichzusetzen ist mit mittelbarer Staatsverwaltung.[43]

Gleiches gilt für die Grundrechtsfähigkeit. Zwar sind juristische Personen des öffentlichen Rechts grundsätzlich nicht grundrechtsfähig. Eine Ausnahme gilt jedoch dann, wenn die juristische Person dem durch das Grundrecht geschützten Lebensbereich unmittelbar zugeordnet ist.[44] Die Landesmedienanstalten können sich daher auf Art. 5 GG berufen und unter den dafür vorgesehenen Voraussetzungen auch Verfassungsbeschwerde einlegen.[45]

Das Selbstverwaltungsrecht umfaßt auch die Satzungsautonomie, also das Recht, Fragen des eigenen Wirkungskreises durch Satzung zu regeln. Soweit es hierbei um interne Angelegenheiten geht, wie die Festlegung von Arbeitsweise und Geschäftsgang der anstaltseigenen Organe, bedarf es keiner ausdrücklichen gesetzlichen Ermächtigung.[46] Wenn jedoch materielle Regelun-

---

[42] a. A. W.Schmidt, der die Aufsicht über private Veranstalter für eine staatliche Aufgabe hält. Dies ist mit den Ausführungen des Bundesverfassungsgerichts im Niedersachsen-Urteil nicht zu vereinbaren, die die Einschaltung staatlicher Stellen in das Verfahren der Erlaubniserteilung weitgehend für unzulässig erklärt haben, BVerfGE 73, 118, 182ff.

[43] s.o. Kapitel 3 unter III

[44] zu den Einzelheiten der Argumentation s.o. Kapitel 2 unter IV

[45] BayVfGH n.F. 40, 69: Verfassungsbeschwerde der Landeszentrale gegen ein Urteil des VGH, das die von der Landeszentrale vorgesehene Verteilung von Sendezeit auf verschiedene Anbieter abänderte

[46] Derartige Hauptsatzungen haben erlassen die Landesmedienanstalten in Hamburg (abgedr. im DLM-Jahrbuch 1988, S. 438), Niedersachsen (abgedr. im DLM-Jahrbuch 1988, S. 467), Nordrhein-Westfalen, GVBl. 1988, S. 121 und Schleswig-Holstein,

gen mit Außenwirkung auf die privaten Veranstalter getroffen werden, ist hierfür eine spezielle gesetzliche Grundlage erforderlich, weil insoweit in einen fremden Rechtskreis eingegriffen wird.[47] Derartige spezielle Regelungen finden sich insbesondere für die Festlegung finanzieller Abgabepflichten.[48]

b) *Aufgaben*

Der Tätigkeitsbereich der Landesmedienanstalten erstreckt sich in erster Linie auf das Rundfunkwesen, genaugenommen auf die Wahrung der öffentlichen Verantwortung bei der Veranstaltung privaten Rundfunks. Manche Gesetze erfassen auch Textdienste, was jedoch nur deklaratorischer Natur ist, wenn es sich um mit dem allgemeinen Programm ausgestrahlten Fernsehtext handelt.[49] Neben der Veranstaltung von Rundfunk erstreckt sich die Zuständigkeit der Landesmedienanstalten auch auf die Weiterverbreitung von andernorts veranstalteten Programmen in Kabelnetzen.[50] Damit in Zusammenhang steht die Zusammenarbeit und Abstimmung zwischen den Landesmedienanstalten, die in der Direktorenkonferenz institutionalisiert ist.[51] Eine ausdrückliche gesetzliche Regelung hierfür besteht nur in Teilbereichen und zwar im Hinblick auf den Erlaß einheitlicher Richtlinien für Werbung und Jugendschutz. Im übrigen ergibt sich das Erfordernis einer Zusammenarbeit aus der Natur der Sache.

Zu diesem Kernbereich treten weitere Aufgaben hinzu wie etwa die Förderung der Programmvielfalt [52] oder die Förderung des Ausbaus der techni-

---

Amtsbl. AAz. 1985, S. 156, 271. Im Saarland erfüllt diese Funktion eine Geschäftsordnung (abgedr. im DLM-Jahrbuch 1988, S. 567).

[47] BVerfGE 33, 125, 157ff. (Facharzt)

[48] Art. 28 Abs. 3 BayMEG; § 18 Abs.5 KPPG; § 44 LMedG HB; § 61 Abs. 1 LMedG HH; § 47 HPRG; § 50 Abs. 1, 51 Abs. 4 Nds LRG; § 65 Abs. 3 LRG NRW; § 31 Abs. 2 LRG R.-P.; § 60 Abs. 3 LRG Saarland; § 53 Abs. 4 LRG S.-H. In Baden-Württemberg werden die Abgaben durch Rechtsverordnung geregelt, § 70 Abs. 3 LMedG B.-W.

[49] Fernsehtext (früher: Videotext) wird in für das Fernsehbild nicht benötigten Leerzeilen übertragen und kann mit jedem Fernsehgerät unter Verwendung eines entsprechenden Decoders empfangen werden. Da es sich um einen integralen Bestandteil des Fernsehsignals handelt, betrachtet die überwiegende Meinung diesen Dienst als Rundfunk. Vgl. § 1 LMedG HB, § 1 HPRG, § 1 LRG NRW, § 1 LRG R.-P., § 1 Abs. 1 Satz 1 LRG S.-H. Das LMedG B.-W. erfaßt darüberhinaus auch die rundfunkähnliche Kommunikation, das BayMEG Textdienste insgesamt.

[50] Einschränkungen können sich insoweit allerdings aus Art. 12 RfStV ergeben. Zu den Einzelheiten der Weiterverbreitung s.u. VI

[51] Geschäftsordnung für die Direktorenkonferenz der Landesmedienanstalten (abgedr. im DLM-Jahrbuch 1988, S. 613)

[52] Art. 10 Nr. 9 BayMEG i.V.m. Richtlinie zur Förderung besonderer Medienprogrammangebote nach dem bayerischen Medienförderungsprogramm v. 15. 5. 1986

schen Übertragungswege.[53] Der zuletzt genannte Punkt ist nach der Kompetenzverteilung des Grundgesetzes[54] nur in Zusammenarbeit mit der Deutschen Bundespost möglich. Durch diese Regelungen soll der Anspruch der Länder auf Mitsprache gegenüber dem Bund zum Ausdruck gebracht werden, auch soweit es um die technische Seite des Rundfunks geht.

Keine Kompetenzen besitzen die Landesmedienanstalten gegenüber den öffentlich-rechtlichen Rundfunkanstalten.[55] Dies ist zum Teil ausdrücklich gesetzlich geregelt.[56] Im übrigen ergibt es sich aus der Natur der Sache, weil öffentlich-rechtlicher und privater Rundfunk im dualen System unterschiedliche Funktionen haben und ihre Steuerungsmechanismen unterschiedlichen Regeln gehorchen.[57]

c) Organe

Die Landesmedienanstalten verfügen in der Regel über zwei Organe, in Baden-Württemberg,[58] Bayern und Schleswig-Holstein dagegen über drei,[59] was die grundlegende Zuständigkeitsverteilung jedoch im wesentlichen unberührt läßt. An der Spitze der Anstalt steht in jedem Fall ein Exekutivorgan, das meistens monokratisch besetzt, in manchen Fällen aber auch kollegial zusammengesetzt ist. Die in den Gesetzen verwendete Terminologie ist uneinheitlich und unsystematisch. So ist sowohl von Direktor,[60] Präsident[61] und

---

[53] Art. 10 Nr.7 BayMEG; Abschnitt 2. des LMedG B.-W. ist überschrieben „Sicherung von Übertragungskapazitäten für Rundfunk und rundfunkähnliche Kommunikation"; § 30a LRG R.-P.; § 52 Abs. 2 LRG NRW

[54] im Einzelnen s. o. 2. Kapitel unter I

[55] Allerdings bestehen in manchen Fragen Berührungspunkte wie etwa bei der Kanalbelegung in den der Aufsicht der Landesmedienanstalten unterstehenden Kabelnetzen oder bei der Frequenzvergabe, vgl. §§ 5ff. LMedG B.-W., Art. 15 BR-G sowie unten 4. c)

[56] § 13 LMedG B.-W.; Art. 1 Abs. 3 BayMEG; § 1 Abs. 2, 3 LMedG HB; § 1 Abs.2, 3 LRG NRW; § 3 LRG R.-P.; § 1 Abs. 2 LRG S.-H.

[57] Deswegen wäre es auch wenig sinnvoll, beide Systeme einer einheitlichen Aufsicht zu unterstellen, wie dies vereinzelt gefordert wurde.

[58] Das dritte Organ in Baden-Württemberg ist der Medienbeirat, in dem die gesellschaftlich relevanten Kräfte vertreten sind, der jedoch im Vergleich zur Regelung bei anderen Landesmedienanstalten nur über eingeschränkte Kompetenzen verfügt, vgl. §§ 61–65 LMedG B.-W.

[59] Die Bayerische Landeszentrale verfügt nach dem Vorbild des Bayerischen Rundfunks über einen Verwaltungsrat, der für wirtschaftliche Angelegenheiten zuständig ist, Art. 13 MEG. Die Unabhängige Landesanstalt für das Rundfunkwesen in Schleswig-Holstein besitzt einen Vorstand, dessen Befugnisse denen eines Verwaltungsrates entsprechen, § 48 LRG S.-H.

[60] § 17 Abs. 4 KPPG; § 38 Abs. 3 LMedG HB; § 52 Abs. 3 LMedG HH; § 38 Abs. 3 HPRG; § 25 LRG R.-P.; § 51 Abs.3 LRG NRW; § 51 LRG S.-H.

[61] Art. 9 Abs. 2 BayMEG

Geschäftsführer[62] als auch vom Vorstand [63] die Rede, was zu Verwechslungen Anlaß geben kann.[64]

Dem Exekutivorgan zur Seite tritt das Hauptorgan der Anstalt, das immer aus einer Mehrzahl von Personen besteht. Je nach seiner Zusammensetzung lassen sich ein Versammlungsmodell oder ein Ratsmodell unterscheiden. Die meisten Länder haben sich für eine Anstaltsversammlung entschieden, wobei sich auch hier unterschiedliche Bezeichnungen finden.[65] Die Versammlung ist nach dem Vorbild der Rundfunkräte in den öffentlich-rechtlichen Rundfunkanstalten gruppenplural zusammengesetzt. Die Mitglieder werden von Regierung, Parlament, Verbänden und gesellschaftlichen Gruppen entsandt,[66] so daß auf diese Weise die gesellschaftlich relevanten Kräfte in der Versammlung repräsentiert sind.[67] Bei der Bestimmung, welche Gruppe als gesellschaftlich relevant einzustufen ist und infolgedessen in der Versammlung vertreten sein muß, steht dem Gesetzgeber ein Einschätzungsspielraum zu, weswegen die Zusammensetzung in den einzelnen Bundesländern unterschiedlich ausfällt.[68]

Vom Versammlungsmodell unterscheidet sich das Ratsmodell nicht durch seine Aufgabenverteilung, sondern durch die andere Art der Zusammensetzung und Entsendung der Mitglieder. So sind für den Kabelrat in Berlin und den Vorstand in Baden-Württemberg jeweils fünf Mitglieder vorgesehen, die vom Parlament gewählt werden. Ihre Unabhängigkeit soll durch das Erfordernis einer ⅔ Mehrheit und den Ausschluß einer Wiederwahl gesichert werden.[69] Als Vorbild diente dabei die Regelung des Bundesverfassungsgerichtsgesetzes über die Richterwahl. Gegenüber dem Versammlungsmodell hat diese Art der Organisation den Vorzug, schnellere und effektivere Entscheidungen zu ermöglichen, da eine Mehrheit nicht aus einer Vielzahl von Gruppeninteressen gebildet werden muß, sondern zwischen einigen medienerfahrenen Experten zustande kommt. Zweifel bestehen dagegen im Hin-

---

62 § 57 Abs. 2 LMedG B.-W.

63 § 29 Nds LRG; § 53 Abs. 4 LRG Saarland

64 In Baden-Württemberg und Hamburg wird das Hauptorgan, das keinerlei exekutive Aufgaben hat, als Vorstand bezeichnet. In Rheinland-Pfalz und dem Saarland kann zur Unterstützung der Exekutive ein Geschäftsführer herangezogen werden.

65 Bayern: Medienrat; Bremen: Landesrundfunkausschuß; Hamburg: Vorstand; Nordrhein-Westfalen: Rundfunkkomission

66 Einen anderen Weg wählt § 55 LMedG HH. Hier werden 11 Mitglieder vom Parlament aus einem Personenkreis gewählt, der von verschiedenen gesellschaftlichen Gruppen und Verbänden vorgeschlagen wird, wobei jeder Vorschlag mindestens vier Personen umfassen muß. Das Wahlrecht steht den einzelnen Fraktionen nach ihrem Stärkeverhältnis zu. Vgl. ferner § 43 LMedG HB

67 Art. 12 BayMEG (wortgleich mit Art. 6 BR-G); § 55 LMedG HH; § 39 LMedG HB; § 39 HPRG; § 30 Nds LRG; § 55 LRG NRW; § 26 LRG R.-P.; § 54 Abs. 2 LRG Saarland (weitgehend übereinstimmend mit § 16 desselben Gesetzes); § 42 LRG S.-H. (weitgehend übereinstimmend mit § 17 NDR-StV)

68 Vgl. hierzu die Ausführungen über die Zusammensetzung der Rundfunkräte der öffentlich-rechtlichen Anstalten, 3. Kapitel V 2. b)

69 Begr. LMedG B.-W. LT-Ds 9/955 S. 116

blick auf eine ausreichende Wahrung der Staatsfreiheit, wenn sämtliche Mitglieder des Hauptorgans von einer staatlichen Stelle entsandt werden.[70]

Die Zuständigkeitsverteilung zwischen Direktor einerseits und Versammlung oder Rat andererseits geht von einer Allzuständigkeit von Versammlung und Rat aus. Kompetenzen des Direktors bestehen nur, soweit sie ausdrücklich gesetzlich angeordnet werden.[71] Danach sind Grundsatzentscheidungen, wozu vor allem Maßnahmen im Programmbereich gehören, vom Hauptorgan zu treffen. Dessen Beschlüsse sind vom Exekutivorgan vorzubereiten und auszuführen. In eigener Zuständigkeit erledigt der Direktor hingegen Geschäfte der laufenden Verwaltung und Eilentscheidungen, bei denen eine Befassung des Hauptorgans nicht mehr rechtzeitig herbeigeführt werden kann.

d) Staatliche Aufsicht über die Landesmedienanstalten

Alle Landesanstalten unterliegen einer staatlichen Rechtsaufsicht,[72] d.h. ihr Verhalten wird auf Übereinstimmung mit den einschlägigen Rechtsnormen überprüft. Eine Fachaufsicht, die zu einem ins einzelne gehenden Weisungsrecht führen würde, ist demgegenüber mit Rücksicht auf die gebotene Staatsfreiheit ausgeschlossen. Dabei ist zu beachten, daß auch die Rechtsaufsicht nur in eingeschränktem Umfang zulässig ist.[73] Dem tragen die gesetzlichen Normierungen Rechnung, indem eine Ersatzvornahme oder eine Aufsicht in Programmangelegenheiten ausgeschlossen wird.[74] Wo derartige Einschränkungen fehlen, ist die Aufsichtsbefugnis im Wege verfassungskonformer Auslegung auf das zulässige Maß zu reduzieren.

e) Finanzierung

Als Folge ihrer rechtlichen Selbständigkeit sind die Landesmedienanstalten auch aus dem Staatshaushalt ausgegliedert. In einer Anfangsphase sollten sie sich aus der Erhebung von Gebühren für die Erteilung von Genehmigungen und aus allgemeinen Abgaben von den Rundfunkveranstaltern in Form einer prozentualen Beteiligung an den Werbeeinnahmen finanzieren.[75] Dies erwies sich jedoch als nicht ausreichend und stieß außerdem auf den Widerstand der privaten Veranstalter, die nicht ihre eigene Aufsicht bezahlen wollten. Da für staatliche Zuschüsse nicht die erforderlichen Haushaltsmittel verfügbar sind,

---

[70] § 60 Abs. 1 LMedG B.-W.; § 15 Abs. 1 KPPG

[71] Die innere Struktur der Landesmedienanstalten ist deswegen mit der Kompetenzverteilung zwischen Intendant und Rundfunkrat bei den öffentlich-rechtlichen Rundfunkanstalten nicht vergleichbar, s.o. 3. Kapitel V 3.

[72] § 71 LMedG B.-W.; Art. 18 BayMEG; § 12 Abs. 2 Satz 3 KPPG; § 45 LMedG HB; § 62 LMedG HH; § 49 HPRG; § 49 Nds LRG; § 66 LRG NRW; § 33 LRG R.-P.; § 59 LRG Saarland; § 57 LRG S.-H.

[73] s.o. 3. Kapitel VI 3.

[74] vgl. die Nachweise in FN 72

[75] vgl. die Nachweise in FN 48

erfolgt die Finanzierung durch eine Beteiligung an der allgemeinen Rundfunkgebühr in Höhe von 2%. Gleichzeitig ist aus diesem Finanzaufkommen die technische Infrastruktur für die terrestrische Verbreitung privater Programme zu fördern.[76] Die Lösung dieses Finanzierungsproblems, das sich für alle Bundesländer in der gleichen Weise stellte, war eine wesentliche Voraussetzung für das Zustandekommen des Rundfunkstaatsvertrags. Allerdings führt sie je nach Größe des Bundeslandes zu einer sehr unterschiedlichen Finanzausstattung der einzelnen Landesmedienanstalten, die durch keinen Finanzausgleich beseitigt wird. Insofern ist das Problem der Abhängigkeit wirksamer Aufsicht von ausreichender Finanzierung nur unvollständig gelöst.[77]

2. Erlaubnisverfahren

a) Erlaubnisvorbehalt

Nach den Mediengesetzen bedarf derjenige, der Rundfunksendungen veranstalten will, einer Genehmigung. Diese Genehmigung wird als Zulassung oder Konzession, meist jedoch als Erlaubnis bezeichnet.[78] Sie dient der Sicherstellung der Voraussetzungen, die der Gesetzgeber zur Wahrung der Rundfunkfreiheit normiert hat.[79] Das Genehmigungsverfahren bildet insofern zusammen mit der Errichtung öffentlich-rechtlicher Aufsichtsinstanzen das Kernstück der Organisation privaten Rundfunks.

Das Verfahren beginnt mit einer Ausschreibung,[80] sobald die Landesmedienanstalt über freie Übertragungskapazitäten verfügt. Dies ist zur Wahrung der Chancengleichheit in einem grundrechtsrelevanten Bereich erforderlich. Nach Ablauf der Ausschreibungsfrist werden zunächst die persönlichen Voraussetzungen überprüft. So muß der Antragsteller seinen Wohnsitz in der Bundesrepublik haben, gerichtlich unbeschränkt verfolgbar und zuverlässig in dem Sinne sein, daß von ihm die Einhaltung der gesetzlichen Anforderun-

[76] Art. 6 RfStV i.V.m. dem Ausführungsgesetz des jeweiligen Bundeslandes (Fundstellennahweise 1. Kapitel in FN 94)

[77] Die vor der staatsvertraglichen Regelung in verschiedenen Landesmediengesetzen vorgesehene Möglichkeit staatlicher Zuschüsse ist daher beibehalten worden in § 60 LRG Saarland, § 27 Abs. 4 nds LRG, § 61 LMedG HH

[78] § 16 LMedG B.-W.; § 23 Abs. 2 KPPG; § 5 Abs. 1 LMedG HB; § 3 Abs. 2 LMedG HH; § 3 HPRG; § 2 Nds LRG; § 4 Abs. 1 LRG NRW; § 4 Abs. 1 LRG R.-P.; § 38 Abs. 1 LRG Saarland; § 6 Abs. 1 LRG S.-H.; Art. 7 RfStV

[79] BVerfGE 57, 295, 326 hält deswegen ein Erlaubnisverfahren für verfassungsrechtlich geboten. Der Erlaubnisvorbehalt ist das typische ordnungsrechtliche Mittel der präventiven Gefahrenabwehr, indem vor Aufnahme der Tätigkeit eine formelle Schranke errichtet wird.

[80] § 25 Abs. 1 LMedG B.-W.; § 5 Abs. 2 LMedG HB; § 16 Abs. 2 LMedG HH; § 4 Abs. 2 HPRG; § 3 Abs. 2 Nds LRG; § 4 Abs. 2 LRG NRW; § 4 Abs. 2 LRG R.-P.; § 39 Abs. 2 LRG Saarland; § 6 Abs. 2 LRG S.-H.

gen an die Veranstaltung von Rundfunksendungen erwartet werden kann.[81] Darüberhinaus müssen auch sachliche Voraussetzungen erfüllt sein. So muß der Antragsteller ein Schema für das beabsichtigte Programm vorlegen und nachweisen, daß er in der Lage ist, dieses auch zu finanzieren.[82] Fällt die Entscheidung der Landesmedienanstalt, die hinsichtlich der zukünftigen tatsächlichen Programmgestaltung auf eine Prognose angewiesen ist, positiv aus, und wird keine Auswahl unter mehreren Bewerbern erforderlich,[83] so wird die Erlaubnis erteilt. Dabei weicht die mögliche Dauer, für die sie erteilt werden kann, in den einzelnen Bundesländern erheblich voneinander ab.[84] Eine lange Laufzeit kommt dem Veranstalter entgegen, weil sie ihm größere Planungssicherheit verschafft. Auf der anderen Seite erschwert sie es der Landesmedienanstalt aber auch, durch eine Neuverteilung der Sendezeiten auf veränderte Umstände zu reagieren.

b) Eigenart der Erlaubnis

Der rechtliche Charakter der Erlaubnis wird wesentlich dadurch bestimmt, ob auf ihre Erteilung ein Anspruch besteht, sofern die Voraussetzungen erfüllt sind oder ob ihre Erteilung im Ermessen der Medienanstalt steht. Dies ist in erster Linie von Bedeutung für die Beurteilung der Zulässigkeit von mit der Genehmigung verbundenen Auflagen. Besteht ein Anspruch, so dürfen nur solche Verpflichtungen Gegenstand einer Auflage werden, die ausdrücklich im Gesetz vorgesehen sind oder die überhaupt erst die Voraussetzung für die Erteilung der Genehmigung schaffen.[85]

Die Frage eines Rechtsanspruchs ist nicht in allen Landesmediengesetzen eindeutig geregelt.[86] Für das Bestehen eines derartigen Anspruchs spricht jedoch die Gesetzessystematik: Die Erlaubnisvoraussetzungen sind umfassend und unter Verwendung zahlreicher unbestimmter Gesetzesbegriffe ge-

---

[81] § 23 Abs. 1 LMedG B.-W.; § 24 Abs.1 KPPG; § 6 Abs. 2 LMedG HB; § 17 Abs. 2 LMedG HH; § 5 Abs. 1 HPRG; § 5 Abs. 5 Nds LRG; § 5 Abs. 1 LRG NRW; § 5 Abs. 1 LRG R.-P.; § 40 Abs. 1 LRG Saarland; § 7 Abs. 2 LRG S.-H.

[82] § 24 LMedG B.-W.; § 24 Abs. 2 KPPG; § 6 Abs. 3 LMedG HB; § 17 Abs. 3 LMedG HH; § 5 Abs. 1 Satz 3 HPRG; § 5 Abs. 7 Nds LRG; § 5 Abs. 1 Satz 4 LRG R.-P.; § 40 Abs. 4 LRG Saarland; § 10 LRG S.-H.

[83] dazu im Einzelnen unten IV

[84] § 26 Abs. 2 LMedG B.-W. (5 Jahre); Art. 26 BayMEG (4 Jahre); § 9 Abs. 1 LMedG HB (2–5 Jahre); § 16 Abs.3 LMedG HH (5–10 Jahre); § 6 Abs. 2 HPRG (8–10 Jahre); § 7 Abs. 2 Nds LRG (max. 10 Jahre); § 8 Abs. 1 LRG NRW (4–10 Jahre); § 5 Abs. 5 LRG R.-P. (10 Jahre); § 39 Abs. 4 LRG Saarland (max. 10 Jahre); § 9 Abs. 3 LRG S.-H. (10 Jahre)

[85] § 36 Abs.1 VwVfG; Standortzusagen können vom Antragsteller daher nur verlangt werden, sofern es hierfür eine gesezliche Grundlage gibt.

[86] Ein ausdrücklicher Anspruch besteht nach § 16 Abs.2 LMedG B.-W., § 23 Abs.5 KPPG, § 5 Abs.1 LRG R.-P.; nach § 5 Nds LRG, § 40 LRG Saarland „darf die Erlaubnis nur erteilt werden, wenn“; Nach § 6 Abs. 1 Satz 2 LRG S.-H. „wird“ die Erlaubnis nach Maßgabe dieses Gesetzes erteilt. § 6 Abs. 3 LMedG HB: „ Die Zulassung kommt nur in Betracht, wenn...“

regelt. Für ein daran anschließendes Ermessen ist daher kein Raum mehr.[87] Dieses Ergebnis folgt außerdem aus dem Vorbehalt des Gesetzes, der die Legislative verpflichtet, die Voraussetzungen von Erteilung oder Versagung der Erlaubnis selbst zu bestimmen.[88]

Von theoretischer Bedeutung ist der Umstand, daß es sich um eine gebundene Entscheidung handelt, auch für die gerichtliche Einklagbarkeit der Erlaubnis. In der Praxis dürfte einer Klage jedoch nur in seltenen Fällen Erfolg beschieden sein. Denn zum einen ist wegen der Verwendung unbestimmter Rechtsbegriffe mit Beurteilungsspielraum die Kontrolldichte der Nachprüfung durch das Gericht beschränkt.[89] Zum anderen wird es sich in der Regel um eine Auswahlentscheidung unter mehreren Bewerbern handeln. Dann muß der abgewiesene Antragsteller zugleich die Genehmigungserteilung an den Konkurrenten rückgängig machen. Das kann ihm nur gelingen, wenn Vorschriften verletzt wurden, die auch seine individuellen Interessen und nicht nur solche der Öffentlichkeit schützen sollen.[90]

c) Anwendbarkeit der Verwaltungsverfahrensgesetze

Soweit das Erlaubnisverfahren nicht in den Landesmediengesetzen geregelt ist, stellt sich die Frage, ob hier ein Rückgriff auf die Vorschriften der Verwaltungsverfahrensgesetze der Länder möglich ist. Diese enthalten anders als im Hinblick auf die öffentlich-rechtlichen Rundfunkanstalten keine ausdrückliche Bereichsausnahme für die Landesmedienanstalten. Anknüpfend an ihre öffentlich-rechtliche Rechtsform fallen sie daher nach dem Wortlaut in den Anwendungsbereich der Verwaltungsverfahrensgesetze. Davon gehen offensichtlich auch die Landesmediengesetze aus, wenn in einzelnen Bestimmungen die Anwendbarkeit von Regelungen des Verwaltungsverfahrensgesetzes ausgeschlossen wird.[91] Dagegen ließe sich zwar einwenden, bei den Landesmedienanstalten handele es sich nicht um staatliche Verwaltung und folglich könnten die hierfür geltenden Regelungen nicht unbesehen übernommen werden. Andererseits besteht jedoch ein Bedürfnis nach einem Mindeststandard für ein Verfahren, das über die Zuteilung von Grundrechtschancen entscheidet. Deswegen dürfte es im Interesse der Rechtssicherheit vorzu-

---

[87] BVerwGE 18, 247 zu § 35 BBauG a.F.

[88] BVerfGE 57, 295, 326

[89] OVG Lüneburg DVBl. 1986, S. 1112

[90] Ist die Genehmigung an den Konkurrenten erteilt, wäre eine Verpflichtungsklage unbegründet, da keine freie Übertragungskapazität mehr vorhanden ist. Deswegen muß die Genehmigung des Konkurrenten angefochten werden. Voraussetzung dafür ist nach § 42 Abs. 2 VwGO, daß der Kläger „in eigenen Rechten verletzt“ ist.

[91] So wird die Entschädigungspflicht nach § 49 Abs. 5 VwVfG bei Widerruf der Erlaubnis ausgeschlossen in § 12 Abs. 5 LMedG HB, § 24 LMedG HH, § 9 Abs. 3 HPRG, § 10 Abs. 5 LRG NRW, § 13 Abs. 2, 3 LRG S.-H., § 42 LRG Saarland, das im übrigen das VwVfG ausdrücklich für anwendbar erklärt. Wie hier Trute/Pfeifer, Schutz vor Interessenkollisionen im Rundfunkrecht: Zu § 53 NW LRG, DÖV 1989, S. 192, 195f.

ziehen sein, vorhandene gesetzliche Regeln anzuwenden, statt auf allgemeine Grundsätze zurückzugreifen. Ergänzend zu den in den Landesmediengesetzen enthaltenen Regelungen sind daher die Vorschriften der Verwaltungsverfahrensgesetze vor allem über Anhörung, Begründung, die Pflicht zur vollständigen Sachverhaltsaufklärung [92] und die Zulässigkeit von Nebenbestimmungen heranzuziehen.

3. Aufsicht über private Veranstalter

Haben die privaten Veranstalter ihren Betrieb aufgenommen, so tritt neben die präventive Kontrolle, die in dem Erlaubnisvorbehalt liegt, eine repressive Kontrolle durch die Aufsicht der Landesmedienanstalten über die Einhaltung der gesetzlichen Bestimmungen. Auch in diesem Bereich hat der Gesetzgeber die Ausgestaltung in Anlehnung an das allgemeine verwaltungsrechtliche Gefahrenabwehrinstrumentarium vorgenommen.

a) Mittel

Um ihrer Überwachungsfunktion gerecht werden zu können, müssen die Medienanstalten zunächst die Tätigkeit der privaten Veranstalter, insbesondere ihre Programmgestaltung beobachten. Dies geschieht in der Praxis wegen der Vielzahl an Programmen durch Stichproben oder wenn die Anstalt durch eine Beschwerde auf einen konkreten Fall hingewiesen wird. Zur Erleichterung der Informationsbeschaffung hat sie außerdem ein Recht auf Auskunft.[93] Ändern sich Voraussetzungen, die wesentlich für die Erteilung der Genehmigung waren, hat der Veranstalter dies von sich aus mitzuteilen.[94]

Kommt die Medienanstalt bei ihrer Prüfung zu dem Ergebnis, es liege ein Verstoß vor, so weist sie den Veranstalter darauf hin und beanstandet den Verstoß verbunden mit der Androhung, im Wiederholungsfall die Erlaubnis zu entziehen.[95] Tritt dieser Fall dann tatsächlich ein, ist die Voraussetzung für einen Widerruf der Erlaubnis gegeben.[96] Dies ist die einschneidendste Sank-

[92] BayVGH AfP 1988, S. 292

[93] § 32 Abs. 1 LMedG B.-W.; § 49 Abs. 1 KPPG; § 18 Abs. 3 LMedG HB; § 12 Abs. 3 LMedG HH; § 21 Abs. 4 HPRG; § 28 Abs. 5 Nds LRG; § 17 Abs. 3 LRG NRW; § 58 Abs. 2 LRG Saarland; § 12 Abs. 1 LRG S.-H.

[94] § 24 Abs. 2 LMedG B.-W.; § 10 LMedG HB; § 20 Abs. 4 LMedG HH; § 7 Abs. 3 HPRG; § 59 Abs. 3 LRG NRW

[95] § 32 Abs. 2 LMedG B.-W.; § 49 KPPG; § 12 Abs. 1 LMedG HB; § 9 Abs. 1 HPRG; § 28 Abs. 2 Nds LRG; § 10 Abs. 1 LRG NRW; § 58 Abs. 2 LRG Saarland; § 12 Abs. 2 LRG S.-H.

[96] § 28 LMedG B.-W.; § 30 KPPG; § 12 Abs. 4 LMedG HB; § 24 LMedG HH; § 9 Abs. 3 HPRG; § 8 Nds LRG; § 10 Abs. 4 LRG NRW; § 9 LRG R.-P.; §§ 42, 58 Abs. 4 LRG Saarland; § 12 Abs. 2 Satz 4 LRG S.-H. In den meisten Gesetzen ist der Ausschluß einer Entschädigung angeordnet. In der Praxis ist vom Widerruf wegen Verletzung gesetzlicher Vorschriften noch kein Gebrauch gemacht worden. Die Er-

tion, die den Medienanstalten zur Verfügung steht. Sie ist daher nur als ultima ratio zulässig. Sofern der Widerruf nicht zwingend vorgeschrieben ist, sondern im Ermessen der Aufsichtsinstanz steht, kann als weniger belastendes Mittel die Erlaubnis vorübergehend ausgesetzt[97] oder es können ihr noch nachträglich Auflagen hinzugefügt werden.[98] Einer ausdrücklichen gesetzlichen Grundlage hierfür bedarf es nicht, weil nach allgemeinen verwaltungsrechtlichen Grundsätzen diese Möglichkeiten in der Ermächtigung zum Widerruf als minus bereits enthalten sind. Sowohl Beanstandung als auch Widerruf sind Verwaltungsakte, gegen die der Betroffene gerichtlich vorgehen kann. In den Bereich der programmbezogenen Aufsichtsmittel gehört auch die Möglichkeit, bei bestimmten Vorschriften Ausnahmen zu gestatten.[99]

Schließlich verfügen einige Medienanstalten über die Möglichkeit, Bußgelder zu verhängen.[100] Dies kann in der Praxis ein taugliches Instrument sein, weil es im Gegensatz zur bloßen Beanstandung für den Veranstalter spürbare Konsequenzen hat. Es bleibt allerdings auf Fälle beschränkt, in denen sich das geahndete Verhalten mit ausreichender Bestimmtheit umschreiben läßt,[101] weil der Betroffene vorhersehen können muß, wann er mit einer Sanktion zu rechnen hat.

Soweit es sich um bundesweit verbreitete Proramme handelt, sind die vorstehend beschriebenen Kompetenzen bei derjenigen Anstalt konzentriert, die die Erlaubnis erteilt hat. Die anderen Medienanstalten haben dann nur die Möglichkeit, die zulassende Anstalt auf Verstöße hinzuweisen. Diese ist dann verpflichtet, sich mit dem Vorgang zu befassen, nicht jedoch der Beanstandung abzuhelfen, wenn sie nicht von ihrer Berechtigung überzeugt ist.[102]

Die im Gesetz vorgesehenen formellen Aufsichtsmittel werden ergänzt durch solche informeller Art.[103] Hierher gehört die Möglichkeit, mit dem Veranstalter Gepräche zu führen, bevor es zu Aufsichtsmaßnahmen kommt.

---

laubnis wurde bisher nur dann entzogen, wenn ein Sender seinen Betrieb eingestellt oder gar nicht aufgenommen hatte.

[97] ausdrücklich vorgesehen in § 12 Abs. 2 LMedG HB; § 10 Abs. 2 LRG NRW; § 12 Abs. 3 LRG S.-H.

[98] ausdrücklich vorgesehen in § 9 LRG R.-P.

[99] Art. 7 Abs. 6 Satz 2 RfStV (Unterbrecherwerbung bei Sportsendungen); Art. 10 Abs. 4 RfStV (Zeitgrenzen im Jugendschutz)

[100] § 82 LMedG B.-W.; § 62 KPPG; § 51 LMedG HB; § 55 HPRG; § 57 LRG NRW; § 66 LRG Saarland

[101] Dies dürfte etwa für Bestimmungen über die Werbung oder den Jugendschutz gelten, während eine Verpflichtung zur Beachtung der Meinungsvielfalt für eine Bußgeldbewehrung zu unbestimmt wäre.

[102] Art. 12 Abs.3 RfStV. Dies gilt nicht für die Verbreitung bundesweiter Programme über terrestrische Frequenzen, weil hier jedes Land seine eigene Veranstaltererlaubnis erteilt hat.

[103] BVerfGE 73, 118, 169; vgl. ferner C. Degenhart, Rundfunkfreiheit, Rundfunkorganisation und Rundfunkaufsicht in Baden-Württemberg, AfP 1988, S. 327ff. zur Frage, inwieweit die Landesmedienanstalt berechtigt ist, Programmbeiräte privater Veranstalter mit regelmäßigen Informationen zu versorgen.

Ebenso zu berücksichtigen ist auch die Wirkung der öffentlichen Meinung, die zur Beseitigung von Mißständen zwingen kann.

b) Aufsichtsmaßstab

(1) Rechtsaufsicht

Die Überwachung der privaten Veranstalter erfolgt anhand der in den Staatsverträgen und den Landesmediengesetzen enthaltenen Regelungen sowie der auf dieser Grundlage erlassenen Richtlinien und den der Genehmigung beigefügten Auflagen. Dabei handelt es sich um eine Rechtsaufsicht, was nicht in allen Gesetzen ausdrücklich klargestellt wird.[104] Verfügungen der Aufsicht stellen sich jedoch für den betroffenen Veranstalter als belastende Maßnahmen dar, die nur auf gesetzlicher Grundlage zulässig sind. Deswegen können die Landesmedienanstalten nur dann einschreiten und einem Veranstalter Weisungen erteilen, wenn ein Verstoß gegen eine konkrete Rechtsnorm vorliegt.

In dieser Aufsicht liegt keine Zensur, weil dieser Begriff im rechtlichen Sinne nur das Abhängigmachen einer Meinungsäußerung von einer vorherigen staatlichen Erlaubnis erfaßt, die Landesmedienanstalten hingegen staatsfreie Einrichtungen sind.[105] Doch verlangt das Gebot der Rechtssicherheit, daß die den einzelnen Veranstalter treffenden Pflichten eindeutig bestimmbar sind. Denn dieser muß mit Sicherheit erkennen können, wann er mit einem Einschreiten der Aufsicht zu rechnen hat, damit er sein Verhalten entsprechend einrichten kann.[106]

Eine von der Rechtslage in den anderen Bundesländern abweichende Situation besteht in Niedersachsen. Hier liegt die Aufsicht über private Veranstalter nur insoweit beim Landesrundfunkausschuß, als es um Programmfragen geht, im übrigen dagegen bem Ministerpräsidenten.[107] Ein sachlicher Grund für die Abweichung von der Regelung in allen anderen Bundesländern ist nicht ersichtlich. Das Bundesverfassungsgericht hat gegen die Einbeziehung einer staatlichen Behörde in die Kontrolle privaten Rundfunks keine Bedenken erhoben, sofern ein Einfluß auf die Programmgestaltung ausgeschlossen sei.[108]

(2) Die Anforderungen im Einzelnen

Die Landesmediengesetze normieren einen im Kern übereinstimmenden

---

[104] Eine Rechtsaufsicht ist ausdrücklich vorgesehen in § 31 LMedG B.-W. und § 48 KPPG.

[105] BVerfGE 73, 118, 166

[106] BVerfGE 73, 118, 163f.

[107] § 43 Nds LRG i.V.m. Beschluß des Landesministeriums v. 29. 5. 1984, Nds MBl. 1984, S. 478

[108] BVerfGE 73, 118, 183

Kanon an Programmvorschriften,[109] auch wenn im Einzelfall die Fassung des Wortlauts voneinander abweicht. Teilweise enthalten sie Wiederholungen der bereits aufgrund allgemeiner Gesetze bestehenden Rechtslage. Ihre Bedeutung liegt dann darin, daß sie eine Kontrollbefugnis der Landesmedienanstalten eröffnen, die nur für die Überwachung der Einhaltung der Landesmediengesetze zuständig sind, nicht jedoch beispielsweise für die Ahndung von Straftaten. Die von den Veranstaltern einzuhaltenden Anforderungen lassen sich in folgenden Gruppen zusammenfassen:

α) Persönlichkeitsschutz

Die Gesetze statuieren Sorgfaltspflichten in Bezug auf die Informationsbeschaffung wie die Überprüfung der Herkunft einer Nachricht oder die Verpflichtung, einem Betroffenen Gelegenheit zur Stellungnahme zu geben.[110] Dies entspricht der aus den Landespressegesetzen bekannten journalistischen Sorgfaltspflicht, deren Beachtung ohnehin erforderlich ist, um zivilrechtliche Ansprüche der Betroffenen zu vermeiden. Um die Durchsetzung derartiger Ansprüche zu erleichtern, besteht ähnlich dem Presserecht eine „Impressumspflicht", d.h. es müssen im Programm – meist am Ende der Sendezeit – Veranstalter und verantwortlicher Redakteur mitgeteilt werden.[111] Darüberhinaus ist jeder Veranstalter verpflichtet, zum Zwecke der Beweissicherung alle Sendungen aufzuzeichnen und sechs Wochen aufzubewahren.[112] Hierauf können dann die Landesmedienanstalten zur Feststellung eines Gesetzesverstoßes oder Betroffene zur Durchsetzung ihrer Persönlichkeitsrechte zurückgreifen.

β) Programmgrundsätze

Wesentlich umfangreicher ist demgegenüber die Festlegung von Programmgrundsätzen ausgefallen,[113] die das Bundesverfassungsgericht zur Gewährleistung der Rundfunkfreiheit verlangt hatte. Hierher gehört die Verpflichtung zur Achtung der Menschenwürde, die es verbietet, den Einzelnen zum bloßen Objekt der Berichterstattung zu machen. Außerdem sind die

---

[109] Der sich in dieser Form für bundesweit verbreitete Programme im wesentlichen auch in Art. 9 RfStV wiederfindet. Vgl. ferner die Übersicht bei W. Bosman, Programmgrundsätze im privaten Rundfunk, ZUM 1989, S. 6ff.

[110] § 50 LMedG B.-W.; Art. 4 Abs. 2, 3 BayMEG; § 43 KPPG; § 14 Abs. 4 LMedG HB; § 9 LMedG HH; § 11 Abs. 2 HPRG; § 13 Nds LRG; § 12 Abs. 4 LRG NRW; 10 Abs. 2 LRG R.-P.; § 4 Abs. 1, 2 LRG Saarland; § 17 LRG S.-H.

[111] § 53 LMedG B.-W.; Art. 29 BayMEG; § 46 Abs. 3 KPPG; § 17 LMedG HB; § 11 MedG HH; § 20 HPRG; § 19 Nds LRG; § 16 LRG NRW; § 17 Abs. 3 LRG R.-P.; § 6 Abs. 3 LRG Saarland; § 21 LRG S.-H.

[112] § 54 LMedG B.-W.; Art. 29 Abs. 2 BayMEG; § 46 Abs. 1 KPPG; § 18 LMedG HB; § 12 LMedG HH; § 21 HPRG; § 17 Nds LRG; § 17 LRG NRW; § 17 LRG R.-P.; § 6 LRG Saarland; § 22 LRG S.-H.

[113] § 48 LMedG B.-W.; Art. 4 Abs. 1 BayMEG; § 41 KPPG; § 14 Abs.1, 2 LMedG HB; § 7 LMedG HH; § 11 Abs. 1 HPRG; § 11 Nds LRG; § 12 Abs.1, 2 LRG NRW; § 10 Abs. 1 LRG R.-P.; § 3 Abs. 1, 2 LRG Saarland; § 16 LRG S.-H.

Überzeugungen anderer zu achten (Toleranzgebot). Darüberhinaus „gilt“ für die Programmgestaltung die verfassungsmäßige Ordnung.[114] Diese Bindung ist nicht derjenigen der staatlichen Gewalt an die Verfassung vergleichbar. Gemeint ist vielmehr, daß sich für die Rundfunkfreiheit wie für jedes andere Grundrecht unter dem Gesichtspunkt der Einheit der Verfassung Beschränkungen unmittelbar aus dem Grundgesetz ergeben können, insbesondere durch kollidierende Grundrechte Dritter.[115] Die Programme dürfen sich nicht gegen die Völkerverständigung und die Wiedervereinigung Deutschlands richten.[116] Ergänzend sind in manchen Gesetzen Förderungspflichten vorgesehen hinsichtlich der Gleichberechtigung von Mann und Frau,[117] der sozialen Gerechtigkeit [118] und der freiheitlich demokratischen Grundordnung.[119] Hier wird vom Veranstalter nicht nur ein Unterlassen bestimmter Äußerungen verlangt, sondern ein positives Tun. Die Regelungen sind daher sowohl unter Aspekten der Programmfreiheit des Veranstalters als auch der Gewährleistung von Meinungsvielfalt verfassungsrechtlichen Einwänden ausgesetzt.[120]

γ) Eigenproduktionsquoten

Schließlich enthalten einige Gesetze Vorschriften über den Anteil an Eigenproduktionen oder Produktionen aus Ländern der Europäischen Gemeinschaft.[121] Sie verfolgen den Zweck, eine Überflutung der Programme mit amerikanischer Billigware zu verhindern und die europäische Programmindustrie zu stärken. Ob die Regelungen das gewünschte Ziel erreichen, erscheint jedoch äußerst fraglich. Denn zum einen handelt es sich um Sollbe-

---

114 Die Gesetze verwenden unterschiedliche Formulierungen. So ist teilweise festgelegt, daß sich die Programme nicht gegen die freiheitlich demokratische Grundordnung oder nicht gegen die verfassungsmäßige Ordnung richten dürfen. Als konkreten Anwendungsfall vgl. die in der SZ v. 4. 4. 1989 berichtete Kündigung von RTL Plus gegenüber Kanal 4 wegen der Äußerung „Feuer und Flamme für diesen Staat“ bei einer Sendung mit Hausbesetzern.

115 Bullinger/Gödel, Landesmediengesetz Baden-Württemberg, Baden-Baden 1986, § 48 Rdn 8ff. Soll die Bindung an die verfassungsmäßige Ordnung mehr als nur deklaratorischen Charakter haben, wäre aus rechtsstaatlichen Gründen der Bestimmtheit eine gesetzliche Konkretisierung der vom einzelnen Veranstalter zu erfüllenden Verpflichtung erforderlich.

116 R. Ricker, Privatrundfunkgesetze im Bundesstaat, München 1985, S. 128 hält die Vorschriften, wonach sich Programme nicht gegen die Wiedervereinigung Deutschlands richten dürfen, für verfassungswidrig, da sich die Präambel des Grundgesetzes an den Staat wendet, aber nicht die Meinungsfreiheit beschränken kann.

117 § 14 LMedG HB; § 12 LRG NRW; § 3 LRG Saarland; § 16 Abs. 3 LRG S.-H.

118 § 7 LMedG HH; § 16 Abs. 3 LRG S.-H.

119 § 11 Nds LRG; dazu BVerfGE 73, 118, 151 sowie H. Bethge, Verfassungstreue für private Rundfunkveranstalter? NJW 1987, S. 2982 und R. Ricker aaO. FN 116

120 R. Ricker aaO. FN 116

121 § 24 Abs. 1 Ziffer 2b LMedG B.-W.; § 18 Abs. 4 LMedG HH; § 11 Abs. 4 HPRG für bundesweite Vollprogramme; § 12 Abs. 6 LRG NRW; § 4 Abs. 3 LRG Saarland; § 15 Abs. 3 LRG S.-H.; Art. 9 Abs. 2 Satz 3 RfStV

stimmungen, zum anderen wird nur ein „angemessener" Anteil verlangt, ohne dies näher zu präzisieren.

δ) Jugendschutz

Besonders ausführliche Bestimmungen finden sich zum Jugendschutz. Hier enthält Art. 10 RfStV eine einheitliche Regelung,[122] die für alle Rundfunkprogramme unabhängig von ihrem Verbreitungsgebiet gilt. Sie stuft ab nach Art und Intensität der Jugendgefährdung und knüpft daran die entsprechenden Rechtsfolgen. Dies wird bewerkstelligt durch einen Rückgriff auf vorhandene Jugendschutzbestimmungen aus anderen Bereichen, die in der Rechtsfolge an die rundfunkspezifischen Gegebenheiten angepaßt werden.

So enthält Art. 10 Abs. 1 eine Zusammenfassung der §§ 131, 184 StGB sowie des § 6 Abs. 3 GjS und der Kriegsverherrlichung aus § 1 Abs. 1 GjS und knüpft daran ein absolutes Sendeverbot. Art. 10 Abs. 2 Satz 2 übernimmt die Regelung des § 6 JöSchG in das Rundfunkrecht und macht die FSK-Bewertungen für die Rundfunkveranstalter verbindlich. Da eine Zugangskontrolle wie im Kino nicht möglich ist, tritt an deren Stelle eine abgestufte Sendezeitbeschränkung. Mit Art. 10 Abs. 3 wird § 1 GjS in das Rundfunkrecht transformiert. An die Stelle der Vertriebsbeschränkungen tritt dabei eine Sendezeitbeschränkung und nochmalige Inhaltskontrolle, wenn Sendungen ausgestrahlt werden sollen, deren Inhalt von der BPS indiziert ist. Als Generalklausel und Auffangtatbestand bleibt schließlich noch Art. 10 Abs. 2 Satz 1, der bei einer bloßen Beeinträchtigung von Kindern oder Jugendlichen Sendezeitbeschränkungen vorsieht.

Die gesetzlichen Regelungen werden ergänzt durch eine Ermächtigung der Landesmedienanstalten, Richtlinien zur Ausführung zu erlassen sowie im Einzelfall Ausnahmen von den gesetzlich vorgesehenen Zeitgrenzen zuzulassen, etwa bei sehr lange zurückliegenden Filmbewertungen.[123]

ε) Werbevorschriften

Von besonderer Bedeutung sind schließlich die Vorschriften, die die Werbung regeln. Denn dies ist derzeit die einzige praktisch bedeutsame Finanzierungsquelle für privaten Rundfunk,[124] so daß Regelungen in diesem Bereich

[122] Art. 10 RfStV gilt nach Art. 16 RfStV auch für den öffentlich-rechtlichen Rundfunk. Zur Frage der Landeskompetenz für den Jugendschutz im Rundfunk VG Köln, NJW 1987, S. 274; zu Art. 10 RfStV S. Ory, Gesetzliche Regelungen des Jugendschutzes beim Rundfunk, NJW 1987, S. 2967

[123] Vgl. hierzu die Richtlinien der Landesmedienanstalten zur Gewährleisung des Jugendschutzes vom 26. 9. 1989, abgedruckt in Funkkorrespondenz 1989, Nr. 19, S. 29

[124] Die Finanzierung privaten Rundfunks ist geregelt in § 29 LMedG B.-W., § 21 LMedG HB, § 27 LMedG HH, § 25 HPRG, § 24 Nds LRG, § 21 LRG NRW, § 20 LRG R.-P., § 43 LRG Saarland, § 33ff. LRG S.-H., Art. 7 Abs. 2 RfStV. Danach kommen in Betracht: Eigenmittel des Veranstalters, Entgelte des Teilnehmers (sog. Pay-TV), Spenden und Werbung. Da durch Spenden und Eigenmittel auf Dauer der Finanzbedarf für die Herstellung von Programmen nicht zu decken ist, bleibt neben der Werbung nur Pay-TV. Dieses setzt eine technische Verschlüsselung des Signals

sich unmittelbar auf den wirtschaftlichen Erfolg des Veranstalters auswirken. Gleichzeitig besteht jedoch auch ein sehr enger Zusammenhang zur Programmgestaltung. Denn die Werbebotschaft ist auf ein Rahmenprogramm angewiesen, um den einzelnen Rezipienten zu erreichen. Und die Verkaufspreise hängen wesentlich von der Größe des erreichten Publikums ab, so daß ein wirtschaftlicher Druck zu möglichst massenattraktiven Programmen entsteht. Darüberhinaus muß die Werbung möglichst so plaziert werden, daß der Rezipient keine Chance hat, sich ihr zu entziehen. Dem sollen die entsprechenden Regelungen in den Landesmediengesetzen entgegenwirken.[125] Sie stimmen weitestgehend mit den Vorschriften des Rundfunkstaatsvertrags überein,[126] so daß auf dem Gebiet der Werbung für alle privaten Programme ein einheitlicher Ordnungsrahmen besteht. Lediglich im Hinblick auf das Verbreitungsgebiet lokaler Werbung enthalten einige Landesmediengesetze Sonderbestimmungen zum Schutz der Presse.[127] Die Landesmedienanstalten werden im Rundfunkstaatsvertrag zum Erlaß von Richtlinien zur Durchführung der Werbebestimmungen ermächtigt.[128]

Der Anteil der Werbung am Gesamtprogramm ist auf 20% der Sendezeit festgelegt. Dieser Umfang wird auf absehbare Zeit durch die herkömmlichen Werbeformen nicht ausgeschöpft werden, da die Zuschauer von den öffentlich-rechtlichen Programmen einen erheblich niedrigeren Anteil gewöhnt sind.

Um eine unterschwellige Beeinflussung der Rundfunkteilnehmer zu vermeiden, muß Werbung vom Programm getrennt und gekennzeichnet werden. Einer Aufweichung der Grenzen zwischen Programm und Werbung soll das Gebot der Blockwerbung und die Beschränkung der Unterbrecherwerbung entgegenwirken.

Eine neue gesetzlich vorgesehene Werbeform ist die Sponsorwerbung.

---

voraus, damit sichergestellt ist, daß nur der zahlende Teilnehmer das Programm empfangen kann. Darüberhinaus ist für die Akzeptanz erforderlich, daß das Programm etwas bietet, was in den ohne zusätzliches Entgelt empfangbaren Programmen nicht enthalten ist. Hierfür kommen in erster Linie Spielfilmpremieren in Betracht. Man rechnet daher mit einer Reichweite von 4% der technisch erreichbaren Teilnehmer zwei Jahre nach Markteinführung. Vgl. ferner S. Ory, Rechtsfragen des Abonnementfernsehens, ZUM 1988, S. 225ff. Zu den einzelnen Finanzierungsformen und ihrer rechtlichen Bewertung ausführlich A. Kollek, Rechtsfragen der Rundfunkfinanzierung, 1987, S. 54ff.

125 § 30 LMedG B.-W.; Art. 30 BayMEG; § 22 LMedG HB; § 28 LMedG HH; § 26 HPRG; § 26 Nds LRG; § 22 LRG NRW; § 21 LRG R.-P.; § 44 LRG Saarland; §§ 34, 35 LRG S.-H.

126 Art 7 Abs. 3 – 6 RfStV

127 So ist lokale Werbung nur in lokalen Programmen zulässig nach § 51 KPPG, § 21 Abs. 7 LRG R.-P.; nach § 26 HPRG, § 26 Abs. 6 Nds LRG, § 23 Abs. 2 LRG S.-H. muß Werbung im gesamten Verbreitungsgebiet eines Programms gesendet werden.

128 Gemeinsame Richtlinien der Landesmedienanstalten zur Durchführung der Werberegelungen des Rundfunkstaatsvertrages v. 10. 11. 1988, Media Perspektiven Dokumentation 1988, S. 191

Hier fördert ein Dritter, in der Regel ein Wirtschaftsunternehmen, eine Sendung durch finanzielle Zuwendungen. Durch einen Widmungshinweis am Anfang und am Ende der Sendung fördert er damit zugleich sein eigenes Ansehen in der Öffentlichkeit.

Die vorstehend beschriebenen Regelungen für den privaten Rundfunk sind teilweise identisch mit der für den öffentlich-rechtlichen Rundfunk geltenden Rechtslage, insbesondere bei dem Gebot der Trennung von Werbung und Programm. Unterschiede bestehen jedoch im Hinblick auf die zulässige Werbezeit, die Zulassung von Werbung zur Haupteinschaltzeit nach 20 Uhr sowie an Feiertagen und die Möglichkeit der Sponsorwerbung durch Wirtschaftsunternehmen. Diese erweiterten Möglichkeiten machen den privaten Rundfunk trotz seiner im Vegleich zu den öffentlich-rechtlichen Programmen geringeren Reichweite als Medium für die Werbewirtschaft attraktiv und lassen daher eine ausreichende Finanzierung privaten Rundfunks erwarten.

Aller Voraussicht nach wird die Innovationskraft des wirtschaftlichen Wettbewerbs zur Abwendung von der in Blöcken zusammengefaßten Spotwerbung und zur Herausbildung neuer Werbeformen führen, bei denen die Zuordnung zu den Kategorien Programm und Werbung nicht mehr mit der bisherigen Eindeutigkeit möglich ist. Ein erstes Beispiel hierfür ist das sog. Teleshopping, eine Verkaufsshow, in deren Verlauf Produkte vorgestellt werden, die der Zuschauer entweder noch während der Sendung oder bei einer danach angegebenen Adresse bestellen kann.[129]

c) *Effektivität der Aufsicht*

Ein wesentlicher Gesichtspunkt in der Auseinandersetzung um die verfassungsrechtliche Zulässigkeit privaten Rundfunks war die Eignung des gesetzlichen Kontrollinstrumentariums zur Durchsetzung der verfassungsrechtlichen Anforderungen.[130] Auch wenn die Landesmedienanstalten bisher noch nicht in spektakulärer Weise gegen private Veranstalter vorgegangen sind, so sagt dies nichts über die Wirkung der gesetzlichen Kontrollmechanismen. Diese entfalten ihre Wirkung in erster Linie durch ihre bloße Existenz. So mag ein Veranstalter versucht sein, sich einen möglichst großen Freiraum gegenüber der Aufsichtsinstanz zu verschaffen. Vor einer gravierenden Verletzung seiner rechtlichen Verpflichtungen wird er jedoch zurückschrecken, weil er dann mit dem Entzug der Erlaubnis rechnen muß.

Dabei darf jedoch nicht übersehen werden, daß der Effektivität der Aufsicht durch die Landesmedienanstalten strukturell bedingte Grenzen gesetzt sind. So kann sie nur bei einem Verstoß gegen gesetzliche Bestimmungen

---

[129] Dazu G. Hök, Tele-Shopping in der deutschen Medienordnung, MDR 1989, S. 769

[130] BVerfGE 57, 295, 330: Das Gesetz über die Veranstaltung von Rundfunksendungen war u.a. deshalb verfassungswidrig, weil der im Gesetz vorgesehene Beirat keinerlei Kompetenzen hatte.

einschreiten und die betreffenden Sendungen untersagen. Sie hat jedoch keine Möglichkeit, positiv das Programm in eine bestimmte Richtung zu beeinflussen, weil Einwirkungsmöglichkeiten im Vorfeld, etwa über Personal oder Finanzen, nicht vorhanden sind. Darüberhinaus handelt es sich immer um eine externe Kontrolle, bei der jede Maßnahme in den Rechtskreis des Veranstalters eingreift[131] und daher der Rechtfertigung bedarf. Die verminderte Kontrollintensität ist jedoch die notwendige Konsequenz materiell privaten Rundfunks, dessen Kennzeichen die privatautonome Gestaltung ist.[132]

IV. Zugang

Ein wesentlicher Aspekt jeder Organisation von Rundfunk ist die Frage, wie der Zugang zur Programmveranstaltung geregelt wird, weil hierdurch über die Möglichkeit der verschiedenen in der Gesellschaft vorhandenen Meinungen und Auffassungen entschieden wird, über das Medium des Rundfunks an der öffentlichen Meinungsbildung teilzunehmen und auf diese einzuwirken. Die Landesmediengesetze tragen dem auf vielfältige Weise Rechnung. So werden im Erlaubnisverfahren bestimmte Antragsteller durch Inkompatibilitätsregelungen vom Zugang ausgeschlossen oder durch Konzentrationsregelungen beschränkt, um auf diese Weise Gefahren für die Meinungsbildung bereits im Vorfeld entgegen zu wirken. Positiv wird die Herstellung von Meinungsvielfalt als Zielwert vorgegeben, verbunden mit organisatorischen Absicherungen. Und schließlich bedarf es unter Aspekten der Zugangsregelung einer Entscheidung darüber, wie knappe Übertragungskapazitäten unter mehreren Antragstellern aufzuteilen sind.

1. Inkompatibilitätsregelungen

Zu den Voraussetzungen, die vor Erteilung der Genehmigung zu prüfen sind, gehören auch Vorschriften, die einen Kreis potentieller Interessenten von vornherein vom Zugang zum privaten Rundfunk ausschließen.[133] Diese Regelungen dienen in erster Linie der Sicherung der Staatsfreiheit, indem sie

---

131 W. Hoffmann-Riem, Massenmedien, in: Benda/Maihofer/Vogel (Hrsg.), Handbuch des Verfassungsrechts, 1983, S. 389, 451f.

132 BVerfGE 73, 118, 171; vgl. dort auch die Gegenüberstellung mit der binnenpluralistischen Organisation der öffentlich-rechtlichen Rundfunkanstalten. Zu den bisher vorliegenden praktischen Erfahrungen vgl. die Untersuchung „Rundfunkaufsicht" von G. Hellstern, W. Hoffmann-Riem, J. Reese, Band 16 der Reihe „Die Landesregierung Nordrhein-Westfalen informiert". Die wichtigsten Ergebnisse der Studie sind zusammengefaßt bei B.-^P. Lange, Landesmedienanstalten und „Außenpluralismuns" auf dem Prüfstand, Media Perspektiven 1989, S. 268ff.

133 § 23 Abs. 2 LMedG B.-W.; Art. 25 Abs. 1 Satz 2 BayMEG; § 23 Abs. 1 Satz 4 KPPG; § 6 Abs. 4 LMedG HB; § 17 Abs. 1 Satz 2 LMedG HH; § 5 Abs. 2 HPRG; § 5

bestimmen, staatlichen Stellen, Gebietskörperschaften oder juristischen Personen des öffentlichen Rechts mit Ausnahme der Religionsgemeinschaften dürfe eine Erlaubnis nicht erteilt werden. Die Reichweite der Regelungen ist in den einzelnen Landesmediengesetzen unterschiedlich ausgestaltet. So sind in einigen Ländern Vertreter, Bedienstete und abhängige Unternehmen ausgeschlossen ebenso wie Abgeordnete und Regierungsmitglieder. Die Beteiligung staatlicher Stellen erfolgt nur im Rahmen des Verlautbarungsrechts,[134] das zur schnellen Information der Bevölkerung in Katastrophenfällen gedacht ist und als Ausnahme vom Grundsatz der Staatsfreiheit auf die Gefahrenabwehr beschränkt bleiben muß.[135]

In engem Zusammenhang mit der Unzulässigkeit der Beteiligung staatlicher Stellen steht der Ausschluß der Gemeinden. Diese verfügen über das Recht der Selbstverwaltung und stehen in einer gewissen Distanz zum Staat. Dennoch üben sie außerhalb ihres eigenen Wirkungskreises mittelbare Staatsverwaltung aus und sind insofern selbst ein Stück Staat. Da Gemeinden Gebietskörperschaften und juristische Personen des öffentlichen Rechts sind, werden sie von den Ausschlußregelungen der Landesmediengesetze erfaßt. Da sie Träger öffentlicher Gewalt sind, ist eine Ausnahmeregelung zu ihren Gunsten verfassungsrechtlich nicht geboten,[136] ihre Beteiligung nur in engen Grenzen zulässig.[137]

In einem weiteren Zusammenhang mit der Sicherung der Staatsfreiheit im Rahmen des Zulassungsverfahrens steht der in manchen Gesetzen vorgesehene Ausschluß der politischen Parteien. Im Hinblick auf ihren besonderen Status hat das Bundesverfassungsgericht keinen Anlaß zur Beanstandung gesehen, sondern einen derartigen Ausschluß zur Sicherung der Überparteilichkeit des Rundfunks für zulässig gehalten.[138] Politische Parteien sind daher im privaten Rundfunk auf die Ausstrahlung von Wahlwerbung beschränkt.[139] Allerdings bleibt hier insofern ein Ausweg, weil Parteimitglieder nicht zum Kreis der ausgeschlossenen Personen gehören, sondern wie jede natürliche Person einen Antrag auf Erlaubnis stellen können.

Abs. 1 Nds LRG; § 5 Abs. 2 LRG NRW; § 5 Abs. 2 LRG R.-P.; § 40 Abs. 2 LRG Saarland; § 7 Abs. 3 LRG S.-H.

[134] § 56 Abs. 1 LMedG B.-W.; § 20 Abs. 1 LMedG HB; § 23 HPRG; § 20 Nds LRG; § 19 Abs. 1 LRG NRW; § 14 LRG R.-P.; § 9 Abs. 1 LRG Saarland; § 24 LRG S.-H.

[135] R. Ricker, Privatrundfunkgesetze im Bundesstaat, 1985, S. 40

[136] BVerfGE 73, 118, 191

[137] BayVfGH n.F. 39, 96, 155 ; vgl. ferner P. Lerche, Städte und Kabelkommunikation 1982, S. 62ff.

[138] BVerfGE 73, 118, 190; a.A. H. Bethge, Rundfunkfreiheit und privater Rundfunk, 1985, S. 36ff. und R. Ricker, Privatrundfunkgesetze im Bundesstaat, 1985, S. 53ff.

[139] § 56 Abs. 2 LMedG B.-W.; Art. 25 Abs. 1 Satz 4 BayMEG; § 20 Abs. 2 LMedG HB; § 25 Abs. 1 LMedG HH; § 24 Abs. 2 HPRG; § 21 Abs. 1 Nds LRG; § 19 Abs. 2 LRG NRW; § 15 LRG R.-P.; § 9 Abs. 2 LRG Saarland; § 25 LRG S.-H.; Art. 9 Abs. 5 RfStV

Schließlich darf nach den meisten Landesmediengesetzen eine Lizenz nicht an öffentlich-rechtliche Rundfunkanstalten erteilt werden.[140] Dies wäre insofern sinnwidrig, als für privaten und öffentlich-rechtlichen Rundfunk unterschiedliche Programmstandards verbindlich sind. Darüberhinaus verfügen die öffenlich-rechtlichen Anstalten über eigene Rechtsgrundlagen, die die Veranstaltung von Programmen regeln, so daß es einer darüber hinausgehenden Zulassung nicht bedarf.

2. Konzentrationsregelungen

Die Erlaubnisverfahren nach den Landesmediengesetzen, in denen über den Zugang zum Medium entschieden wird, enthalten eine weitere Hürde, durch die der Zugang nicht wie bei den Inkompatibilitätsregelungen völlig ausgeschlossen, sondern nur eingeschränkt wird. Sie dienen der Verhinderung des Entstehens vorherrschender Meinungsmacht und sind Teil des verfassungsrechtlich gebotenen Mindeststandards für die Veranstaltung privaten Rundfunks.[141] Gesetzestechnisch wird dies erreicht durch Regelungen, die einer Unternehmenskonzentration entgegenwirken sollen.[142]

a) Verhältnis zum Kartellrecht

Damit stellt sich die Frage, wie sich die rundfunkrechtlichen Regelungen zu den Vorschriften des Gesetzes gegen Wettbewerbsbeschränkungen verhalten. Hier ergeben sich in den Auswirkungen seiner Anwendung gewisse Gemeinsamkeiten. Das GWB zielt auf die Beschränkung wirtschaftlicher Macht, um auf diese Weise wirtschaftlichen Wettbewerb als Steuerungsinstrument funktionsfähig zu erhalten. Es kann damit Rundfunkrecht tendenziell entlasten. Denn wenn der Einsatz überlegener wirtschaftlicher Mittel bereits wirtschaftsrechtlich begrenzt wird, können sie nur noch zu begrenzten Gefahren für den Prozeß der Meinungbildung führen. Dementsprechend vermindert sich die Regelungslast für den Rundfunkgesetzgeber. Diesen Umstand suchen sich manche Landesmediengesetze zu Nutze zu machen, indem sie vor Lizenzerteilung die Vorlage einer kartellrechtlichen Unbedenklichkeitsbescheinigung verlangen.[143]

Allerdings erfaßt das geltende Kartellrecht die rundfunkspezifische Kon-

---

[140] s.o. FN 133

[141] BVerfGE 73, 118, 172ff.

[142] Zur Entwicklung in tatsächlicher Hinsicht H. Röper, Formationen deutscher Medienmultis 1989, Media Perspektiven 1989, S. 733; ders., Formationen deutscher Medienmultis 1988, Media Perspektiven 1988, S. 749

[143] § 20 LMedG HH; § 5 Abs. 5 LRG Nds; § 15 Abs. 3 HPRG; § 10 Abs. 3 LRG S.-H.

zentrationsproblematik nur sehr unvollkommen.[144] Der Fusionskontrolle nach §§ 23f. GWB unterliegt nur der Zusammenschluß zu Rundfunkunternehmen, nicht aber der weit häufigere Fall der Gründung von Rundfunkunternehmen durch Einzelunternehmen, die bereits in anderen Bereichen eine marktbeherrschende Stellung innehaben. Einer derartigen Diversifizierung stellt das Kartellrecht bewußt keine Hindernisse entgegen, weil es sich hierbei um inneres Wachstum mit ordnungsgemäß erwirtschafteten Mitteln handelt. Da hierbei lediglich die tatsächlich bestehenden wirtschaftlichen Verhältnisse widergespiegelt werden, besteht nach der Konzeption des Gesetzes, das Mißbräuche verhindern soll, kein Anlaß zum Eingreifen. Deswegen konnte sich auch der Vorschlag der Monopolkommission, die Gründung von Rundfunkunternehmen kraft gesetzlicher Fiktion als Zusammenschluß zu behandeln und damit die Kontrolle durch die Kartellbehörden zu eröffnen, nicht durchsetzen.[145] So bleibt als kartellrechtliches Instrument die Mißbrauchsaufsicht nach § 22 Abs. 4, 5 GWB, in deren Wirksamkeit nach den Erfahrungen im Pressebereich allerdings keine großen Hoffnungen gesetzt werden.[146]

Das geltende Kartellrecht geht von dem Begriff der marktbeherrschenden Stellung aus und rechnet in diesem Zusammenhang alle Güter einem Markt zu, die aus der Sicht des Abnehmers austauschbar sind.[147] Danach ist der Rundfunk ein gesonderter Markt mit der Folge, daß etwaige Aktivitäten auf anderen Märkten für die kartellrechtliche Beurteilung ohne Bedeutung sind. Kartellrecht kann sich daher zu Lasten eines bereits im Rundfunk tätigen Unternehmens und zu Gunsten eines neu eintretenden auswirken, auch wenn dieses jenem in seiner Wirtschaftskraft weit überlegen ist. Deswegen erscheinen Zweifel angebracht, ob Kartellrecht geeignet ist, die rundfunkspezifische Konzentrationsproblematik zu lösen. Am ehesten dürfte ihr eine sich gegenseitig ergänzende Anwendung von Kartellrecht und Rundfunkrecht gerecht werden.[148] Danach ist der Mißbrauch wirtschaftlicher Macht nach Kartellrecht zu beurteilen, während das Rundfunkrecht Vorkehrungen

---

144 vgl. dazu E.-J. Mestmäcker, Die Anwendbarkeit des Gesetzes gegen Wettbewerbsbeschränkungen auf Zusammenschlüsse zu Rundfunkunternehmen, GRUR Int. 1983, S. 553ff.

145 Monopolkommission, Wettbewerbsprobleme bei der Einführung von privatem Hörfunk und Fernsehen, 1981, Tz 4; Monopolkommission, Sechstes Hauptgutachten, 1986, S. 430ff.

146 H. Greiffenberg, Medienrechtliche und kartellrechtliche Kontrolle der Konzentration im Rundfunk, in: E.-J. Mestmäcker (Hrsg.), Offene Rundfunkordnung, 1988, S. 313, 331; differenzierend F. Kübler, Medienverflechtung, 1982, S. 63f.

147 Zur Marktabgrenzung allgemein V. Emmerich, Kartellrecht, 5. Aufl. 1988, S. 207ff.

148 In diese Richtung weist BVerfGE 73, 118, 174. Danach richtet sich die Zusammenschlußkontrolle nach Bundesrecht, der Landesgesetzgeber „bleibt" dagegen zu Vorkehrungen gegen das Entstehen vorherrschender Meinungsmacht verpflichtet. Zur Verfassungsmäßigkeit der Fusionskontrolle im Pressewesen BVerfG, B. gem. § 93a BVerfGG v. 29. 8. 1983, NJW 1986, S. 1743

gegen das Entstehen von Meinungsmacht treffen muß, unter Umständen auch durch die Anknüpfung an wirtschaftliche Tatbestände.

b) Rundfunkrechtliche Regelungen

Die Vorschriften des geltenden Rundfunkrechts unterscheiden das Entstehen vorherrschender Meinungsmacht nach zwei Bereichen: beschränkt auf den Rundfunk und durch die Verbindung der Einflüsse von Rundfunk und Presse.

(1) Verbot mehrfacher Programmveranstaltung

Dem Entstehen vorherrschender Meinungsmacht in Beschränkung auf den Rundfunk soll das Verbot entgegenwirken, an einen Veranstalter mehr als eine Lizenz zu erteilen, wobei jedem Veranstalter die von ihm nach § 15 AktG abhängigen Unternehmen zugerechnet werden. Die einzelnen Regelungen legen hier unterschiedlich strenge Maßstäbe an.[149] So erlaubt der Rundfunkstaatsvertrag bundesweit ausstrahlenden Veranstaltern im Hörfunk und im Fernsehen je ein Voll- und ein Spartenprogramm, insgesamt also bis zu vier Programmen. Außerdem ist die Tragweite der Vorschriften begrenzt, wenn statt abhängiger Unternehmen rechtlich nicht faßbare Strohmänner als Programmveranstalter vorgeschoben werden.

(2) Verflechtung von Presse und Rundfunk

Komplizierter gelagert ist die Problematik, wenn es darum geht, die Verbindung von Meinungsmacht in Presse und Rundfunk zu einer vorherrschenden zu verhindern.[150] Dies spielt vor allem im lokalen Bereich eine Rolle. Ein Großteil des Bundesgebiets besteht aus sog. Einzeitungskreisen, in denen es nur eine einzige ortsansässige Zeitung gibt. Hier stellt sich dann die Frage, ob dem einzigen Zeitungsverleger am Ort auch die Beteiligung am Rundfunk ermöglicht werden soll.[151] Bei überregionaler Verbreitung gibt es dagegen

---

[149] § 19 LMedG B.-W.; Art. 25 Abs. 5 BayMEG; § 8 Abs. 1 LMedG HB; § 19 Abs. 1 LMedG HH; § 15 Abs. 1 HPRG; § 5 Abs. 2 Nds LRG; § 6 Abs. 3 LRG NRW; § 5 Abs. 3 LRG R.-P.; § 40 Abs. 3 LRG Saarland; § 8 Abs. 2 LRG S.-H.; Art. 8 Abs. 5 RfStV

[150] Vgl. die Darstellung bei H. Röper, Stand der Verflechtung von privatem Rundfunk und Presse, Media Perspektiven 1989, S. 533ff. sowie den Bericht der Bundesregierung über die Lage der Medien in der Bundesrepublik Deutschland 1985, BT-Ds 10/5663, S. 50ff.; in rechtsvergleichender Sicht F. Kübler, Medienverflechtung, 1982. Kritisch gegenüber den von Kübler gezogenen verfassungsrechtlichen Folgerungen P. Lerche, Presse und privater Rundfunk, 1984

[151] Das Problem stellt sich vor allem im Bereich des Hörfunks, während im Fernsehen wegen der hohen Kosten Lokalprogramme die Ausnahme bleiben dürften. Nach C. Jens, Privater Hörfunk – eine Verlegerdomäne, Media Perspektiven 1989, S. 23ff. waren Ende 1988 an 80% aller Privatradios Verleger beteiligt. Vgl. auch H. Röper, Einstieg in ein neues Radiozeitalter, Media Perspektiven, 1985, S. 521

trotz aller Konzentrationserscheinungen eine ausreichende Zahl miteinander konkurrierender Tageszeitungen, so daß hier bei einer Rundfunkbeteiligung eines Presseunternehmens noch nicht von vorherrschender Meinungsmacht gesprochen werden kann.

Die Presse hat zunächst versucht, einen Anspruch auf vorrangigen Zugang zum Rundfunk geltend zu machen, um auf diese Weise die befürchteten Einnahmeverluste im Anzeigengeschäft auszugleichen.[152] Solange dafür keine konkreten Anhaltspunkte ersichtlich sind, wäre ein derartiges Privileg mit dem Grundsatz chancengleichen Zugangs nicht vereinbar.[153] Umgekehrt waren Versuche ebenfalls erfolglos, die Presse von einer Beteiligung am Rundfunk grundsätzlich auszuschließen. Zwar bestand jahrzehntelang de facto eine „publizistische Gewaltenteilung"[154] insofern, als die Presse privatrechtlich, der Rundfunk dagegen öffentlich-rechtlich organisiert waren. Der Begriff kann jedoch – ebenfalls aus Gründen chancengleichen Zugangs – keine verfassungsrechtliche Qualität für sich in Anspruch nehmen.[155]

Im Einzelfall kann jedoch eine Beschränkung der Zugangsmöglichkeiten der Presse im lokalen und regionalen Bereich verfassungsrechtlich geboten sein. Dem trägt die Mehrzahl der Landesmediengesetze Rechnung, indem marktbeherrschenden[156] Zeitungsverlagen in ihrem Verbreitungsgebiet eine Zulassung als Einzelanbieter nicht gewährt werden darf und die Beteiligung an einer Anbietergemeinschaft auf einen bestimmten Prozentsatz beschränkt bleiben muß.[157] Nicht zu lösen ist damit allerdings das Problem, wenn es nur einen einzigen Bewerber gibt und es sich dabei um den ortsansässigen Zeitungsverleger handelt. Hier bedarf es zusätzlicher Vorkehrungen wie der Einrichtung eines Programmbeirates.[158] Im übrigen hängt die Wirksamkeit der Vorschriften davon ab, daß es den Landesmedienanstalten gelingt, sich einen genauen Überblick über Beteiligungen und Verflechtungen zu ver-

---

152 Memorandum des Bundesverbandes Deutscher Zeitungsverleger zur Medienpolitik der Länder, Media Perspektiven 1985, S. 769, 771

153 BVerGE 73, 118, 192f.; M. Bullinger, Zugang der Presse zu den elektronischen Medien, AfP 1983, S. 319, 322ff.; ders., Elektronische Medien als Marktplatz der Meinungen, AöR 108 (1983), S. 161, III 1a m.w.N. in FN 75, 76; H. Bethge, Rundfunkfreiheit und privater Rundfunk, 1985, S. 40ff.

154 Zum Begriff Hans H. Klein, Die Rundfunkfreiheit, 1978, S. 56ff.; Hans D. Jarass, Die Freiheit der Massenmedien, 1978, S. 248ff.

155 BVerfGE 73, 118, 175

156 Das Rundfunkrecht knüpft insoweit an die kartellrechtliche Regelung an, Begr. zur Novelle des BayMEG Art. 25, LT-Ds 11/1191.

157 Art. 25 Abs. 6 BayMEG; § 8 Abs. 4 LMedG HB; § 19 Abs. 2 LMedG HH; §§ 15 Abs. 1 Nr. 2, 16 HPRG; § 23 Nds LRG; § 40 Abs. 2 Nr. 6 LRG Saarland; § 8 Abs. 3 LRG S.-H. Nach § 6 Abs. 1 LRG NRW werden ohnehin nur Anbietergemeinschaften zugelassen, bei denen der einzelne Anbieter nicht mehr als 50% der Anteile halten darf. Eine Regelung im Rundfunkstaatsvertrag ist insofern nicht zwingend erforderlich, als hier bundesweiter Rundfunk geregelt wird, während sich das Problem der Doppelmonopole in erster Linie im lokalen Bereich stellt.

158 so etwa § 22 Abs. 3 LMedG B.-W., dazu sogleich unter 3. Vielfaltssicherung

schaffen, ein in der Praxis oft nicht ganz einfaches Unterfangen. Eine begrenzte Wirkung der Konzentrationsregelungen ergibt sich schließlich auch aus ihrer notwendig nur nationalen Reichweite, die die Bildung internationaler Konzerne, wie sie gerade im Medienbereich zu beobachten ist, kaum wirksam verhindern kann.

3. Vielfaltssicherungen

Unter Zugangsaspekten besonders wichtig sind die Regelungen zur Gewährleistung von Meinungsvielfalt, weil hierdurch die Programmzusammensetzung unmittelbar beeinflußt und sichergestellt wird, daß die verschiedenen Auffassungen und Meinungsrichtungen über das Medium Rundfunk am Kommunikationsprozeß teilnehmen können. Im Zusammenhang mit der Einführung privaten Rundfunks war das Vielfaltsgebot ein zentraler Bereich der Auseinandersetzung um seine verfassungsrechtliche Zulässigkeit. In der Praxis der Landesmedienanstalten spielt es dagegen nicht die zentrale Rolle, wie man aufgrund des verfassungsrechtlichen Stellenwertes vielleicht erwarten könnte. Seine Bedeutung liegt vielmehr in der Zielvorgabe, die auch wenn sie nicht vollständig erreicht wird, doch ihre Wirkung entfaltet und daher unverzichtbar ist.

a) Verfassungsrechtliche Anforderungen

Die verfassungsrechtliche Kontroverse hat das Urteil des Bundesverfassungsgerichts zum Niedersächsischen Landesrundfunkgesetz beendet. Danach hat privater Rundfunk einen Grundstandard gleichgewichtiger Vielfalt einzuhalten. Dazu gehören vor allem der Ausschluß einseitigen, in hohem Maße ungleichgewichtigen Einflusses auf die öffentliche Meinungsbildung und die Möglichkeit für alle Meinungsrichtungen, im privaten Rundfunk zu Wort zu kommen.[159] Mit dem zweiten Gesichtspunkt ist klargestellt, daß die tatsächliche Chance des Zugangs ausreicht, es also nicht erforderlich ist, daß die relevanten gesellschaftlichen Gruppen ihre Auffassungen im Programm wiederfinden.[160] Denn sonst könnten einzelne Gruppen durch Nichtbeteiligung die Veranstaltung privaten Rundfunks verhindern.

Bei diesem Mindeststandard handelt es sich um einen Richt- und Annäherungswert, der den Landesmedienanstalten als Leitlinie dient. Er soll nicht zu einer arithmetisch exakten Herstellung von Meinungsvielfalt führen, sondern eindeutig belegbare Mängel verhindern. Die im Vergleich zum öffentlich-rechtlichen Rundfunk nicht gleich hohen Anforderungen sind hinnehmbar,

---

159 BVerfGE 73, 118, 160; vgl. ferner Ricker/Malm, Die Vielfaltsanforderungen an den privaten Rundfunk nach dem 4. Rundfunkurteil, ZUM 1987, S. 208ff.

160 Dies war in BVerfGE 57, 295 noch nicht eindeutig geklärt. Dazu P. Lerche, Beteiligung Privater im Rundfunkbereich und Vielfaltsstandard, NJW 1982, S. 1676ff.

solange es eine funktionsfähige Grundversorgung gibt; insofern besteht ein funktionaler Zusammenhang zwischen den beiden Bestandteilen des dualen Systems. Dies bedeutet jedoch nicht, daß der öffentlich-rechtliche Rundfunk verpflichtet wäre, Defizite im privaten Bereich zu kompensieren.[161]

Zur Sicherung des gebotenen Mindeststandards stehen dem Gesetzgeber idealtypisch zwei Modelle zur Verfügung.[162] Er kann eine binnenpluralistische Organisation nach dem Vorbild der öffentlich-rechtlichen Rundfunkanstalten vorsehen, bei der der Einfluß der maßgeblichen Kräfte intern durch Organe des jeweiligen Veranstalters vermittelt wird. Es kann aber auch eine außenpluralistische Organisation vorgesehen werden, bei der jeder Veranstalter seine eigene Tendenz verfolgt, durch rechtliche Vorkehrungen aber die Einhaltung des gebotenen Mindeststandards sichergestellt ist. Schließlich sind noch zahlreiche Organisationsformen mit einer Mischung aus Elementen von Binnen- und Außenpluralismus denkbar.

b) Gesetzliche Ausgestaltung

Den verfassungsrechtlichen Anforderungen genügen die Landesmediengesetze zunächst durch eine Negativumschreibung: Einzelne gesellschaftliche Kräfte dürfen keinen vorherrschenden oder sonst in hohem Maße ungleichgewichtigen Einfluß erlangen.[163] Im übrigen finden sich jedoch abweichende Regelungsmodelle, wobei unter anderem das intendierte Verbreitungsgebiet eine Rolle spielt.

(1) Außenpluralismus

Einige Mediengesetze streben im Endzustand den Außenpluralismus durch Konkurrenz in ihrer Tendenz unterschiedlicher Programme an. Dementsprechend ist die materielle Verpflichtung zu Ausgewogenheit auf die Gesamtheit der Programme [164] oder die Gesamtheit der im Geltungsbereich des Grundgesetzes veranstalteten privaten Programme bezogen.[165]

---

161 Vgl. hierzu BVerfGE 57, 295, 324; 73, 118, 159

162 BVerfGE 57, 295, 325

163 § 14 Abs. 2 Nr. 2 LMedG B.-W.; § 23 KPPG; § 14 Abs. 3 LMedG HB; § 6 Abs. 2 LMedG HH; § 12 Abs. 3 HPRG; § 15 Abs. 1 Satz 2 Nds LRG; § 12 Abs. 2 LRG NRW; § 5 Abs. 1 Satz 2 LRG Saarland; § 15 Abs. 4 LRG S.-H.; Art. 8 Abs. 3 RfStV

164 § 14 Abs. 3 LMedG B.-W.; § 23 KPPG; § 5 Abs.2 LRG Saarland; § 15 Abs. 2 LRG S.-H. für bundesweit verbreitete Programme

165 § 15 Abs. 1 Nds LRG; Nach § 12 Abs. 1 LRG R.-P., § 12 Abs. 1 HPRG, Art. 8 Abs. 1 RfStV müssen die inländischen privaten Programme die Meinungsvielfalt „im wesentlichen" wiedergeben. Art. 3 BayMEG bezieht sich seinem Wortlaut nach zwar auf das gesamte inländische Programmangebot. Der BayVfGH hat dies jedoch verfassungskonform dahin interpretiert, die unter der Aufsicht der Landeszentrale stehenden Programme müßten wegen des Gebots öffentlich-rechtlicher Trägerschaft in sich ausgewogen sein.

Diese Regelungen werden durch einen Mechanismus ergänzt, der bei einer nicht genügenden Zahl konkurrierender Programme – in der Regel drei – oder der ausdrücklichen Feststellung der Landesmedienanstalt,[166] externe Ausgewogenheit sei nicht erreicht, dem einzelnen Veranstalter Binnenpluralität vorschreibt. Eine derartige „Schnittstelle" ist erforderlich, damit der Veranstalter seine Verpflichtungen klar erkennen kann, zumal er der Gefahr von Sanktionen der Landesmedienanstalten ausgesetzt ist.[167] Diese materielle Verpflichtung wird durch organisatorische Vorkehrungen abgesichert. Dazu gehören die Bildung von Anbietergemeinschaften, bei denen die einzelnen Mitglieder nicht auf eine kapitalmäßige Beteiligung beschränkt bleiben dürfen, sondern tatsächliche Mitspracherechte bei der Programmgestaltung haben müssen, oder die Einrichtung eines internen Programmbeirates beim Veranstalter, der mit effektiven Kompetenzen ausgestattet sein muß.[168]

Soweit es für die Frage, ob externe Ausgewogenheit erreicht ist, auf die Beurteilung mehrerer Programme ankommt, ist zu beachten, daß es sich um Programme mit demselben Verbreitungsgebiet handeln muß, weil nur unter dieser Voraussetzung sich etwaige Unausgewogenheiten gegenseitig ausgleichen können.[169] Das führt dazu, daß im lokalen und regionalen Bereich, wo mit einer ausreichenden Vielzahl von Programmen desselben Verbreitungsgebiets nicht zu rechnen ist, die Verpflichtung zum Binnenpluralismus mit organisatorischer Absicherung die Regel sein dürfte.[170] Umgekehrt dürfte es bei bundesweiter Ausstrahlung auf absehbare Zeit die vom Rundfunkstaatsvertrag vorgesehene Anzahl von Vollprogrammen geben, so daß in diesem Bereich die Vielfaltssicherung nach dem außenpluralistischen Modell erfolgt.

Wichtig ist schließlich noch, daß sich die Ausgewogenheitsverpflichtung sinnvollerweise nur auf sog. Vollprogramme beziehen kann. Das sind Programme mit einer Mindestdauer von in der Regel fünf Stunden täglich, die der Information, Bildung und Unterhaltung dienen. Den Gegensatz bilden die sog. Spartenprogramme mit im wesentlichen gleichartigen Nutzungsinhalten.[171] Diesem Gesichtspunkt tragen manche Landesmediengesetze Rech-

166 Im Falle bundesweiter Verbreitung muß diese Feststellung nach Art. 8 Abs. 2 Satz 3 RfStV von allen denjenigen Landesmedienanstalten übereinstimmend getroffen werden, die die betroffenen Programme zugelassen haben.

167 BVerfGE 73, 118, 163

168 § 22 LMedG B.-W.; §§ 13, 14 HPRG; §§ 15 Abs. 2, 5 Abs. 4 Nds LRG; § 12 Abs. 2, 3 LRG R.-P.; § 5 Abs. 3, 4 LRG Saarland; § 15 Abs. 1, 5 LRG S.-H.; Art. 8 Abs. 2, 6 RfStV. R. Ricker, Privatrundfunkgesetze im Bundesstaat, 1985, S. 87ff. hält die Verpflichtung zur Rückkehr zum Binnenpluralismus wegen der wirtschaftlichen Auswirkungen auf den Veranstalter nur mit dessen Einverständnis für möglich.

169 BVerfGE 73, 118, 162; BayVfGH n.F. 39, 96, 149f.; im Einzelnen vgl. Bullinger/Gödel, Landesmediengesetz Baden-Württemberg, Kommentar, 1986, § 20 Rdn 3ff.

170 BVerfGE 74, 297, 329. Unter dieser Voraussetzung hält das Gericht Meinungsvielfalt beim privaten Rundfunk für ebenso wirksam gewährleistet wie beim öffentlich-rechtlichen Rundfunk.

171 vgl. die Legaldefinitionen in § 2 Ziffer 4., 5. LMedG B.-W.; § 2 Abs. 4, 5 LMedG HB; § 2 Abs. 2, 3 LMedG HH; § 2 Abs. 1 Ziffer 5. 6. HPRG; § 2 Abs. 3, 4 LRG

nung, indem sie nur Vollprogramme der Ausgewogenheitsverpflichtung unterwerfen. Von einem Spartenprogramm kann dagegen nur verlangt werden, daß es nicht einseitig Einfluß auf die Bildung der öffentlichen Meinung nimmt. Das erscheint bei einem Sport- oder Musikkanal nur in sehr geringem Umfang möglich, aber durchaus denkbar bei einem Nachrichtenkanal oder einem politischen Spartenprogramm.

(2) Binnenpluralismus

Einen völlig anderen Weg gehen die Landesmediengesetze in Bremen, Hamburg, Nordrhein-Westfalen und Schleswig-Holstein.[172] Hier wird von jedem Vollprogramm Binnenpluraliät verlangt, ohne daß bei einer ausreichenden Zahl konkurrierender Programme die Möglichkeit besteht, zu externer Vielfalt überzugehen. Zusätzliche organisatorische Sicherungen bestehen in Nordrhein-Westfalen und Schleswig-Holstein, weil hier nur Veranstaltergemeinschaften mit einer bestimmten internen Struktur zugelassen werden.[173] In Bremen und Hamburg ist stattdessen die Absicherung durch eine entsprechende Programmstruktur vorgeschrieben.[174] Organisatorische Sonderregelungen bestehen jedoch auch hier für sog. „örtliche Programme" insofern, als eine Lizenz nur an Anbietergemeinschaften erteilt werden darf.[175] Diese Art der Organisation hält sich innerhalb des dem Gesetzgeber zustehenden Gestaltungsspielraums. Es bleibt allerdings die rechtspolitische Frage, worin dann das Neue privaten Rundfunks besteht, wenn er denselben Anforderungen wie der öffentlich-rechtliche Rundfunk unterworfen wird.

4. Verteilung knapper Übertragungskapazitäten

a) Verfassungsrechtliche Anforderungen und praktische Bedeutung

Als einen wesentlichen Punkt, der der Regelung durch den Gesetzgeber bedürfe, hat das Bundesverfassunsgericht die Entscheidung darüber bezeichnet, nach welchen Kriterien eine Vergabeentscheidung getroffen werden soll, wenn die Übertragungskapazität nicht für alle Bewerber ausreicht. In einem

NRW; § 1a Abs. 3, 4 LRG Saarland; § 3 Abs. 2, 3 LRG S.-H. Eine klärungsbedürftige Frage ist, welchen Anteil an unterschiedlichen Nutzungsinhalten ein Programm aufweisen muß, um in die eine oder andere Kategorie eingestuft zu werden, ob also beispielsweise eine Zusammensetzung aus Spielfilmen, Sportübertragungen und Nachrichten schon für ein Vollprogramm ausreicht.

172 § 14 Abs. 3 LMedG HB, § 6 Abs. 1 LMedG HH und § 15 Abs. 1 LRG S.-H. verlangen, daß die Vielfalt im einzelnen Programm „im wesentlichen" wiedergegeben wird. § 12 Abs. 3 LRG NRW verlangt dagegen die Wiedergabe in möglichster Breite.

173 § 6 Abs.1 LRG NRW; § 8 Abs. 1 LRG S.-H.; Art. 3 Abs. 1 Westschienen-StV

174 § 7 Abs.1 LMedG HB; § 18 Abs.1 LMedG HH

175 §§ 23ff. LMedG HB; §§ 31ff. LMedG HH

derartigen Fall sind verschiedene grundrechtsgeschützte Belange betroffen:[176] Die Bewerber haben einen Anspruch auf Chancengleichheit aus Art. 3 Abs. 1 GG. Die Auswahlentscheidung, wem eine der knappen Übertragungsmöglichkeiten zugesprochen werden soll, wirkt sich auf das Gesamtprogramm und dessen Vielfältigkeit aus.[177] Damit ist zugleich die Ebene der Rezipienten berührt. Hier einen Ausgleich zu finden, ist Sache des Gesetzgebers. Ihm stehen dafür prinzipiell zwei Verteilungsmodelle zur Verfügung, die den verfassungsrechtlichen Anforderungen genügen.[178] Er kann entweder die beantragte tägliche Sendedauer entsprechend der vorhandenen Kapazität anteilig kürzen, so daß auf einer Frequenz mehrere Veranstalter ihre Programme ausstrahlen (Frequenzsplitting). Er kann aber auch Auswahlgrundsätze festlegen, wobei der Realisierungsgrad der Chance des einzelnen Bewerbers nach objektiv sachgerechten und individuell zumutbaren Kriterien bestimmt werden muß.

Bei der Verwirklichung dieser Zielsetzung ergibt sich ein Konflikt zwischen der Wahrung der Chancengleichheit und der wirtschaftlichen Tragfähigkeit neuer Programmangebote: Am gerechtesten wäre eine schematische Gleichbehandlung aller Bewerber. Dies kann jedoch zu einer so großen Anzahl von Veranstaltern auf einer einzigen Frequenz führen, daß für den Zuschauer überhaupt kein programmliches Konzept mehr erkennbar ist. Leidet mit der Akzeptanz die Werbefinanzierung, so ist damit der Erfolg der gesamten Unternehmung gefährdet.[179] Legt man den Akzent dagegen mehr auf die praktische Realisierbarkeit neuer Programmangebote, so geht dies fast zwangsläufig zu Lasten der Chancengleichheit. Dem läßt sich jedoch durch andere Maßnahmen begegnen, etwa indem Werbeeinahmen aller auf einer Frequenz sendenden Anbieter in einem Pool zusammengeschlossen und dadurch aus der Sendezeitverteilung sich ergebende Ungleichheiten ausgeglichen werden.[180] Eine weitere Einschränkung der Chancengleichheit folgt schließlich aus rechtlichen Anforderungen an die Programmgestaltung, etwa der Ausgewogenheit des Gesamtprogramms. Hieraus kann sich ein sachlicher Grund für eine Ungleichbehandlung ergeben.[181]

Die Regelungen über die Aufteilung beschränkter Übertragungskapazitä-

---

[176] Vgl. grundsätzlich J. Scherer, Frequenzverwaltung zwischen Bund und Ländern, 1987, S. 48–56

[177] R. Ricker, Privatrundfunkgesetze im Bundesstaat, 1985, S. 98

[178] BVerfGE 57, 295, 327

[179] Aus diesem Grund wurde 1987 Art. 23 Abs. 2 BayMEG novelliert. Danach haben die Kabelgesellschaften auf das Entstehen von in sich geschlossenen Gesamtprogrammen zu achten und zur Sicherung der Programmvielfalt auf tragfähige wirtschaftliche Rahmenbedingungen, vor allem auf eine wirtschaftliche Zusammenarbeit der Anbieter hinzuwirken.

[180] So BayVGH, ZUM 1988, S. 417. Derartige Vorkehrungen haben allerdings noch keinen Eingang in die Landesmediengesetze gefunden.

[181] BayVfGH n.F. 40, 69 unter Aufhebung von BayVGH ZUM 1988, S. 145. Vgl. ferner M. Merten, Vorläufiger Rechtsschutz bei Vereinbarungen über Sendeplätze so-

ten kommen vor allem im Bereich der terrestrischen Frequenzen zum Tragen.[182] Diese sind für den jeweiligen Veranstalter besonders attraktiv, weil sie mit vergleichsweise geringem technischen Aufwand in kurzer Zeit hohe Reichweiten und dementsprechende Werbeeinnahmen ermöglichen. Andererseits sind terrestrische Frequenzen auf Grund physikalischer Gegebenheiten nur in begrenztem Umfang verfügbar, so daß hier großes Interesse und große Knappheit zusammentreffen. Demgegenüber sind im Bereich der sog. neuen Medien, in erster Linie Kabel und Satellit, eine große Anzahl von Kanälen vorhanden. Diese sind jedoch in ihrer Reichweite wegen des erforderlichen hohen technischen Aufwands begrenzt und werden dies auf absehbare Zeit auch bleiben.

b) Gesetzliche Ausgestaltung

Die Landesmediengesetze verwenden in erster Linie das Auswahlmodell, bei dem ein Bewerber an Hand gesetzlich festgelegter Kriterien den Vorrang erhält. Es fließen jedoch auch Elemente des Splittingmodells ein, insofern als manche Gesetze in Ausnahmefällen auch eine anteilige Zuweisung gestatten.[183] Berührungspunkte ergeben sich weiterhin durch das Auswahlkriterium der Meinungsvielfalt. Solange externe Vielfalt noch nicht erreicht ist, kommt es auf die organisatorische Absicherung an, die durch die Bildung von Anbietergemeinschaften bewirkt werden kann. Dadurch wird im Ergebnis ähnlich wie bei einer Aufteilung der Sendezeit einer Mehrzahl von Interessenten der Zugang ermöglicht.

Das Auswahlverfahren beginnt, wenn die Wünsche auf Zuteilung von Sendezeit die vorhandenen Kapazitäten übersteigen. Die Landesmedienanstalt versucht dann zunächst, eine Einigung zwischen den Antragstellern zu erzielen.[184] Dies ist allerdings nur insoweit möglich, als die gesetzlichen Zulassungsvoraussetzungen, etwa im Hinblick auf Meinungsvielfalt, beachtet werden. Gelingt es nicht, eine einvernehmliche Regelung herzustellen, dann muß die Landesmedienanstalt folgende Kriterien in ihre Entscheidung einbeziehen.

Besonderes Gewicht kommt dem Gesichtspunkt zu, welcher Antragsteller durch sein Programm voraussichtlich in größerem Umfang zur Vielfalt des

---

wie deren Zuteilung, in: J. Becker (Hrsg.), Beiträge zum Medienprozeßrecht, 1988, S. 59ff.

[182] Ausdrückliche Regelungen für diesen Bereich finden sich in § 61 KPPG, § 38 LRG R.-P., Art. 1 Abs. 4 Südschienenstaatsvertrag, Art. 1 Abs. 4 Nordschienenstaatsvertrag, Art. 1 Abs. 2 Westschienenstaatsvertrag und der Präambel des Rundfunkstaatsvertrages.

[183] § 18 Abs. 3 LMedG B.-W.; § 6 Abs. 4 Nds LRG; § 41 Abs. 3 LRG Saarland

[184] § 18 Abs. 1 LMedG B.-W.; § 22 Abs. 1 LMedG HH; § 8 Abs. 1 HPRG; § 7 Abs. 1 LRG NRW; § 41 Abs. 1 LRG Saarland; § 11 Abs. 1 LRG S.-H.

Gesamtprogramms beitragen wird.[185] Für die Beurteilung ist dabei nicht nur das Programmschema maßgeblich, sondern auch die organisatorische Absicherung.[186] Aus dem Kriterium der Vielfalt folgt zugleich der Vorrang von Vollprogrammen im Verhältnis zu Spartenprogrammen.[187] Denn diese bestehen aus im wesentlichen gleichen Nutzungsinhalten,[188] während jene der Information, Bildung und Unterhaltung dienen und daher eher zur Vielfalt beitragen können.

Der zweite für eine Auswahl entscheidende Gesichtspunkt ist der inhaltliche Bezug des Programms zum Verbreitungsgebiet, also inwieweit politische Ereignisse, wirtschaftliche und kulturelle Fragen des jeweiligen Landes im Programm berücksichtigt werden.[189] Dieses Kriterium bezweckt eine Verbesserung der Rundfunkversorgung der Bevölkerung. Es ist daher als sachlicher Grund für eine Auswahlentscheidung anzusehen.

Neben diesen beiden in fast allen Landesmediengesetzen vorgesehenen Kriterien enthalten einige Gesetze noch weitere Auswahlgesichtspunkte. Dazu gehören die vom Veranstalter den Mitarbeitern eingeräumte redaktionelle Mitbestimmung,[190] die Professionalität der Programmgestaltung [191] und die Produktion von Sendungen in dem Bundesland, das die Erlaubnis erteilt.[192]

c) Frequenzverteilung zwischen öffentlich-rechtlichem und privatem Rundfunk

Die vorstehend beschriebenen Grundsätze gelten nach den meisten Landesmediengesetzen nur im Rahmen der Aufteilung von Übertragungsmöglich-

---

185 § 18 Abs. 2 LMedG B.-W.; § 61 Abs. 3 KPPG; § 11 Abs. 1 LMedG HB; § 22 Abs. 2 LMedG HH; § 8 Abs. 2 HPRG; § 6 Abs. 2 Nds LRG; § 7 Abs. 2 LRG NRW; § 7 Abs. 1 LRG R.-P.; § 41 Abs. 2 LRG Saarland; § 11 Abs. 2 Satz 1 LRG S.-H.

186 Vgl. § 11 Abs. 1 Nr. 2 LMedG HB; § 21 LMedG HH; § 8 Abs. 2 HPRG; § 7 Abs. 1 LRG R.-P.; § 41 Abs. 2 Satz 2 LRG Saarland; § 11 Abs. 2 Nr. 2 LRG S.-H.

187 Dieser Vorrang ist ausdrücklich festgelegt in § 10 Abs. 1, 3 HPRG, § 6 Abs. 2 Nds LRG, § 7 Abs. 4 LRG NRW, § 41 Abs. 2 Satz 3 LRG Saarland. Zur verfassungsrechtlichen Zulässigkeit derartiger Regelungen OVG Lüneburg DVBl. 1986, S. 1112

188 zur gesetzlichen Definition s. o. FN 171

189 § 18 Abs. 2 LMedG B.-W.; § 61 Abs. 3 KPPG; § 11 Abs. 1 Nr. 3, 5 LMedG HB; § 8 Abs. 3 HPRG; § 6 Abs. 2 Nds LRG; § 7 Abs. 3 LRG NRW; § 7 Abs. 1 LRG R.-P.; § 41 Abs. 2 LRG Saarland; § 11 Abs. 2 Nr.1 LRG S.-H.

190 § 11 Abs. 1 Nr. 6 LMedG HB; § 7 Abs. 2 LRG NRW; § 41 Abs. 2 Satz 2 LRG Saarland; vgl. ferner § 18 Abs. 5 LMedG HH; § 11 Abs. 2 Nr. 4 LRG S.-H.; S. Ory, Redaktionelle Mitbestimmung als Zulassungskriterium für Privatfunk, AfP 1988, S. 336 lehnt diese Regelungen wegen ihrer Unvereinbarkeit mit dem Gebot effektiver Vielfaltssicherung ab. Ebenso E. Kull, Ein weiteres Mal: „Innere Rundfunkfreiheit" als Zulassungskriterium für die Zulassung privater Rundfunkveranstalter, AfP 1989, S. 652 ff.; a. A. H. Bethge, Nochmals: Redaktionelle Mitbestimmung als Zulassungskriterium für Privatfunk, AfP 1989, S. 525 ff.

191 § 6 Abs. 1 Nr. 3 Nds LRG

192 § 61 Abs. 3 KPPG; § 7 Abs. 3 LRG NRW

keiten innerhalb des privaten Rundfunks.[193] Sie erlauben jedoch keine Aussage, wie die insgesamt zur Verfügung stehenden Frequenzen und Kanäle auf die beiden Bestandteile des dualen Systems zu verteilen sind. Die Entscheidung hierüber hat dem in den Landesmediengesetzen geregelten Verteilungsverfahren voranzugehen.[194] Soweit die Gesetze hierzu keine Vorgaben enthalten, ist der Bedarf der öffentlich-rechtlichen Rundfunkanstalten für die Grundversorgung vorrangig zu berücksichtigen, weil die Grundversorgung Voraussetzung für die Zulassung privaten Rundfunks ist.[195] Für den Bereich außerhalb der Grundversorgung müssen die Rundfunkanstalten in gleicher Weise wie private Anbieter zum Zuge kommen. Dieser Anforderung ist auch dann genügt, wenn neben mehrere private Programme ein Programm der Landesrundfunkanstalten tritt.[196] Es ist daher unzulässig, sie von vornherein von der Verteilung auszuschließen. Auf längere Sicht dürfte es sich hierbei jedoch nur um ein Übergangsproblem handeln. Denn sobald die gesamte Frequenzmasse zwischen beiden Systemen aufgeteilt ist, sind spätere Umschichtungen eher unwahrscheinlich.

5. Sonstige Zugangsmöglichkeiten

Neben den vorstehend beschriebenen Bestimmungen, die in erster Linie über den Zugang einzelner Personen oder gesellschaftlicher Gruppen entscheiden, gibt es noch weitere Vorschriften, die die Chance, im Rundfunk zu Wort zu kommen, beeinflussen. Sie sind zwar nur von untergeordneter praktischer Bedeutung, tragen aber zu einer Abrundung des gesamten Regelungskomplexes bei.

a) Offener Kanal

Die Landesmediengesetze sind in ihren Regelungen auf die Veranstaltung oder Weiterverbreitung vollständiger Programme zugeschnitten. Der Zugang auf dieser Ebene setzt aber einen gewissen technischen, personellen und finanziellen Aufwand voraus. Um auch Gruppierungen, die nicht über die erforderlichen Ressourcen verfügen, eine unmittelbare Beteiligung zu ermöglichen, ist in einigen Gesetzen die Errichtung eines offenen Kanals vorgese-

---

193 Nach § 23 Abs. 3 KPPG, 67 Abs. 2 Satz 2 LRG Saarland nehmen auch öffentlich-rechtliche Rundfunkanstalten an dem Verteilungsverfahren teil, wenn sie neue Übertragungsmöglichkeiten nutzen wollen.

194 Vgl. §§ 5–8 LMedG B.-W.; Art. 15 BR-G; § 3 LMedG HB; § 2a HPRG; § 3 LRG NRW; § 4 LRG S.-H; dazu C. E. Eberle, Rundfunkübertragung – Rechtsfragen der Nutzung terrestrischer Rundfunkfrequenzen, Berlin 1989; zu den sich aus der dichteren Belegung der Frequenzbänder ergebenden fernmelderechtlichen Problemen und der Kostentragungspflicht für die Störungsbeseitigung AG Karlsruhe, DVBl. 1990, S. 52 m. Anm. v. G. Roellecke; H.-J. Papier, Fernmeldemonopol der Post und Privatrundfunk, DÖV 1990, S. 217

195 BVerfGE 74, 297, 340

196 BVerfGE 74, 297, 340f.

hen.[197] Hier hat jedermann die Möglichkeit, von ihm selbst und nach seinen Vorstellungen gestaltete Beiträge über den Rundfunk zu verbreiten. Dies wirkt vielfaltsfördernd, kann jedoch die bereits beschriebenen Vorkehrungen zur Gewährleistung von Meinungsvielfalt nicht ersetzen,[198] da weder gesichert ist, ob nur eine aktive Minderheit von einem offenen Kanal tatsächlich Gebrauch macht, noch welche Resonanz derartige Sendungen finden.

Soll ein offener Kanal seinen Zweck erfüllen, jedermann den Zugang zu ermöglichen, so schließt dies eine einheitliche Programmstruktur mit den entsprechenden Folgen für die Akzeptanz weitgehend aus.[199] Daraus ergibt sich das Hauptproblem der Realisierbarkeit offener Kanäle und zwar ihre Finanzierung. Wegen der geringen Reichweite sind ausreichende Einnahmen aus Werbung oder Zuschauerentgelten nicht zu erwarten. Die Verpflichtung des Netzträgers, Übertragungsmöglichkeiten zur Verfügung zu stellen, kann vom Landesgesetzgeber aus kompetenzrechtlichen Gründen nicht ausgesprochen werden.[200] Die privaten Veranstalter zur Finanzierung heranzuziehen, scheidet ebenfalls aus rechtlichen Gründen aus, da es sich hierbei um eine Sonderabgabe handeln würde, deren Aufkommen im Interesse der Abgabepflichtigen verwendet werden müßte.[201] Ein Interesse privater Veranstalter an der Einrichtung offener Kanäle ist aber nicht erkennbar. Daher bleibt zur Finanzierung nur der Rückgriff auf öffentliche Mittel, soll der Aufwand nicht auf die Nutzer des offenen Kanals abgewälzt werden, wodurch die Zugangsschwelle entgegen der ursprünglichen Absicht wieder erhöht würde. In der Praxis wird daher der technische Aufwand für Studio und Übertragung einschließlich des erforderlichen Fachpersonals von den Landesmedienanstalten getragen,[202] während für die sonstigen Aufwendungen derjenige aufzukommen hat, der den Beitrag senden will.

---

197 § 26 KPPG; § 27 LMedG HB; § 30 LMedG HH; § 29 HPRG; § 34 LRG NRW; § 18 LRG R.-P.; § 52c LRG Saarland; §§ 26ff. LRG S.-H.; zum offenen Kanal allgemein Expertenkommission Neue Medien Baden-Württemberg, 1. Bericht und Projektempfehlungen, 1981, S. 183ff.; W. Hoffmann-Riem, Kritische Anmerkungen zum Berliner Kabelpilotprojekt, epd 1984, Nr. 54, S. 5ff.; U. Kamp, Vom Urknall zum Alltag, Anmerkungen zur Entwicklung offener Kanäle in Rheinland-Pfalz, DLM Jahrbuch 1988, S. 92ff.

198 BVerfGE 74, 297, 330 bezeichnet den Versuch in § 22 Abs. 3 LMedG B.-W., durch die Verpflichtung eines Veranstalters zur Errichtung eines offenen Kanals die gebotene Vielfalt zu gewährleisten, als zweckuntauglich. Vgl. ferner W. Hoffmann-Riem, aaO. FN 197, S. 5ff.

199 Die mangelnde Planbarkeit und Koordinierbarkeit erschwert auch die Ankündigung in den Programmzeitschriften.

200 Expertenkommission Neue Medien Baden-Württemberg, 1. Bericht und Projektempfehlungen, 1981, S. 183f.; problematisch insoweit § 35 Abs. 5 LRG NRW

201 BVerfGE 55, 274 LS 3c und 4

202 Vgl. dazu den Bericht von H. Bauer, Die offenen Kanäle im Kabelpilotprojekt Ludwigshafen und die Voraussetzungen für eine zukünftige Organisation, in: J. Schwarze, Rundfunk und Fernsehen im Lichte der Entwicklung des nationalen und internationalen Rechts, 1986, S. 45ff.

Die Ausgestaltung der offenen Kanäle ist durch die Gesetze den Landesmedienanstalten übertragen, die hierzu entsprechende Satzungen erlassen haben.[203] Darin sind Zulassung und Aufsicht geregelt ebenso wie die Verteilung der Sendezeit und die Nutzung der zur Verfügung gestellten Studioeinrichtungen.

Die Beiträge müssen in ihrer inhaltlichen Gestaltung denselben Grundsätzen entsprechen, wie sie auch für die Veranstaltung von Programmen gelten, also beispielsweise die Programmgrundsätze und die Vorschriften zum Jugendschutz beachten. Für deren Einhaltung trägt derjenige die Verantwortung, der den Beitrag in den offenen Kanal einbringt. Gegen ihn sind auch eventuelle Ansprüche Dritter wie Gegendarstellungsverlangen zu richten.

b) Drittsenderechte der Kirchen

Weitere spezielle Zugangsrechte normieren die Landesmediengesetze für die evangelische und katholische Kirche, für die jüdischen Gemeinden sowie in manchen Ländern für sonstige öffentlich-rechtliche Religionsgemeinschaften.[204] Damit ist die Frage eines verfassungsrechtlichen Anspruchs dieser Institutionen auf Sendezeit im Programm anderer Veranstalter weitgehend gegenstandslos.[205] Die Kirchen verhielten sich gegenüber der Einführung privaten Rundfunks zunächst skeptisch, gaben ihre Zurückhaltung mit dem Auftreten neuer Veranstalter jedoch teilweise auf. Dennoch bleiben einer Kooperation insofern Grenzen gesetzt, als das programmliche Umfeld für die Kirchen akzeptabel bleiben muß.[206]

Der gesetzliche Anspruch richtet sich nur gegen die Veranstalter von Vollprogrammen. Er umfaßt die Übertragung religiöser Sendungen, wozu in erster Linie Gottesdienste und vergleichbare Feierlichkeiten gehören, sowie Sendungen, die in unmittelbarem Zusammenhang mit der Ausübung des jeweiligen Bekenntnisses oder dem Verkündigungsauftrag stehen.[207] Für den Inhalt dieser Sendungen ist derjenige verantwortlich, dem die Sendezeit gewährt worden ist.[208] Er hat dem privaten Veranstalter die Selbstkosten für die

---

[203] Vgl. etwa die Satzung der Landesanstalt für Rundfunk Nordrhein-Westfalen für die Nutzung offener Kanäle in Kabelanlagen v. 19. 2. 1988, GVBl. 1988, S. 121

[204] § 20 Abs. 3 LMedG HB; § 25 Abs. 2 LMedG HH; § 24 Abs. 1 HPRG; § 21 Abs. 1 Nds LRG; § 19 Abs. 4 LRG NRW; § 15 Abs. 1 LRG R.-P.; § 9 Abs. 3 LRG Saarland; § 25 Abs. 2 LRG S.-H.; Art. 9 Abs. 5 RfStV

[205] Dazu eingehend D. Lorenz, Das Drittsendungsrecht der Kirchen insbesondere im privaten Rundfunk, 1988; D. Dehnen, Zur Verfassungsmäßigkeit des sogenannten Drittsendungsrechts der Kirchen im öffentlich-rechtlichen und privatrechtlichen Rundfunk, DVBl. 1986, S. 17ff.

[206] L. Schuler, Die frohe Botschaft jetzt auf allen Wellen, Rheinischer Merkur v. 24. 2. 1989

[207] Amtl. Begr. zu Art. 9 Abs. 5 RfStV

[208] So ausdrücklich § 19 Abs. 6 LRG NRW; § 15 Abs. 2 Satz 2 LRG R.-P.; § 25 Abs. 4 LRG S.-H.

Ausstrahlung zu ersetzen, da dieser im Gegensatz zum gebührenfinanzierten öffentlich-rechtlichen Rundfunk seine Leistungen aus eigenen Mitteln und Einnahmen finanzieren muß.[209] In der Praxis wird von der Möglichkeit, Kostenerstattung zu verlangen allerdings nicht immer Gebrauch gemacht, da auch der Veranstalter selbst unter Vielfaltsaspekten ein Interesse an derartigen Sendungen haben kann.[210] Gesetzlich nicht geregelt ist dagegen die zeitliche Plazierung der Kirchensendungen, obwohl davon sehr weitgehend ihre Wirkung abhängt.

c) *Wahlwerbung der politischen Parteien*

Besondere Sendezeiten werden schließlich auch den politischen Parteien eingeräumt und zwar auch in den Bundesländern, in denen sie von der Veranstaltung von Rundfunk ausgeschlossen sind.[211] Zur Vorbereitung von Wahlen sind ihnen angemessene Sendezeiten gegen Kostenerstattung zur Verfügung zu stellen.[212] Dabei ist durch den Verweis auf § 5 des Parteiengesetzes der Grundsatz der Chancengleichheit zu beachten,[213] wobei jedoch nach der Rechtsprechung des Bundesverfassungsgerichts eine Abstufung nach der Größe der Partei zulässig ist.[214]

Umstritten ist darüberhinaus, ob neben den speziell vorgesehenen Sendezeiten die Parteien berechtigt sind, gegen Entgelt Spots in den normalen Werbezeiten zu plazieren. Gegen die Zulässigkeit spricht weniger der Wortlaut der Landesmediengesetze, die von „Werbung“ sprechen und keine Beschränkung auf Wirtschaftswerbung enthalten, als vielmehr die Systematik der gesetzlichen Vielfaltssicherungen: Wäre es einzelnen gesellschaftlichen oder politischen Kräften erlaubt, unter dem Titel „Werbung“ Sendezeit zu

---

209 Amtl. Begr. zu § 21 LRG S.-H. a.F., LT-Ds 10/450

210 Vgl. dazu die Berichte von J. Schweikle, Ein Milchmann kämpft um seine Kanne, Alle backen kleine Brötchen, Deutsches Allgemeines Sonntagsblatt v. 17. und 24.2. 1989

211 § 56 Abs. 2 LMedG B.-W.; Art. 25 Abs. 1 Satz 4 BayMEG; § 20 Abs.2 LMedG HB; § 25 Abs. 1 LMedG HH; § 24 Abs. 2 HPRG; § 24 Abs. 1 Nds LRG; § 19 Abs. 2 LRG NRW; § 15 Abs. 1 LRG R.-P.; § 9 Abs. 2 LRG Saarland; § 25 Abs. 1 LRG S.-H.; Art. 9 Abs. 5 RfStV

212 Nach der amtl. Begr. zu § 21 LRG S.-H. a.F., LT-Ds 10/450 richtet sich der Umfang dessen, was angemessen ist, nach der Dauer des Gesamtprogramms, wobei als Obergrenze die von den öffentlich-rechtlichen Anstalten zur Verfügung gestellte Sendezeit angesehen wird.

213 § 5 PartG regelt die Vergabe öffentlicher Leistungen und gilt daher nicht von selbst für private Veranstalter, sondern nur kraft Verweisung in den Landesmediengesetzen.

214 BVerfGE 7, 99, 108; 47, 198, 227; zu weiteren Einzelheiten vgl. die „Satzung über die Wahlwerbung politischer Parteien und Wählergruppen in Angeboten nach dem MEG“, abgedr. bei Treffer/Regensburger/Kroll, Bayerisches Medienerprobungs- und -entwicklungsgesetz, Anhang 16

kaufen, so wäre damit die Möglichkeit eröffnet, das Programm einseitig zu beeinflussen – die nötige Finanzkraft vorausgesetzt.[215]

V. Sonderformen der Rundfunkorganisation

Die aus Art. 5 Abs. 1 Satz 2 GG sich ergebenden Anforderungen an die Veranstaltung von Rundfunk binden alle Landesgesetzgeber, die für den Erlaß der entsprechenden Gesetze zuständig sind. Insofern sind Übereinstimmungen zwischen den Landesmediengesetzen bundesrechtlich vorgegeben. Jedoch ist verfassungsrechtlich nicht der gesamte Inhalt landesrechtlicher Regelungen determiniert, vielmehr verbleibt dem Gesetzgeber ein Organisationsspielraum, den er nach seinen eigenen politischen Vorstellungen ausgestalten kann. Aus diesem Grunde gibt es im privaten Rundfunk unbeschadet vieler Übereinstimmungen kein bundesweit einheitliches Organisatiosmodell.

1. Die öffentlich-rechtliche Trägerschaft in Bayern

a) Art. 111a Abs. 2 BV

Das in Bayern bestehende Organisationsmodell beruht auf der besonderen verfassungsrechlichen Ausgangslage. Die Bayerische Verfassung enthält in Art. 111a Abs. 1 zunächst eine Ausformung der Rundfunkfreiheit, wie sie in Art. 5 GG gewährleistet ist und orientiert sich dabei weitestgehend an der hierzu ergangenen Rechtsprechung des Bundesverfassungsgerichts. Die Besonderheit liegt vielmehr in Abs. 2 Satz 1 des Artikels, der bestimmt: „Rundfunk wird in öffentlicher Verantwortung und in öffentlich-rechtlicher Trägerschaft betrieben." Die Vorschrift wurde im Jahre 1973 nach einem Volksbegehren in die Bayerische Verfassung eingefügt.[216] 1977 war der Bayerische Verfassungsgerichtshof erstmals mit ihrer Auslegung befaßt. Danach begründete sie zwar kein Monopol für die bestehende Form öffentlich-rechtlichen Rundfunks, doch sei die Veranstaltung von Rundfunksendungen Privaten versperrt.[217] Damit hatte der Landesgesetzgeber von dem ihm zustehenden Organisationsspielraum auf der Ebene der Verfassung Gebrauch gemacht und gleichzeitig die einfachgesetzlichen Gestaltungsmöglichkeiten beschränkt.

---

215 § 19 Abs. 9 LRG NRW; § 34 Abs. 4 LRG S.-H.; a. A. R. Ricker, Die Zulässigkeit kommerzieller Parteienwerbung im privaten Rundfunk, ZUM 1989, S. 499ff.

216 Zur Entstehungsgeschichte W. Schmitt Glaeser, Kabelkommunikation und Verfassung, 1979, S. 59ff.

217 BayVfGH n.F. 30, 78, 95; Dort wurde auch die Vereinbarkeit des Trägerschaftsvorbehalts mit den Fundamentalnormen der Bayerischen Verfassung festgestellt, allerdings nur solange die Sondersituation im Rundfunkwesen fortbestehe.

b) Das Organisationsmodell des MEG

(1) Grundzüge der Ausgestaltung

Im Zuge der allgemeinen medienpolitischen Entwicklung sollte auch in Bayern Privaten eine stärkere Beteiligung am Rundfunk ermöglicht werden. Dabei war das Gebot öffentlich-rechtlicher Trägerschaft zu beachten, so daß der in den anderen Bundesländern beschrittene Weg des Lizenzmodells nicht gangbar schien. Der auffälligste Unterschied des MEG besteht in dem dreistufigen Aufbau: Aus den Angeboten der Programmgestalter, der – grundsätzlich privaten – Anbieter im Sinne des Gesetzes, stellen die – wiederum privaten – Kabelgesellschaften als Programmorganisatoren die neuen Rundfunkprogramme zusammen. Sie handeln hierbei unter der Verantwortung der öffentlich-rechtlichen Landeszentrale als Rundfunkbetreiber. Das System ist also nicht insgesamt öffentlich-rechtlich durchstrukturiert; andernfalls wäre die gewünschte stärkere private Beteiligung nicht möglich gewesen. Dies setzt aber eine ausreichend starke Stellung der Landeszentrale als des öffentlich-rechtlichen Bestandteils voraus, um hier von öffentlich-rechtlicher Trägerschaft sprechen zu können.[218] Die Landeszentrale gleicht in ihrem Aufbau den Landesmedienanstalten der anderen Bundesländer.[219] Die drei Stufen der Produktion, Organisation und des Betriebs werden dadurch zusammengefügt, daß der Anbieter mit der Kabelgesellschaft eine Vereinbarung über die von ihm in das Programm eingebrachten Angebote schließt, die von der Landeszentrale genehmigt wird. Dies soll in Verbindung mit weiteren Steuerungsmöglichkeiten die öffentlich-rechtliche Trägerschaft begründen.[220] Der materielle Regelungsgehalt des MEG im übrigen, etwa bei der Ausgestaltung des Zugangs und den Programmanforderungen, entspricht dagegen weitgehend den in den anderen Bundesländern gefundenen Lösungen.[221]

(2) Insbesondere: Die Kabelgesellschaften

Die Kabelgesellschaften haben in der Regel die Rechtsform einer GmbH.[222] Sowohl ihre Gründung als auch die Abgrenzung des örtlichen Wirkungskrei-

---

[218] Dazu sogleich unter c)

[219] Sie verfügt nach dem Vorbild der öffentlich-rechtlichen Rundfunkanstalten als zusätzliches Organ über einen Verwaltungsrat, Art. 13 MEG. Zu Zusammensetzung und Kompetenzen BayVfGH n.F. 39, 96, 147 und BayVGH n.F. 40, 44

[220] Die Zurechnung der Programmverantwortung an die Landeszentrale kommt u.a. darin zum Ausdruck, daß gemäß Art. 17 Abs. 4 Gegendarstellungsverlangen gegen die Landeszentrale zu richten sind. Gesetzlich nicht ausdrücklich geregelt ist hingegen, ob dies auch für die zivilrechtlichen Schutzansprüche wie Unterlassung, Widerruf und insbesondere Schadensersatz gilt.

[221] Die einschlägigen Artikel des MEG sind deswegen bereits dort in den Fußnoten aufgeführt.

[222] Vgl. § 1 des Mustervertrags zur Gründung einer örtlichen Kabelgesellschaft, abgedruckt bei Treffer/Regensburger/Kroll, Medienerprobungs- und -entwicklungsgesetz, 1988, Anhang 11

ses bedürfen der Genehmigung der Landeszentrale.[223] Neben den örtlichen Kabelgesellschaften gibt es für landesweite Programme eine überörtliche Kabelgesellschaft.[224] Die Kabelgesellschaften setzen sich zusammen aus den vom örtlichen Wirkungsbereich berührten Kommunen,[225] den örtlichen gemeinnützigen Organisationen mit kultureller Zielsetzung sowie den örtlichen Anbietern von Rundfunksendungen einschließlich der örtlichen Zeitungs- und Zeitschriftenverleger. Darüberhinaus muß die Zusammensetzung Gewähr dafür bieten, daß die bedeutsamen politischen, weltanschaulichen und gesellschaftlichen Auffassungen im Verbreitungsgebiet angemessen zu Wort kommen können.[226] Aufgabe der Kabelgesellschaft ist es, lokale Rundfunkprogramme oder lokale Fenster für landesweite Programme zu organisieren. Dies geschieht, indem sie den Anbietern entweder die technischen Einrichtungen für die Produktion der Beiträge zur Verfügung stellt oder Vereinbarungen über von diesen bereits selbst produzierte Beiträge abschließt,[227] wobei der Vertragsfreiheit durch die gesetzlichen Vorgaben und die hierzu ergangenen Satzungen der Landeszentrale jedoch Grenzen gezogen sind.[228] Ihre Tätigkeit finanzieren die Kabelgesellschaften aus Entgelten, die vom Rundfunkteilnehmer für den Bezug der Programme und von den Anbietern für den Abschluß der erforderlichen Vereinbarung erhoben werden.[229]

Damit ist die Struktur des MEG in erster Linie auf lokalen Rundfunk und mittelständische Anbieter zugeschnitten. Seine wirtschaftliche Tragfähigkeit

---

[223] Art. 22 Abs. 4 MEG; Danach gibt es in Bayern 18 örtliche Kabelgesellschaften, vgl. die Aufstellung bei Treffer/Regensburger/Kroll, aaO. FN 222, Anhang 10

[224] Art. 24 MEG; Dabei handelt es sich um die aus der Münchener Pilot-Gesellschaft für Kabelkommunikation (MPK) hervorgegangene Münchener Gesellschaft für Kommunikation (MGK).

[225] Die Höhe der Beteiligung ist nach BayVfGH n.F. 39, 96, 154 auf ein Drittel beschränkt.

[226] Art. 22 Abs. 3, 4 MEG. Diese Anforderung ist am Vielfaltsgebot der Programmgestaltung orientiert, ohne daß deswegen jedoch alle gesellschaftlich relevanten Gruppen in eine Kabelgesellschaft aufzunehmen wären.

[227] Der im Rahmen von Vertragsverhandlungen erforderliche persönliche Kontakt zum Anbieter ermögliche eine optimale Prüfung und gehe weit über ein Konzessionsverfahren hinaus. So W. Schmitt Glaeser, „Neue Rundfunkprogramme" in Bayern, ZUM 1985, S. 523, 536

[228] Art. 25 Abs. 3, 26 MEG sowie die Satzung über die Nutzung von drahtlosen Hörfunkfrequenzen in Bayern nach dem MEG v. 15. 12. 1988, veröffentlicht im Bayerischen Staatsanzeiger v. 23. 12. 1988 und die Satzung über die Organisation des drahtlosen Fernsehehens in Bayern nach dem MEG, abgedruckt bei Treffer/Regensburger/Kroll, aaO. FN 222, Anhang 21.

[229] Art. 23. Abs. 3, 28 MEG und erste Satzung über Teilnehmerentgelte nach dem MEG v. 29. 2. 1988, veröffentlicht im Bayerischen Staatsanzeiger v. 3. 3. 1988. In den Kreis der entgeltpflichtigen Programme werden die in Bayern weiterverbreiteten Programme einbezogen, obwohl die Kabelgesellschaften hierfür keine eigene Leistung erbringen (die technische Abwicklung der Einspeisung liegt in der Zuständigkeit der Bundespost), weil andernfalls wahrscheinlich das Entgeltaufkommen nicht zur Finanzierung ausreichen würde.

und seine Widerstandskraft gegen Konzentrationstendenzen gerade im lokalen Bereich muß es erst noch unter Beweis stellen.

c) Duales System auch in Bayern?

Ebenso wie das Niedersächsische Landesrundfunkgesetz mußte sich vor dem Hintergrund der medienpolitischen Auseinandersetzungen auch das MEG einer verfassungsrechtlichen Überprüfung unterziehen. Diese fand vor dem Bayerischen Verfassungsgerichtshof statt, da nur hier Art. 111a Abs. 2 BV als Prüfungsmaßstab herangezogen werden konnte.[230] Offen blieb dagegen die Frage, in welchem Verhältnis die beiden Rundfunkträger in Bayern zueinander stehen, insbesondere ob es sich um ein duales System handelt, wie es der Rundfunkstaatsvertrag in den anderen Bundesländern vorsieht.

(1) Die Entscheidung des Bayerischen Verfassungsgerichtshofes v. 21. 11. 1986

In seinem Urteil stellte der Verfassungsgerichtshof zunächst fest, Art. 111a Abs. 2 BV sei fortgeltendes bayerisches Verfassungsrecht. Die Norm sei weder durch die technische Entwicklung überholt noch verstoße sie gegen Art. 5 Abs. 1 Satz 2 GG, dem ein Veranstaltergrundrecht nicht zu entnehmen sei. Daher habe der Landesgesetzgeber eine Organisationsfreiheit, von der er auch auf der Ebene der Verfassung Gebrauch machen könne.[231]

Zur Feststellung der sich aus Art. 111a Abs. 2 BV ergebenden Anforderungen sei zum einen der Wortlaut der Vorschrift maßgeblich. Es könne nicht davon ausgegangen werden, öffentliche Verantwortung und öffentlich-rechtliche Trägerschaft sollten dasselbe aussagen. Der Trägerschaftsvorbehalt gehe daher über ein bloßes Lizenzmodell wie in anderen Bundesländern hinaus. Andererseits ergebe sich jedoch aus der Entstehungsgeschichte des Art. 111a Abs. 2 BV, daß nicht die Form der herkömmlichen öffentlich-rechtlichen Rundfunkanstalt als allein zulässig festgeschrieben werden sollte.[232]

Diesen Anforderungen werde das MEG gerecht. Die der Landeszentrale eingeräumten Steuerungsmöglichkeiten seien ausreichend, um trotz Beteiligung Privater von einer insgesamt öffentlich-rechtlich getragenen und verant-

---

230 Es handelte sich um drei Popularklagen, mit denen nach Art. 98 Abs. 4 BV jedermann die Grundrechtswidrigkeit von Gesetzen rügen kann, ohne selbst unmittelbar betroffen zu sein. Zur Begründung dieser Popularklagen K. Obermayer, Die Verfassungsmäßigkeit des bayerischen Medienerprobungs- und -entwicklungsgesetzes, ZUM 1985, S. 461ff.; H. Bethge, Rundfunkfreiheit und öffentlich-rechtlicher Organsationsvorbehalt, 1987; für die Staatsregierung W. Schmitt Glaeser, „Neue Rundfunkprogramme" in Bayern, ZUM 1985, S. 523ff.; für die Landeszentrale R. Stettner, Die Öffnung des Rundfunks für Private durch das Bayerische Medienerprobungs- und -entwicklungsgesetz, ZUM 1986, S. 559ff.; ders., Rundfunkstruktur im Wandel, München 1988

231 BayVfGH n.F. 39, 96, 139 unter V A 3.a) bb)

232 BayVfGH, ebd. S. 137f. unter V A 1. und S. 143f. V B 2.a)

worteten Veranstaltung von Rundfunk sprechen zu können. Kernstück sei insoweit das in Art. 15 MEG vorgesehene Anordnungsrecht gegenüber Kabelgesellschaften und Anbietern, das über die in anderen Landesmediengesetzen übliche Rechtsaufsicht hinausgehe und auch ein Auswahlermessen gegenüber dem Adressaten einer Anordnung einschließe.[233] Hinzu träten weitere Befugnisse durch Auswahl, Genehmigungen oder Widerruf, den Erlaß von Satzungen und die Befristung der Genehmigung von Anbietervereinbarungen. Deshalb sei der Schluß gerechtfertigt, keine Sendung könne gegen den Willen der Landeszentrale zustande kommen, was für das Erfordernis öffentlich-rechtlicher Trägerschaft ausreichend sei.

(2) Kritik des Urteils

Zu der Frage, ob auch in Bayern trotz öffentlich-rechtlicher Trägerschaft im „privaten" Rundfunk von einem dualen System gesprochen werden kann, enthält das Urteil widersprüchliche Ausführungen. Es konstatiert einerseits eine funktionelle Verknüpfung nach dem Vorbild des Niedersachsen-Urteils insofern, als durch den Fortbestand des herkömmlichen „Anstaltsfunks" geringere Anforderungen an das neue Modell gerechtfertigt seien.[234] Doch seien die Ausführungen des Bundesverfassungsgerichts zu den nicht gleich hohen Anforderungen an öffentlich-rechtlichen und privaten Rundfunk nicht ohne weiteres auf Bayern übertragbar. Der Verfassungsgerichtshof nimmt stattdessen eine verfassungskonforme Auslegung von Art. 3 MEG vor, der die Ausgewogenheit des inländischen Gesamtprogramms vorschreibt.[235] Da ein öffentlich-rechtlicher Träger keine Tendenzfreiheit besitzen könne, müßten die von der Landeszentrale verantworteten Programme in sich ausgewogen sein.[236] Damit einher geht eine Reduzierung der Stellung privater Anbieter im System des MEG. Private könnten nicht aus eigenständigen Grundrechtspositionen heraus Rundfunk betreiben, sondern nur Mitwirkende bei der Veranstaltung öffentlich-rechtlich getragenen Rundfunks sein.[237]

Mit dieser Auslegung wird die rechtspolitische Absicht des MEG stark eingeschränkt. Erklärtes Ziel des Gesetzgebers war es, den Anbietern bei der

---

233 BayVfGH, ebd. S. 145 unter V B 2.d) bb); Im Nds LRG war ein zu weites Auswahlermessen von BVerfGE 73, 118, 167 beanstandet worden. Ch. Degenhart, Bayern auf dem Weg zur dualen Rundfunkordnung?, AfP 1987, S. 371, 373 hält ein derartiges Ermessen für rechtsstaatswidrig. Zur Befugnis der Landeszentrale, sich Beiträge vor der Sendung vorlegen zu lassen unter Aspekten der Vorzensur, P. Lerche, Zum Rundfunkartikel der Bayerischen Verfassung – gestern und heute, in: Rüthers/Stern, Freiheit und Verantwortung, Festgabe zum 10-jährigen Jubiläum der Gesellschaft für Rechtspolitik, 1984, S. 246, 255f.

234 BayVfGH ebd. S. 144 unter V B 2. c)

235 BayVfGH ebd. S. 148 unter V B 2. f)

236 Inländische Programme i.S. von Art. 3 MEG sind also solche, die in Bayern unter der Trägerschaft der Landeszentrale veranstaltet werden.

237 BayVfGH n.F. 39, 96, 161 unter V B 5.c); vgl. ferner S. 137 V A 1.: Private stellen für Landeszentrale her, und S. 150 V B 3. a): keine innere Rundfunkfreiheit

Gestaltung der Sendungen mehr Rechte als im herkömmlichen Rundfunk einzuräumen.[238] Eine Rechtsposition der Privaten ergibt sich jedenfalls aus dem Gesetz, insofern als dort die Voraussetzungen geregelt sind, unter denen eine Vereinbarung mit den Kabelgesellschaften von der Landeszentrale zu genehmigen ist. Der private Anbieter hat daher einen Rechtsanspruch auf eine gesetzmäßige Ausübung der Vertragsschließungsfreiheit durch die Kabelgesellschaften und auf eine gesetzmäßige Ausübung des Genehmigungsvorbehalts durch die Landeszentrale.[239] Derartige Ansprüche sind im herkömmlichen öffentlich-rechtlichen Rundfunk ausgeschlossen.[240] Das MEG will private Rundfunkinitiative nicht ausschließen, sondern ermöglichen. Das ist ohne rundfunkrechtliche Rechtspositionen nicht erreichbar, und insoweit gibt es – im Rahmen des Trägerschaftsvorbehalts – auch in Bayern privaten Rundfunk. Davon geht auch der Rundfunkstaatsvertrag aus, der in Art. 15 die Regelungen über privaten Rundfunk für in Bayern entsprechend anwendbar erklärt. Vorsichtige Ansätze einer Korrektur im Hinblick auf die Rechtsstellung privater Anbieter sind inzwischen auch in der Rechtsprechung des Verfassungsgerichtshofs zur Sendezeitenvergabe erkennbar.[241]

Im übrigen erscheint es zweifelhaft, ob die Landeszentrale über wesentlich weiterreichende Befugnisse als die Medienanstalten in den anderen Bundesländern verfügt. Kernstück ihrer herausgehobenen Stellung soll das Anordnungsrecht nach Art. 15 MEG sein, das Eingriffe in die Programmgestaltung ermöglicht. Dieses ergibt sich aber bereits nach allgemeinen verwaltungsrechtlichen Grundsätzen, insbesondere dem Übermaßverbot, aus der Möglichkeit, eine Lizenz zu widerrufen. Denn die Verwaltung ist nicht verpflichtet, eine gesetzlich mögliche belastende Maßnahme durchzuführen, wenn der Zweck mit einem milderen Mittel ebenfalls erreichbar ist. Für den Einsatz des milderen Mittels bedarf es dann keiner ausdrücklichen gesetzlichen Grundlage, weil dieses als minus bereits im Widerruf enthalten ist. Die übrigen Befugnisse der Landeszentrale sind mit denen der anderen Landesmedienanstalten weitgehend identisch. Auch hier kann, mit den Worten des Verfassungsgerichtshofs, keine Sendung gegen den Willen der Aufsichtsinstanz zustande kommen. Das legt den Schluß nahe, daß auch in den anderen Bundesländern von öffentlich-rechtlicher Trägerschaft

---

[238] Amtl. Begr. zum MEG, LT-Ds 10/3856 unter A.2.

[239] Zu diesem Gesichtspunkt P. Badura, Zur Frage der Zulässigkeit von Fördermaßnahmen zugunsten privater Anbieter, die aus dem Aufkommen der Rundfunkgebühr finanziert werden, ZUM 1988, S. 155, 158f.

[240] Vgl. etwa LG Baden-Baden, Urt. v. 19. 3. 1971, UFITA 1978, S. 247ff.; LG München, Urt. v. 16. 6. 1988, ZUM 1988, S. 470 und 5. Kapitel I

[241] Hatte der VfGH zunächst das rundfunkrechtliche Gestaltungsermessen der Landeszentrale betont und diese als alleinige Trägerin der Rundfunkfreiheit im MEG-Rundfunk angesehen (vgl. etwa VfGH B. v. 23. 1. 1987, ZUM 1988, S. 150), so ist nach BayVfGH n. F. 40, 69, IV 3. c) dieses Ermessen durch die der Rundfunkfreiheit gezogenen Schranken und das Willkürverbot begrenzt.

gesprochen werden könnte. Dies hat das Bundesverfassungsgericht dennoch nicht gehindert, von einem dualen System auszugehen.

2. Das „Zwei-Säulenmodell“ in Nordrhein-Westfalen

In Nordrhein-Westfalen wird hinsichtlich der Organisation der Veranstaltung zwischen landesweitem und lokalem Rundfunk unterschieden. Bei landesweiten Programmen folgt das Landesrundfunkgesetz dem bereits beschriebenen Lizenzmodell[242]. Einen abweichenden Weg beschreitet es jedoch im Bereich lokalen Rundfunks in Gestalt des sog. „Zwei-Säulenmodells“.[243]

a) Regelungsziel

Der Gesetzgeber sah hier einen besonderen Regelungsbedarf unter zwei Aspekten. Zum einen wollte er der Rechtsprechung des Bundesverfassungsgerichts zur Vielfaltsgewährleistung und zur Verhinderung von Doppelmonopolen Rechnung tragen, weil die Gefahr der Verbindung von Meinungsmacht in Presse und Rundfunk gerade im lokalen Bereich besonders groß ist.[244] Andererseits sollte eine Gefährdung der in der lokalen Presse noch verbliebenen Vielfalt durch eine Umschichtung der Werbeeinnahmen von der Presse auf den Rundfunk vermieden werden. Beide Ziele sollen durch eine Trennung von journalistischer und wirtschaftlicher Verantwortung und die vorrangige Beteiligung lokaler Presseunternehmen auf der wirtschaftlichen Ebene erreicht werden. Dies geschieht durch eine Aufteilung in Veranstaltergemeinschaft und Betriebsgesellschaft.

b) Veranstaltergemeinschaft

Veranstalter von lokalem Rundfunk ist eine pluralistisch zusammengesetzte Veranstaltergemeinschaft, die zwischen 12 und 22 Mitgliedern umfaßt. Die Zusammensetzung ist ebenso durch das Gesetz vorgegeben wie die innere Struktur der Gemeinschaft, die als nichtwirtschaftlicher Verein i.S. des § 21 BGB organisiert sein muß.[245] Die Veranstaltergemeinschaft erhält die Zulassung, veranstaltet das lokale Rundfunkprogramm und trägt dafür die alleinige Verantwortung. Für die Programmgestaltung ist über das Vielfaltsgebot und die Programmgrundsätze hinaus die Gemeinwohlbindung ausdrücklich ge-

---

[242] s.o. III 2.

[243] Vgl. dazu M. Stock, Neues Privatrundfunkrecht – die nordrhein-westfälische Variante, München 1987; G. Rödding, Die Aufgabe der Landesanstalt für Rundfunk, AfP 1989, S. 648ff.; zur Frage der Staatsfreiheit H. Bethge, Die Beteiligung von Vertretern kommunaler Gebietskörperschaften in Organisationseinheiten des privaten Rundfunks, ZUM 1989, S. 209ff.

[244] s.o. IV 2. b) (2)

[245] §§ 25, 26 LRG NRW

setzlich festgeschrieben.[246] Die Gemeinschaft trifft durch die Mitgliederversammlung alle für das Programm bedeutsamen Entscheidungen, sie stellt die leitenden und die redaktionell Beschäftigten wie z.B. den Chefredakteur ein, beschließt über den jährlichen Wirtschafts- und Stellenplan und stellt ein Redakteursstatut auf. Gruppen mit kultureller Zielsetzung haben, ohne Mitglied zu sein, einen Anspruch auf Sendezeit bis zu 15% des Gesamtprogramms.[247]

c) Betriebsgesellschaft

Die zweite Säule der Lokalfunkorganisation ist die Betriebsgesellschaft. Sie hat die Aufgabe, die technischen Einrichtungen für die Produktion und die Sendung zu beschaffen und der Veranstaltergemeinschaft zur Verfügung zu stellen. Außerdem muß sie die zur Finanzierung benötigten Mittel bereitstellen, in erster Linie durch Werbeakquisition.[248] Die Veranstaltergemeinschaft ihrerseits darf nur Werbung der Betriebsgesellschaft senden. Die Betriebsgesellschaft ist also auf Technik und Finanzierung beschränkt; auf den Programminhalt darf sie keinen Einfluß nehmen.

Die Betriebsgesellschaft wird in erster Linie von den Verlagsunternehmen getragen, die im Verbreitungsgebiet des Senders erscheinende Tageszeitungen mit Lokalausgaben herausgeben. Sie können sich mit bis zu 75% der Kapital- und Stimmrechtsanteile an der Betriebsgesellschaft beteiligen. Gibt es mehrere Tageszeitungen mit Lokalausgaben, so müssen sie im Zweifel entsprechend ihren Marktanteilen berücksichtigt werden.[249] Die verbleibenden 25% können von den Kommunen übernommen werden.[250] Inwieweit darin eine nach Bundeskartellrecht verbotene Marktaufteilung liegt oder ob es sich um eine der Landeskompetenz zugängliche Regelung der Rundfunkorganisation handelt, ist bis zu einer gerichtlichen Klärung eine offene Frage.[251]

d) Abstimmung zwischen Veranstaltergemeinschaft und Betriebsgesellschaft

Die beiden Säulen des Lokalrundfunksystems arbeiten nach unterschiedlichen Prinzipien: Der Gemeinwohlbindung auf der publizistischen Seite steht die Gewinnerzielung auf der wirtschaftlichen Seite gegenüber. Um zu verhindern, daß die sich daraus ergebenden Konflikte zu einer gegenseitigen Blok-

---

[246] § 24 Abs.1 LRG NRW

[247] § 24 Abs. 4–6 LRG NRW

[248] § 29 LRG NRW

[249] § 29 Abs. 4 LRG NRW

[250] § 29 Abs. 6 LRG NRW

[251] Vgl. die Meldung in Kabel & Satellit v. 16. 1. 1989 S. 13; Sollte sich das BKartA mit seiner Auffassung durchsetzen, eine Beteiligung von mehr als 25% sei ein Zusammenschluß nach § 23 Abs. 2 Nr. 2. a) GWB und daher der Fusionskontrolle nach § 24 GWB zu unterwerfen, wäre die Konzeption des LRG NRW gescheitert.

kierung von Veranstaltergemeinschaft und Betriebsgesellschaft führen, bedarf es gesetzlicher Vorkehrungen. Im einzelnen ist folgendes Verfahren der Abstimmung vorgesehen.

Die Veranstaltergemeinschaft muß zunächst eine Vereinbarung mit der Betriebsgesellschaft abschließen, in der die Einzelheiten der Beschaffung der Technik und der Finanzierung geregelt sind.[252] Darüberhinaus hat die Betriebsgesellschaft bei wichtigen Entscheidungen der Veranstaltergemeinschaft ein Mitspracherecht. Dazu gehören Einstellung und Entlassung des Chefredakteurs,[253] Aufstellung von Wirtschafts- und Stellenplan,[254] Vereinbarungen über die Übernahme eines Rahmenprogramms [255] und das Teilnahmerecht eines Vertreters an den Sitzungen der Organe.

Durch diese Regelungen soll verhindert werden, daß die Betriebsgesellschaft das unternehmerische Risiko tragen muß, ohne auf redaktionelle Entscheidungen, die sich auf die Ertragslage auswirken, Einfluß nehmen zu können.

e) Chancen der Verwirklichung

Inwieweit das „Zwei-Säulenmodell" Aussicht hat, sich in der Praxis durchzusetzen, hängt von zahlreichen Faktoren ab.[256] So steht noch nicht fest, ob die gesetzlichen Rahmenbedingungen aus verfassungs- oder kartellrechtlichen Gründen einer Korrektur bedürfen.[257] In wirtschaftlicher Hinsicht hat das Gesetz bereits selbst Vorsorge getroffen, indem es den lokalen Veranstaltern nur eine Programmdauer von acht Stunden im Hörfunk und einer halben Stunde im Fernsehen vorschreibt, ansonsten die Übernahme eines landesweiten Mantelprogramms zuläßt.[258] Der Gewinn aus den Werbeeinahmen des Mantelprogramms fließt in Höhe von 85% den Lokalsendern zu. In welchem Umfang die Werbewirtschaft von den neuen Möglichkeiten Gebrauch machen wird, ist noch nicht abzusehen. Denn wenn die einzelnen Lokalsender unterschiedliche Zielgruppen ansprechen, wird dadurch die landesweit mögliche Werbereichweite wieder aufgesplittert.

---

[252] § 29 Abs. 2 LRG NRW; Die Vereinbarung ist mit einer Frist von sechs Monaten kündbar.

[253] § 28 Abs. 2 LRG NRW

[254] § 25 Abs. 4 Satz 3 LRG NRW

[255] § 30 Abs. 2 LRG NRW

[256] Vgl. dazu G. Prodoehl, Organisationsprobleme lokalen Rundfunks, Media Perspektiven, 1987, S. 229, 235ff.

[257] R. Grawert, Rundfunkordnung für das Land Nordrhein-Westfalen im Spiegel der Verfassungsrechtsprechung, AfP 1986, S. 277, 283 bemängelt eine Übersicherung der Meinungsvielfalt, die den Zugang der Privaten über Gebühr erschwere.

[258] § 30 Abs. 1 LRG NRW; vgl. dazu die Berichte über die Radio NRW GmbH, an der der WDR mit 30%, Bertelsmann mit 15% und Pressefunk mit 55% beteiligt sind, sowie zu den kartellrechtlichen Problemen den Beschluß des Bundeskartellamts v. 18. 7. 1989, Media Perspektiven Dokumentation 1989, S. 79ff.

VI. Die Regelungen über die Weiterverbreitung

Die Landesmediengesetze unterscheiden in ihrer rechtlichen Ausgestaltung zwischen der Veranstaltung und der Weiterverbreitung von Rundfunksendungen. Die Vorschriften über die Veranstaltung regeln die erstmalige Zulassung eines Bewerbers im Rahmen eines Lizenzverfahrens. Dies ist der gesetzestechnische Regelfall. Hinzu treten die Vorschriften über die Weiterverbreitung von Programmen, die außerhalb des Geltungsbereichs des jeweiligen Landesmediengesetzes veranstaltet und mit Hilfe fernmeldetechnischer Einrichtungen – in erster Linie Satelliten – in das Gebiet des Landes, in dem die Weiterverbreitung stattfinden soll, herangeführt werden.

1. Praktische Bedeutung

Rundfunk ist nach der Kompetenzordnung des Grundgesetzes Ländersache, soweit es um die nicht-technische Seite geht.[259] Die Erlaubnis, deren ein privater Veranstalter nach den Landesmediengesetzen bedarf, ist daher hinsichtlich ihres räumlichen Geltungsbereichs auf das Gebiet desjenigen Bundeslandes beschränkt, in dem sie erteilt wurde.[260] In den anderen Bundesländern bedarf es dann einer erneuten Zulassung, weil jeder Landesgesetzgeber der ihm obliegenden Verpflichtung zur Gewährleistung der sich aus Art. 5 Abs. 1 Satz 2 GG ergebenden Anforderungen genügen muß. Diese Zulassung kann in einem vereinfachten Verfahren erfolgen, da bereits eine Überprüfung im Rahmen der Lizenzerteilung für die Veranstaltung stattgefunden hat.

Die Weiterverbreitungsregelungen haben praktische Bedeutung vor allem für die bundesweite Ausstrahlung von Programmen und sind damit in erster Linie im Bereich des Fernsehens von Interesse. Hier ist wegen der hohen Kosten für die Herstellung von Fernsehsendungen eine möglichst große Reichweite für die Finanzierung erforderlich.[261] Neben wirtschaftlichen Gründen spielen auch technische Gesichtspunkte eine Rolle. Denn solange es keine flächendeckende Verkabelung gibt, besteht die einzige Möglichkeit, die vorhandenen Kabelinseln mit Programmen zu versorgen, in der Ausstrahlung über Satelliten. Die Kabeleinspeisung wird ihre Bedeutung auch mit dem Aufkommen von direkt empfangbaren Satelliten nicht verlie-

[259] Seit BVerfGE 12, 205, 237, 243 allgemein anerkannte Abgrenzung.

[260] Nach BVerfGE 11, 6, 19 kann ein Land nur für den landeseigenen Vollzug von Bundesgesetzen Verwaltungsakte erlassen, die über sein Gebiet hinauswirken.

[261] Zur Wirtschaftlichkeit von Fernsehsendungen auf lokaler Ebene die Untersuchung des ZDF „Zusammenarbeit mit lokalen Partnern im Network-Modell", Medienspiegel Nr. 11, v. 21. 3. 1986, S. 33ff.

ren. Denn vielen Rundfunkteilnehmern, insbesondere in Ballungsgebieten, fehlt die Möglichkeit zur Installation einer eigenen Satellitenantenne, so daß sie für den Empfang zusätzlicher Programme auf den Kabelanschluß angewiesen bleiben. Sie bilden damit weiterhin ein für werbefinanzierte Veranstalter unersetzliches Reichweitenpotential.

2. Rechtliche Einordnung

Die Vorgeschichte der Weiterverbreitungsregelungen reicht bis zum Anfang der siebziger Jahre zurück. Mit der Errichtung von Breitbandkabelnetzen durch die Deutsche Bundespost entstand die Notwendigkeit zu einer wirtschaftlichen Nutzung. Dies konnte nur durch die Einspeisung zusätzlicher Programme geschehen. Die Bundespost verwendete dafür bereits vorhandene terrestrische Programme und traf die Entscheidung auf der Grundlage einer eigenen Richtlinie.[262] Dem setzten die Länder die Formel vom „rundfunkrechtlich relevanten" Vorgang entgegen.[263] Danach handelte es sich bei der Einspeisung nicht um einen rein technischen Vorgang in der alleinigen Zuständigkeit der Bundespost, sondern um eine rundfunkorganisatorische Frage, für die die Länderkompetenz gegeben ist. Gleichzeitig vermied die Beschreibung als rundfunkrechtlich relevant die Qualifizierung der Weiterverbreitung als Veranstaltung von Rundfunk und die sich hierfür ergebenden verfassungsrechtlichen Anforderungen aus Art. 5 Abs. 1 Satz 2 GG.

Das Bundesverfassungsgericht hat sich nicht ausdrücklich zu dieser Frage geäußert. Es hat jedoch keine verfassungsrechtlichen Beanstandungen dagegen geltend gemacht, die Weiterverbreitung geringeren Anforderungen als die Veranstaltung zu unterwerfen, und damit die Konsequenz aus der Formel des rundfunkrechtlich relevanten Vorgangs akzeptiert.

3. Rechtliche Ausgestaltung

Nachdem einige Bundesländer zur Regelung der Einspeisung herangeführter Programme zunächst sog. vorläufige Weiterverbreitungsgesetze erlassen

---

262 FTZ 176 R 10 für das Fernsehen, FTZ 175 R 4 für den Hörfunk; zu den Einzelheiten vgl. J. Scherer, Telekommunikationsrecht und Telekommunikationspolitik, 1985, S. 531 ff.

263 Vorläufiges Ergebnisprotokoll der Ministerpräsidenten der Länder am 4. 2. 1983 und Ergänzung des Berichts über die Verbreitung von Rundfunkprogrammen in Kabelanlagen vom 14. 9. 1983, beide abgedruckt bei R. Ricker, Die Einspeisung von Rundfunkprogrammen in Kabelanlagen aus verfassungsrechtlicher Sicht, 1984, S. 119 ff., 124 ff.; zur Einordnung vgl. ferner R. Groß, Breitbandverkabelung und Übernahme von Rundfunkprogrammen in Kabelnetze, NJW 1984, S. 409, 412 f. sowie R. Ricker, aaO. S. 39 ff.

hatten,[264] hat dieser Problemkreis nunmehr in allen Landesmediengesetzen seine abschließende Regelung gefunden.[265]

a) Grundsatz

Alle Landesmediengesetze gehen davon aus, daß bei einer rechtmäßigen Veranstaltung des Programms am Ursprungsort im Verfahren der Lizenzerteilung bereits eine Kontrolle stattgefunden hat. Deswegen erscheint es ausreichend, auf ein neuerliches Verfahren auf der Ebene der Veranstaltergenehmigung zu verzichten und stattdessen eine vereinfachte Überprüfung durchzuführen. Diese muß in ihren Grundzügen allerdings durch den Landesgesetzgeber normiert werden, weil wegen des Bezugs zur Rundfunkordnung hierfür ein Gesetzesvorbehalt besteht.[266]

b) Verfahren

Die prozeduralen Voraussetzungen einer Weiterverbreitung sind in den einzelnen Landesmediengesetzen unterschiedlich geregelt. So ist in manchen Bundesländern eine vorherige Anzeige des Veranstalters an die Landesmedienanstalt ausreichend.[267] In den anderen Bundesländern ist dagegen eine Genehmigung erforderlich,[268] wobei teilweise bestimmte Programme von der Erlaubnispflicht ausgenommen sind,[269] in jedem Fall jedoch die terrestrisch

---

[264] Es handelte sich um folgende Gesetze zur vorläufigen Weiterverbreitung von Rundfunkprogrammen in Kabelanlagen: B.-W. GBl. 1985, S. 50; HB GVBl. 1985, S. 143; HH GVBl 1984, S. 207; NRW GVBl. 1985, S. 248. Die Frage nach der Verfassungsmäßigkeit dieser Gesetze wurde durch ihre zeitliche Befristung gegenstandslos, nachdem eine Verfassungsbeschwerde der Rundfunkgewerkschaft RFFU mangels Verletzung eigener Rechte als unzulässig zurückgewiesen wurde (BVerfG B. gem. § 93a BVerfGG v. 31. 1. 1985, Az 1 BvR 8/85, unveröff.).

[265] Die Regelung in den Landesmediengesetzen läßt allerdings (Bundes-) Urheberrecht unberührt. Zu den sich hier stellenden Problemen BGHZ 79, 350; E. Fuhr, urheberrechtliche Probleme im Zusammenhang mit der Ausstrahlung von Rundfunkprogrammen in Kabelanlagen, in: Abschlußbericht der Expertenkommission Neue Medien Baden-Württemberg, Bd. 2, S. 191ff.; P. Gounalakis, Erschöpfung des Senderechts?, ZUM 1986, S. 638

[266] BVerfGE 73, 118, 197; Ob die Weiterverbreitung in Bayern dem Vorbehalt öffentlich-rechtlicher Trägerschaft unterliegt, hat BayVfGH n.F. 39, 96, S. 141 unter V A 3. d) ausdrücklich offengelassen, da die einschlägigen Bestimmungen von den Popularklägern nicht angegriffen waren.

[267] § 35 LMedG HB; § 34 HPRG; § 44 Abs. 2 Nds LRG (Anzeige an die Erlaubnisbehörde, das ist der Ministerpräsident, nds. MBl. 1984, 478); § 39 Abs. 1 LRG NRW; § 22 Abs. 1 LRG R.-P.; § 37 Abs. 1 LRG S.-H.

[268] § 11 Abs. 3 LMedG B.-W.; Art. 35 Abs. 1 Satz 2 BayMEG; § 59 Abs. 1 KPPG; § 41 Abs. 2 LMedG HH; § 48 Abs. 2 LRG Saarland

[269] Nach Art. 35 Abs. 2 MEG, § 41 Abs.1 LMedG HH sind die inländischen Programme von der Genehmigungspflicht ausgenommen. § 37 Abs. 4 LRG S.-H. erstreckt die Genehmigungspflicht nur auf ausländische Programme.

empfangbaren, bei denen eine Kontrolle sinnlos wäre, weil sie von jedermann ohne viel Aufwand zu empfangen sind.[270]

Der Genehmigungsvorbehalt schafft eine zusätzliche verfahrensmäßige Hürde,[271] auch wenn es sich um eine gebundene Entscheidung handelt, auf deren Erteilung ein Anspruch besteht. Unter verfassungsrechtlichen Aspekten ist die Anzeigepflicht ausreichend, da sie dieselbe Funktion erfüllt, für den Veranstalter jedoch weniger belastend ist als eine besondere Zulassung in mehreren Bundesländern.[272] Hier steht eine Angleichung durch den Staatsvertrag zur Neuordnung des Rundfunkwesens noch aus.

Das Instrumentarium der Überwachung durch die Landesmedienanstalten ähnelt demjenigen bei der Veranstaltung. Zunächst muß auf einen Verstoß gegen die gesetzlichen Bestimmungen hingewiesen werden. Bei einer Fortsetzung oder Wiederholung des Verstoßes wird die Genehmigung widerrufen, im Falle der Anzeigepflicht die Weitervebreitung untersagt. Ein besonderes Verfahren ist für bundesweite inländische Privatprogramme in Art. 12 Abs. 3 RfStV vorgesehen: Danach kann jede Landesmedienanstalt einen Verstoß gegen die Bestimmungen des Staatsvertrages beanstanden. Die Landesmedienanstalt, die die Veranstalterlizenz erteilt hat, muß dann den Vorgang überprüfen. Dadurch soll verhindert werden, daß der Veranstalter eines bundesweiten Programms in den einzelnen Bundesländern mit unterschiedlichen Entscheidungen konfrontiert wird. Auf ausländische Programme ist dieses Verfahren nicht anwendbar, weil es hier im Inland keine Stelle gibt, die eine Veranstaltererlaubnis erteilt hat.

c) Materielle Anforderungen

Aus Art. 5 Abs. 1 Satz 2 GG ergibt sich die Notwendigkeit, auch für die Weiterverbreitung durch Gesetz Leitgrundsätze verbindlich zu machen, die ein Mindestmaß an gegenseitiger Achtung gewährleisten und zu sachgemäßer, umfassender und wahrheitsgemäßer Information verpflichten.[273]

(1) Inländische Programme

Diese Anforderungen erfüllen in der Bundesrepublik veranstaltete Programme ohne Schwierigkeiten. Denn sie unterliegen am Ort ihrer Veranstaltung den strengeren gesetzlichen Anforderungen über die Veranstaltung, die ihrerseits den Anforderungen aus Art. 5 Abs. 1 Satz 2 GG genügen müssen. Die Konsequenz hieraus zieht Art. 11 Abs. 1 RfStV, wonach die Weiterverbreitung inländischer Programme bei rechtmäßiger Veranstaltung zu ermöglichen ist.

---

[270] Begründung zu Art. 35 BayMEG, LT-Ds 10/3856

[271] Hierzu A. Hesse, Rechtsfragen der Weiterverbreitung von Rundfunkprogrammen, ZUM 1987, S. 19, 29f.

[272] BVerfGE 73, 118, 198f.

[273] BVerGE 73, 118, 199f.

(2) Ausländische Programme

Schwieriger liegen die Dinge bei Programmen, deren Ursprungsort im Ausland liegt. Hier ist keineswegs gewährleistet, daß die Anforderungen mit den in der Bundesrepublik geltenden identisch sind. Aus diesem Grunde bestimmt Art. 11 Abs. 2 RfStV, daß die Weiterverbreitung ausländischer Rundfunkprogramme jedenfalls dann durch Landesrecht zu ermöglichen sei, wenn die Anforderungen an die Veranstaltung nach dem Rundfunkstaatsvertrag bei entsprechender Anwendung erfüllt seien. Die Landesmediengesetze knüpfen die Zulässigkeit einer Weiterverbreitung im einzelnen an folgende Voraussetzungen.[274]

α) Programmgrundsätze, Jugendschutz, Gegendarstellung. Alle Gesetze verlangen die Achtung der Menschenwürde, wozu bei verfassungskonformer Auslegung auch ein Mindestmaß an gegenseitiger Achtung gehört.[275] Nicht in allen Gesetzen enthalten ist die Verpflichtung zu sachgemäßer und umfassender Information,[276] die Respektierung der verfassungsmäßigen Ordnung der Bundesrepublik[277] sowie das Eintreten für die Völkerverständigung.[278] Darüberhinaus ist ländereinheitlich die Beachtung der Jugendschutzvorschriften und zwar mit denselben Anforderungen wie bei inländischen Programmen einschließlich Sendezeitbeschränkungen[279] Voraussetzung einer Weiterverbreitung. Im übrigen muß jede weiterverbreitete Sendung den Rahmen der allgemeinen Gesetze, insbesondere der Strafgesetze einhalten, weil die Einspeisung in Kabelnetze auf deutschem Territorium stattfindet und demgemäß inländischem Recht unterliegt.[280] Schließlich enthalten alle Gesetze die Verpflichtung, dem durch eine Sendung Betroffenen eine Gegendarstellung oder ein vergleichbares Recht einzuräumen.[281] Außerdem enthalten einige Gesetze

---

274 § 11 LMedG B.-W.; Art. 35 BayMEG; § 58 KPPG; § 33 LMedG HB; § 42 Abs. 2 LMedG HH; § 33 Abs. 2 HPRG; § 44 Abs. 3 Nds LRG; § 38 Abs. 1 LRG NRW; § 23 Abs. 3 LRG R.-P.; § 49 Abs. 2 LRG Saarland; § 37 Abs. 4 LRG S.-H.

275 BVerfGE 73, 118, 199

276 § 33 LMedG HB; § 44 Abs. 3 Nds LRG; § 38 Abs. 1 LRG NRW; § 22 Abs. 3 LRG R.-P.; § 49 Abs. 2 LRG Saarland; § 42 Abs. 2 LMedG HH, § 33 Abs. 2 HPRG verweisen auf die für die Veranstaltung geltenden Programmgrundsätze. § 37 Abs. 4 Nr. 1 LRG S.-H. verweist auf die Regelungen des RfStV

277 §§ 11, 48 LMedG B.-W.; § 22 Abs. 3 Ziffer 3 LRG R.-P.

278 §§ 11, 48 LMedG B.-W.; Art. 35 BayMEG; § 22 Abs. 3 LRG R.-P.

279 Nur § 22 Abs. 3 LRG R.-P. verlangt nicht die Beachtung in vollem Umfang. Zur Regelung des Jugendschutzes s.o. III 3. b) (2) δ)

280 Vgl. § 3 StGB zur Geltung für Inlandsstraftaten, womit allerdings noch nichts über die Vollstreckbarkeit im Ausland gesagt ist. Jedenfalls kann die Weiterverbreitung im Inland unterbunden werden. Aus dem Bereich des Strafrechts dürfte der persönliche Ehrenschutz nach §§ 185ff. StGB die größte praktische Bedeutung haben. Zu den Einzelheiten 6. Kapitel I 3. a)

281 Diese Verpflichtung gesetzlich festzuhalten, ist nach BVerfGE 73, 118, 200 verfassungsrechtlich geboten, da nicht alle ausländischen Rechtsordnungen über ein Gegendarstellungsrecht verfügen.

noch eine Umgehungsklausel, wonach die Sendung aus dem Ausland nicht dazu dienen darf, die Anwendung deutschen Rechts zu umgehen.[282]

β) Werbevorschriften. Von besonderer Bedeutung ist die Regelung der Werbung in Rundfunkprogrammen. Werbung dient einerseits der Finanzierung des Programms, andererseits sind mit dieser Art der Finanzierung Gefahren für die Programmgestaltung verbunden. Deswegen ist hier besondere Vorsicht vor einem Unterlaufen der deutschen Rundfunkordnung aus dem Ausland ebenso geboten wie vor einem Abschöpfen von Werbeeinnahmen, die dann für die inländische Programmfinanzierung nicht mehr zur Verfügung stehen.[283] In einigen Bundesländern gelten für die Werbung in weiterverbreiteten Programmen die Regelungen wie sie in Art. 7 RfStV festgelegt sind.[284] Das sind im wesentlichen das Gebot der Trennung von Werbung und Programm, der Blockwerbung, der einmaligen Unterbrechung bei Sendungen von mehr als 60 Minuten Dauer und eine Beschränkung des Anteils der Werbung auf 20% der Sendezeit. Die anderen Landesmediengesetze enthalten keinerlei Werberegelungen für die Weiterverbreitung.

γ) Vielfaltsregelung. Eine besonders umstrittene Frage war lange Zeit, ob und in welchem Umfang ausländische Programme bei ihrer Weiterverbreitung in der Bundesrepublik dem Erfordernis von Ausgewogenheit und Meinungsvielfalt zu unterwerfen seien . Eine Klärung ist nunmehr durch das Niedersachsen-Urteil des Bundesverfassungsgericht eingetreten. Danach ist für ausländische Veranstalter eine Bindung an die Meinungsvielfalt nicht erforderlich, da schon wegen der Sprache kein besonderer Einfluß auf die Meinungsbildung in der Bundesrepublik zu erwarten ist und von einem ausländischen Veranstalter nicht verlangt werden kann, inländische Auffassungen ausgewogen zu Wort kommen zu lassen.[285] Dennoch enthalten einige Landesmediengesetze Bestimmungen zur Sicherung von Meinungsvielfalt auch bei der Weiterverbreitung. Soweit dabei Ausgewogenheit vom Gesamtangebot aller in einer Kabelanlage verbreiteten Programme verlangt wird,[286] ergeben sich daraus für den einzelnen Veranstalter keine konkreten Verpflichtungen. Anders verhält es sich jedoch, wenn darüberhinaus das einzelne

---

[282] § 11 Abs. 2 LMedG B.-W.; Art. 35 Abs. 1 Nr. 6 BayMEG; § 58 Abs. 2 KPPG; § 42 Abs. 1 LMedG HH; sie ist derzeit verfassugsrechtlich nicht geboten, doch kann sich bei Gefahren für die Rundfunkfreiheit eine Nachbesserungspflicht für den Gesetzgeber ergeben, BVerfGE 73, 118, 203.

[283] Begr. zu § 30 LRG S.-H. a.F., LT-Ds 10/450

[284] §§ 11, 30 LMedG B.-W.; §§ 33 Abs. 2, 26 HPRG; § 44 Abs. 3 Satz 4 NdsLRG; §§ 38 Abs. 4, 22 LRG NRW; §§ 49 Abs. 4, 44 LRG Saarland; nach § 22 Abs. 3 Ziffer 3 LRG R.-P. gilt nur das Trennungsgebot.

[285] BVerfGE 73, 118, 202

[286] § 33 Abs. 2 LMedG HB; § 38 Abs. 2 LRG NRW; § 49 Abs. 3 LRG Saarland; Ausgewogenheit nur des inländischen Gesamtprogramms verlangen Art. 35 Abs. 1 Ziffer 2 BayMEG, § 43 Abs. 1 Satz 2 LMedG HH, § 35 Abs. 1 HPRG, § 44 Abs. 3 Nds LRG.

Programm keinen in hohem Maße ungleichgewichtigen Einfluß auf die inländische Meinungsbildung nehmen darf.[287] In der Praxis hat diese Verpflichtung bisher keine Rolle gespielt und noch in keinem Fall zum Ausschluß der Weiterverbreitung eines Programms geführt.

Dennoch handelt es sich hier um einen neuralgischen Punkt, weil er die Nahtstelle zwischen der durch Art. 5 GG geprägten innerstaatlichen Rundfunkordnung und der auf die Wirtschaftsfreiheit ausgerichteten Ordnung der Europäischen Gemeinschaften markiert. Nach Auffassung des Europäischen Gerichtshofs handelt es sich bei grenzüberschreitenden Rundfunksendungen um eine Dienstleistung i.S. von Art. 59 EWG-Vertrag.[288] Nach dieser Rechtsprechung sind zwar Beschränkungen des freien Dienstleistungsverkehrs möglich, wenn sie nicht diskriminierend sind, also Inländer und Ausländer gleichermaßen treffen. Dennoch hat die Kommission ein Vertragsverletzungsverfahren gegen die Bundesrepublik eingeleitet, mit dem Ziel festzustellen, die Vielfaltsregelungen dürften nicht in einer Weise angewendet werden, die zu einer Behinderung der Einspeisung von Programmen aus den Mitgliedstaaten führe.[289]

δ) Rangfolge bei der Einspeisung. Die Kabelnetze, die zur Weiterverbreitung benötigt werden, verfügen über eine größere Anzahl von Kanälen als im Bereich terrestrischer Ausstrahlung vorhanden sind. Dennoch ist die Kapazität nicht unbeschränkt,[290] so daß es einer Auswahlentscheidung bedarf, wenn nicht alle an eine Kabelanlage herangeführten Programme auch tatsächlich weiterverbreitet werden können. Für diesen Fall enthalten die Landesmediengesetze in ihren Grundzügen weitgehend übereinstimmende Regelungen,[291] soweit die Verteilung nicht der Entscheidung der Landesmedienanstalt überlassen wird.[292]

An erster Stelle stehen die sogenannten gesetzlich bestimmtem Programme, das sind die Programme der öffentlich-rechtlichen Rundfunkanstalten innerhalb ihres Sendegebiets. Da diese Programme die verfassungsrechtlich gebotene Grundversorgung zu erbringen haben, muß dafür Sorge getragen werden, daß die Zugänglichkeit für den Teilnehmer erhalten bleibt, wenn der

---

[287] § 11 Abs. 1 Satz 1 LMedG B.-W.; Art. 35 Abs. 1 Ziffer 6 BayMEG; § 33 Abs. 2 HPRG; § 38 Abs. 1 Satz 5 LRG NRW; § 49 Abs. 2 Satz 5 LRG Saarland

[288] EuGH, Slg. 1988, S. 2085, 2125; zur Rechtsprechung des EuGH 6. Kapitel II 1.

[289] Vertragsverletzungsverfahren gegen die Bundesrepublik Deutschland wegen Beschränkungen des freien Dienstleistungsverkehrs im Bereich des Rundfunks in Bremen – K (87) 2123 endg. vom 3. 12. 1987; dazu E. Röper, DDR-Rundfunkprogramme und EG-Richtlinie, DVBl. 1989, S. 1031 ff.; zum Verhältnis zwischen EG-Recht und deutscher Rundfunkordnung 6. Kapitel IV

[290] Sie umfaßt derzeit nach der Bundespostrichtlinie FTZ 15 R 55 24 Fernseh- und 28 Hörfunkkanäle.

[291] § 34 LMedG HB; § 44 Abs. 1 LMedG HH; § 32 HPRG; § 41 LRG NRW; § 23 LRG R.-P.; § 51 LRG Saarland; § 38 LRG S.-H.

[292] § 7 Abs. 2 LMedG B.-W.; Art. 36 BayMEG; § 59 KPPG; § 46 Abs. 2, 3 Nds LRG

Kabelanschluß als Ersatz für die Dachantenne dient.[293] Den gesetzlich bestimmten sind teilweise die im Lande zugelassenen privaten Programme gleichgestellt. Dies ist rechtlich nicht zwingend wie der Vorrang der Grundversorungsprogramme, aber insofern sinnvoll, als man davon ausgehen kann, daß derartige Programme wegen ihres Landesbezugs einen größeren Beitrag zur Rundfunkversorgung der Bevölkerung leisten als von außerhalb kommende Programme. An zweiter Stelle folgen die terrestrischen Programme. Dazu gehören zunächst die sogenannten ortsüblichen Programme, die mit durchschnittlichem Antennenaufwand empfangbar sind.[294] Ebenfalls in dieser Gruppe befinden sich die ortsmöglichen Programme, also solche, die mit erhöhtem Antennenaufwand empfangbar sind. An dritter Stelle werden schließlich die herangeführten Programme eingespeist, wobei in manchen Gesetzen eine Differenzierung nach inländischen, deutschsprachigen, EG-angehörigen und sonstigen Programmen vorgesehen ist.

---

[293] R. Ricker, Die Weiterverbreitung von Satellitenprogrammen in Hessen, AfP 1986, S. 188, 192f. Nach P. Mook, Privater Rundfunk im Spiegel der Landesrundfunkgesetze, AfP 1986, S. 10, 18 ist der Vorrang in der Gebührenfinanzierung begründet, aus der ein Anspruch des Rundfunkteilnehmers folgt, das bezahlte Programm auch empfangen zu können.

[294] Vgl. die Def. in Art. 34 Satz 2 BayMEG, § 38 Abs. 1 Nr. 2 LRG S.-H.

5. Kapitel. Die rechtliche Stellung der am Kommunikationsprozeß über Rundfunk Beteiligten

Die rechtliche Ordnung des Kommunikationsprozesses wird nicht allein von der Organisation der Rundfunkveranstalter, insbesondere den Anforderungen an ihre interne Struktur und externe Kontrolle bestimmt. Sie wird geprägt auch von der Stellung, die die Rechtsordnung den anderen am Kommunikationsprozeß Beteiligten zuweist. Hier ist zu denken an die Rundfunkteilnehmer, denen in erster Linie die gesamte Veranstaltung zugute kommen soll, die mit der Herstellung der Programme beschäftigten Mitarbeiter und vor allem die gesellschaftlich relevanten Gruppen. Die von der Rechtsprechung des Bundesverfassungsgerichts konkretisierte Gewährleistungsfunktion des Art. 5 Abs. 1 Satz 2 GG umfaßt unter anderem die Forderung nach wirksamer Sicherung der Funktion des Mediums. Dies ist geeignet, die Annahme eines Rechtsschutzes nahezulegen, wie er aus anderen Bereichen bekannt ist: Die Zuerkennung subjektiver Rechte und ihre gerichtliche Einklagbarkeit. Wenn wirksame Funktionssicherung ein vorrangiges Anliegen der Rundfunkfreiheit ist, wäre es also nicht fernliegend, diese Vorstellung auch auf den Rundfunk zu übertragen. Eine Auseinandersetzung mit dieser Frage ist bislang erst in Anfängen erkennbar. Es ist daher aufschlußreich, die verschiedenen Aspekte zu einem Gesamtbild zusammenzusetzen. In den von der Rechtsprechung entschiedenen Fällen haben dabei vornehmlich zwei Gesichtspunkte eine Rolle gespielt: Zum einen der Einfluß auf die Programmgestaltung, zum anderen die Berücksichtigung bei der organisatorischen Ausgestaltung des Rundfunkwesens.

I. Bestandsaufnahme

1. Der einzelne Rundfunkteilnehmer

Die Frage, ob dem einzelnen Rundfunkteilnehmer subjektive Rechte im Hinblick auf die Programmgestaltung zustehen, hat in zwei Fallkonstellationen eine Rolle gespielt. Zunächst ging es darum, ob der Rundfunkteilnehmer die Ausstrahlung bestimmter Sendungen verlangen kann. Voraussetzung dafür ist, daß ihm ein subjektives öffentliches Recht mit ebendiesem Inhalt zusteht. Das Bundesverwaltungsgericht hat als einzig denkbare Vorschrift die Informationsfreiheit des Art. 5 Abs. 1 Satz 1 GG herangezogen.[1] Diese Gewährleistung schütze nur den Zugang zu vorhandenen Quellen, gebe jedoch keinen Anspruch auf die Verschaffung von Informationen, weil es sich um ein reines Abwehrrecht handele. Offengelassen wurde hingegen, ob nicht in besonders gelagerten Ausnahmefällen ein Anspruch gegeben sei, wenn es sich um Informationen von überragender Bedeutung handele.

Die umgekehrte Fallgestaltung betraf die gegen eine öffentlich-rechtliche Rundfunkanstalt gerichtete Klage eines Rundfunkteilnehmers, der geltend machte, die Programmgestaltung verletze die in den Rundfunkgesetzen niedergelegten Programmgrundsätze.[2] Auch hier kam es auf die Feststellung eines subjektiven öffentlichen Rechts an, was davon abhing, ob die Programmgrundsätze ausschließlich im öffentlichen Interesse normiert oder ob sie – zumindest auch – den Interessen des Rundfunkteilnehmers zu dienen bestimmt sind. Das angerufene Gericht befand, zur Kontrolle darüber, ob sich die beklagte Rundfunkanstalt im Rahmen der für sie verbindlichen Vorschriften gehalten habe, seien besondere anstaltsinterne Organe berufen. Daraus könne ein Privater jedoch keine allgemeine Kontrollbefugnis ableiten. Es fehlte daher an einem subjektiven Recht zur Einflußnahme auf die Programmgestaltung. Die Klage war mangels Klagebefugnis unzulässig.

Was die organisatorische Seite des Rundfunkwesens anbelangt, so stellt sich die Frage, inwieweit der Einzelne in seiner Eigenschaft als Rundfunkteilnehmer tatsächliche oder vermeintliche Mängel in den gesetzlichen Grundlagen geltend machen kann. So hatten zwei Rundfunkteilnehmer gegen die Zusammensetzung des Rundfunkrats des WDR nach § 15 des WDR-G von 1985 Verfassungsbeschwerde erhoben. Sie wurde vom Bundesverfassungsgericht nicht zur Entscheidung angenommen.[3] Voraussetzung für die Zulässigkeit einer Verfassungsbeschwerde ist die Möglichkeit der Verletzung eigener Grundrechte des Beschwerdeführers. Das Vorliegen dieser Voraussetzung wurde vom Bundesverfassungsgericht verneint. Die Beschwerdeführer könnten nicht geltend machen, die Rundfunkfreiheit sei verletzt, weil sie als Rundfunkteilnehmer nicht Träger dieses Grundrechts seien. In dieser Eigenschaft könnten sie sich lediglich auf die Informationsfreiheit berufen. Daraus folge jedoch keine Befugnis, Organisationsnormen

---

[1] BVerwG DVBl. 1978, S. 640: Im konkreten Fall ging es um ein Fußballspiel, dessen Übertragung der NDR wegen der im Stadion angebrachten Bandenwerbung abgelehnt hatte. Vgl. ferner VG München, B. v. 11. 6. 1986, M 15 E 86.3024 (Antrag nach § 123 VwGO auf Ausstrahlung der in Bayern vom ARD-Programm abgesetzten Sendung „Scheibenwischer“)

[2] VG Mainz, NVwZ 1985, S. 136: Der Kläger machte geltend, durch die Ausstrahlung der Sendung „Ich töte, wenn Satan es befiehlt.“ würden religiöse Gefühle der Bevölkerung verletzt. Ebensogut wäre denkbar die Berufung auf die Gebote der Ausgewogenheit, Objektivität und Sachlichkeit, den Jugendschutz etc.

[3] BVerfG B. gem. § 93 b Abs. 1 BVerfGG v. 19. 12. 1988, JZ 1989, S. 339 m. Anm. H. Bethge; BVerfG NJW 1990, S. 311

anzugreifen, die der Gesetzgeber in Wahrnehmung seiner verfassungsrechtlichen Aufgabe zur Ausgestaltung der Rundfunkfreiheit geschaffen habe.

Die geschilderten Entscheidungen beruhen auf dem Grundsatz, daß nur die Verletzung eigener Rechte vor den Gerichten geltend gemacht werden kann. Eine Besonderheit gilt insofern in Bayern, das die Popularklage in Art. 98 Abs. 4 seiner Verfassung gewährleistet hat. Damit wird es jedermann ermöglicht, auch ohne unmittelbare eigene Betroffenheit die Vereinbarkeit bayerischen Landesrechts mit den Grundrechten der Bayerischen Verfassung vom Bayerischen Verfassungsgerichtshof überprüfen zu lassen. So kann mit der Popularklage gerügt werden, gesetzliche Bestimmungen über die Organisation des Rundfunks verstießen gegen den Grundsatz der Staatsfreiheit in Art. 111a Abs. 1 Satz 1 BV oder das Gebot öffentlich-rechtlicher Trägerschaft in Art. 111 Abs. 2 BV sei verletzt.[4] Diese bayerische Besonderheit ermöglicht es also jedermann, eine Überprüfung organisatorischer Regelungen im Rundfunkbereich auf ihre Verfassungsmäßigkeit herbeizuführen. Sie zeigt damit jedoch zugleich, daß subjektive Rechte insoweit nicht bestehen, weil es sonst der Einrichtung der Popularklage nicht bedürfte.

Betrachtet man die Rechtsstellung des Einzelnen im Kommunikationsprozeß, dann bestehen subjektive Rechte nur im Bereich des Persönlichkeitsschutzes. Hierbei handelt es sich jedoch ebenfalls nur um Abwehr- und Ausgleichsansprüche, die eine drohende Verletzung des Persönlichkeitsrechts verhindern oder bei bereits eingetretener Beeinträchtigung diese soweit als möglich beseitigen sollen. Im vorliegenden Zusammenhang wichtiger ist allerdings die Feststellung, daß die Inanspruchnahme der hier unstreitig bestehenden subjektiven Rechte nicht an die Eigenschaft als Rundfunkteilnehmer geknüpft ist. Der Persönlichkeitsschutz steht vielmehr jedem Betroffenen zu, der zum Gegenstand einer Sendung gemacht wird. Es kann hier zwar Einfluß auf die Programmgestaltung genommen werden, dieser Einfluß findet seine Grundlage jedoch in der allgemeinen Rechtsordnung und nicht im Rundfunkrecht.[5]

---

[4] BayVfGH n.F. 30, 78, 95; 39, 96, 133ff.; 42, 11, dort offengelassen, ob die Vorschrift in Art. 111a Abs. 2 Satz 3 BV über die Zusammensetzung der Kontrollorgane ebenfalls Grundrechtscharakter hat und damit popularklagefähig ist. In jedem Fall können mit der Popularklage nur bayerische Gesetze oder Zustimmungsgesetze zu Staatsverträgen angegriffen werden.

[5] Deswegen ist der Rechtsweg im Zusammenhang mit der Programmgestaltung der öffentlich-rechtlichen Rundfunkanstalten zweigleisig: Für den Persönlichkeitsschutz sind die Zivilgerichte zuständig (BGHZ 66, 182). Wird eine Klage hingegen auf die in den Rundfunkgesetzen normierten Programmgrundsätze gestützt, handelt es sich um eine öffentlich-rechtliche Streitigkeit, für die § 40 VwGO den Rechtsweg zu den Verwaltungsgerichten eröffnet (VG Mainz, NVwZ 1985, S. 136).

2. Die gesellschaftlich relevanten Gruppen

Nach der Rechtsprechung des Bundesverfassungsgerichts muß die vom Gesetzgeber zu schaffende Rundfunkorganisation den „in Betracht kommenden gesellschaftlichen Kräften" die reale Möglichkeit verschaffen, im Gesamtprogramm zu Wort kommen zu können.[6] Eines der Mittel, um dies zu bewerkstelligen, ist die Beteiligung der gesellschaftlich relevanten Gruppen an den für Aufsicht und Kontrolle über den Rundfunk zuständigen Organen. Es handelt sich dabei um die objektiv-rechtliche Seite der Organisation. Subjektiv-rechtliche Ansprüche korrespondieren dem zunächst auf der Ebene des einfachen Rechts, wenn die Rundfunkgsetze den Verbänden aus dem gesellschaftlichen Bereich ein unmittelbares Entsendungsrecht einräumen.[7] Haben die Verbände nur ein Vorschlagsrecht an das sich ein Wahlverfahren durch das Parlament anschließt, dann besteht jedenfalls ein Anspruch auf Beteiligung am vorgesehenen Wahlverfahren, um so wenigstens die Chance auf einen Sitz im Kontrollgremium zu erhalten.[8]

Ist eine gesellschaftliche Gruppe vom Gesetzgeber nicht berücksichtigt worden, stellt sich die Frage, ob ein Beteiligungsanspruch aus Verfassungsrecht abgeleitet werden kann. Das Bundesverfassungsgericht hat entsprechende Vorstöße in dieser Richtung abschlägig beschieden. Eine Verfasungsbeschwerde von Vereinigungen aus dem kulturellen Bereich, die die Verfassungswidrigkeit von § 17 Abs. 1 NDR-StV geltend machten, weil die Vorschrift die Beteiligung von Trägern kultureller Belange nicht bindend vorschreibe, wurde vom Bundesverfassungsgericht nicht zur Entscheidung angenommen.[9] Bei der Verwirklichung der pluralistischen Binnenstruktur der Rundfunkanstalten gehe es nicht darum, daß jede in Betracht kommende Gruppe vertreten sei. Ziel sei es vielmehr, einseitigen Einfluß auf den Rundfunk zu verhindern, den Prozeß der Meinungsbildung für alle Richtungen offenzuhalten. Dem Gesetzgeber komme daher eine Gestaltungsfreiheit zu, die sich auf Bestimmung, Auswahl und Berücksichtigung der in Betracht kommenden gesellschaftlichen Kräfte erstrecke. Regelungen dieser Art seien daher vom Bundesverfassungsgericht nur beschränkt nachprüfbar. In einem weiteren Verfahren wollte der Gewerkschaftsverband der „Rundfunk-, Fernseh- und Filmunion" im NDR das Gesetz über die vorläufige Weiterverbrei-

---

[6] BVerfGE 57, 295, 322, 325

[7] H.-W. Laubinger, Die Klagebefugnis gesellschaftlich relevanter Gruppen auf Beteiligung in den Aufsichtsgremien der Rundfunkanstalten, in: J. Becker (Hrsg.), Medienprozeßrecht, 1988, S. 159, 165ff.

[8] OVG Lüneburg JZ 1979, S. 24, 28 m. Anm. H. H. Rupp = DÖV 1979, S. 170ff. m. Anm. W. Kewenig; Dazu ausführlich M. Stock, Neues über Verbände und Rundfunkkontrolle, AöR 104 (1979), S. 1ff.

[9] B. gem. § 93a Abs. 2 BVerfGG, RuF 1982, S. 535f.; dazu H.-P. Schneider, Rundfunkvielfalt und Gruppenrelevanz im Kulturstaat, RuF 1982, S. 425ff.

tung von Rundfunkprogrammen in Hamburg auf seine Vereinbarkeit mit Art. 5 Abs. 1 Satz 2 GG prüfen lassen, weil das Gesetz keinerlei Vorkehrungen zur Gewährleistung der Rundfunkfreiheit enthalte.[10] Diese Verfassungsbeschwerde wurde nicht zur Entscheidung angenommen, weil die RFFU durch das angegriffene Gesetz nicht in ihrem Grundrecht verletzt sei.[11] Auch außerhalb der eigenen Beteiligung liegende Defizite der Rundfunkgesetzgebung können also von den gesellschaftlich relvanten Gruppen nicht als subjektive Rechtsverletzung vor den Gerichten gerügt werden.

Gleiches gilt, soweit es um die Einflußnahme auf die Programmgestaltung geht.[12] Hier gibt es in beschränktem Umfang durch die einfachen Gesetze geregelte Ansprüche in Gestalt sog. „Drittsendungen".[13] Art. 5 Abs. 1 Satz 2 GG verleiht keinen Anspruch auf Benutzung des Rundfunks zur Verbreitung der eigenen Meinung. Dies folgt nach Auffassung des Oberverwaltungsgerichts Hamburg daraus, daß Art. 5 Abs. 1 GG zwischen der individuellen Meinungsäußerung und -verbreitung in Satz 1 und der Freiheit der Massenmedien in Satz 2 unterscheide. Darüberhinaus verlöre der Rundfunk seine Funktionsfähigkeit, wenn er jedes einigermaßen begründete Begehren erfüllen müßte, eine private Meinung über seine Sender zu verbreiten.

Geringfügig anders gelagert ist die Problematik bei den politischen Parteien, die in der Terminologie des Rundfunkrechts ebenfalls zu den gesellschaftlich relevanten Gruppen gehören. Abweichungen zu dem vorstehend Ausgeführten können sich aus dem durch Art. 21 GG verbürgten Status der Parteien und dem Gebot der Chancengleichheit ergeben. Dieser Gesichtspunkt hat bisher bei redaktionell gestalteten Wahlsendungen eine Rolle gespielt, in denen es um die Präsentation und Befragung der zur Wahl stehenden Spitzenkandidaten der jeweiligen Parteien ging. Dabei steht die Frage, ob solche Sendungen ausgestrahlt werden sollen, in der alleinigen Programmverantwortung des Rundfunkveranstalters. Entschließt er sich dazu, dann ist anschließend das Ermessen bei der Auswahl der teilnehmenden Parteien gebunden. Die Nichtberücksichtigung einer Partei bedarf also eines sachlichen Grundes, der darin liegen kann, den Informationswert der Sendung als sol-

---

[10] GVBl. I 1984, S. 207. Danach durften zu einem Zeitpunkt, als weder die Verfassungsmäßigkeit der Privatfunkgesetze noch die Rechtsnatur der Weiterverbreitung geklärt waren, inländische Rundfunkprogramme in die Kabelanlagen Hamburgs eingespeist werden unter der einzigen Voraussetzung, daß sie am Ursprungsort in rechtlich zulässiger Weise veranstaltet wurden.

[11] BVerG B. gem. § 93a Abs. 3 BVerfGG v. 31. 1. 1985 (unveröff.)

[12] OVG HH NVwZ 1985, S. 124ff.; BVerwG JZ 1985, S. 957f.: Beide Entscheidungen betreffen eine Klage freireligiöser Verbände auf Berücksichtigung freirelgiösen Gedankenguts in den redaktionellen Programmen des NDR. Ob Art. 7 NDR-StV insoweit subjektive Rechte enthalte, wurde offengelassen, da die freireligiösen Verbände jedenfalls nicht zu den bedeutsamen weltanschaulichen Kräften gehörten.

[13] S. o. 3. Kapitel V 1. c) a. E.; 4. Kapitel IV 5.

cher zu erhalten, was erschwert wird, wenn eine zu große Anzahl von Kandidaten präsentiert werden muß.[14]

Im Hinblick auf Beteiligungsansprüche in Aufsichtsgremien verschafft Art. 21 GG den politischen Parteien keine privilegierte Stellung im Vergleich zu anderen gesellschaftlichen Gruppen. Rundfunkorganisation verfolgt den Zweck der Verwirklichung und Sicherung der verfassungsrechtlich garantierten Rundfunkfreiheit. Dazu gehört es, den Prozeß der öffentlichen Meinungsbildung für alle Meinungsrichtungen offenzuhalten und zu verhindern, daß die Programme einseitig einer Partei, Gruppe, einer Interessengemeinschaft, einem Bekenntnis oder einer Weltanschauung dienen. Die Tätigkeit der Parteien bei der Mitwirkung an der politischen Willensbildung ist demgegenüber auf eine gezielte Beeinflussung der öffentlichen Meinung im Sinne der von ihnen vertretenen Auffassungen gerichtet. Aus Art. 21 GG ist daher kein Anspruch auf Beteiligung an der Rundfunkkontrolle herzuleiten.[15]

3. Rundfunkveranstalter

Als dritter potentieller Rechteinhaber innerhalb des Kommunikationsprozesses bleiben schließlich die Träger des Mediums Rundfunk. Dabei bestehen aufgrund der unterschiedlichen Struktur Abweichungen zwischen öffentlich-rechtlichem und privatem Rundfunk.

a) Öffentlich-rechtliche Rundfunkanstalten

Träger des Grundrechts der Rundfunkfreiheit ist die Rundfunkanstalt als juristische Person des öffentlichen Rechts.[16] Das Grundrecht kann sich sowohl unmittelbar gegen staatliche Eingriffe als auch im Wege mittelbarer Drittwirkung gegen privatrechtliche Ansprüche richten, die von durch eine Sendung betroffenen Personen gegen die Programmgestaltung geltend gemacht werden.[17] Handlungsfähig wird die Rundfunkanstalt durch ihre Orga-

[14] BVerwG Buchholz 150, § 5 PartG Nr. 4; Nach OVG HH, ZUM 1989, S. 95 gilt der Grundsatz abgestufter Chancengleichheit der Parteien auch für redaktionell gestaltete Wahlsendungen. Zur Vorstellung von Oberbürgermeisterkandidaten VG Stuttgart NJW 1983, S. 467ff. Zu weiteren Differenzierungsgründen aus programmlicher Sicht A. Grupp, Redaktionell gestaltete Rundfunksendungen vor Wahlen, ZRP 1983, S. 28ff.

[15] BVerfGE 60, 53, 63ff.; In dem Verfahren hatte der Landesverband Schleswig-Holstein der F.D.P. versucht, einen Sitz im Rundfunkrat des NDR zu erhalten, der ihr nach § 17 NDR-StV nicht zustand, weil sie weder im Schleswig-Holsteinischen Landtag in der erforderlichen Stärke noch in zwei Parlamenten der vertragschließenden Länder vertreten war.

[16] Dazu s. o. 3. Kapitel IV

[17] S. o. 2. Kapitel II 2. a)

ne, so daß diese im Rahmen ihrer jeweiligen, gesetzlich festgelegten Kompetenzen über die Wahrnehmung des Rechts entscheiden.[18]

Soll der anstaltsinterne Kontrollzusammenhang nicht gestört werden, dann sind weitere Rechtspositionen ausgeschlossen. So können sich die einzelnen Rundfunkmitarbeiter gegenüber Weisungen der Vorgesetzten oder Beanstandungen der Aufsichtsgremien nicht auf die Meinungsfreiheit berufen.[19] Hier gibt es keinen im Innenverhältnis gegen die Anstalt gerichteten Grundrechtsschutz, dieser wirkt nur parallel zum Grundrechtsschutz der Anstalt im Außenverhältnis. Der einzelne Mitarbeiter kann sich also gegen staatliche Eingriffe wie z.B. die Beschlagnahme von Unterlagen wehren. Eine eigene Rechtsposition der Beschäftigten in Bezug auf die Programmgestaltung läßt sich auch nicht aus dem Arbeitsrecht herleiten. Zwar wird die Rundfunkanstalt durch den Arbeitsvertrag verpflichtet, die von ihr geschuldete Gegenleistung zu erbringen. Doch erwirbt der Arbeitnehmer keinen Anspruch darauf, an der Programmgestaltung mitwirken zu können, weil die Alleinverantwortung insoweit beim Intendanten liegt. Auch gibt es keinen Anspruch darauf, einen bildschirmwirksamen Arbeitsplatz etwa als Moderator einer Magazinsendung behalten zu dürfen, weil die für die Programmanpassung notwendige Elastizität unabdingbar ist,[20] das Direktionsrecht des Arbeitgebers also trotz längerer Nichtausübung in Abweichung von allgemeinen arbeitsrechtlichen Grundsätzen erhalten bleibt.

Vergleichbar ist die Rechtslage, soweit die Rundfunkanstalt ihre Sendungen nicht mit eigenem Personal herstellt, sondern von freien Autoren oder Produzenten erwirbt. Selbst wenn über den konkreten Beitrag ein Vertrag abgeschlossen wird, ergibt sich daraus kein Anspruch des Produzenten auf Sendung.[21] Schließlich kann die Ausstrahlung eines Beitrags auch nicht unter Berufung auf § 26 Abs. 2 GWB verlangt werden, weil auf die Programmgestaltung Kartellrecht grundsätzlich nicht anwendbar ist.[22]

b) Privater Rundfunk

Im Bereich des privaten Rundfunks liegen die Dinge etwas komplizierter, weil die bei den öffentlich-rechtlichen Rundfunkanstalten innerhalb eines Rechtsträgers zusammengefaßten Funktionen der Programmgestaltung und

---

[18] Der Intendant ist für die Programmgestaltung allein verantwortlich (Intendantenprinzip) und wird vom Rundfunkrat kontrolliert, vgl. im Einzelnen 3. Kapitel V

[19] OVG Münster, AfP 1981, S. 424ff.; dazu H. Bethge, Zum Rechtsschutz eines Redakteurs einer Rundfunkanstalt gegen Entscheidungen eines Rundfunkorgans. Streitgegenstand war ein Beschluß des WDR-Rundfunkrates, die Sendung „Lieder gegen rechts" verstoße gegen § 4 des WDR-G von 1954, weil sich der Moderator nicht von kommunistisch ausgerichteten, verhetzenden und zu Gewalttaten auffordernden Liedern distanziert habe.

[20] LAG Bad.-Württ., AfP 1988, 391, 395

[21] LG Baden-Baden UFITA 1978, S. 247, 255ff.

[22] LG München ZUM 1988, S. 470f.

der Programmkontrolle organisatorisch getrennt sind. Das Programm wird von den privaten Veranstaltern erstellt und ausgestrahlt, die Aufsicht wird von den Landesmedienanstalten wahrgenommen. Es besteht daher im Vergleich zum öffentlich-rechtlichen Rundfunk ein zusätzliches Rechtsverhältnis zwischen dem Rundfunkveranstalter und der Medienanstalt, während im übrigen einige Gemeinsamkeiten bestehen. So kann sich die Aufsichtsanstalt gegenüber staatlichen Eingriffen auf den Schutz des Art. 5 GG berufen[23] ebenso wie der einzelne Rundfunkveranstalter. Innerhalb des Rundfunkunternehmens liegt die Programmgestaltungsfreiheit beim Inhaber und nicht bei den Mitarbeitern. Abweichungen gegenüber der Rechtslage beim öffentlich-rechtlichen Rundfunk ergeben sich jedoch beim Verhältnis von Programmgestaltung und Kontrolle. Die Landesmedienanstalten sind in ihrer Einflußnahme auf eine Rechtsaufsicht beschränkt und können weitestgehend nur repressiv tätig werden, d.h. Verstöße gegen die gesetzlichen Bestimmungen mit den zur Verfügung stehenden Mitteln ahnden. Sie können dagegen weder im Vorfeld auf die Programmgestaltung Einfluß nehmen noch die Sendungen nach anderen als rechtlichen Kriterien beurteilen.

Der private Rundfunkveranstalter hat zwar keinen verfassungsunmittelbaren Anspruch auf Zugang, er wird aber in seiner Tätigkeit umfassend gegen Eingriffe geschützt. Er kann sich daher gegen Aufsichtsmaßnahmen der Landesmedienanstalten gerichtlich zur Wehr setzen, wobei die Möglichkeiten gerichtlicher Überprüfbarkeit eingeschränkt sind,[24] solange die Aufsichtsmaßnahme im Bereich der Rechtsaufsicht bleibt.

c) „Konkurrentenklage" nach § 1 UWG

Das Nebeneinander von öffentlich-rechtlichem und privatem Rundfunk führt zunächst zu einem publizistischen Wettbewerb. Daran schließt sich die Frage an, inwieweit auf dieses Verhältnis auch Normen des wirtschaftlichen Wettbewerbs anwendbar sind. Sie ist noch nicht abschließend geklärt, doch gibt es bereits Entscheidungen von Zivilgerichten, in denen bestimmte Aspekte der Programmgestaltung am Maßstab des § 1 UWG gemessen wurden.[25] Diese Vorschrift untersagt im geschäftlichen Verkehr zu Zwecken des

[23] Mit der prozessualen Folge der Verfassungsbeschwerdebefugnis, vgl. etwa Bay VfGH n.F. 40, 69

[24] OVG Lüneburg, DVBl. 1986, S. 1112: Die Bestimmungen der Landesmediengesetze enthalten zahlreiche unbestimmte Rechtsbegriffe; sie eröffnen damit einen Beurteilungsspielraum, so daß die Gerichte im wesentlichen nur das Verfahren der Anwendung und Sachverhaltsfeststellung prüfen können. Der Beurteilungsspielraum rechtfertigt sich unter anderem durch die pluralistische Zusammensetzung der Aufsichtsgremien in den meisten Medienanstalten. VGH B.-W., NJW 1990, S. 340

[25] KG Berlin AfP 1987, S. 712; LG Ffm. ZUM 1988, S. 302; Beide Entscheidungen betrafen Klagen von SAT 1 gegen die ARD wegen der Einblendung eines Hinweises auf AGFA als den Sponsor des übertragenen Fußballspiels.

Wettbewerbs Handlungen, die gegen die guten Sitten verstoßen. Der Unterlassungsanspruch kann von jedem Konkurrenten geltend gemacht werden. Da es sich bei dem Begriff der guten Sitten um eine Generalklausel handelt, hat die Rechtsprechung hierzu einzelne Fallgruppen entwickelt, zu denen unter anderen der „Vorsprung durch Rechtsbruch“ gehört. Dadurch soll verhindert werden, daß ein Unternehmen sich durch Nichtbeachtung der für alle Wettbewerber geltenden Vorschriften einen Vorsprung vor seinen rechtstreuen Konkurrenten verschafft. Derartige Vorschriften sind im Bereich des Rundfunks beispielsweise die Regelungen zur Trennung von Werbung und Programm.[26] Ob ein Verstoß hiergegen von einem konkurrierenden Veranstalter mit Erfolg gerügt werden kann, hängt davon ab, daß der in Anspruch Genommene in Wettbewerbsabsicht gehandelt hat. Diese wird normalerweise bei jedem geschäftlichen Handeln vermutet. Anderes gilt jedoch im Hinblick auf die durch Art. 5 Abs. 1 GG geschützte Funktion der Medien für die Programmgestaltung des Rundfunks: Hier muß die Wettbewerbsabsicht in jedem Einzelfall nachgewiesen werden.[27] Sie ist etwa dann gegeben, wenn der Rundfunkveranstalter für den Verstoß gegen die Werbevorschriften finanzielle Vorteile erhalten hat. Das Gericht prüft dann die Generalklausel der guten Sitten an Hand der einschlägigen Bestimmungen in den Rundfunkgesetzen, aus denen sich ergibt, was als gute Sitten beim Wettbewerb im Rundfunk anzusehen ist. Damit kann – den Nachweis der Wettbewerbsabsicht vorausgesetzt – praktisch jede Verletzung öffentlich-rechtlicher Programmnormen von einem Zivilgericht sanktioniert werden, was vor den Verwaltungsgerichten mangels Klagebefugnis nicht möglich wäre.

II. Ansatzpunkte zur Begründung subjektiver Rechte

Faßt man den Befund des vorangegangenen Abschnitts zusammen, so ergibt sich folgendes Bild: Subjektive innerhalb der Rundfunkordnung wurzelnde Rechte existieren nur in sehr beschränktem Umfang. Eine eigene Rechtsposition besitzen im Ergebnis nur die Träger des Mediums. Die gesellschaftlich relevanten Gruppen sind demgegenüber durch die gegenwärtige Organisationsform begünstigt, verfügen aber über kein eigenes Recht. Auch dem einzelnen Rundfunkteilnehmer stehen keine rechtlich durchsetzbaren Ansprüche zu, sieht man von dem durch Art. 5 Abs. 1 Satz 1 GG geschützten ungehinderten Zugang zur vorhandenen Information ab. Eine

[26] Dazu etwa F. Henning-Bodewig, Fernsehwerbung und unlauterer Wettbewerb, UFITA 94, S. 197ff.; R. Sack, Zur wettbewerbsrechtlichen Problematik des Product Placement im Fernsehen, ZUM Sonderheft 1987, S. 103ff.

[27] BGH GRUR 1968, S. 314ff. für den Rundfunk; BGH ZUM 1986, S. 536ff. für die Presse

gewisse Einflußnahme auf die Programmgestaltung ist unter Umständen mit Hilfe des Zivilrechts möglich. Dabei handelt es sich jedoch um Vorschriften des Persönlichkeitsschutzes und des Wettbewerbsrechts, die als allgemeine Gesetze auf den Rundfunk angewendet werden, aber nicht dem Schutz des Kommunikationsprozesses dienen. Daher stellt sich das Problem, wer die Rundfunkfreiheit verteidigen und organisatorische Mängel geltend machen kann, wenn der eigentlich berufene Gesetzgeber untätig bleibt.

Ansätze hierfür finden sich in der Literatur unter dem Gesichtspunkt der Kompensation. Danach führt die durch die Sondersituation des Rundfunks bedingte Vergesellschaftung des Rundfunks zu einer Schwächung der Rundfunkfreiheit als Individualrecht im Sinne eines Anspruchs auf ungehinderten Zugang. Da die Vergesellschaftung der Rundfunkfreiheit nicht Selbstzweck sei, dürfe sie nicht weiter gehen als erforderlich. Der Anspruch auf Teilhabe an der Rundfunkkontrolle stellt sich daher als Ersatz für ein fehlendes subjektives Recht auf Rundfunkveranstaltung dar.[28] Es fragt sich jedoch, ob mit der Durchsetzung einer derartigen Konzeption wirklich entscheidendes für die Funktionssicherung des Mediums gewonnen wäre. Dagegen spricht, daß es an einem hinreichend genauen materiellen Maßstab dafür fehlt, wer an der Kontrolle zu beteiligen ist.[29] Außerdem ist nicht vorhersehbar, wer von entsprechenden subjektiven Rechten tatsächlich Gebrauch machen würde, so daß sich ein den Anforderungen des Art. 5 GG genügendes Programm nicht unbedingt von allein einstellen würde.[30]

Erstreckt man die Beteiligungsansprüche auf die Programmgestaltung, so würde dadurch die Funktionsfähigkeit des Rundfunks bedroht. Die Vorwirkung klagbarer Rechte würde zu ihrer Berücksichtigung bei der Programmgestaltung führen und das Programm in die Nähe eines „meinungssynthetischen Produkts" bringen.[31] Der für die Programmgestaltung unabdingbare kreative Freiraum ginge verloren und die Letztentscheidung würde stattdessen auf die Gerichte verlagert, denen vollzugsfähige Maßstäbe ebenso wie die

---

[28] Ch. Starck, Teilhabeansprüche auf Rundfunkkontrolle und ihre gerichtliche Durchsetzung, in: Presserecht und Pressefreiheit, 1980, Festschrift für M. Löffler, S. 375, 379ff.; J. Lücke, Die Rundfunkfreiheit als Gruppengrundrecht, DVBl. 1977, S. 977, 983 leitet einen Anspruch auf Beteiligung an der Rundfunkkontrolle aus der Rechtsnatur der Rundfunkfreiheit als Gruppengrundrecht her. Vgl. ferner H.-P. Schneider aaO. FN 9, S. 429ff. und M. Stock aaO. FN 8, S. 28ff., der das Eigeninteresse der Gruppen als Vehikel zur Sicherung des Allgemeininteresses sieht und insofern den Gruppen einen „Splitter" der Rundfunkfreiheit, verstanden als Gewährleistung des publizistischen Vermittlungsauftrags, zugestehen will.

[29] Den Versuch einer Bestimmung der gesellschaftlich relevanten Gruppen unternimmt H. Lenz, Rundfunkorganisation und öffentliche Meinungsbildungsfreiheit, JZ 1963, S. 338, 347ff.

[30] H. Bethge, Rechtsschutzprobleme eines rundfunkspezifischen Pluralismus, UFITA 81 (1978), S. 75, 94

[31] U. Steiner, Die Klagebefugnis gesellschaftlich relevanter Gruppen auf Berücksichtigung ihrer Belange im Programm, in: J. Becker (Hrsg.), Beiträge zum Medienprozeßrecht, 1988, S. 85, 96

erforderliche Sachkunde fehlen und die sich daher im Zweifel auf die Kontrolle eines ordnungsgemäßen Verfahrens zurückziehen würden.[32]

Ein weiterer Gesichtspunkt ist darin zu sehen, daß Beteiligungsansprüche nur in einem binnenpluralen Organisationsmodell sinnvoll sein können. Ist dagegen ein Veranstalter berechtigt, seine eigene Tendenz zu verfolgen, dann sind damit Ansprüche Dritter auf Berücksichtigung nicht zu vereinbaren. Die Einräumung subjektiver Rechte außerhalb des einzelnen Rundfunkveranstalters ist daher nicht der richtige Weg zur Wahrung der Rundfunkfreiheit.[33] Gerade dies ist der Grund für die gegenwärtige Rechtslage, die durch ein „Ausweichen" auf Regelung von Organisation und Verfahren gekennzeichnet ist. Die Rundfunkfreiheit ist damit nicht völlig schutzlos, denn es bleiben noch die objektiven Verfahren vor dem Bundesverfassungsgericht, in erster Linie die Normenkontrolle, die vom Bestehen subjektiver Rechte unabhängig sind.

---

32 Vgl. OVG Lüneburg DVBl. 1986, S. 1112; Skeptisch gegenüber den Möglichkeiten gerichtlicher Kontrolle auch W. Hoffamann-Riem, Programmgrundsätze – Programmverantwortung – Programmkontrolle, RuF 1978, S. 112, 130ff.

33 Diese Aussage gilt nicht für noch im Anfangsstadium befindliche Überlegungen, dem einzelnen Rundfunkteilnehmer einen Anspruch aus der Informationsfreiheit zuzubilligen, der sich nicht gegen den Rundfunkveranstalter auf Informationsverschaffung richtet, sondern gegen den Gewährleistungsträger auf Sicherstellung der Grundversorgung. Dazu H. Goerlich/P. Radeck, Rundfunk und Empfänger – Zur Mediatisierung subjektiver Rechte, NJW 1990, S. 302

6. Kapitel. Rundfunk im europäischen Rahmen

In seinem Urteil aus dem Jahr 1961 hatte das Bundesverfassungsgericht den Begriff der „Sondersituation" verwendet, um den Zustand der Frequenzknappheit und den hohen finanziellen Aufwand bei der Veranstaltung von Rundfunksendungen zu kennzeichnen. Aus heutiger Sicht zeigt sich, daß die Sondersituation des Rundfunks noch einen weiteren Aspekt erfaßte: Die Reichweite der zur Verfügung stehenden technischen Verbreitungsmittel von Rundfunkprogrammen war weitgehend identisch mit den nationalen Grenzen der einzelnen europäischen Staaten. So konnte jeder Staat seine eigene Rundfunkordnung souverän regeln. Eine Flucht inländischer Unternehmer ins Ausland war ebensowenig zu befürchten wie eine Einstrahlung fremder, dem eigenen Einfluß entzogener Sender aus dem Ausland, da der Overspill grenznaher Sender nur eine unwesentliche Größenordnung erreichte.[1]

Diese Lage ändert sich durch das Aufkommen neuer Übertragungstechniken, insbesondere von Satelliten. Ihre Ausleuchtzone deckt sich nicht mit den Grenzen der Nationalstaaten, sondern umfaßt in der Regel weite Gebiete Europas. Eine Einstrahlung aus dem Ausland und die damit verbundenen Auswirkungen auf die innerstaatliche Rundfunkordnung sind daher unvermeidlich. Damit tritt auch im Rundfunk das ein, was in anderen Bereichen seit langem Realität ist: Eine Minderung der Effektivität nationaler Steuerungsmöglichkeiten gegenüber internationalen Sachverhalten. Es stellt sich daher die Frage, in welcher Weise das Recht auf diese Entwicklung reagieren kann und muß.

I. Regelungsbedürfnis

Die Beantwortung dieser Frage setzt zunächst Klarheit über die tatsächliche Entwicklung (dazu 1. und 2.) und das vorhandene rechtliche Instrumentarium (dazu 3. und 4.) voraus.

1. Die technische Entwicklung

Der Einsatz von Satelliten für Zwecke der Rundfunkübertragung begann in den sechziger Jahren, war jedoch anfänglich mit erheblichem Aufwand ver-

---

[1] Kurzwellensender im Hörfunk haben zwar eine sehr große Reichweite, bieten jedoch nur eine sehr schlechte Übertragungsqualität. Sie spielen daher im Vergleich zum UKW-Hörfunk und zum Fernsehen nur eine untergeordnete Rolle.

bunden.[2] Dies änderte sich, als es gelang, Satelliten in eine Umlaufbahn mit einer Höhe von 36.000 km über dem Äquator zu bringen mit der Folge, daß der Satellit von der Erde aus gesehen sich nicht zu bewegen scheint und damit ohne Unterbrechung für Übertragungen genutzt werden kann. Das Satellitensystem besteht dabei aus drei Komponenten: der Erdefunkstelle, von der aus die Signale zum Satelliten gesendet werden, dem Satelliten selbst, der die Signale empfängt, verstärkt und zur Erde zurücksendet, und schließlich den Empfangsstellen auf der Erde. Derzeit werden nach ihrer Technik und der sich daraus ergebenden rechtlichen Behandlung zwei Satellitentypen unterschieden. Es handelt sich um Fernmeldesatelliten und Rundfunksatelliten.

Fernmeldesatelliten waren ursprünglich nur als Ersatz für Richtfunkverbindungen der Fernmeldeverwaltungen gedacht. In diesem Fall ist nur ein Empfang an wenigen Punkten erforderlich. Es ist daher wirtschaftlicher, den Satelliten mit einer geringen Sendeleistung auszustatten und stattdessen für den Empfang größere Antennen mit einem bis zu mehrere Meter großen Durchmesser zu verwenden. Fernmeldesatelliten sind aus diesem Grund für den Empfang durch die Allgemeinheit nicht geeignet, sondern nur für die Übertragung von Rundfunkprogrammen zu den Kopfstationen von Breitbandkabelnetzen.[3] Dies schlägt sich in der rechtlichen Behandlung von Fernmeldesatelliten nieder. Sie senden in Frequenzbereichen, die aufgrund internationaler Absprachen nicht für den Empfang durch die Allgemeinheit freigegeben sind.

Anders verhält es sich demgegenüber bei Rundfunksatelliten.[4] Sie verfügen über eine wesentlich höhere Sendeleistung und können dementsprechend mit wesentlich kleineren Antennen auch von einzelnen Haushalten empfangen werden.[5] Die zur Ausstrahlung verwendeten Frequenzbereiche wurden auf der Funkverwaltungskonferenz 1977 für den Rundfunkdienst und damit für den Empfang durch die Allgemeinheit freigegeben.[6] Allerdings erlaubte das zur Verfügung stehende Frequenzspektrum nur die Zuteilung von fünf Kanälen an jeden Staat, während bei Fernmeldesatelliten derartige Beschränkungen nicht bestehen.

---

[2] Zu den Einzelheiten der Satellitentechnik ausführlich F. Müller-Römer, Programmverbreitung über Rundfunksatelliten, in: Bauer/Detjen/Müller-Römer/Posewang, Die Neuen Medien; ders., Satelliten- und Kabelrundfunk, in: Internationales Handbuch für Rundfunk und Fernsehen 1988/89, S. A 1ff.

[3] Sie werden deswegen auch als Verteilsatelliten bezeichnet.

[4] Dazu ausführlich G. Luyken, Direktempfangbare Satelliten in Europa, Media Perspektiven 1987, S. 615ff.

[5] Deswegen auch Bezeichnung als Direktsatellit, engl. Direct Broadcast Satellite, abgekürzt DBS

[6] Art. 8 der Vollzugsordnung für den Funkdienst, die als Anlage zum Internationalen Fernmeldevertrag gilt, der durch Gesetz vom 4. 3. 1985, BGBl. 1985 II, S. 425ff. gemäß Art. 59 Abs. 2 GG in innerstaatliches Recht transformiert wurde. Zur Funkverwaltungskonferenz 1977 E. Imelmann, Die Verhandlungen der WARC 1977, in: Satellitenfernsehen und deutsches Rundfunksystem, 1983, S. 5ff.

Die theoretisch klare Unterscheidung zwischen den beiden Satellitensystemen wird durch die technische Entwicklung weitgehend überholt.[7] So erlauben es die Fortschritte der Empfangsantennentechnik, Fernmeldesatelliten mit nur unwesentlich größeren Antennenschüsseln zu empfangen als sie für Rundfunksatelliten erforderlich sind. Gleichzeitig bietet der Fernmeldesatellit eine Reihe von Vorteilen. Aufgrund der für den einzelnen Kanal eingesetzten geringeren Sendeleistung können mehr Kanäle betrieben werden. Damit reduzieren sich die Satellitenmietkosten für den einzelnen Veranstalter, während der Teilnehmer bei gleichem technischen Aufwand eine größere Zahl von Programmen empfangen kann. Ein weiterer Vorteil besteht darin, daß Fernmeldesatelliten ihre Signale in derselben Norm ausstrahlen, wie sie für terrestrische Programme verwendet wird. Der Teilnehmer braucht sich daher keinen zusätzlichen Normwandler anzuschaffen. Aus diesen Gründen verliert die Unterscheidung von Fernmelde- und Rundfunksatelliten rasch an Bedeutung. An ihre Stelle werden Medium-Power-Satelliten treten – Fernmeldesatelliten mit geringfügig erhöhter Sendeleistung – die sowohl die Programmverteilung an Kabelnetze als auch die Ausstrahlung für Einzelempfang übernehmen werden.

2. Auswirkungen auf die innerstaatliche Rundfunkordnung

Sind ausländische Programme ohne Schwierigkeiten in der Bundesrepublik zugänglich, so führt dies zu einem Wettbewerb zwischen den ansässigen und den ausländischen Veranstaltern. Sind in diesem Wettbewerb nicht alle Veranstalter vergleichbaren Bedingungen unterworfen, so kann dies zu erheblichen Rückwirkungen auf die inländische Rundfunkstruktur führen.[8] Bestehen im Inland kostenträchtige Auflagen im Hinblick auf die Programmveranstaltung, etwa durch die Festlegung von Eigenproduktionsquoten oder die Verpflichtung zur Wiedergabe von Meinungsvielfalt, dann hat ein ausländischer Konkurrent, der diesen Anforderungen nicht unterworfen ist, durch geringere Kosten einen Wettbewerbsvorteil. Deswegen könnte der inländische Veranstalter versucht sein, seinen Sitz ins Ausland zu verlegen und von dort mit Hilfe von Satellitenprogrammen sein Publikum zu erreichen. Soll dies verhindert werden, ist der inländische Gesetzgeber gezwungen, die Bestimmungen über die Veranstaltung denen im Ausland anzupassen und da-

[7] Eine Gegenüberstellung der beiden Systeme findet sich bei F. Müller-Römer, Die Entwicklung der Satellitentechnik, Media Perspektiven 1989, S. 410

[8] Dazu M. Bullinger, Rundfunkordnung im Bundesstaat und in der Europäischen Gemeinschaft, AfP 1985, S. 257ff.; ders., Das Verhältnis von deutschem und europäischem Rundfunkrecht, VBlBW. 1989, S. 161ff.; ders., Vom Rundfunk zum elektronischen Versandhandel, Rechtliche Aspekte, in: Bullinger/Eigler/Külp/Lehmann/Schlier, Die elektronische Herausforderung, 1985, S. 63ff.; vgl. ferner insbesondere zu Problemen der Vielfaltssicherung W. Hoffmann-Riem, Internationale Medienmärkte – nationale Rundfunkordnungen, RuF 1986, S. 5ff.

durch wieder Wettbewerbsgleichheit herzustellen.[9] Greifen nationale Steuerungsmöglichkeiten ohnehin nur gegenüber nationalen Programmen, so werden diese Möglichkeiten also faktisch nochmals eingeengt.

Weitere Auswirkungen können sich im Hinblick auf die Finanzierung ergeben. Enthält die ausländische Rechtsordnung weniger strenge Werberegelungen, kann dies einen Anreiz für die werbetreibende Wirtschaft bilden, ihre Aufträge ins Ausland zu vergeben. Die dadurch abfließenden Mittel stehen dann für die Finanzierung inländischer Programme nicht mehr zur Verfügung.

Schließlich kann auch die Programmgestaltung inländischer Veranstalter beeinflußt werden, wenn sie versuchen, ihrerseits Publikum im Ausland zu erreichen. Dafür sind nationale Programmbestandteile wenig geeignet, so daß die derzeitige Gebietsbezogenheit inländischer Programme verloren gehen kann.

Allerdings stehen der durch den Einsatz der Satellitentechnik ausgelösten Entwicklung auch Hindernisse entgegen, deren vollständige Überwindung in absehbarer Zeit nicht zu erwarten ist.[10] So richtet sich die Publikumsnachfrage in erster Linie auf nationale Programme, während europaweit ausgerichtete Programme nur geringfügige Einschaltquoten erzielen. Dies hängt in erster Linie mit den Sprachbarrieren zusammen, die im Ausland den Zugang erschweren. Hinzu kommt der Geschmack des Publikums, das an speziell auf seine Bedürfnisse zugeschnittene Programme gewöhnt ist und einen übermäßigen Anteil von primär auf das ausländische Heimatterritorium bezogenen Sendungen nicht akzeptiert. Diese Schwierigkeiten lassen sich am ehesten mit Spartenprogrammen vermeiden, die sich auf Musik oder Sport beschränken. Ein weiteres Problem ergibt sich bei der Finanzierung aus Werbung. Werbeaufträge in einem übernationalen Verbreitungsgebiet sind für die Wirtschaft nur interessant, wenn das beworbene Produkt im gesamten Verbreitungsgebiet vertrieben wird und unter demselben Namen bekannt ist. Daran fehlt es noch, weil die Hersteller für ihre Produkte in den einzelnen Sprachen wegen der klanglichen Wirkung unterschiedliche Namen wählen. Die Entwicklung eines einheitlichen europäischen Werbemarktes steht noch am Anfang.

---

[9] Als Beispiel hierfür kann die Änderung der Vorschriften über die Werbung im Landesmediengesetz Baden-Württemberg dienen. § 30 Abs. 1 Nr. 6 i.d.F. v. 16. 12. 1985 (GBl. 1985, S. 533) enthielt ein Werbeverbot für lokale und regionale Programme, nicht jedoch für inländische Programme, die außerhalb Baden-Württembergs veranstaltet wurden. Durch Art. 1 Ziffer 16. des Änderungsgesetzes v. 10. 12. 1987 (GBl. 1987, S. 728) ist diese Bestimmung gestrichen worden, weil sie die in Baden-Württemberg ansässigen Veranstalter benachteiligte.

[10] Dazu M. Bullinger, Europäische Rundfunkordnungen im Übergang, in E.-J. Mestmäcker (Hrsg.), Offene Rundfunkordnung, 1988, S. 45, 68ff., 74

3. Innerstaatliche Regelungsmöglichkeiten gegenüber ausländischen Rundfunkprogrammen

Für die Frage, welchen Bindungen ausländische Programme bei ihrer Verbreitung im Inland unterliegen, ist zu differenzieren zwischen den sich aus der allgemeinen, für jedermann geltenden Rechtsordnung ergebenden Anforderungen und den spezifischen Regelungen des Rundfunkrechts, die der Funktionssicherung des Mediums dienen.

a) Die allgemeine Rechtsordnung

Ein für die Tätigkeit der Medien sehr wichtiger Bestandteil der allgemeinen Rechtsordnung sind die Regelungen des Persönlichkeitsschutzes und die Vorschriften des Strafrechts. Daß inländische Veranstalter hieran gebunden sind, steht außer Zweifel. Aber kann ihre Beachtung auch von außerhalb des Geltungsbereichs eingestrahlten Programmen verlangt werden? Das allgemeine Persönlichkeitsrecht ist in der deutschen Rechtsordnung als Teil des zivilrechtlichen Deliktsrechts ausgestaltet. Seine Anwendbarkeit auf Sachverhalte mit Auslandsberührung entscheidet sich nach den Regeln des deutschen internationalen Privatrechts, das im Falle des Deliktsrechts an den Tatort anknüpft.[11] Dabei liegt der Tatort sowohl dort, wo der Schädiger gehandelt hat, als auch dort, wo der Verletzungserfolg eingetreten ist. Der Geschädigte hat dann bei mehreren Tatorten die Wahl und kann sich das ihm günstigere Recht aussuchen, wobei für die Wahl nicht nur die materielle Rechtslage, sondern auch die prozessuale Durchsetzbarkeit ausschlaggebend ist. Für die Ausstrahlung von Rundfunksendungen bedeutet dies, daß auch wenn sich der Sitz des Sendeunternehmens im Ausland befindet, das deutsche Recht des Persönlichkeitsschutzes zur Anwendung kommen kann, weil der Erfolg, d.h. die Schädigung von Ruf und Ansehen, im Inland eintritt.[12] Die sich daraus ergebenden Ansprüche können von den Betroffenen vor deutschen Gerichten eingeklagt werden, deren internationale Zuständigkeit sich aus § 32 ZPO (Gerichtsstand der unerlaubten Handlung) ergibt. Ein obsiegendes Urteil

---

[11] Dazu H. Schack, Die grenzüberschreitende Verletzung allgemeiner und Urheberpersönlichkeitsrechte, UFITA 108 (1988), S. 51ff.

[12] H. Schack, Rechtsschutz gegen grenzüberschreitende Persönlichkeitsrechtsverletzungen durch Rundfunksendungen, in: Das Persönlichkeitsrecht im Spannungsfeld zwischen Informationsauftrag und Menschenwürde, 1989, S. 113, 120ff.; G. Hohloch, Neue Medien und Individualrechtsschutz – Kollisionsrechtliche Aspekte grenzüberschreitender Rundfunksendungen, ZUM 1986, S. 165, 172f.; vgl. ferner zum Wettbewerbsrecht, insbesondere § 1 UWG G.Schricker, Die Durchsetzbarkeit deutscher Werberegelungen bei grenzüberschreitender Rundfunkwerbung, GRUR Int. 1982, 720ff.; R. Damm, Rechtsprobleme des grenzüberschreitenden Fernsehens – Schutz des allgemeinen Persönlichkeitsrechts, Gegendarstellungsanspruch und Wettbewerbsgleichheit bei der Werbung, in: J. Schwarze (Hrsg.), Fernsehen ohne Grenzen, 1985, S. 175ff.

kann auch im Ausland vollstreckt werden, sofern mit dem Heimatstaat des Sendeunternehmens ein Vollstreckungsabkommen besteht.[13] Diese Rechtslage, die in den meisten europäischen Ländern in den Grundzügen identisch ist,[14] führt dazu, daß sich der Veranstalter von Rundfunksendungen auf unterschiedliche nationale Rechtsordnungen einstellen muß,[15] obwohl es sich bei der Programmausstrahlung um einen unteilbaren Vorgang handelt. Harmonisierungsbestrebungen müßten jedoch auf der Ebene des Zivilrechts ansetzen, zu dem das allgemeine Persönlichkeitsrecht gehört, und nicht im Rundfunkrecht.

Nicht in gleichem Maße durchsetzbar wie die auf dem Allgemeinen Persönlichkeitsrecht fußenden zivilrechtlichen Ansprüche ist das Recht auf Gegendarstellung, das ebenfalls dem Persönlichkeitsschutz dient. Es findet seine Grundlagen in öffentlich-rechtlichen Regelungen, und kann daher nur am Sitz des Sendeunternehmens geltend gemacht und im Streitfall eingeklagt werden.[16] Darüberhinaus ist seine Ausgestaltung in den einzelnen europäischen Rechtsordnungen unterschiedlich.

Im Strafrecht entspricht die Rechtslage derjenigen des allgemeinen Persönlichkeitsrechts. Nach § 3 StGB kommt deutsches Strafrecht auf Taten zur Anwendung, die im Inland begangen wurden. Dabei ist nach § 9 StGB Tatort jeder Ort, an dem der Täter gehandelt hat oder der zum Tatbestand gehörende Erfolg eingetreten ist. Wenn beispielsweise §§ 131, 184 StGB im Hinblick auf bestimmte Inhalte „das Verbreiten durch Rundfunk" unter Strafe stellen, dann wird der Tatbestand auch durch eine Ausstrahlung vom Ausland verwirklicht.[17] Denn der Erfolg tritt zumindest teilweise auch im Inland ein, weil die verbotenen Inhalte hier der Öffentlichkeit zugänglich gemacht werden. Allerdings dürfte die Verfolgung beträchtlichen Schwierigkeiten ausgesetzt sein, da jedenfalls bei Direktsendungen aus dem Ausland im Inland nicht ohne weiteres Aufzeichnungen der Sendung verfügbar sind.[18] Kommt es zu einer Verurteilung, ist die Vollstreckung nur auf der Grundlage entsprechender zwischenstaatlicher Vereinbarungen möglich.

---

[13] Innerhalb der EG ist die Vollstreckbarkeit durch das Europäische Gerichtsstands- und Vollstreckungsübereinkommen gesichert, mit Österreich und der Schweiz bestehen bilaterale Abkommen. Vgl. dazu H. Schack, aaO. FN 11, Rechtsschutz gegen grenzüberschreitende Persönlichkeitsrechtsverletzungen, S. 129ff.

[14] Dazu P. Tercier, Der Entwicklungsstand des Persönlichkeitsschutzes in Kontinentaleuropa, in: Das Persönlichkeitsrecht im Spannungsfeld zwischen Informationsauftrag und Menschenwürde, 1989, S. 71ff.; Zur Haftung des Medieninhabers vgl. die speziellen Regelungen in §§ 35, 40 Abs. 2, 41 Abs. 5 des Österreichischen Mediengesetzes v. 12. 6. 1981, abgedruckt in UFITA 1982

[15] Unterschiede ergeben sich vor allem bei der Höhe und Verschuldensabhängigkeit von Schmerzensgeldansprüchen.

[16] Vgl. die Nachweise in FN 11 und 12

[17] Dazu Jedamzik, Das rundfunkrechtliche Sonderdelikt als Anwendungsfall interlokalrechtlicher Grundsätze, 1979

[18] Bei der Kabeleinspeisung können die Landesmediengesetze eine Aufzeichnungspflicht vorsehen.

b) Durchsetzbarkeit rundfunkspezifischer Regelungen

Besteht hinsichtlich der sich aus der allgemeinen Rechtsordnung ergebenden Anforderungen eine grundsätzliche Bindung ausländischer Programme an das inländische Recht, wenn auch mit erschwerter tatsächlicher Durchsetzbarkeit, kann gleiches nicht für Regelungen gesagt werden, die speziell auf den Rundfunk zugeschnitten sind und der Sicherung seiner publizistischen Funktion dienen wie die Normierung von Programmgrundsätzen oder die Verpflichtung zu Meinungsvielfalt. In diesem Bereich gilt das Territorialitätsprinzip. Danach kann ein Staat nur solche Vorgänge seinen Regelungen unterwerfen, die sich auf seinem Territorium abspielen und damit seiner Gebietshoheit unterliegen. Erste Voraussetzung einer inländischen Regelung ist also ein Anknüpfungspunkt, der sich im Inland befindet. Für die Einstrahlung ausländischer Programme in die Bundesrepublik ist dabei zu differenzieren je nach der Art der Programmübermittlung. Erfolgt die Verbreitung im Inland über Kabelnetze, dann stellt die Einspeisung an der Kabelkopfstation einen Anknüpfungspunkt für die Anwendung deutschen Rechts dar. Dementsprechend enthalten die Landesmediengesetze Regelungen über die Weiterverbreitung ausländischer Rundfunkprogramme. In rechtlicher Hinsicht kann dabei allenfalls fraglich sein, inwieweit der Inhalt dieser Regelungen sich an höherrangigem Recht, etwa Art. 5 GG[19] oder dem EWG-Vertrag, ausrichten muß. Problematisch ist in tatsächlicher Hinsicht dagegen, wie lange sich eine Verweigerung der Einspeisung politisch durchhalten läßt, noch dazu, wenn das betreffende Programm gleichzeitig auch direkt empfangbar ist.

Sind die Hindernisse, denen sich das inländische Steuerungsinstrumentarium ausgesetzt sieht, bei der Kabeleinspeisung politischer Natur, so treten beim Direktempfang rechtliche Probleme hinzu. Denn ein Zugriff auf den Sender, der sich im Ausland befindet, ist nicht möglich. Zwar kennt das Völkerrecht ein Interventionsverbot, das jedem Staat den Anspruch gibt, sich gegen äußere Einflußnahme auf seine innere Ordnung abzuschirmen. Adressat dieser Verpflichtung ist jedoch nur der Staat, nicht das einzelne Rundfunkunternehmen. Vor allem aber betrifft das Verbot nur bestimmte Verhaltensweisen und subversive Tätigkeiten, die dazu bestimmt sind, das Regime eines anderen Staates in Frage zu stellen.[20] Im übrigen gilt im Verhältnis der

---

[19] Die Einspeisung ist ein rundfunkrechtlich relevanter Vorgang. Deswegen müssen nach BVerfGE 73, 118, 197 bestimmte gesetzliche Mindestvorkehrungen getroffen werden. Zu der Frage, ob die Informationsfreiheit zur Einspeisung bestimmter Programme verpflichtet C. Degenhart, Grenzüberschreitender Informationsfluß und grundgesetzliche Rundfunkordnung, EuGRZ 1983, S. 205ff.

[20] Dazu J. Delbrück, Direkter Satellitenrundfunk und nationaler Regelungsvorbehalt, 1982, S. 52ff.; J. Schwarze, Rundfunk und Fernsehen in der Europäischen Gemeinschaft, in: J. Schwarze (Hrsg.), Fernsehen ohne Grenzen, 1985, S. 11, 14ff.; I. Seidl-Hohenveldern, Nationale Regelungsvorbehalte nach Völkerrecht, in: Satellitenfernsehen und deutsches Rundfunksystem, 1982, S. 13ff.

westlichen Demokratien das Prinzip des „free flow of information".[21] Dem versuchen die Staaten des Ostblocks und der dritten Welt den Grundsatz des „prior consent" entgegenzustellen. Danach wäre jede Einstrahlung von Rundfunkprogrammen aus dem Ausland von der Zustimmung des betroffenen Staates abhängig. Eine völkerrechtliche Vereinbarung des einen oder des anderen Prinzips existiert bisher nicht. Jedoch führt eine Bestimmung der Regeln der Internationalen Fernmeldeunion über die Frequenzverteilung in der Sache zum Erfordernis einer vorherigen Zustimmung des betroffenen Staates.[22] Allerdings darf von diesem Zustimmungsvorbehalt nach westlichem Verständnis nur aus rein fernmeldetechnischen Gründen Gebrauch gemacht werden.

Deshalb bleibt als einziger theoretisch denkbarer Anknüpfungspunkt für inländische Regelungen der Empfang der ausländischen Sendungen durch den Teilnehmer. Dieser ist jedoch durch Art. 10 der Europäischen Menschenrechtskonvention [23] und in der Bundesrepublik zusätzlich durch die Informationsfreiheit des Art. 5 Abs. 1 Satz 1 GG geschützt. Diese gewährleistet das Recht, sich aus allgemein zugänglichen Quellen ungehindert zu unterrichten. Nach allgemeiner Auffassung setzt die Allgemeinzugänglichkeit voraus, daß die Informationsquelle für die Unterrichtung der Allgemeinheit bestimmt und geeignet ist.[24] Für die Eignung ist entscheidend die tatsächliche Zugänglichkeit im Inland, auch wenn die Sendung vom Ausland ausgestrahlt wird.[25] Sie ist auf Grund der technischen Gegebenheiten sowohl für Direkt- als auch für Fernmeldesatelliten zu bejahen. Zweifel können sich dagegen hinsichtlich der Bestimmung für die Allgemeinheit ergeben. Zwar richten sich Rundfunkprogramme aus der Sicht des Veranstalters an die Allgemeinheit,[26] doch muß auch die unterschiedliche fernmelderechtliche Behandlung von Fernmelde- und Rundfunksatelliten in Betracht gezogen werden. Diese verwenden für den Empfang durch jedermann freigegebene Frequenzbereiche und sind daher zweifelsfrei allgemein zugängliche Quellen i.S. der Informationsfreiheit.[27] Jene senden hingegen in Freqenzbereichen, die nach den internationa-

[21] Dazu M. Wein, Free Flow of Information, UFITA 105 (1987), S. 137ff.

[22] Art. 30 Rdn 2674 der Vollzugsordnung Funk (s.o. FN 6) legt fest, daß die Aussendungen von Rundfunksatelliten über dem Gebiet anderer Länder auf ein Minimum zu beschränken sind, sofern nicht mit den Verwaltungen dieser Länder zuvor eine Vereinbarung getroffen wurde.

[23] Dazu J. Frowein, Art. 10 EMRK in der Praxis von Kommission und Gerichtshof, AfP 1986, S. 197, 200

[24] BVerfGE 27, 71, 83; vgl. ferner Art. 112 BV und BayVfGH n.F. 38, 141 zur Freiheit des Rundfunkempfangs

[25] So ausdrücklich BVerfGE 33, 53, 65: „Es genügt für die Anwendbarkeit des Art. 5 Abs. 1 GG, daß die Informationsquelle im Ausland allgemein zugänglich ist."

[26] Vgl. die Definition in Art. 1 Rundfunkgebührenstaatsvertrag

[27] Dazu näher W. Krafczyk, Ausländische Rundfunksendungen als „allgemein zugängliche Quellen" im Sinne des Art. 5 Abs. 1 Satz 1 Grundgesetz, 1983; W. Löwer, Ausländisches Werbefernsehen und Deutsches Verfassungsrecht, JZ 1981, S. 730ff.

len Frequenzabsprachen der Verwendung durch die Fernmeldeverwaltungen zugeordnet sind. Die Deutsche Bundespost hätte hier also theoretisch die Möglichkeit, die für den Betrieb einer Empfangseinrichtung erforderliche fernmelderechtliche Genehmigung nicht zu erteilen und auf diese Weise den Direktempfang von Fernmeldesatelliten zu unterbinden.[28] Die Bundespost hat hiervon jedoch keinen Gebrauch gemacht, um „eine schnellere Öffnung des Medienmarktes" zu erreichen, und stattdessen in zunehmendem Maße den Einzelempfang von Fernmeldesatellitenprogrammen durch Allgemeinverfügungen freigegeben.[29] Dieser Umstand belegt, daß es keine technischen Gesichtspunkte gibt, die das Verbot des Empfangs von Fernmeldesatelliten rechtfertigen könnten. Nur auf technische Gründe darf die Fernmeldeverwaltung jedoch ihr Handeln stützen. Deswegen entscheidet über die Adressierung seines Programms an die Allgemeinheit allein der Rundfunkveranstalter.[30] Demgegenüber darf es nicht die Fernmeldeverwaltung in der Hand haben, durch die Wahl des entsprechenden Frequenzbereichs über die Allgemeinzugänglichkeit einer Informationsquelle zu entscheiden. Mit der genannten Maßgabe liegt der individuelle Empfang von Fernmeldesatellitenprogrammen im Rahmen der Informationsfreiheit des Art. 5 Abs. 1 GG.[31] Damit ist der Empfang ausländischer Programme in der Bundesrepublik verfassungsrechtlich geschützt, gleichgültig, welcher Ausstrahlungstechnik sie sich bedienen. Zwar sind nach Art. 5 Abs. 2 GG Beschränkungen durch die allgemeinen Gesetze möglich, doch erlaubt dieser Vorbehalt nur die Abwehr solcher Gefahren, die sich aus dem Informationsvorgang als solchem erge-

---

[28] Nach § 1 Fernmeldeanlagengesetz i.d.F. der Bekanntmachung v. 3.7. 1989, BGBl. 1989 I, S. 1455, hat der Bund das ausschließliche Recht, Fernmeldeanlagen zu errichten und zu betreiben (Fernmeldemonopol), nach § 2 kann die Befugnis hierzu an Private verliehen werden. Da auch Rundfunkempfänger unter den Begriff der Fernmeldeanlage fallen, bedarf ihr Betrieb nach einfachem Recht einer Genehmigung. Dazu H.P. Ipsen, Die Rundfunkgebühr, 1958, S. 32ff. einerseits und H. Schneider, Informationsfreiheit und Rundfunkgenehmigung, NJW 1961, S. 53ff. andererseits.

[29] Vgl. die Verfügungen des Bundesministers für das Post- und Fernmeldewesen Nr. 569/85, Amtsblatt BPM 1985, S. 1171, dort auch die oben im Text wiedergegebene Begründung; Nr. 519/87, Amtsblatt BPM 1987, S. 1286; Nr. 57/89, Amtsblatt BPM 1989, S. 222 mit Aufstellung der freigegebenen Programme. Eines besonderen Genehmigungsverfahrens im Einzelfall bedarf es danach nicht mehr, eine bloße Anzeige ist ausreichend.

[30] Der Programmveranstalter kann z.B. aus urheberrechtlichen Gründen ein Interesse daran haben, sich nur an das Publikum bestimmter Länder zu wenden, wenn es ihm nicht gelungen ist, die Rechte für den gesamten Ausstrahlungsbereich zu erwerben. Zu weitgehend daher LG Wiesbaden, ZUM 1989, S. 257, das Fernmeldesatellitenprogramme ohne Rücksicht auf den Willen des Programmveranstalters als allgemein zugängliche Quellen betrachtet.

[31] Allein auf die tatsächliche Zugangsmöglichkeit, die nur bei Verschlüsselung entfällt, stellen ab Bullinger/Gödel, Landesmediengesetz Baden-Württemberg, 1986, § 9 Rdn 6. Zur Beurteilung unter Aspekten von Art. 10 EMRK vgl. den Bericht in der NZZ v. 24. 8. 1989 über ein entsprechendes vor dem Europäischen Gerichtshof anhängiges Verfahren.

ben,[32] nicht jedoch Regelungen zur Erhaltung der inländischen Rundfunkstruktur.

Zusammenfassend ergibt sich für die innerstaatlichen Regelungsmöglichkeiten folgendes Bild: Der Direktempfang ist aus rechtlichen Gründen der Regelungsbefugnis des deutschen Gesetzgebers entzogen. Eine Regelung der Kabeleinspeisung ist zwar rechtlich und tatsächlich möglich, aus politischen Gründen aber nicht ohne weiteres durchsetzbar. Daher sind die Auswirkungen ausländischer Programme auf die inländische Rundfunkordnung mit dem vorhandenen Instrumentarium der Rundfunkgesetzgebung nicht in den Griff zu bekommen. Soll der Versuch unternommen werden, die Ordnungsprinzipien des Rundfunks in der Bundesrepublik vor einer Aushöhlung zu bewahren, kann dies nur durch eine Zusammenarbeit auf internationaler Ebene gelingen, die für alle Veranstalter europaweit zu gleichen Bedingungen führt, gleichgültig wo sich der Sitz des Veranstalters befindet.

4. Kooperation im Rahmen der Europäischen Rundfunkunion

Ein wesentlicher Aspekt des Rundfunks auf europäischer Ebene ist die Zusammenarbeit der wichtigsten Veranstalter in der 1950 gegründeten Europäischen Rundfunkunion,[33] die 37 aktive und 60 assoziierte Mitglieder zählt. Sie bildet das Forum für eine professionelle internationale Zusammenarbeit, wodurch die eingangs geschilderten Probleme zwar nicht beseitigt, aber doch in ihrer Wirkung abgeschwächt werden.

a) Rechtsform und Aufgaben der Rundfunkunion

Es handelt sich um eine Vereinigung nach Schweizer Recht mit eigener Rechtspersönlichkeit und Sitz in Genf (Art. 1 der Statuten). Sie verfolgt keine kommerzielle Zielsetzung, sondern hat die Aufgabe, die Interessen ihrer Mitglieder zu unterstützen (Art. 2 der Statuten). Dies geschieht auf vielfältige Weise. Wichtigste Aktivität ist der Programmaustausch, im Fernsehen bekannt unter dem Namen Eurovision.[34] Seit 1960 gibt es einen regelmäßigen Nachrichtenaustausch, der dreimal täglich durchgeführt wird. Dabei bietet jedes Mitglied die von ihm produzierten Nachrichten an und ist im Gegenzug berechtigt, die Nachrichten der anderen Mitglieder zu übernehmen.[35] Weite-

---

[32] BVerfGE 27, 71, 85

[33] Offizielle Bezeichnung European Broadcasting Union (EBU) oder Union Européenne de Radiodiffusion (UER)

[34] Zu den technischen Einzelheiten R. Gressmann, Die Bedeutung der UER/EBU für den grenzüberschreitenden Nachrichtenaustausch, in: E.-J.Mestmäcker (Hrsg.), Offene Rundfunkordnung, 1988, S. 397ff.

[35] ARD und ZDF boten 1986 fast 600 Meldungen an, entnahmen aber ca. 17.000 Meldungen, vgl. die Eurovisionsstatistik, abgedr. im Internationalen Handbuch für Rundfunk und Fernsehen 1988/89 G 22

re wichtige Aktivitäten der Rundfunkunion sind der Rechteerwerb für ihre Mitglieder bei internationalen Veranstaltungen wie z.B. den Olympischen Spielen,[36] die Vertretung der Mitgliederinteressen gegenüber internationalen Organisationen und der Erfahrungsaustausch zwischen den Mitgliedern.

b) Voraussetzungen der Mitgliedschaft

Die Mitgliedschaft ist in ihren Voraussetzungen je nach der Intensität der Beteiligung abgestuft (Art. 3 der Statuten). Aktive Mitglieder müssen aus der europäischen Rundfunkzone kommen,[37] wobei es sich um einzelne Veranstalter oder zu einer Gruppe zusammengeschlossene Veranstalter wie z.B. die ARD handeln kann. Dabei muß der Rundfunkdienst über eine Genehmigung der zuständigen Behörden verfügen und nationalen Charakter und Bedeutung aufweisen. Dazu gehören im Einzelnen folgende Merkmale, die zahlreiche Gemeinsamkeiten mit der deutschen Vorstellung von der Grundversorgung erkennen lassen:[38] die Verpflichtung zu flächendeckender Versorgung und die tatsächliche Versorgung eines wesentlichen Teils der Bevölkerung, vielfältige und ausgewogene Programme für alle Bevölkerungsschichten einschließlich eines angemessenen Anteils von Minderheitenprogrammen, ein wesentlicher Anteil von Eigen- oder Auftragsproduktionen. Sind diese Voraussetzungen erfüllt, dann spielen weder die Rechtsform des Veranstalters noch die für die Programmverbreitung verwendete Technik eine Rolle.

Assoziierte Mitglieder stammen demgegenüber aus Gebieten außerhalb der europäischen Rundfunkzone. Sie haben kein Stimmrecht in den Organen der Rundfunkunion, können aber an allen Aktivitäten als Beobachter teilnehmen. Ihr Zugang zur Eurovision bedarf eines gesonderten Beschlusses des Verwaltungsrats. Schließlich bleibt als schwächste Form der Beteiligung für die Nichtmitglieder der Zugang zur Eurovision auf vertraglicher Basis.

---

[36] Die Monopolkommission hält in ihrem 7. Tätigkeitsbericht, BT-Ds 11/2677, Rdn 518 den gemeinsamen Rechteerwerb für wettbewerbswidrig, weil er den Marktzugang für private Veranstalter behindere. Die EG-Kommission hat mit Schreiben vom 16. 12. 1988 die Rundfunkunion zur Stellungnahme aufgefordert, weil nach ihrer Auffassung ein Verstoß gegen Art. 85 EG-Vertrag vorliege: Der gemeinsame Rechteerwerb sei eine Marktabsprache, die den Wettbewerb behindere. Da das gesamte Eurovisionssystem letztlich dem „Verbraucher" dient und die Einkaufsvorteile an den Rundfunkteilnehmer „weitergegeben" werden, auf den die bei Wegfall des gemeinsamen Einkaufs entstehenden höheren Kosten im Wege der Erhöhung der Rundfunkgebühr abgewälzt werden müßten, kann hierfür eine Freistellung nach Art. 85 Abs. 3 EWG-Vertrag in Betracht gezogen werden.

[37] Die Statuten der Rundfunkunion knüpfen hier an die Definition des Internationalen Fernmeldevertrags an, dessen europäische Rundfunkzone den Mittelmeerraum einbezieht, so daß die aktiven Mitglieder nicht nur aus dem geographischen Europa kommen.

[38] Zur Grundversorgung 3. Kapitel II 1.

c) Organe der Rundfunkunion

Die Rundfunkunion verfügt über mehrere Organe. Höchstes Organ ist die Generalversammlung (Art. 6 der Statuten). Ihr obliegt die Willensbildung in grundsätzlichen Angelegenheiten wie z.B. die Entscheidung über die Aufnahme neuer Mitglieder, die Verabschiedung des Haushalts oder die Bestimmung der Tätigkeitsschwerpunkte für das folgende Jahr. Alle Mitglieder, aktive und assoziierte, sind in der Generalversammlung vertreten, allerdings besitzen nur die aktiven Mitglieder ein Stimmrecht. Die Generalversammlung tagt einmal im Jahr in ordentlicher Sitzung.

Das zweite Organ der Rundfunkunion ist der Verwaltungsrat (Art. 7 der Statuten). Er verfügt über 15 Sitze, die nur von aktiven Mitgliedern besetzt werden können. Die Wahl erfolgt durch die Generalversammlung auf vier Jahre. Der Verwaltungsrat bereitet die Arbeit der Generalversammlung vor und übernimmt zwischen den Sitzungen der Generalversammlung deren Zuständigkeiten, soweit sie nicht ausdrücklich der Generalversammlung vorbehalten sind. Seine eigene Arbeit wird beratend unterstützt von vier Kommissionen (Art. 14 der Statuten) in den Bereichen Technik, Recht, Hörfunk und Fernsehen, die für spezielle Fragen Arbeitsgruppen einsetzen können. Sowohl in Kommissionen als auch in Arbeitsgruppen können sich Assoziierte wie Nichtmitglieder an der Arbeit beteiligen.

Als drittes Organ besitzt die Rundfunkunion einen Präsidenten (Art. 8 der Statuten). Er wird von der Generalversammlung gewählt und führt dort wie im Verwaltungsrat den Vorsitz. Weitere Befugnisse sind ihm nicht ausdrücklich übertragen, so daß das tatsächliche Gewicht seiner Tätigkeit weitgehend von Persönlichkeit und Engagement abhängt.

Die Arbeit der Organe wird unterstützt von den ständigen Diensten unter Leitung des Generalsekretärs (Art. 15 der Statuten). Dieser vertritt die Rundfunkunion nach außen, stellt die Verbindung zum Präsidenten her und überwacht die Ausführung der Beschlüsse von Generalversammlung und Verwaltungsrat. Darüberhinaus werden von den Ständigen Diensten auch die technischen Einrichtungen betrieben, die zur Durchführung des Programmaustausches erforderlich sind.

d) Finanzierung

Für die Finanzierung sind verschiedene Bereiche zu unterscheiden (Art. 16 der Statuten). Der ordentliche Haushalt umfaßt im wesentlichen die Ausgaben für den organisatorischen Aufwand der Rundfunkunion. Er setzt sich zusammen aus einer Umlage, die von den aktiven Mitgliedern nach der Zahl der in ihrem Bereich gemeldeten gebührenpflichtigen Geräte entrichtet wird, und einem jährlichen Beitrag der assoziierten Mitglieder, der nach dem Umfang der Inanspruchnahme durch den Verwaltungsrat festgesetzt wird.

Neben dem ordentlichen Haushalt gibt es ein spezielles Umlageverfahren für das Eurovisionsnetz. Dabei sind nur die Leitungskosten zu bezahlen, während die Nachrichtenübernahme für alle am Austausch Beteiligten kostenlos ist, unabhängig davon, in welchem Umfang das einzelne Mitglied seinerseits Material beisteuert. Darin zeigt sich in besonderer Weise die von der Rundfunkunion praktizierte Solidarität zwischen großen und kleinen Rundfunkveranstaltern in Europa, die den sonst in diesem Bereich zu beobachtenden Konzentrationstendenzen entgegenwirkt.

Als dritter Bereich ist die Finanzierung von Gemeinschaftsaktivitäten zu nennen, die von der Rundfunkunion lediglich koordiniert werden, deren Rechtsfolgen aber unmittelbar die beteiligten Mitglieder treffen wie etwa beim Rechteerwerb für internationale Veranstaltungen. In diesen Fällen sind die Mittel von den betreffenden Mitgliedern aufzubringen.

II. Lösungsansätze im Rahmen der EWG

Die im vorstehenden Abschnitt beschriebene Entwicklung transnationalen Rundfunks hat zu verschiedenen Regelungsvorhaben europäischer Institutionen geführt. Sowohl die Europäische Wirtschaftsgemeinschaft als auch der Europarat haben sich um Problemlösungen aus ihrer jeweiligen Sicht bemüht.

1. Die Rechtsprechung des Europäischen Gerichtshofs

Die Grundlage für die Aktivitäten der EWG bildet der EWG-Vertrag. Seine Auslegung erfolgt letztverbindlich durch den Europäischen Gerichtshof in Luxemburg. Er hat mehrere Urteile auch im Bereich des Rundfunks gefällt. Diese Entscheidungen sind daher zur Grundlage und zum Ausgangspunkt aller Rundfunkaktivitäten der EWG geworden.[39]

Die erste Entscheidung stammt aus dem Jahre 1974. Zu diesem Zeitpunkt bestand in Italien noch das Monopol des öffentlich-rechtlichen Rundfunks. Dessen ungeachtet betrieb ein Unternehmer ein Kabelfernsehunternehmen. Daraufhin wurde gegen ihn Anklage erhoben, das Verfahren vom erkennenden Gericht ausgesetzt und dem EuGH die Frage zur Entscheidung vorgelegt, ob das öffentlich-rechtliche Monopol mit dem EWG-Vertrag vereinbar sei. Der EuGH verneinte im Ergebnis einen Verstoß gegen den EWG-Vertrag, weil die Mitgliedstaaten nicht gehindert seien, aus Gründen, die im öffentlichen Interesse lägen, Fernsehsendungen dem Wettbewerb zu entziehen.[40] Gleichzeitig stellte er jedoch fest, Fernsehsendungen seien ihrer Natur

[39] Zur Rspr. des EuGH auf dem Gebiet der Medien unter Einschluß von Presse und Film J. Schwarze, Die Medien im Spannungsfeld von Wirtschaft und Kultur, in: ders. (Hrsg.), Rundfunk und Fernsehen im Lichte der Entwicklung des nationalen und internationalen Rechts, 1986, S. 119ff.

[40] EuGH Slg. 1974 S. 411, 428 Rdn 14 („Sacchi")

nach Dienstleistungen i.S. von Art. 59ff. EG-Vertrag,[41] ohne daß jedoch die Anwendbarkeit des Vertrages auf den Rundfunk näher begründet wurde.

Der zweite dem EuGH zur Vorabentscheidung vorgelegte Fall ging auf ein Verfahren vor einem belgischen Gericht zurück. In Belgien besteht ein Verbot kommerzieller Werbung im Rundfunk, das nicht nur für die inländischen öffentlich-rechtlichen Anstalten gilt, sondern sich auch an Kabelunternehmen richtet, die ausländische Programme in Belgien weiterververbreiten. Nachdem staatliche Stellen Verstöße gegen diese Vorschrift toleriert hatten, kam es auf Betreiben eines Verbraucherverbandes zu einem Strafverfahren gegen ein Kabelunternehmen, das terrestrisch empfangbare ausländische Sendungen in Kabelnetze eingespeist hatte, ohne die Werbung herauszuschneiden. Auch in diesem Fall stellte der EuGH fest, Fernsehsendungen seien Dienstleistungen i.S. des EG-Vertrages. Allerdings könnten sie in Anbetracht ihrer Besonderheiten Einschränkungen unterworfen werden, „welche durch das Allgemeininteresse gerechtfertigt sind und für alle im Gebiet des betreffenden Mitgliedstaates ansässigen Personen oder Unternehmen gelten".[42] Danach verbietet der EWG-Vertrag im wesentlichen diskriminierende Regelungen, die Ausländer schärferen Anforderungen unterwerfen als sie für Inländer gelten.[43] Diese die Wirkung der Dienstleistungsfreiheit einschränkende Auslegung findet zwar im Wortlaut des Art. 59 EWG-Vertrag keine Stütze. Maßgeblicher Gesichtspunkt für den EuGH war jedoch, daß die Vorschriften der einzelnen Mitgliedstaaten über Fernsehwerbung noch nicht harmonisiert seien und es deswegen jedem Mitgliedstaat überlassen bleiben müsse, aus Gründen des Allgemeininteresses die Fernsehwerbung zu regeln.[44]

Das dritte Urteil, das sich mit dem Rundfunk beschäftigt, datiert vom April 1988.[45] Darin geht es um die Vereinbarkeit einer Vorschrift des niederländischen Kabelgesetzes mit dem europäischen Gemeinschaftsrecht. Artikel 4 der „Kabelregeling" vom 26. Juli 1984 verbot den Betreibern von Kabelfernsehanlagen die Einspeisung ausländischer Programme, die holländische Untertitel oder auf die Niederlande gezielte Werbung enthielten. Da von dem Verbot ortsüblich empfangbare Programme ausgenommen waren, richtete es sich in erster Linie gegen transnationale Satellitenprogramme wie Sky Channel, Super Channel oder TV 5. Mit dieser Regelung verfolgte der niederländische Gesetzgeber den Zweck, die Entwicklung neuer inländischer Programme gegen ausländische Konkurrenz zu schützen, insbesondere ein Abfließen des

---

41 EuGH ebd. Rdn 6

42 EuGH Slg. 1980, S. 833, 856 Rdn 12 („Debauve")

43 Zum Erfordernis des Allgemeininteresses in der Rspr. des EuGH I. Schwartz, Rundfunk und EWG-Vertrag, in: J. Schwarze (Hrsg.), Fernsehen ohne Grenzen, 1985, S. 45, 70ff.

44 EuGH aaO. Rdn 15

45 EuGH Slg. 1988, S. 2085, 2125 („Bond van Adverteeders")

zur Finanzierung benötigten inländischen Werbeaufkommens zu verhindern, dessen Anteil an den Gesamteinnahmen des niederländischen Rundfunks 30% beträgt. Das Werbeaufkommen wird von einer zentralen Stiftung, der STER, verwaltet und auf die einzelnen Programmveranstalter verteilt.

Als Prüfungsmaßstab zog der EuGH die in Art. 59, 60 EWG-Vertrag gewährleistete Dienstleistungsfreiheit heran. Bei der Kabeleinspeisung ausländischer Programme würden mindestens zwei Dienstleistungen erbracht:[46] zum einen von den Betreibern der Kabelfernsehnetze gegenüber dem Programmveranstalter, indem dessen Programm an die Zuschauer weitergeleitet werde. Zum anderen durch die Programmveranstalter gegenüber der werbetreibenden Wirtschaft, indem deren Werbespots ausgestrahlt würden. Diese Leistungen würden auch gegen Entgelt erbracht: Die Zuschauer müßten für den Empfang der Programme an den Betreiber der Kabelfernsehnetze bezahlen ebenso wie die Werbewirtschaft an den Rundfunkveranstalter für die Ausstrahlung der Spots. Damit sei der Dienstleistungsbegriff i.S. des EG-Vertrages erfüllt. Des weiteren stelle Artikel 4 der Kabelregeling eine Beschränkung der Dienstleistungfreiheit dar, weil durch die darin enthaltenen Verbote die grenzüberschreitende Ausstrahlung von Satellitenprogrammen wesentlich erschwert werde.[47]

Deswegen kam es darauf an, ob der EG-Vertrag eine derartige Beschränkung zuläßt. Das wurde vom EuGH an Hand seiner bisherigen Rechtsprechung verneint. Die niederländische Regelung gelte nur für ausländische Programme und sei daher diskriminierend.[48] Aus diesem Grunde bedürfe sie einer ausdrücklichen Zulassung im EWG-Vertrag, für die allenfalls Art. 56 des Vertrages in Betracht zu ziehen sei. Danach sei eine unterschiedliche Behandlung ausländischer Staatsangehöriger erlaubt, wenn sie aus Gründen der öffentlichen Ordnung erforderlich sei. Diese Voraussetzungen waren nach Ansicht des EuGH nicht erfüllt. Wirtschaftliche Zielsetzungen seien nicht Bestandteil der öffentlichen Ordnung. Und um schädliche Wirkungen der Werbung auf das Programm zu verhindern, gebe es weniger einschneidende Mittel, so daß es insoweit an der Erforderlichkeit fehle.

Damit läßt sich die Rechtsprechung des EuGH folgendermaßen zusammenfassen: Einerseits wird der Dienstleistungsfreiheit nur eine begrenzte Tragweite zuerkannt mit dementsprechender Befugnis der Mitgliedstaaten zur Gestaltung ihrer Rundfunkordnung. Andererseits zeigen die Urteile auch die wirtschaftlich ausgerichtete Sichtweise des Gerichtshofs, die die Funktion des Rundfunks sichernde Regelungen der Mitgliedstaaten grundsätzlich als Behinderung wirtschaftlicher Entfaltungsfreiheit begreift.

---

46 EuGH ebd. Rdn 14ff.

47 EuGH ebd. Rdn 22ff.

48 EuGH ebd. Rdn 32ff.

2. Die Fernsehrichtlinie

Die Rechtsprechung des EuGH ist nicht ohne Folgen für die Aktivitäten der anderen Gemeinschaftsorgane geblieben. Diese sehen die Kompetenz der Gemeinschaft grundsätzlich bestätigt. Darüberhinaus leiten sie aus den Entscheidungen einen Handlungsbedarf ab: Ist die Dienstleistungsfreiheit in ihrer Wirkung beschränkt, weil die Vorschriften im Rundfunk noch nicht ausreichend harmonisiert sind, dann ergibt sich daraus die Notwendigkeit, eine Vereinheitlichung der Regelungen in den Mitgliedstaaten herbeizuführen. Das Mittel hierzu ist eine Richtlinie, die von der EWG nach Art. 148 Abs. 1 und 2 EWG-Vertrag mit qualifizierter Mehrheit verabschiedet werden kann. Es ist dann zwar noch die Umsetzung in das nationale Recht erforderlich, doch sind die Mitgliedstaaten nach Art. 189 Abs. 3 EWG-Vertrag zum Erlaß entsprechender Vorschriften verpflichtet. Kommen sie dieser Verpflichtung nicht nach, entfaltet die Richtlinie auch ohne Umsetzung unmittelbare Wirkung.[49]

a) Entstehungsgeschichte

Die Bemühungen der EWG, auf dem Gebiet des Rundfunks zu einer gemeinschaftsweiten Regelung zu kommen, reichen bis zum Beginn der achtziger Jahre zurück.[50] Verschiedene Abgeordnete brachten im Europäischen Parlament Entschließungsanträge ein, die unter anderem das Ziel verfolgten, Gefährdungen der Meinungsvielfalt durch eine Kommerzialisierung der neuen Medien entgegenzuwirken.[51] Sie führten am 12. 3. 1982 zu einer ersten Entschließung des Parlaments.[52] Darin wurde die Kommission aufgefordert, einen Medienbericht vorzulegen. Außerdem wurde die Berichterstattung in den Medien über die Europäischen Gemeinschaften als unzureichend angesehen und deswegen die Förderung eines europäischen Fernsehprogramms vorgeschlagen. Schließlich wurde die Erarbeitung einer europäischen Rundfunkrahmenordnung für den Jugendschutz und die Werbung empfohlen. Nachdem die Kommission 1983 einen Zwischenbericht vorgelegt hatte, folgten 1984 weitere Entschließungen des Parlaments.[53]

---

[49] Dazu EuGH Slg. 1982, S. 53ff. Rdn 17ff.

[50] Dazu ausführlich M. Stock, Europäisches Medienrecht im Werden, RuF 1989, S. 180ff.

[51] Entschließungsantrag der Abgeordneten Pedini, Hahn u.a. (Dok. 1–409/80); Entschließungsantrag der Abgeordneten Schinzel u.a. (Dok. 1–422/80) beide abgedruckt bei M. Seidel (Hrsg.), Hörfunk und Fernsehen im gemeinsamen Markt, 1983, S. 244ff.

[52] Entschließung des Europäischen Parlaments zu Rundfunk und Fernsehen in der Europäischen Gemeinschaft v. 12. 3. 1982 (ABl. Nr. C 87/110), abgedr. bei J. Schwarze (Hrsg.), Fernsehen ohne Grenzen, 1985, S. 225ff.

[53] Entschließung des Europäischen Parlaments zu einer Politik im Sinne der neuen Trends im europäischen Fernsehen v. 30. 3. 1984 (ABl. Nr. C 117/201); Entschließung des Europäischen Parlaments zu Rundfunk und Fernsehen in der Europäischen Ge-

Einen ersten Einschnitt erreichte die Entwicklung, als die Kommission das sog. Grünbuch „Fernsehen ohne Grenzen" vorlegte,[54] das die Grundlage für die Diskussion mit betroffenen Institutionen und Veranstaltern bildete. Das Grünbuch ging von zwei Zielsetzungen aus. Zum einen wurde der Rundfunk als ein strategischer Sektor der Dienstleistungswirtschaft in der Gemeinschaft angesehen und als einer der Hauptfaktoren, der den Übergang zur Kommunikationsgesellschaft beschleunige. Investitionen in diesem Bereich sollten deshalb durch die Schaffung einer einheitlichen europäischen Rundfunkzone erleichtert werden. Zum anderen sollte der Rundfunk wegen seiner Bedeutung als Medium für die Entwicklung der Gemeinschaft zur politischen Union dienstbar gemacht werden. Das Grünbuch ist daher industrie- und integrationspolitisch motiviert; es gehört zu den Bemühungen der EWG, bis 1992 einen gemeinsamen Binnenmarkt für Dienstleistungen zu schaffen. Es enthält zunächst eine Beschreibung des Rundfunksystems der einzelnen Mitgliedstaaten. Dem folgt eine Darstellung der unmittelbar anwendbaren Vorschriften des Vertrages, wobei die Kommission Beschränkungen der Dienstleistungsfreiheit aus Gründen des Allgemeininteresses nur in einem wesentlich engeren Rahmen als der EuGH zulassen will.[55] In den Bereichen, in denen eine Beschränkung für zulässig angesehen wird, soll eine Harmonisierung der Vorschriften in den Mitgliedstaaten durch eine Richtlinie herbeigeführt werden. Es handelt sich dabei um Jugendschutz, Werbung, Gegendarstellung und Urheberrecht.[56]

Dem Grünbuch folgte am 30. 4. 1986 der erste Entwurf einer Richtlinie,[57] der nach Stellungnahme durch die Ausschüsse und das Parlament am 27. 3.

---

meinschaft (Gefährdung der Meinungsvielfalt durch die Komerzialisierung neuer Medien) v. 13. 4. 1984 (ABl. Nr. C 127/147) beide abgedr. bei J. Schwarze aaO. S. 228ff.

[54] „Grünbuch" der EG-Kommission Fernsehen ohne Grenzen. Die Errichtung des Gemeinsamen Marktes für den Rundfunk, insbesondere über Satellit und Kabel (Mitteilung der Kommission an den Rat vom 14. 6. 1984, KOM (84) 300 endg.), auszugsweise abgedruckt bei J. Schwarze (Hrsg.), Rundfunk und Fernsehen im Lichte der Entwicklung des nationalen und internationalen Rechts, 1986, S. 191ff.; zum Grünbuch W.-H. Roth, Grenzüberschreitender Rundfunk und Dienstleistungsfreiheit, ZHR 149 (1985), S. 679ff.

[55] Zur Argumentation der Kommission, die dieses Ergebnis durch einen Rückgriff auf Art. 10 EMRK erreicht, W. Hoffmann-Riem, Europäisierung des Rundfunks – aber ohne Kommunikationsverfassung?, RuF 1988, 5, 9

[56] Der ursprüngliche Vorschlag einer Zwangslizenz für die Kabeleinspeisung wurde wegen des massiven Widerstands der betroffenen Rechteinhaber schließlich nicht mehr in die endgültige Fassung der Richtlinie übernommen. Zur gemeinschaftsrechtlichen Beurteilung national beschränkter Nutzungsrechte EuGH Slg. 1980, S. 881ff. (Coditel I), GRUR Int. 1983, S. 175ff. (Coditel II)

[57] Vorschlag für eine Richtlinie des Rates über die Koordinierung bestimmter Rechts- und Verwaltungsvorschriften der Mitgliedstaaten über die Ausübung der Rundfunktätigkeit, KOM (86) 146 endg., abgedr. in BR-Ds 259/86; dazu S. Ory, über die Ausübung der Rundfunktätigkeit, ZUM 1986, S. 578ff.; M. Kühn, Harmonisierung des Rundfunkrechts in Europa, ZUM 1986, S. 585ff.

1988 durch einen zweiten Entwurf ersetzt wurde.[58] Die Richtlinie wurde am 3. Oktober 1989 vom Ministerrat in zweiter Lesung gegen die Stimmen Belgiens und Dänemarks endgültig verabschiedet, wobei sowohl die Kommission als auch einzelne Mitgliedstaaten ihre Auffassung zu verschiedenen Bestimmungen in Protokollerklärungen festhielten.[59] Die Vorschriften der Richtlinie müssen binnen einer Frist von zwei Jahren in innerstaatliches Recht umgesetzt werden.

b) Regelungsgehalt der Richtlinie

Hatte der erste Entwurf der Richtlinie noch den gesamten Rundfunk erfaßt, so regelt die Richtlinie nunmehr allein die Fernsehtätigkeit. Das Grundprinzip ist in Art. 2 Abs. 1 niedergelegt: Jeder Mitgliedstaat sorgt dafür, daß die von seinem Gebiet ausgehenden Sendungen seinem eigenen Recht entsprechen. Die anderen Mitgliedstaaten müssen den freien Empfang dieser Sendungen gewährleisten und dürfen die Kabeleinspeisung nicht aus Gründen behindern, die Gegenstand der Richtlinie sind. Die Kontrolle erfolgt also ausschließlich im Sendestaat. Lediglich bei wiederholten schwerwiegenden Verstößen gegen die Bestimmungen des Jugendschutzes kann das Empfangsland gemäß Art. 2 Abs. 2 die Kabeleinspeisung vorläufig aussetzen, wobei die Vereinbarkeit dieser Maßnahme mit dem Gemeinschaftsrecht von der Kommission überprüft wird. Die Einhaltung der sich aus der Richtlinie ergebenden Verpflichtungen kann im Wege des Vertragsverletzungsverfahrens sowohl von der Kommission nach Art. 169 EWG-Vertrag als auch von den Mitgliedstaaten nach Art. 170 EWG-Vertrag vor dem Europäischen Gerichtshof durchgesetzt werden.[60] Gestaltungsspielraum bleibt den Mitgliedstaaten demnach nur in zwei Bereichen: zum einen hinsichtlich der Regelungsgegenstände, die von der Richtlinie ausgespart werden. Zum anderen enthält die Richtlinie in Art. 3 einen Vorbehalt, der die Mitgliedstaaten berechtigt, die inländischen Veranstalter strengeren oder ausführlicheren Bestimmungen zu unterwerfen, als sie in der Richtlinie vorgesehen sind. Inländerdiskriminierung bleibt also gemeinschaftsrechtlich erlaubt. In einer Protokollerklärung zu Art. 3 erklärt die Kommission ihre Absicht, auf die Einhaltung der Rechtsprechung des EuGH zur Umgehung innerstaatlicher Regelungen zu achten, insbesondere für den Fall, daß sich ein Rundfunkveranstalter den eigentlich für ihn geltenden Vorschriften durch Verlegung seines Sitzes entziehen will.

---

[58] Geänderter Vorschlag für eine Richtlinie des Rates, KOM (88) 154 endg., abgedr. in Media Perspektiven Dokumentation 1988, S. 195ff.

[59] Richtlinie des Rates v. 3. 10. 1989 zur Koordinierung bestimmter Rechts- und Verwaltungsvorschriften der Mitgliedstaaten über die Ausübung der Fernsehtätigkeit, Media Perspektiven Dokumntation 1989, S. 107

[60] Die Vorschriften erfassen trotz des Wortlauts „Vertragsverletzung“nicht nur den EWG-Vertrag, sondern das gesamte Gemeinschaftsrecht einschließlich des Sekundärrechts wie Verordnungen und Richtlinien.

Die Richtlinie enthält im Einzelnen Regelungen zu vier Sachbereichen: der Förderung der europäischen Programmproduktion, der Werbung, dem Jugendschutz und dem Recht der Gegendarstellung. Nachdem ursprünglich genau festgelegte Programmquoten für Werke europäischen Ursprungs vorgesehen waren, verpflichtet die Richtlinie nunmehr die Mitgliedstaaten in Art. 4, im Rahmen des praktisch Durchführbaren darauf zu achten, daß die Fernsehveranstalter den „Hauptanteil" ihrer Sendezeit – also mehr als 50% – europäischen Werken im Sinne des Art. 6 vorbehalten, davon gemäß Art. 5 10% für Auftragsproduktionen. Dadurch soll verhindert werden, daß die aus der Kanalvermehrung resultierende gesteigerte Nachfrage nach Spielfilmen vorrangig durch preisgünstige amerikanische Produktionen gedeckt wird. Weil diese Verpflichtung zusätzliche Kosten für die Veranstalter mit sich bringt, sind – in der Regel finanzschwache – Lokalsender in Art. 9 von diesen Vorschriften ausgenommen.[61] In einer Protokollerklärung ist festgehalten, daß die Mitgliedstaaten im Rahmen ihrer verfassungsrechtlichen Vorschriften die Wahl der Mittel überlassen bleibt und es sich bei der Durchsetzung der Quotenregelung um eine politische Verpflichtung handelt.

Die ausführlichsten Bestimmungen enthält die Richtlinie zur Werbung. Sie regelt zunächst die Plazierung der Werbung im Programm. Dafür gilt nach Art. 10 das Gebot der Trennung von Werbung und Programm und das Gebot der Blockwerbung. In Art. 11 sind die Voraussetzungen festgelegt, unter denen Sendungen für Werbezwecke unterbrochen werden dürfen. Der zeitliche Umfang der Werbung ist in Art. 18 auf 15% der täglichen Sendezeit beschränkt, wobei innerhalb einer Stunde höchstens 20% Werbung gesendet werden dürfen. Darüberhinaus stellt die Richtlinie in den Art. 12 bis 16 auch inhaltliche Anforderungen an die Gestaltung der Werbespots. Sie müssen beispielsweise die Menschenwürde achten, dürfen nicht diskriminierend sein und unterliegen bestimmten Anforderungen zum Jugendschutz. Die Werbung für Alkohol, Tabak und Arzneimittel ist weitgehend untersagt. Die Sponsorwerbung ist in Art. 17 geregelt. Danach darf der Sponsor keinen Einfluß auf den Inhalt der Sendung nehmen, die Sendung darf keine verkaufsfördernden Hinweise enthalten und der Name des Sponsors muß genannt werden. Nachrichten und politische Informationssendungen dürfen nicht gesponsert werden. Über den allgemeinen Vorbehalt des Art. 3 hinausgehend ermächtigt Art. 20 die Mitgliedstaaten, hinsichtlich der zulässigen Dauer von Werbung und der Unterbrechung von Sendungen „andere" – also auch weniger strenge – Vorschriften zu erlassen, wenn die Sendungen nur für das Inland bestimmt und im Ausland nicht zu empfangen sind.

Die weiteren Bestimmungen der Richtlinie sind sehr knnapp gefaßt. Zum Schutz von Minderjährigen dürfen Fernsehprogramme gemäß Art. 22 keine Sendungen enthalten, die zu einer schweren Beeinträchtigung führen können

[61] Kritisch gegenüber Quotenregelungen R. Frohne, Die Quotenregelungen im nationalen und im europäischen Recht, ZUM 1989, S. 390ff.

oder zu Rassenhaß aufreizen. Bei anderen Sendungen ist durch die Wahl der Sendezeit dafür zu sorgen, daß die Entwicklung Minderjähriger nicht beeinträchtigt wird. Art. 23 enthält schließlich eine Regelung der Gegendarstellung, die die von den Mitgliedstaaten erlassenen zivil- und strafrechtlichen Bestimmungen zum Persönlichkeitsschutz ausdrücklich unberührt läßt.

c) Kritik der Richtlinie

Die Bemühungen der EG-Kommission um eine Harmonisierung haben bereits mit dem Grünbuch eine heftige Auseinandersetzung um die Rolle der EG im Rundfunkbereich ausgelöst.[62] Auch der Richtlinienentwurf war Kritik von den verschiedensten Seiten ausgesetzt. Dies hat sich in der Änderung oder Streichung zahlreicher Einzelregelungen niedergeschlagen. So wurde der Hörfunk aus dem Anwendungsbereich der Richtlinie herausgenommen, auf die Zwangslizenz für die Kabeleinspeisung grenzüberschreitender Programme verzichtet und die ursprüngliche Quotenregelung abgemildert. Die grundlegenden Einwände gegen das Regelungsvorhaben konnten dadurch jedoch nicht ausgeräumt werden.

Der Haupteinwand geht dahin, der Rundfunk werde ausschließlich unter wirtschaftlichen Aspekten gesehen, wohingegen seine kulturellen und gesellschaftspolitischen Funktionen nicht ausreichend berücksichtigt seien. Auch wenn wirtschaftliche Bezüge vorhanden seien, bleibe der Rundfunk in seiner Gesamtheit ein kulturelles Phänomen.[63] Wolle die EWG hierfür Regelungen erlassen, bedürfe sie einer ausdrücklichen Handlungsermächtigung im Vertrag. Eine unmittelbare Kompetenz im Vertrag existiere nicht, die Gemeinschaft sei daher nur zur Regelung wirtschaftlicher Sachverhalte befugt.[64] Auch wenn der Rundfunk wirtschaftliche Bezüge aufweise, seien diese nicht so stark, ihn insgesamt dem Sachbereich Wirtschaft zuzuordnen.[65] So seien

---

[62] Vgl. etwa Stellungnahme von ARD/ZDF v. 30. 11./7. 12. 1984, Media Perspektiven 1985, S. 66

[63] Beschluß der Regierungschefs der Länder zum Vorschlag für eine EG-Rundfunkrichtlinie, ZUM 1986, S. 600 f; Bundesratsstellungnahme gemäß Art. 2 Abs. 2 EEAG v. 20. 2. 1987, BR-Ds 259/86, abgedruckt in Media Perspektiven Dokumentation 1987, S. 143f.; Stellungnahme von ARD/ZDF zum Vorschlag einer Rundfunkrichtlinie, Media Perspektiven Dokumentation 1986, S. 121ff.; kritisch auch J. Betz, Die EG-Richtlinie – Ein Schritt zum europäischen Fernsehen?, Media Perspektiven 1989, S. 677, 683

[64] F. Ossenbühl, Rundfunk zwischen nationalem Verfassungsrecht und europäischem Gemeinschaftsrecht, 1986, S. 13ff.; J. Delbrück, Die Rundfunkhoheit der deutschen Bundesländer im Spannungsfeld zwischen Regelungsanspruch der Europäischen Gemeinschaft und nationalem Verfassungsrecht, 1986, S. 28ff. und insbesondere S. 35ff. gegen die Rspr. des EuGH, der Rundfunk sei eine Dienstleistung im Sinne des Vertrages; ebenso B. Börner, Rundfunkordnung und EG-Kompetenz, ZUM 1985, S. 577ff.; H. Koszuszeck, Freier Dienstleistungsverkehr und nationales Rundfunkrecht, ZUM 1989, S. 541ff.

[65] So aber beispielsweise I. Schwartz, Zur Zuständigkeit der Europäischen Gemeinschaft im Bereich des Rundfunks, AfP 1987, S. 375, 376f.: Der Vertrag räume der Kulturindustrie die gleichen Entfaltungsmöglichkeiten ein wie anderen Industrien, zur

Umweltschutz und Forschungspolitik ausdrücklich durch die Einheitliche Europäische Akte in den EWG-Vertrag aufgenommen worden, obwohl hier die wirtschaftlichen Bezüge viel greifbarer als im Rundfunk seien. Deswegen komme allenfalls eine Teilkompetenz der Gemeinschaft in Betracht, allgemeine wirtschaftspolitische Regelungen zu erlassen, die den Rundfunk wie jeden anderen Marktbürger treffen. Ausgeschlossen seien daher in jedem Fall gemeinschaftsrechtliche Regelungen über Organisation und Programm des Rundfunks.[66] Doch selbst wenn eine Gemeinschaftskompetenz gegeben sei, unterliege diese rechtlichen Beschränkungen in ihrer Ausübung. So sei das Gebot der Gemeinschaftstreue aus Art. 5 Abs. 2 EG-Vertrag zu beachten, wonach einerseits die Mitgliedstaaten alles unterlassen müssen, was Ziele der Gemeinschaft gefährden könne, andererseits die Gemeinschaft auf Interessen der Mitgliedstaaten Rücksicht zu nehmen habe.[67] Darüberhinaus unterlägen die Gemeinschaftskompetenzen im Verhältnis zu den Mitgliedstaaten dem Gebot der Verhältnismäßigkeit. Eine Richtlinie müsse also zur Harmonisierung des Rundfunks geeignet und erforderlich sein und der gemeinschaftspolitische Nutzen müsse im Verhältnis zu den Einbußen für die Mitgliedstaaten stehen.[68]

III. Die Europaratskonvention

Die Aktivitäten der EG-Kommission und die daran geäußerte Kritik führten schließlich auch zu einer Befassung des Europarates mit grenzüberschreitendem Rundfunk. Die Zuständigkeit des Europarates für kulturelle Angelegenheiten steht außer Zweifel. Darüberhinaus bietet er für eine Regelung des Rundfunks im europäischen Rahmen wegen seiner höheren Mitgliederzahl

---

Kulturindustrie gehörten auch die Distributeure wie z.B. der Rundfunk. Vgl. auch ders., EG-Rechtsetzungsbefugnis für das Fernsehen, ZUM 1989, S. 381ff.; A. Bueckling, Probleme des Satellitenfernsehens im kommunitären Recht des Gemeinsamen Markts, DRiZ 1985, S. 431ff.; W. Roth, Grundfreiheiten des Gemeinsamen Marktes für kulturschaffende Tätigkeiten und kulturschaffende Leistungsträger, ZUM 1988, S. 101, 103: Der Vertrag enthält keine Bereichsausnahme für die Kultur, also gelten die Freiheiten des Vertrages auch für Kulturschaffende. H. D. Jarass, In welcher Weise empfiehlt es sich, die Ordnung des Rundfunks zu regeln?, Verhandlungen des 56. Deutschen Juristentages 1986, Rdn 68ff. hält eine EG-Kompetenz grundsätzlich für gegeben, soweit der Rundfunk von den einzelnen Vorschriften erfaßt werde.

66 F. Ossenbühl, aaO. FN 64, S. 20, 49; J. Delbrück, aaO. FN 64, S. 54; M. Bullinger, Rundfunkordnung im Bundesstaat und in der Europäischen Gemeinschaft, AfP 1985 S. 257, 264 hält eine Kompetenz der EWG im Hinblick auf europaweiten gebietsneutralen Rundfunk wegen seiner vorrangigen wirtschaftlichen Bezüge für gegeben, während der traditionelle nationale Rundfunk in der Kompetenz der Mitgliedstaaten bleibe.

67 F. Ossenbühl, aaO. FN 64, S. 38, 42

68 Das wird von J. Delbrück, aaO. FN 64, S. 57ff. für die einzelnen Regelungsgegenstände der Richtlinie verneint.

eine breitere Basis. Der entscheidende Anstoß ging von der ersten Europäischen Ministerkonferenz über Massenmedienpolitik 1986 aus. Dabei wurde eine Deklaration verabschiedet, wonach eine Konvention für grenzüberschreitenden Rundfunk vorbereitet werden sollte.[69] Am 15. 3. 1989 hat der Ministerausschuß den abschließenden Entwurf einer Europäischen Konvention über grenzüberschreitendes Fernsehen gebilligt.[70] Zu ihrer Wirksamkeit bedarf die Konvention noch der Ratifikation durch die Mitgliedstaaten des Europarates.[71]

In ihrem Inhalt gleicht sie in vielen Punkten der EG-Richtlinie,[72] allerdings bestehen erhebliche Unterschiede in der Wirkungsweise. Das Grundprinzip besteht darin, daß jeder Staat die Einhaltung der Konvention für Sendungen sicherstellt, die von seinem Gebiet ausgehen (Art. 3, 5). Empfang und Weitersendung in den anderen Staaten sind dann frei (Art. 4). Jedoch kann bei schweren und offensichtlichen Verstößen der Empfangsstaat die Weiterverbreitung vorläufig aussetzen (Art. 24). Kommt es zwischen den betroffenen Staaten zu keiner Einigung, entscheidet hierüber ein Schiedsgericht (Art. 26). Die Mitgliedstaaten sind nicht gehindert, ihre eigenen Veranstalter ausführlicheren oder strengeren Bestimmungen als in der Konvention vorgesehen zu unterwerfen (Art. 28). Die Anforderungen an die Programme hinsichtlich der Förderung der europäischen Filmproduktion, Werbung, Gegendarstellung und Jugendschutz sind mit denjenigen der EG-Richtlinie praktisch identisch. Ein Unterschied besteht bei der Werbung insofern, als die gezielte Einstrahlung und die damit verbundene Abschöpfung von Werbeeinnahmen nicht gestattet ist, wenn dadurch die Werbebestimmungen des Empfangslandes umgangen werden (Art. 16). Darüberhinaus enthält die Konvention Programmgrundsätze, wonach Menschenwürde und Grundrechte anderer Personen zu achten sind und die Nachrichtengebung objektiv sein und die freie Meinungsbildung fördern muß (Art. 7). Außerdem muß sichergestellt werden, daß der Zugang der Öffentlichkeit zu wichtigen Ereignissen nicht durch die Vergabe von Exklusivrechten beeinträchtigt wird (Art. 9). Zur Beratung und Vermittlung zwischen den Vertragsparteien wird ein ständiger Ausschuß eingesetzt (Art. 20).

Vergleicht man Konvention und Richtlinie, so zeigen sich Unterschiede zunächst in der Effizienz ihrer Wirkung. Die EG-Richtlinie ist nach ihrer Verabschiedung bindend. Sie muß also sofort in allen Mitgliedstaaten umge-

---

[69] abgedr. im Bulletin der BReg. Nr. 155 v. 17. 12. 1986, S. 1299

[70] Europäisches Übereinkommen v. 5. 5. 1989 über das grenzüberschreitende Fernsehen, Media Perspektiven Dokumentation 1989, S. 96

[71] Es haben bisher unterzeichnet Österreich, Fürstentum Liechtenstein, Luxemburg, Niederlande, Norwegen, San Marino, Spanien, Schweden, Schweiz, Großbritannien. Daran muß sich nach Art. 29 Abs. 2 der Konvention noch eine Ratifikation in sieben Unterzeichnerstaaten anschließen, um das Inkrafttreten zu bewirken.

[72] Die EG-Kommission hat den Richtlinienentwurf nach Verabschiedung der Konvention an diese angepaßt, um mögliche Widerstände möglichst zu vermeiden.

setzt werden. Eine spätere einseitige Änderung in einem einzigen Mitgliedsland ist nicht möglich. Auch die Anwendung erfolgt einheitlich, da die letztverbindliche Auslegung in der Hand des EuGH liegt. Bei der Europaratskonvention beruhen Beitritt und Umsetzung dagegen auf Freiwilligkeit. Auch ist eine spätere Kündigung, die eine einseitige Änderung in dem betreffenden Land erlaubt, ebenso möglich wie die Erklärung von Vorbehalten bei der Unterzeichnung. Darüberhinaus ist neben dem Sende- auch der Empfangsstaat zur Kontrolle berechtigt, wodurch die Einheitlichkeit der Auslegung nicht gewährleistet ist, weil hierfür die nationalen Gerichte zuständig sind.[73] Ein weiterer Unterschied liegt in der Konzeption der beiden Regelungswerke: Die Richtlinie strebt die Durchsetzung der Dienstleistungsfreiheit an, während es der Konvention um eine Harmonisierung der Rundfunkordnungen unter teilweiser Beschränkung der Dienstleistungsfreiheit geht.[74] Das Verhältnis zwischen Konvention und Richtlinie ist durch Art. 27 der Konvention dahin geregelt, daß für die Mitlieder der EWG nur die Richtlinie gilt und die Konvention erst dann zur Anwendung kommt, wenn die Richtlinie zu einem bestimmten Gegenstand keine Vorschriften enthält.[75]

IV. Das Verhältnis von Gemeinschaftsrecht und deutscher Rundfunkordnung

Faßt man das Ergebnis der vorstehenden Abschnitte zusammen, so ergibt sich folgender Befund: Neue technische Übertragungswege ermöglichen im Inland den Zugang zu ausländischen Programmen, die der Verfügung des deutschen Gesetzgebers aus tatsächlichen oder rechtlichen Gründen entzogen sind. Eine Regelung der sich daraus ergebenden Probleme kann daher nur beim jeweiligen Veranstalter ansetzen. Sollen die publizistische Funktion des Rundfunks erhalten und seine Unterordnung unter die Gesetzmäßigkeiten wirtschaftlichen Wettbewerbs vermieden werden, ist ein gemeinsamer europäischer Ordnungsrahmen erforderlich, der nur durch internationale Absprachen geschaffen werden kann. Dabei kommt es in erster Linie auf Regelungen des Programmstandards an, wozu Bestimmungen über Programmgrundsät-

---

[73] Vgl. im Einzelnen I. Schwartz, Fernsehen ohne Grenzen: Zur Effektivität und zum Verhältnis von EG-Richtlinie und Europarats-Konvention, EuR 1989, S. 1 ff.; J. Delbrück, Die europäische Regelung des grenzüberschreitenden Rundfunks – Das Verhältnis von EG-Richtlinie und Europaratskonvention, ZUM 1989, S. 379

[74] Dazu K. Dicke, Eine Rundfunkordnung für welches Europa?, Media Perspektiven 1989, S. 193 ff.; Kritisch zur Europaratskonvention im Hinblick auf Vereinbarkeit mit Art. 10 EMRK und Art. 62 EWG-V Ch. Engel, Europäische Konvention über grenzüberschreiendes Fernsehen, ZRP 1988, S. 240 ff.

[75] Zum Problem allgemein J. Wuermeling, Kooperatives Gemeinschaftsrecht, Die Rechtsakte der Gesamtheit der EG-Mitgliedstaaten insbes. die Gemeinschaftskonventionen nach Art. 220 EWG-V, 1988

ze, Werbung und deren effektive Einhaltung gehören. Um dieses Ziel zu erreichen, stehen grundsätzlich zwei Regelungsebenen zur Verfügung. Es können, beispielsweise im Rahmen des Europarats, völkerrechtliche Verträge abgeschlossen werden. Deren Inhalt ist eine Frage der politischen Einigung. Jedenfalls behalten die Staaten ihre volle Souveränität und können sich von den eingegangenen Bindungen auch wieder lösen, wenn dies aus Gründen innerstaatlichen Verfassungsrechts notwendig werden sollte.

Eine weitere Regelungsebene bildet die EWG. Hier gehen jedoch die Einflußmöglichkeiten auf die innerstaatliche Rundfunkordnung erheblich weiter als bei einem völkerrechtlichen Vertrag. Die EWG verfügt über eine eigene Rechtsetzungsbefugnis, die mit qualifizierter Mehrheit ihrer Mitglieder ausgeübt werden kann. Hier stellt sich dann nicht nur die Frage, ob eine derartige Regelung das Ziel einer europäischen Rundfunkrahmenordnung im oben beschriebenen Sinne zu erreichen geeignet ist. Es kann umgekehrt das Problem einer Aushöhlung der innerstaatlichen Rundfunkordnung auftreten, wenn die EWG-Regelung an anderen Gesichtspunkten ausgerichtet ist, als sie für den nationalen Rundfunk maßgeblich sind. Ein derartiger Konflikt zur Rundfunkordnung ist durch den EWG-Vertrag bis zu einem gewissen Grad bereits vorgezeichnet. Nach dessen Art. 3 lit. f) gehört zu den Mitteln, durch die der europäische Binnenmarkt geschaffen werden soll, die Errichtung eines Systems unverfälschten Wettbewerbs. Die Steuerung der Dienstleistungs-, Güter-, Personen- und Kapitalströme soll also durch den Wettbewerb und nicht durch hoheitliche Eingriffe der Gemeinschaftsorgane erfolgen, unter anderem aus dem Grund, weil eine Steuerung durch die Gemeinschaft mit einem zu großen Souveränitätsverlust für die Mitgliedstaaten verbunden wäre. Die Bedeutung der Wettbewerbsregeln ist deshalb so groß, weil die EWG hier über einen eigenen Verwaltungsapparat verfügt, die Generaldirektion Wettbewerb, und weil die Mitgliedstaaten keine Maßnahmen ergreifen dürfen, durch die die praktische Wirksamkeit der Wettbewerbsregeln beeinträchtigt wird. Rechnet man den Rundfunk zu den Dienstleistungen im Sinne des Vertrages, dann muß er folgerichtig nach den Regeln wirtschaftlichen Wettbewerbs betrieben werden. Genau dieses ist jedoch durch Art. 5 Abs. 1 Satz 2 GG in seiner Interpretation durch das Bundesverfassungsgericht unzulässig: Wegen seiner Bedeutung für die öffentliche Meinungsbildung darf der Rundfunk nicht dem freien Spiel der Kräfte überlassen [76] und damit nicht

[76] BVerfGE 31, 314, 325; 57, 295, 322; 73, 118, 158; Damit kehrt die Diskussion um die Rundfunkunternehmerfreiheit und den normativen Bezugspunkt der Rundfunkfreiheit durch die Hintertür des EWG-Rechts wieder. Für die Kommission ist der Rundfunk ein Mittel der Industrieförderungspolitik und dient nicht in erster Linie dem Prozeß der Meinungsbildung. Zum Problemkreis aus Sicht des Gemeinschaftsrechts C. Engel, Die Konkurrenz zwischen den deutschen öffentlich-rechtlichen Rundfunkanstalten und privaten Anbietern, in: Peter/Rhein (Hrsg.), Wirtschaft und Recht, Osnabrück 1989, S. 244, 280. Vgl. ferner E. Röper, DDR-Rundfunkprogramme und EG-Rundfunkrichtlinie, DVBl. 1989, S. 1031

nach den dem EWG-Vertrag zugrunde liegenden Prinzipien betrieben werden. Probleme wirft auch das Gebot der Staatsfreiheit auf, wenn eine Richtlinie mit zahlreichen Generalklauseln von der EG-Kommission auf ihre Einhaltung überwacht wird. Es stellt sich daher die Frage nach dem Verhältnis von Gemeinschaftsrecht und nationalem Recht. Ihre Beantwortung ist zunächst davon abhängig, ob der EWG-Vertrag auch den Rundfunk erfaßt und ob die EWG eine Regelungskompetenz auf diesem Gebiet besitzt. Dagegen spricht, daß der Rundfunk zur Wahrung seiner publizistischen Funktion nach anderen Grundsätzen als denen des Marktes betrieben werden soll. Begründbar ist daher allenfalls eine Randkompetenz der EWG für einzelne wirtschaftliche Bezüge und die allgemeine Wirtschaftsordnung, innerhalb deren sich auch der Rundfunk bewegt. Unzulässig sind dagegen Regelungen, die unter dem Vorwand wirtschaftlicher Bezüge unmittelbar die Programmgestaltung regeln.[77] In der Praxis dürfte dieser Standpunkt jedoch keine Aussicht auf Durchsetzung haben. Denn für eine letztverbindliche Auslegung des EWG-Vertrages und damit der Gemeinschaftskompetenzen ist der EuGH zuständig, der bereits entschieden hat, Rundfunk sei eine Dienstleistung im Sinne des EWG-Vertrages.[78] Im Rahmen der bisherigen Rechtsprechung scheint demnach nur noch die Feststellung einer Verpflichtung der Gemeinschaft zur Rücksichtnahme auf die Rundfunkordnung der Mitgliedstaaten denkbar.

Damit richtet sich das Interesse auf deutsches Verfassungsrecht, insbesondere Art. 24 GG. Diese Vorschrift gestattet die Übertragung von Hoheitsrechten auf zwischenstaatliche Einrichtungen. Dadurch ist der ausschließliche Herrschaftsanspruch des Grundgesetzes für seinen Geltungsbereich zurückgenommen und es werden Geltung und Anwendbarkeit eines Rechts aus anderer Quelle zugelassen. Der Ermächtigung des Art. 24 GG sind jedoch verfassungsrechtliche Grenzen gezogen. Nach der Rechtsprechung des Bundesverfassungsgerichts ermächtigt die Vorschrift nicht dazu, im Wege der Übertragung von Hoheitsrechten „die Identität der geltenden Verfassungsordnung der Bundesrepublik Deutschland durch Einbruch in ihr Grundgefüge, in die sie konstituierenden Strukturen, aufzugeben." Ein derartiges unverzichtbares Essentiale seien jedenfalls die Rechtsprinzipien des Grundrechtsteils, deren Wesensgehalt gewahrt bleiben müsse.[79] Wird diese Grenze überschritten, darf abgeleitetes Gemeinschaftsrecht wie z.B. Verordnungen und Richtlinien, in der Bundesrepublik nicht angewendet werden. Diese Rechtsprechung ist auf verbreitete Kritik gestoßen. In einer neueren Entscheidung hat das Bundesverfassungsgericht daher zwar den Grundsatz aufrecht erhal-

---

[77] M. Stock aaO. FN 50, S. 195ff.; A. Scharf, Fernsehen ohne Grenzen – Die Errichtung des Gemeinsamen Marktes für den Rundfunk, in: S. Magiera (Hrsg.), Entwicklungsperspektiven der Europäischen Gemeinschaft, 1985, S. 147, 152ff.; vgl. ferner die Nachweise oben FN 65, 66

[78] s. o. unter II 1.

[79] BVerfGE 37, 271, 279f. (Solange I); 58, 1, 40 (Eurocontrol)

ten, Art. 24 GG enthalte immanente Schranken. Es hat aber gleichzeitig festgestellt, es sei mittlerweile auf Gemeinschaftsebene ein genereller Grundrechtsstandard gewährleistet, der dem vom Grundgesetz unabdingbar gebotenen Grundrechtsschutz im wesentlichen gleichzuachten sei. Deswegen werde das Bundesverfassungsgericht abgeleitetes Gemeinschaftsrecht nicht mehr am Maßstab des Grundgesetzes messen.[80]

Damit entfällt auf den ersten Blick die Möglichkeit, einer Rundfunkrichtlinie der EG Art. 5 Abs. 1 GG entgegenzusetzen. Betrachtet man den Beschluß des Bundesverfassungsgerichts v. 22. 10. 1986 genauer, so spricht indessen manches dafür, seine Aussagen nicht ohne weiteres auf den Rundfunk zu erstrecken. Gegenstand der Entscheidung war der „wirksame Schutz der Grundrechte gegenüber der Hoheitsgewalt der Gemeinschaften",[81] insbesondere im Hinblick auf einen ausreichenden Rechtsschutz. Damit ging es um die subjektivrechtliche Abwehrseite der Grundrechte oder in der rundfunkrechtlichen Terminologie gesprochen um die Staatsfreiheit des Rundfunks. Die Besonderheit der Rundfunkfreiheit besteht jedoch darin, daß sie sich nicht in der Abwehr staatlicher Eingriffe erschöpft, sondern gleichzeitig wegen der besonderen Bedeutung des Rundfunks für die öffentliche Meinungsbildung Vorkehrungen verlangt, die das Medium auch vor Bedrohungen seiner Freiheit und Unabhängigkeit schützen, die aus dem nicht-staatlichen Raum stammen.[82] Deswegen dürfte jedenfalls im Falle schwerwiegender Eingriffe in die Rundfunkfreiheit des Grundgesetzes der europäische Grundrechtsstandard nach Inhalt und Wirkung dem Grundrechtsschutz, wie er nach dem Grundgesetz unabdingbar ist, nicht mehr im wesentlichen gleichkommen.[83]

Der gegenwärtige Richtlinienentwurf dürfte dagegen noch nicht als Einbruch in die Grundstrukturen der deutschen Verfassungsordnung anzusehen sein. Denn er läßt das innerstaatliche Rundfunksystem unangetastet und hindert die Mitgliedstaaten nur, hinsichtlich der erfaßten Regelungskomplexe für ausländische Veranstalter strengere Bestimmungen in Kraft zu setzen. Dennoch kann nicht ausgeschlossen werden – und hierin liegt die eigentliche Problematik, daß die EWG im Wege der Novellierung einer einmal vorhandenen Richtlinie ihren Zugriff auf den Rundfunk erweitert. Die von Art. 24 GG gezogene Grenze eines Einbruchs in die Grundstrukturen der deutschen Rundfunkordnung wäre dann erreicht, wenn EWG-Regelungen dazu führten, daß die verfassungsrechtlich gebotene Grundversorgung nicht mehr

80 BVerfGE 73, 339, 375f., 387 (Solange II); 75, 223ff.

81 BVerfGE 73, 339 LS 2

82 Vgl. oben 2. Kapitel II 1. und 3.a)

83 Vgl. BVerfGE 73, 376; Um den Standard des EWG-Rechts auf das Niveau des vom Grundgesetz verlangten anzuheben, wäre Ansatzpunkt im Rahmen des geltenden EWG-Rechts beispielsweise die Schaffung kartellrechtlicher Regelungen zur Verhinderung der Konzentration von Meinungsmacht, wie sie durch die Entstehung europaweit tätiger Medienunternehmen droht.

wahrgenommen werden kann.[84] Dieser der EWG nach nationalem Verfassungsrecht nicht zugängliche Bereich umfaßt die für die nationale Identität essentiellen Funktionen des Rundfunks, wozu vor allem die Mitwirkung an der Meinungs- und politischen Willensbildung, der Informationsauftrag und die kulturelle Verantwortung gehören.[85] Betrifft eine EG-Richtlinie dagegen nur aus dem Ausland einstrahlende Programme, so ist dagegen mit den durch Art. 24 GG gezogenen Grenzen wenig auszurichten. Denn eine derartige Einstrahlung ist, wie bereits gesagt, aus anderen rechtlichen und tatsächlichen Gründen hinzunehmen.[86] Darüberhinaus verlangt Art. 24 GG keine uneingeschränkte Aufrechterhaltung des deutschen Standards, weil dies der Verfassungsentscheidung für eine internationale Zusammenarbeit zuwiderliefe. Ein besonderes Problem stellt sich schließlich noch im Hinblick auf die ausschließliche Zuständigkeit der Bundesländer für den Rundfunk. Sie sind am Zustandekommen der Richtlinie nicht unmittelbar beteiligt, weil insoweit der Bund zuständig ist, aber gleichwohl durch die Richtlinie gebunden, müssen diese also in innerstaatliches Recht umsetzen. Dieser Kompetenzverlust wird nur zu einem Teil durch Informations- und Mitwirkungsrechte gegenüber dem Bund ausgeglichen.[87] Ob diese Entwicklung die Schwelle eines Einbruchs in die tragenden Strukturen des Grundgesetzes, zu denen auch die föderale Ordnung gehört, bereits erreicht hat, ist noch in einem vor dem Bundesverfassungsgericht anhängigen Verfahren zu klären.[88]

Sind damit die Möglichkeiten, Hoheitsakten der EWG auf dem Gebiet des Rundfunks in der Bundesrepublik die rechtliche Anerkennung zu versagen, beschränkt, dann sind umso mehr diejenigen Organe, die die Bundesrepublik in der EWG vertreten, verpflichtet, sich im Rahmen des Möglichen für die Wahrung der deutschen Rundfunkordnung einzusetzen, wobei allerdings ein gewisser außenpolitischer Handlungsspielraum in Rechnung zu stellen sein

---

[84] Ein theoretisch denkbares Beispiel wäre die Untersagung der Erhebung von für die Grundversorgung benötigten Rundfunkgebühren mit der Begründung es handele sich um nach dem EG-Vertrag verbotene Beihilfen, dazu Ch. Engel, aaO. FN 76, S. 268ff. Zu den Einzelheiten der Grundversorgung 3. Kapitel II 1.

[85] M. Bullinger, Rundfunkordnung im Bundesstaat und in der Europäischen Gemeinschaft, AfP 1985, S. 257, 264

[86] S. o. I 3.

[87] Vgl. hierzu Art. 2 des Gesetzes zur EEA, BGBl. II, S. 1102; Vereinbarung zwischen der Bundesregierung und den Regierungen der Länder über die Unterrichtung und Beteiligung des Bundesrates und der Länder bei Vorhaben im Rahmen der Europäischen Gemeinschaften, MBl. NRW, 1988, S. 224; §§ 45aff. Geschäftsordnung des Bundesrates, wonach unter anderem die Bildung einer EG-Kammer vorgesehen ist.

[88] In diesem Verfahren hat das Bundesverfassungsgericht den Erlaß einer einstweiligen Anordnung aufgrund einer Interessenabwägung abgelehnt, BVerfGE 80, 74, über die Hauptsache ist damit noch nicht entschieden. Vgl. dazu G. Memminger, Bedeutung des Verfassungsrechtsstreits zur EG-Rundfunkrichtlinie, DÖV 1989, S. 846ff.; Stellungnahme von ARD und ZDF zu den beim Bundesverfassungsgericht anhängigen Verfahren der Bayerischen Staatsregierung gegen die Bundesregierung zur EG-Richtlinie, Media Perspektiven 1989, S. 724

dürfte.[89] Daneben macht nationales Verfassungsrecht seinen Einfluß jedenfalls bei der Umsetzung einer EG-Richtlinie geltend, soweit diese für eine Ausgestaltung noch Raum läßt.[90]

Vor diesem Hintergrund der beschränkten Reichweite deutschen Rechts gegenüber internationalen Entwicklungen muß es erste Priorität sein, eine europäische Kommunikationsverfassung zu erreichen, deren Inhalt weniger darin besteht, die in den einzelnen Staaten vorhandenen Rundfunksysteme zu harmonisieren als einen einheitlichen Mindeststandard zur Sicherung der publizistischen Funktion zu erzielen.[91] Die eingangs beschriebenen Folgen einer Einstrahlung ausländischer Programme auf die inländische Rundfunkordnung würden sich dann voraussichtlich in erträglichen Grenzen halten.

Daneben kommt es darauf an, dafür zu sorgen, daß die nationale Rundfunkordnung auch unter veränderten Umständen den Anforderungen des Art. 5 Abs. 1 Satz 2 GG entspricht. Dies gilt natürlich für das gesamte inländische Programmangebot, in erster Linie jedoch für die Grundversorgung, deren Wichtigkeit das Bundesverfassungsgericht nicht zuletzt aus den Entwicklungen auf europäischer Ebene folgerte. So führt das Gericht im Niedersachsen-Urteil aus: „Im Zeichen der Erweiterung des Rundfunkangebots um privat veranstaltete und europäische Programme kommt es darauf an zu gewährleisten, daß der klassische Auftrag des Rundfunks erfüllt wird, der neben seiner Rolle für die Meinungs- und politische Willensbildung, neben Unterhaltung und über laufende Berichterstattung hinausgehender Information seine kulturelle Verantwortung umfaßt. Das gilt namentlich unter Gesichtspunkten des sich entwickelnden und an Bedeutung gewinnenden europäischen Rundfunkmarktes. Unter den Bedingungen eines solchen Marktes bleiben dem gebietsbezogenen nationalen, insbesondere dem terrestrischen Rundfunk gerade diese essentiellen Funktionen."[92] Entscheidend ist demnach die Erfüllung der verfassungsrechtlich geforderten Funktionen, ohne daß es auf die Rechtsform des Trägers ankäme. Allerdings kann die Überbürdung derartiger, im öffentlichen Interesse liegender Lasten Privaten nicht ohne weiteres zugemutet werden. Denn sie stehen im Wettbewerb mit anderen Veranstaltern, die möglicherweise nicht denselben Anforderungen unterliegen und deswegen einen Wettbewerbsvorteil haben. Hier besteht die Gefahr einer Abwanderung des inländischen Veranstalters ins Ausland, um sich den kostenbringenden Auflagen zu entziehen. Anders verhält es sich dagegen bei

---

[89] Vgl. dazu BVerfGE 66, 39; 68, 1

[90] So B. des BVerfG gem. § 93a BVerfGG v. 12. 5. 1989 (unveröff.), in dem die Verfassungsbeschwerde eines Tabakproduzenten als unzulässig zurückgewiesen wurde, mit der dieser versucht hatte, die Bundesregierung zu verpflichten, gegen eine geplante Richtlinie zu stimmen. Die erforderliche Betroffenheit sei erst nach erfolgter Umsetzung in nationales Recht gegeben.

[91] M. Stock, aaO. FN 50, S. 199f.; Im Rahmen der EWG wäre hierfür Voraussetzung die Schaffung der rechtlichen Grundlagen im EWG-Vertrag.

[92] BVerfGE 73, 118, 158; vgl. ferner ebd. S. 154f. und 74, 297, 324f.

den öffentlich-rechtlichen Rundfunkanstalten. Diese erhalten in Form der Rundfunkgebühren öffentliche Abgaben, weswegen ihnen besondere Lasten im öffentlichen Interesse eher zugemutet werden können. Auch unter dem Aspekt der europäischen Entwicklung ist daher die Grundversorgung als eine Aufgabe des öffentlich-rechtlichen Rundfunks anzusehen.

Rechtsprechungsverzeichnis

I. Europäischer Gerichtshof

EuGH Slg. 1974, S. 411 – Sacchi
EuGH Slg. 1980, S. 433 – Debauve
EuGH Slg. 1988, S. 2085 – Bond van Adverteeders

II. Verfassungsgerichtsbarkeit

1. Bundesverfassungsgericht

BVerfGE 12, 205 – Fernsehurteil (Anforderungen an die Rundfunkorganisation, Kompetenzverteilung zwischen Bund und Ländern)
BVerfGE 31, 314 – Mehrwertsteuerurteil (zur öffentlichen Aufgabe des Rundfunks)
BVerfGE 57, 295 – FRAG-Urteil (Anforderungen an die Veranstaltung privaten Rundfunks)
BVerfGE 73, 118 – Niedersachsen-Urteil (Zulässigkeit privaten Rundfunks unter der Voraussetzung der Sicherstellung der Grundversorgung durch den öffentlich-rechtlichen Rundfunk)
BVerfGE 74, 297 – Baden-Württemberg-Beschluß (Unzulässigkeit staatlicher Eingriffe in die Programmautonomie der öffentlich-rechtlichen Rundfunkanstalten)
BVerfGE 47, 198 (Prüfungsrecht der Rundfunkanstalten bei Ausstrahlung von Wahlwerbung der politischen Parteien)
BVerfGE 59, 231 – Freie Mitarbeiter (Beachtung der Rundfunkfreiheit bei Auslegung und Anwendung arbeitsrechtlicher Vorschriften)
BVerfGE 60, 53 – Rundfunkratsbeschluß (Kein Anspruch politischer Parteien auf einen Sitz im Rundfunkrat)
BVerfGE 71, 350 – Radio Stuttgart (Eingriff in Programmautonomie als irreparabler Nachteil)
BVerfGE 78, 101 (Keine Grundrechtsfähigkeit der öffenlich-rechtlichen Rundfunkanstalten im Hinblick auf Art. 14 GG)
BVerfG RuF 1982, S. 535 (Gesellschaftliche Gruppen nicht Träger der Rundfunkfreiheit)
BVerfG AfP 1988, S. 235 (Rundfunkanstalt keine Behörde)
BVerfG JZ 1989, S. 339 (Rundfunkteilnehmer nicht Träger der Rundfunkfreiheit)
BVerfGE 80, 74 (Einstweiliges Anordnungsverfahren wegen EG-Rundfunkrichtlinie)
BVerfG NJW 1990, S. 311 (Organisation und Informationsfreiheit)

2. Bayerischer Verfassungsgerichtshof

BayVfGH n.F. 30, 78 (Verfassungsmäßigkeit des Vorbehalts öffentlich-rechtlicher Trägerschaft in Art. 111a BV)
BayVfGH n.F. 38, 134 (Verfassungswidrigkeit eines Außenantennenverbots)
BayVfGH n.F. 39, 96 (Vereinbarkeit des Bayerischen Medienerprobungs- und -entwicklungsgesetzes mit Art. 111 a BV)
BayVfGH n.F. 40, 69 (Zur Grundrechtsträgerschaft innerhalb des Rundfunks nach MEG)
BayVfGH n.F. 42, 11 (Zur Zusammensetzung des ZDF-Verwaltungsrats unter Aspekten der Staatsfreiheit)

II. Verwaltungsgerichte

1. Bundesverwaltungsgericht

BVerwGE 22, 299 (Zulässigkeit des ZDF-Staatsvertrags)
BVerwGE 29, 214 (Regelung der Rundfunkgebühr ist Landessache)
BVerwGE 39, 159 (Kein Anspruch aus Art. 5 Abs. 1 Satz 2 GG auf Veranstaltung von Rundfunk)
BVerwG Buchholz 150, Nr. 4 zu § 5 ParteienG (Zur Berücksichtigung politischer Parteien bei Informationssendungen)
BVerwGE 54, 29 (Funktionsunfähigkeit eines Organs einer Rundfunkanstalt)
BVerwG, DVBl. 1978, S. 640 (Kein Anspruch auf Ausstrahlung einer bestimmten Sendung)
BVerwGE 60, 162 (Kündigung des NDR-StV)
BVerwGE 70, 310 (Kein Auskunftsanspruch der Presse gegen öffentlich-rechtliche Rundfunkanstalt)
BVerwG, JZ 1985, S. 957 (Kein Anspruch gesellschaftlicher Gruppen auf Rundfunkteilhabe)
BVerwGE 75, 67 (Zum Sendegebiet der ARD)
BVerwGE 75, 79 (Wahlwerbesendungen des DLF)
BVerwGE 75, 318 (Art. 5 GG führt nicht zur Konkursunfähigkeit der öffentlich-rechtlichen Rundfunkanstalten)

2. Oberverwaltungsgerichte

VGH Baden-Württemberg, ZUM 1986, S. 295 (Rechtsaufsicht gegen SWF wegen EINS PLUS)
VGH Baden-Württemberg, NJW 1990, S. 340 (beschränkte gerichtliche Überprüfbarkeit von Entscheidungen der Landesmedienanstalten)
BayVGH, BayVBl. 1964, S. 332 (Rechtsaufsicht gegen BR)
BayVGH, AfP 1986, S. 155; AfP 1986, S. 157 (Vergabe von Sendezeiten)
BayVGH, BayVBl. 1986, S. 339 (Rechtsaufsicht gegen BR wegen EINS PLUS)
BayVGH, BayVBl. 1987, S. 657 (Nichtigkeit von Satzungen wegen verfassungswidriger Zusammensetzung des Verwaltungsrates der BLM)
BayVGH, DVBl. 1988, S. 17 (Vorläufiger Rechtsschutz nicht berücksichtigter Anbieter; Anwendbarkeit des VwVfG)
BayVGH, ZUM 1988, S. 417 (Wirtschaftliche Chancengleichheit der Anbieter; Zusammenfassung der Werbeeinnahmen in einem Pool)
BayVGH, JZ 1989, S. 242 (Vorlagebeschluß nach Art. 100 GG wegen Verfahren der Gebührenfestsetzung)
OVG Berlin, DVBl. 1969, S. 881 (Rechtsaufsicht, Verschwiegenheitspflicht)
OVG Hamburg, NVwZ 1985, S. 124 (Kein Anspruch gesellschaftlicher Gruppe auf Berücksichtigung im Programm)
OVG Hamburg, ZUM 1989, S. 95 (Recht zur Teilnahme am „Wahlhearing" einer Rundfunkanstalt)
OVG Lüneburg, JZ 1979, S. 24 (Zu den verfasungsrechtlichen Anforderungen an die Gremienzusammensetzung öffentlich-rechtlicher Rundfunkanstalten)
OVG Lüneburg, DVBl. 1986, S. 1112 (Eingeschränkte gerichtliche Kontrolle der Entscheidungen der Landesmedienanstalten)
OVG Münster, DÖV 1978, S. 519 (Rundfunkbegriff)
OVG Münster, AfP 1981, S. 424 (Kein Grundrechtsschutz des Redakteurs gegenüber der Rundfunkanstalt)
OVG Rheinland-Pfalz, AfP 1985, S. 157 (Vertretungsbefugnis des Intendanten)
OVG Saarlouis, DÖV 1974, S. 497 (Vorlagebeschluß GVRS)

3. Verwaltungsgerichte

VG Hamburg, DVBl. 1980, S. 491 (Zulässigkeit des Organstreits)

VG Mainz, UFITA 86 (1980), S. 330 (Subsidiarität der staatlichen Rechtsaufsicht)

VG Mainz, NVwZ 1985, S. 136 (Kein subjektives Recht des Rundfunkteilnehmers aus den Programmgrundsätzen)

VG München, BayVBl. 1986, S. 346 (Rechtsaufsicht gegen BR wegen EINS PLUS)

VG Stuttgart, NJW 1983, S. 467 (Einräumung von Sendezeit für Oberbürgermeisterkandidaten)

VG Wiesbaden, ZUM 1986, S. 489 (Zur Kompetenzverteilung zwischen Bund und Ländern bei der Inbetriebnahme neuer Frequenzen)

III. Sonstige Gerichte

BGHZ 66, 182 (Rechtsweg bei Persönlichkeitsrechtsverletzungen durch Rundfunksendungen)

LAG Baden-Württemberg, AfP 1988, S. 391 (Kein Anspruch auf Alleinmoderation einer Magazinsendung)

KG Berlin, AfP 1989, S. 466 (Erwerb von Sportübertragungsrechten durch öffentlich-rechtliche Rundfunkanstalten, bestätigt durch BGH Urt. v. 14. 3. 1990 AZ KVR 4/88)

OLG Stuttgart, AfP 1988, S. 76 (Wettbewerbsrechtliche Beurteilung der Zusammenarbeit zwischen einer öffentlich-rechtlichen Rundfunkanstalt und einem Verlag, aufgehoben durch BGH Urt. v. 22. 2. 1990, AZ IZR 78/88)

LG Baden-Baden, UFITA 84 (1978), S. 247 (Keine Sendeverpflichtung der Rundfunkanstalt gegenüber Auftragsautor)

LG München, ZUM 1988, S. 470 (Kein Anspruch auf Ausstrahlung einer Sendung aus § 26 Abs. 2 GWB)

AG Karlsruhe, DVBl. 1990, S. 52 (Kostentragungspflicht bei Störungsbeseitigung nach Inbetriebnahme neuer Sender)

Register